BRUNO SCHÖNFELDER

Ökonomisches Risiko und Versicherung in sozialistischen Volkswirtschaften

Veröffentlichungen des Osteuropa-Institutes München
Reihe: Wirtschaft und Gesellschaft
früher Schriften des Institutes zum Studium der Sowjetwirtschaft
an der Hochschule für Sozialwissenschaften Wilhelmshaven
Herausgegeben von Prof. Dr. G. Hedtkamp
Redaktion: Dr. H. Clement
Heft 21

Ökonomisches Risiko und Versicherung in sozialistischen Volkswirtschaften

Am Beispiel der UdSSR und der DDR unter Einbeziehung der Sozialversicherung und unter Berücksichtigung der Versicherungstheorie

Von

Dr. Bruno Schönfelder

DUNCKER & HUMBLOT / BERLIN

CIP-Kurztitelaufnahme der Deutschen Bibliothek

Schönfelder, Bruno:
Ökonomisches Risiko und Versicherung in sozialistischen Volkswirtschaften: am Beispiel d. UdSSR u. d. DDR unter Einbeziehung d. Sozialversicherung u. unter Berücks. d. Versicherungstheorie / von Bruno Schönfelder. — Berlin: Duncker und Humblot, 1986.
(Veröffentlichungen des Osteuropa-Institutes München: Reihe: Wirtschaft und Gesellschaft; H. 21)
ISBN 3-428-05968-9

NE: Osteuropa-Institut ⟨München⟩: Veröffentlichungen des Osteuropa-Institutes München / Reihe: Wirtschaft und Gesellschaft

Gedruckt 1986 bei Werner Hildebrand, Berlin 65
Printed in Germany

ISBN 3-428-05968-9

Vorwort

Das Versicherungswesen ist einer der wichtigsten Wirtschaftszweige entwickelter Marktwirtschaften. Für Versicherungsbeiträge wird in den Haushalten vieler Familien ein großer Teil des Haushaltseinkommens verausgabt — nicht selten ein größerer als für Miete oder Steuern. Der Versicherungstheoretiker entdeckt eine Wirkungsweise des Versicherungsprinzips weit über die erwerbsmäßig betriebene Versicherung hinaus. In einem erstaunlichen Gegensatz zu dieser tragenden Rolle, die das Versicherungsprinzip im Wirtschaftsleben spielt, steht die stiefmütterliche Behandlung, die ihm lange von den Ökonomen zuteil wurde.

Auch im Rahmen der Osteuropaforschung ist das Versicherungswesen der sozialistischen Länder meist vernachlässigt worden. Die bestehenden Systeme sozialer Sicherheit der sozialistischen Staaten werden in der Osteuropaliteratur normalerweise nicht unter dem Versicherungsaspekt, sondern als verteilungspolitische Maßnahmen diskutiert. Dabei wäre es doch durchaus naheliegend zu erwarten, daß dies ein wissenschaftlich vielversprechendes Konzept für die Analyse dieser Systeme sein könnte. Dies gilt unabhängig davon, ob diesen Systemen letztlich die Bezeichnung Sozialversicherung zugebilligt werden soll oder nicht.

Mein Dank gilt Prof. Dr. W. Gumpel, meinem Doktorvater, ohne dessen Einflußnahme ich mich vielleicht nicht annähernd so gründlich mit dem mir anfänglich fremdartigen Gegenstand befasst hätte. Besondere Hervorhebung gebührt Prof. Dr. H. Möller, der sehr dazu beigetragen hat, in die Gedanken des Verfassers Ordnung und System zu bringen. Viel habe ich in langen und zahlreichen Gesprächen mit so hervorragenden Sachkennern wie Dr. E. Schütte und P. Stiller gelernt. Dr. Schütte war es, der den Anstoß zu einer Beschäftigung mit dem Versicherungswesen gab. Für verbliebene Fehler und Ungenauigkeiten in dieser Arbeit ist ausschließlich meine Querköpfigkeit verantwortlich zu machen. Mein besonderer Dank gilt dem Osteuropainstitut München und seinem Direktor, Prof. Dr. G. Hedtkamp sowie Dr. H. Clement für die Bereitschaft, diese Arbeit in die Reihe des Osteuropainstituts aufzunehmen und die finanzielle Unterstützung. Dem Bundesminister für innerdeutsche Beziehungen habe ich ebenfalls für finanzielle Förderung zu danken.

Inhaltsverzeichnis

Abkürzungen

AER	=	American Economic Review
CEMI	=	Zentrales ökonomisch-mathematisches Institut
DFW	=	Deutsche Finanzwirtschaft
DVA	=	Deutsche Versicherungsanstalt
DVO	=	Durchführungsverordnung
GPG	=	gärtnerische Produktionsgenossenschaft
HdWW	=	Handwörterbuch der Wirtschaftswissenschaften
JET	=	Journal of Economic Theory
JPE	=	Journal of Political Economy
LPG	=	landwirtschaftliche Produktionsgenossenschaft
NK	=	Volkskommissariat
NÖSPL	=	Neues ökonomisches System der Planung und Leitung
ÖSS	=	Ökonomisches System des Sozialismus
OiP	=	Osiguranje i privreda
RESt	=	Review of Economic Studies
SFW	=	Sozialistische Finanzwirtschaft
SO	=	Social'noe obespečenie
StV	=	staatliche Versicherung
VEB	=	volkseigener Betrieb
VCSPS	=	oberster Zentralrat der sowjetischen Gewerkschaften

1. Einleitung

1.1. Unser Gegenstand

In dieser Arbeit wird versucht, die Art zu beschreiben und modellmäßig zu analysieren, in der das Instrument der Versicherung in sozialistischen Volkswirtschaften Verwendung findet. Versicherung dient dem Schutz vor Gefahren. Systemspezifische Eigenarten und Probleme für den Einsatz dieses Instruments sollen herausgearbeitet werden.

Angesichts der Vielzahl von Phänomenen, in denen Versicherungselemente ausmachbar sind[1], ist eine Abgrenzung des Versicherungsbegriffs erforderlich. Hier folge ich zunächst einfach dem Sprachgebrauch der osteuropäischen Autoren und bezeichne alles als Versicherung, was auch diese in ihrer überwiegenden Mehrheit so benennen (russisch strachovanie, serbokroatisch osiguranje). Soll versucht werden, hierfür Begriffsmerkmale herauszuarbeiten, so wäre die Kombination von Risiken mehrerer Wirtschaftssubjekte zu nennen, ihr Transfer von einem Wirtschaftssubjekt auf ein anderes oder auf eine Gruppe von Wirtschaftssubjekten, das Bemühen, durch diese Kombination das Risiko zu verringern und die Vorhersehbarkeit des Ausgangs zu erhöhen und schließlich die Bildung eines Fonds aus Beiträgen der Versicherungsnehmer, aus denen die Versicherten bei Eintritt der Gefahr entschädigt werden. Nicht als Versicherung bezeichnet werden soll eine Versorgungseinrichtung, bei der die Leistungsgewährung bei Eintritt der Gefahr zusätzlich vom Ergebnis einer Bedürftigkeitsprüfung abhängig gemacht wird, oder aber die Entschädigungen nicht überwiegend aus besonderen Beiträgen der Versicherungsnehmer finanziert werden[2].

Eine sich nach dem Umlageprinzip finanzierende „Sozialversicherung" kann ebenso Anspruch auf Anerkennung als Versicherung in diesem Sinne erheben wie der kleine Versicherungsverein auf Gegenseitigkeit.

---

[1] Wie beispielsweise Selbstversicherung, Arbeitsverträge: mit Vereinbarung eines festen Lohns übernimmt der Arbeitgeber das Risiko von Schwankungen des Wertgrenzprodukts der Arbeit; die Kreditpolitik einer Bank: die Bank übernimmt das Risiko, daß Kredite notleidend werden und versucht, es durch Diversifikation und andere Maßnahmen zu vermindern; zahlreiche Aktivitäten des Staates.

[2] Eine Abgrenzung von Versicherung etwa entlang dieser Linien ist nicht auf osteuropäische Autoren beschränkt, sondern findet sich auch in führenden westlichen Lehrbüchern der Versicherungswissenschaft, vgl. beispielsweise C. A. Williams, R. M. Heins: Risk Management and Insurance. New York 1981, S. 210.

Wir werden die eben gegebene Definition hinfort bei der Überprüfung des Versicherungscharakters der von uns darzustellenden Institutionen wiederholt verwenden.

Wenn oben von sozialistischen Volkswirtschaften die Rede war, so möchte ich mich doch auf sowjetsozialistische Systeme beschränken. Dieser enge Sozialismusbegriff hätte sicherlich bei einem orthodoxen Sozialisten der 2. Internationale Wohlgefallen ausgelöst, dieselbe Wirkung wäre bei einem strenggläubigen Kommunisten unserer Tage zu erwarten. Ursprünglich enthielt diese Arbeit ein Kapitel über das Versicherungswesen Jugoslawiens. Dieses stellte sich jedoch als derart interessant, und vor allem andersartig heraus, daß das Kapitel immer mehr anschwoll und schließlich eine Herausnahme und gesonderte Veröffentlichung erforderlich wurde, so reizvoll der Vergleich auch gewesen wäre.

Der Leser mag fühlen, daß die Eingrenzung unseres Gegenstands zum Anspruch des Titels im Widerspruch steht, vom ökonomischen Risiko in sozialistischen Volkswirtschaften zu handeln. Zu meiner Verteidigung möchte ich die Knightsche Unterscheidung zwischen risk proper und true uncertainty anführen[3], nach der nur versicherbare Risiken als risk, die anderen jedoch als uncertainty bezeichnet werden sollen. Daß diese altehrwürdige Unterscheidung nicht wirklich veraltet ist, belegt der Rückgriff, der in neuester wirtschaftstheoretischer Literatur auf sie unternommen wurde[4]. Eine Erörterung ihrer Problematik würde hier zu weit führen, ich halte diese Unterscheidung jedoch für wesentlich genug, um eine Nichtbehandlung von „true uncertainty" in dieser Arbeit zu rechtfertigen.

1.2. Zum Inhalt und zur Vorgehensweise

Ich gehe davon aus, daß ein theoretisches Modell einer Planwirtschaft, aus dem die Versicherungsinstitutionen der sozialistischen Länder mit dem wünschenswerten Grad an Konkretheit ableitbar wären, zumindest bislang nicht existiert. Ich werde im Teil 3 allerdings mehrere Modelle liefern, die — so hoffe ich - für das Verständnis von jeweils unterschiedlichen Teilaspekten eines sozialistischen Versicherungswesens hilfreich sind. Bevor dies geschieht, werde ich die Verhältnisse beschreiben. Ich glaube, daß die wichtigste Methode für die Gewinnung von Wissen über den „realen Sozialismus" die folgende ist: verfolge die dortige Entwicklung anhand der in diesen Ländern veröffentlichten Literatur, versuche, aufgrund der in dieser Litera-

[3] F. Knight: Risk, Uncertainty and Profit. Boston and New York 1921, S. 19, 20, 251.

[4] Vgl. z. B. R. E. Lucas: Studies in Business-Cycle Theory. Oxford 1981, S. 223, 236; Y. Barzel: The Residual Claim as the Entrepreneur's Reward for Self-Policing. Minneapolis, Chicago 1983 unveröffentlicht.

tur gegebenen Informationen eine Vorstellung über die Konstruktion und Funktionsweise des Systems zu gewinnen und etwas über die Gründe zu erfahren, weshalb bestimmte Phänomene auftreten. Dies ist mühselig, da die Literatur aus diesen Ländern zwar quantitativ umfangreich ist, die Sachaussagen jedoch meist in einer Fülle von ideologischen und propagandistischen Äußerungen verpackt sind. Vieles bleibt im Dunkeln, weil die Veröffentlichungen darüber schweigen. Bedauerlicherweise hat dies auch auf dem Gebiet, mit dem wir uns beschäftigen, einige westliche Autoren dazu verführt, solche Wissenslücken durch Spekulation „auszufüllen" und diese nicht als solche zu kennzeichnen[5]. Versuche, aufgrund einer notwendigerweise bruchstückhaften Kenntnis der Institutionen sozialistischer Länder und einer allgemeinen ökonomischen „Intuition" Aussagen zu machen, schlagen meistens fehl. Etwas mehr Vertrauen dürfen wir in diese „Intuition" hegen, wenn sie durch eine jahrzehntelange Erfahrung mit den realen sozialistischen Systemen geläutert ist. Wenn im Kapitel 2 nicht so sehr eine Momentaufnahme des Versicherungswesens sozialistischer Länder versucht, sondern dessen Entwicklung seit der kommunistischen Machtübernahme verfolgt wird, so entspringt dies nicht einer besonderen Vorliebe für Geschichte, sondern geschieht deswegen, weil es eher ein Gefühl dafür zu vermitteln verspricht, wie diese Vorgänge in sozialistischen Systemen abzulaufen pflegen. Haben wir eine konkrete und lebendige Anschauung solcher Abläufe gewonnen, so ist bereits viel erreicht. Viele der Züge, die in einer Momentaufnahme hervortreten würden, sind außerordentlich flüchtiger und vorübergehender Natur und können sicherlich nicht als Folge von Regelmäßigkeiten interpretiert werden. Sehen wir die Entwicklung hingegen über längere Zeit, so treten die mehr bleibenden Konturen hervor. Hierbei lassen sich einige Zusammenhänge zwischen der Gestalt von Versicherungen und der Wirtschaftsordnung identifizieren, die systematischen Charakter zu haben scheinen. Diese Zusammenhänge werden in den nachfolgenden Kapiteln zum Gegenstand einer Untersuchung gemacht, die sich u. a. der Modellanalyse bedient.

1.2.1. Einschluß der Sozialversicherung

Die sog. „Sozialversicherung" wird im Schrifttum der osteuropäischen Staaten als Versicherung bezeichnet, enthält wesentliche Versicherungselemente, wenn auch mit wechselnder Intensität und erfüllt die oben angegebenen Definitionsmerkmale mindestens zum Teil. Deswegen wird sie mitbehandelt.

---

[5] Einige Beispiele für Falschmeldungen, die auf diese Weise zustandegekommen sind, folgen weiter unten.

Konnte man die Sozialversicherung in ihren Entstehungsjahren als eine Versicherungseinrichtung mit Versorgungselementen bezeichnen, so hat sie sich inzwischen in manchen Nationen zu einer Versorgungseinrichtung mit Versicherungselementen gewandelt[6], also in ein Instrument, mit dem so etwas wie eine allgemeine Staatsbürgerversorgung durchgeführt wird. Wegen dieser Relativierung ihres Versicherungscharakters werden wir Sozialversicherung meistens in Anführungszeichen schreiben. In der Sowjetunion ist der Begriff „soziale Versorgung" (social'noe obespečenie) sehr gebräuchlich. Dabei unterscheidet die sowjetische Literatur zwischen einer „sozialen Versorgung" im engeren und einer „sozialen Versorgung" im weiteren Sinn[7]. Mit ersterer sind Leistungen gemeint, die bestimmten Personengruppen außerhalb der Sozialversicherung und direkt aus dem allgemeinen Staatshaushalt gewährt werden, um diese Personengruppen vor bestimmten Lebensrisiken zu schützen oder ihnen das Privileg eines besseren Schutzes vor den Lebensrisiken verglichen mit den Mitgliedern der Sozialversicherung zu verleihen. Unter sozialer Versorgung im weiteren Sinne werden zusätzlich die „Sozialversicherung" und einige andere „sozialpolitische" Maßnahmen verstanden. Der Vollständigkeit halber, und um keinen irreführenden Eindruck über die soziale Sicherheit in der Sowjetunion zu vermitteln, werden wir auch diejenige „soziale Versorgung" kurz darstellen, die zweifelsfrei keinen Versicherungscharakter hat. Der Schwerpunkt des Interesses aber liegt auf dem Fortwirken von Versicherungselementen im Rahmen der „sozialen Versorgung" im weiteren Sinne. Wegen der weiteren Erörterung dieses Problems wird auf Abschnitt 3.1. verwiesen.

1.2.2. Ausschluß der Versicherungsbetriebslehre und des Versicherungsrechts

Da sich diese Arbeit besonders für die Probleme des Wirtschaftssystems interessiert, werden versicherungstechnische, betriebswirtschaftliche und versicherungsjuristische Elemente nur insoweit mitbehandelt, als dies für die ordnungspolitische Thematik erforderlich scheint. Für eine weitergehende Behandlung der betriebswirtschaftlichen Fragen fehlte es auch an Material aus der DDR und Sowjetunion, für eine Diskussion des Versicherungsrechts bin ich nicht qualifiziert. Schließlich muß auch davor gewarnt werden, sich den Schwierigkeiten, die beim Schreiben einer Geschichte der Sozialversicherung in den sozialistischen Ländern auftreten, dadurch zu entziehen, daß man stattdessen eine Geschichte der Sozialversicherungsgesetzgebung schreibt: Das artet leicht in Apologetik aus und es ist kein Zufall, daß aus den

---

[6] Zu dieser Terminologie siehe z. B. V. Hentschel: Geschichte der deutschen Sozialpolitik 1900-1980. Frankfurt am Main 1983, S. 209. Er vertritt die Auffassung, daß die Sozialversicherung der Bundesrepublik Deutschland nach wie vor das erstere ist.

[7] Vgl. z. B. V. A. Ačarkan: Gosudarstvennye pensii. Moskva 1967, S. 38 ff.

sozialistischen Ländern nur eine solche Geschichtsschreibung vorliegt. Das letzte Argument gilt auch für westliche Länder.

1.2.3. Auswahl der Länder

Ich beschränke mich auf die Betrachtung der Länder, deren wichtigste Landessprache ich verstehe. Statt der DDR hätte ich auch Bulgarien nehmen können, nach einem eher flüchtigen Blick in die bulgarische Literatur habe ich aber den Eindruck, daß sich daraus gegenüber der Sowjetunion und der DDR kein völlig anderes Bild ergeben hätte. Hingegen scheint eine Auswertung der polnischen und ungarischen Literatur und ein Studium der Versicherungseinrichtungen in den sozialistischen Entwicklungsländern noch eine vielversprechende Aufgabe — bei entsprechenden Sprachkenntnissen. Über das Versicherungswesen dieser Länder eine Tertiärliteratur anzufertigen, ist nicht nur fragwürdig, sondern unmöglich, weil es kaum Sekundärliteratur gibt. Beim Studium der russischen und serbokroatischen Literatur habe ich mich hingegen um Gründlichkeit bemüht, sie wurde aufgrund einer vollständigen Auswertung sämtlicher seit der kommunistischen Machtübernahme erschienenen Bände des Ežegodnik knigi SSSR, des Letopis' žurnalnych statej und der Bibliografija Jugoslaviji (Bücher und Zeitschriftenaufsätze) zusammengestellt.

1.2.4. Keine Behandlung der Rückversicherung

Über Rückversicherung wird von den sowjetsozialistischen Staaten nahezu nichts veröffentlicht und die wenigen Informationen befriedigen unsere Neugier nicht. So erfahren wir beispielsweise, daß die DDR im Rückversicherungsgeschäft auch den Vertragstyp der Schadensexzedentenversicherung anwendet oder daß die rumänische Versicherungsanstalt einen für den auswärtigen Beobachter verblüffend und rätselhaft hohen Anteil ihres Geschäfts über aktive und passive Rückversicherung abwickelt[8].

Die meisten sozialistischen Staaten beschränken sich bis heute darauf, nur Devisenrisiken im Ausland rückzuversichern[9]. So nimmt die Sowjetunion Rückversicherung im Rahmen des internationalen See- und Luftverkehrs, für sowjetisches Eigentum im Ausland, im Bau befindliche und von sowjeti-

---

[8] 1/3 laut E. V. Kolomin: Gosudarstvennoe strachovanie v socialističeskich stranach. Moskva 1981, S. 160.

[9] Eine liebenswerte Ausnahme hiervon ist das Millionenheer mongolischer Schafe, für die gelegentlich mit einer nicht sehr bedeutenden Versicherungssumme Rückversicherung genommen wurde. Deren massenhaftes Hinwegsterben bereitete mithin westlichen Rückversicherern einige Winter lang Ungemach.

schen Firmen auszuführende Projekte in nichtsozialistischen Ländern und einige kleinere Posten, sämtlich also Risiken, bei denen der Eintritt der Gefahr unmittelbar einen Devisenbedarf auslöst. Ein bewußtes Fernbleiben vom internationalen Austausch von Versicherungsleistungen, ein versicherungswirtschaftliches Autarkiestreben wird also erkennbar, auch wenn dieses meines Wissens im sowjetsozialistischen Raum nie proklamiert wurde[10]. Daß ein solches Autarkiestreben unzweckmäßig ist und keinen optimalen Risikoausgleich ermöglicht, ist offenbar. Weshalb dies geschieht, wurde niemals erklärt. Vielleicht fürchten diese Staaten die damit notwendig einhergehende Offenlegung bestimmter Interna gegenüber westlichen Rückversicherern. Vielleicht begreifen die maßgeblichen Instanzen in den Außenhandelsministerien, die die notwendigen Devisen zuteilen müßten, auch heute noch nicht in ausreichendem Maße, was Versicherung, ihr Sinn und ihre Bedeutung ist.

Sozialistische Versicherer sehen es bei der Rückversicherungsnahme im Westen gern, wenn sich der Geschäftspartner zum Abschluß eines Reziprokitätsabkommens bereiterklärt. Dieser „Reziprokitätshunger" einiger sozialistischer Versicherer löst bei westlichen Rückversicherern einiges Mißvergnügen aus[11].

Hier haben wir es mit einer Parallele zum Streben nach Kompensationsgeschäften im sonstigen Außenhandel sozialistischer Länder zu tun. Von einer Rückversicherung der Versicherungsanstalten der sowjetsozialistischen Staaten untereinander wissen wir, daß sie stattfindet. Wir wissen nicht wie, beispielsweise in welcher Währung. Wir sollten vermuten, daß eine Rückversicherung, die nicht in konvertibler Währung erfolgte, wenig zweckmäßig wäre. Die Sowjetunion hat wiederholt versucht, die anderen RGW-Staaten zu einer solchen Rückversicherung zu bewegen, ist dort aber wegen der Unzweckmäßigkeit solcher Verträge auf wenig Gegenliebe gestoßen. Eine eingehendere Behandlung dürfte erst zweckmäßig sein, wenn mehr Informationen zur Verfügung stehen.

1.2.5. Keine gesonderte Behandlung der Geschichte versicherungswissenschaftlicher Lehrmeinungen

Es wird davon ausgegangen, daß die versicherungswissenschaftliche Diskussion in der SU und der DDR noch nicht die Breite und Tiefe erreicht hat,

---

[10] In Ermangelung entsprechender Äußerungen dürfen wir als Dokument eines solchen Autarkiestrebens in den sozialistischen Ländern eine jugoslawische Äußerung anführen: M. Bijelić: Izravnanje rizika putem suosiguranja. OiP 1983: 11-12, S. 3-26.

[11] Besonders unerfreulich ist ein solcher Reziprokitätshunger, wenn im Versicherungsfall nicht immer gewährleistet ist, daß der osteuropäische Geschäftspartner die erforderlichen Devisen umgehend aufzutreiben in der Lage ist. Zwar besteht kein Grund, an der Zahlungsfähigkeit des sowjetischen Rückversicherers zu zweifeln, bei einigen anderen sozialistischen Versicherern sind solche Zweifel hingegen nicht unangebracht.

daß eine gesonderte Darstellung ihrer Geschichte erforderlich würde. Die einschlägigen Äußerungen werden vielmehr im Zusammenhang mit der Beschreibung der Wendungen in der Versicherungspolitik und der vertiefenden Betrachtung einzelner Probleme referiert. Durch Querverweise wird es dem Leser ermöglicht, einen Gesamtüberblick zu gewinnen. Meine theoretischen Ausführungen haben die Form einer kritischen Analyse der Thesen sozialistischer Autoren.

1.3. Zur Literaturlage

Das Versicherungswesen, insbesondere die Versicherungstheorie, ist gerade seitens der westlichen Ökonomen lange Zeit ein eher vernachlässigter Bereich geblieben. In den letzten zehn, allenfalls zwanzig Jahren bahnte sich aufgrund der Fortschritte in der Unsicherheitstheorie eine Änderung an, für die vor allem amerikanische Arbeiten, die an die Schriften von Arrow und Debreu anknüpfen, stimulierend gewirkt haben. Ganz besondere Vernachlässigung ist dem Versicherungswesen der sozialistischen Staaten zuteil geworden. Die bei weitem tiefgehendsten Untersuchungen hierzu sind die Arbeiten von E. Schütte zum sowjetischen Versicherungswesen unter Ausschluß der Sozialversicherung. Schütte hat seine sehr eingehende Untersuchung über die Geschichte der sowjetischen Versicherungswesen[12] durch die Darstellung der jüngeren Entwicklung in der sowjetischen landwirtschaftlichen Versicherung ergänzt. Die Auswertung des zugänglichen Materials durch Schütte ist gründlich genug, daß ich mich in meiner Darstellung des sowjetischen Versicherungswesens stark auf seine Ergebnisse stützen werde, mich mit der Geschichte mehr des Überblicks halber befasse und etwas detaillierter den heutigen Stand behandle. Einige Arbeiten gibt es auch zur sowjetischen Sozialversicherung, unter denen diejenigen von P. Stiller und Hülsbergen[13] wohl Hervorhebung verdienen, indes haben sie die Möglichkeiten, aus dem sowjetischen Material Schlüsse zu ziehen, nicht in dem Maße ausgeschöpft, wie dies Schütte getan hat. Daneben gibt es in nicht geringer Zahl in der deutsch-, englisch- und französischsprachigen Literatur Autoren, die sich aufgrund von oft dürftigem Material zur sowjetischen Sozialversicherung geäußert haben. Die meisten von ihnen kommen über ein Referieren der jeweiligen sowjetischen Gesetzgebung nicht hinaus. Unter den englischen Arbeiten zum sowjetischen Versicherungswesen ist die von Rudden hervor-

[12] E. Schütte: Das Versicherungswesen der Sowjetunion. Berlin 1966. derselbe: Die Versicherung der landwirtschaftlichen Betriebe in der Sowjetunion. Berlin 1979.

[13] U. a. P. Stiller: Systeme der sozialen Sicherung in der UdSSR, Polen, DDR und CSSR. München 1981. H. Hülsbergen: Die Altersrentensysteme in der SU und ihre Behandlung in der deutschen Sozialversicherung. Hamburg 1967. P. Stiller: Sozialpolitik in der UdSSR 1950-80; Baden-Baden 1983.

zuheben[14]. Aufgrund der vielleicht bislang umfassendsten Aufnahme des sowjetischen Materials glaube ich, neue Aspekte gefunden zu haben, die eine eigene gründliche Darstellung der sowjetischen Sozialversicherung rechtfertigen. Neuland habe ich in erster Linie bei der Erforschung der Geschichte der sowjetischen Sozialversicherung von den Anfängen bis zum Ende der Stalinära betreten und daher konzentriert sich meine Darstellung hierauf. Bei der Darstellung der Gegenwart konnte hingegen stark auf die bereits vorliegende Literatur verwiesen werden.

Was das Sozialversicherungswesen der DDR anbetrifft, so ist in dem engen Rahmen, den das DDR-Material setzt, eine hochwertige Analyse durch S. Mampel vorgenommen worden. H. Weser gibt eine sehr eingehende Darstellung der Rechtslage, die wohl vor allem für die Zwecke westdeutscher Sozialversicherungsträger bestimmt ist. Gegenüber der mehr juristischen Betrachtungsweise dieser beider Autoren hat Mitzscherlich Beiträge zu einer ökonomischen Analyse der DDR-Sozialversicherung geliefert[15]. Die DDR-Literatur befindet sich, was ihre Offenheit anbetrifft, im Einklang mit der rumänischen und albanischen Literatur. Viel Material über die neuere Entwicklung hat Ruß angesammelt, auch wenn der Wert seiner Arbeit durch eine bemerkenswert unkritische Übernahme der Betrachtungsweise von DDR-Autoren stark beeinträchtigt wird[16]. Nichtdestoweniger können wir dieses Gebiet — abgesehen von den Arbeiten von Schütte — als das im Rahmen der Möglichkeiten besterforschte des gesamten Versicherungswesens der sozialistischen Länder ansehen, so daß ich mich hier auf einen kurzen Überblick beschränke. Zur Individualversicherung in der DDR liegen die Arbeiten von S. Mampel und Wüst vor[17], hier halte ich indes aufgrund der Schwächen der letzteren und des Umstands, daß es doch ein wenig an neuerem DDR-Material dazu gibt, eine etwas eingehendere Darstellung meinerseits für gerechtfertigt.

---

[14] B. Rudden: Soviet insurance law. Law in Eastern Europe 1966; siehe ferner auch: P. R. Rogers: The significance of insurance in the command economy: a study of soviet insurance. Kansas 1964 unveröffentlicht.

[15] Mehrere Arbeiten, u. a. S. Mampel: Die sozialen Leistungen in der SBZ. Bonn 1955. Mampel, Hauck: Sozialpolitik in Mitteldeutschland. Reihe Sozialpolitik in Deutschland Nr. 48, Stuttgart 1964; weitere wichtige Arbeiten: Weser, H.: Die gesetzliche Rentenversicherung in der SBZ. Berlin 1965; derselbe: Versicherungs- und Beitragsrecht der Sozialversicherung in der DDR. Berlin 1979, P. Mitzscherling: Soziale Sicherung in der DDR. Berlin 1968, derselbe: Zweimal deutsche Sozialpolitik. Berlin 1978.

[16] W. Ruß: Die Sozialversicherung in der DDR. Frankfurt 1982.

[17] S. Mampel (d. i. A. Leutwein): Die Sach- und Personenversicherung in der sowjetischen Besatzungszone. Bonn 1957. H. P. Wüst: Versicherungsrecht und Wirtschaftsordnung. Systemabhängigkeiten in beiden Teilen Deutschlands. Dissertation Berlin 1969. Der Titel der Arbeit klingt zwar vielversprechend, die aufgestellten Thesen sind jedoch wenig begründet und ihre Fragwürdigkeit für den Leser meiner Untersuchungen vermutlich evident.

Nun zu der Literatur aus den sozialistischen Ländern. Der Vater einer „sozialistischen Versicherungswissenschaft" ist Rajcher. Zuvor erschienen seit der Oktoberrevolution vornehmlich im Organ des Volkskommissariats für Finanzen gelegentlich einige Äußerungen zu Versicherungsproblemen von bemerkenswerter Knappheit[18]. Dem Werk von Rajcher[19] sollte hingegen der Respekt nicht versagt bleiben, versuchte er doch in einer Zeit, da der sowjetische Ökonom zur Funktion eines Marx-Engels-Lenin-Stalin-Zitatensammlers degradiert war, eigene theoretische Gedanken zu äußern, die noch dazu von praktischer Relevanz waren[20]. Sicherlich sind manche der Thesen Rajchers unbegründet und ideologischer Natur und wurden später fallen gelassen. Die „sozialistische Versicherungswissenschaft" blieb eine Fiktion und die „politische Ökonomie des Sozialismus" hat über das Versicherungswesen nicht sehr viel zu sagen. Die Strafe für Rajchers ungebührliches Verhalten folgte in Gestalt eines gehässigen Artikels von Sitnin, Butkov; Rajcher überlebte immerhin, erhielt viele Jahre später sogar den Leninpreis, zog es aber vor, sich zum Versicherungswesen nicht mehr zu äußern. Die sowjetische versicherungswissenschaftliche Literatur (zur Individualversicherung) besteht seitdem im wesentlichen aus einem Lehrbuch, als dessen Herausgeber zunächst Konšin und später Motylev fungierte und das vielleicht den Ansprüchen genügte, die die Ausbildung von Mitarbeitern für ihren Versicherungsbetrieb stellte, den wir weiter unten kennenlernen werden, ferner einigen ergänzenden Lehrmaterialien und ein paar Monographien meist zu bestimmten Versicherungsarten, in denen auch interessante kritische Bemerkungen zu lesen sind, vor allem im Vorfeld zu den seltenen Änderungen in den Versicherungsbedingungen und Tarifen. Seit neuestem gibt es auch eine Gesetzessammlung[21]. Der Mangel an tiefergehenden Forschungsarbeiten wird auch in der sowjetischen Literatur beklagt. Das Versicherungswesen hat eine eigene Abteilung in der Zeitschrift des Finanzministeriums.

Trotz aller Vorbehalte ist die sowjetische Literatur zur Individualversicherung kritischer als zur Sozialversicherung, die einen ausgesprochenen Tabubereich darstellt. Hintergrund hierfür ist die unübersehbare Kluft zwischen dem schon in den zwanziger Jahren erhobenen Anspruch, das „vollkommenste Sozialversicherungssystem" der Welt zu besitzen und der so ganz anders-

[18] Die Auffassung, daß das Versicherungswesen nichts ist, was für eine sozialistische Wirtschaft sehr bedeutungsvoll sein könnte, war lange vorherrschend und ist bis heute nicht völlig überwunden — für eine frühe Äußerung in diesem Sinne siehe N. Miljutin': Kommuna i social'noe strachovanie. Petersburg 1918, S. 4.

[19] V. K. Rajcher: Obščestvenno-istoričeskie tipy strachovanija. Moskva, Leningrad 1947.

[20] Das war geradezu tollkühn. Eine vollkommen realistische Beschreibung der Situation des sowjetischen Ökonomen in jener Zeit gibt Solšenizyn in: Der erste Kreis der Hölle: Kap. 4 und 5.

[21] Im Rahmen der Sbornik po finansovomu zakonodatelstvu. Moskva 1980. Wegen einer Besprechung siehe: E. Schütte: Rechtsquellen des sowjetischen Versicherungsrechts, ZfgVerWiss 1982: 1, S. 47.

gearteten Realität. In den zwanziger Jahren mag dieser Konflikt noch nicht so dramatisch gewesen sein, es konnte darauf verwiesen werden, daß der Aufbau des Sozialismus erst am Anfang stehe, das Sozialversicherungssystem der kapitalistischen Länder war noch längst nicht so stark ausgebaut wie es das heute ist und so sind die zwanziger Jahre die beste Zeit des diesbezüglichen sowjetischen Schrifttums und wir sind über sie relativ am besten informiert. Seit den dreißiger Jahren findet die Realität in der sowjetischen Literatur nur mehr in sparsamsten Dosen Eingang, etwas gebessert hat sich das natürlich nach Stalins Tod, nachhaltiger in den siebziger Jahren. Die ganze Zeit hindurch erschienen (meist sehr unvollständige) Vorschriftensammlungen zur Sozialversicherung, der Verlag der Gewerkschaften gab ein Lehrbuch heraus, das diese Gesetzessammlung referiert und unzählige Male in leicht veränderter Fassung von unterschiedlichen Autoren veröffentlicht wurde. Ähnliche Funktionen hat ein Handbuch und in jüngerer Zeit sind auch die Schriften häufiger geworden, die die Vorschriften aus bestimmten Teilbereichen genauer darstellen. Deutliche Hervorhebung verdienen in der neueren Literatur die Arbeiten von Ačarkan, Astrachan, Lancev und Pavlova[22]. Monographien, die Probleme der Sozialversicherung untersuchen würden, fehlen hingegen weitgehend[23]. Wer sich für diese interessiert, ist also darauf angewiesen, einzelnen Bemerkungen nachzuspüren, die sich in dieser Literatur und gelegentlich auch in den zwei Zeitschriften finden, die die Sozialversicherung zum Gegenstand haben. Dies war ursprünglich Voprosy truda, herausgegeben vom Volkskommisariat für Arbeit, dessen Rolle übernahm später Voprosy profdviženija, die in den fünfziger Jahren in Ochrana truda i soc. strachovanie umbenannt wurden, und die bereits vor der Oktoberrevolution erscheinende Zeitschrift Vosprosy strachovanija, deren Redaktion 1936 überraschend als trotzkistische konterrevolutionäre „Bande" entlarvt wurde und deren Aufgabe später das Organ des Ministeriums für socijalnoe opespečenie der russischen Republik übernahm, das ebenso heißt, und in dem auch die Entwicklung in den anderen Unionsrepubliken Berücksichtigung finden. Beide Zeitschriften sind seit den dreißiger Jahren zum beträchtlichen Teil dem „sozialistischen Wettbewerb" gewidmet.

Noch bedeutend schlechter steht es mit der Literatur aus der DDR. Die für die Individualversicherung einschlägige Zeitschrift Sozialistische Finanzwirtschaft (ursprünglich Deutsche Finanzwirtschaft) hat im Bemühen, ihren

[22] V. A. Ačarkan: Gosudarstvennye pensii. Moskva 1967; E. Astrachan: Razvitie zakonodatel'stva o pensijach rabočim i služaščim. Moskva 1971; M. Lancev: The economic aspects of social security in the USSR. Moscow 1976; M. Pavlova, N. Rabkina: Ekonomiko-statističeskij analiz i modelirovanie pensionnogo obespečenija. In: Statističeskie metody v issledovanijach truda ... Moskva 1981.

[23] Daß in der Sowjetunion Arbeiten über ökonomische und soziale Probleme der Rentenversicherung „außerordentlich selten" sind, wird auch kritisiert in Trudy plenuma učenogo soveta ministerstva social'nogo obespečenija RSFSR. Moskva 1970, S. 11.

Informationsgehalt unter das Niveau der fünfziger Jahre zu senken, einen vollen Erfolg erzielt. In den fünfziger Jahren hatte es einmal ein Lehrbuch des Versicherungswesens gegeben[24], ein solches erschien erneut in den siebziger Jahren und erlebte mehrere Auflagen. Es ist offensichtlich hauptsächlich für den künftigen Mitarbeiter der staatlichen Versicherung der DDR gedacht. Auch ist ein paarmal eine Vorschriftensammlung erschienen[25] und einige populäre kleine Broschüren, in denen die Versicherungsbedingungen erläutert werden. Der einzige Schriftsteller, der sich eingehend in der DDR mit dem Versicherungswesen auseinandersetzt, ist H. Bader, der in einzelnen Artikeln und den Teilen des Lehrbuchs, die von ihm stammen, mitunter aussagekräftige Formulierungen findet. Kritisches Material im eigentlichen Sinne gibt es aus der DDR nicht. Wer versuchen möchte, die DDR-Literatur völlig auszuschöpfen, sei darauf hingewiesen, daß es gelegentlich möglich ist, einiger der Skripte und Dissertationen habhaft zu werden, die am zuständigen Ausbildungszentrum an der Humboldt-Universität entstehen, — der Inhalt ist indes oft enttäuschend. Immerhin mag für unsere Zwecke ein Vergleich der Vorschriften in der DDR mit dem, was wir über die Verhältnisse in der Sowjetunion wissen, interessant sein.

Auch zur Sozialversicherung ist in der DDR gelegentlich eine Vorschriftensammlung erschienen[26], ferner eine Reihe von meist nicht sehr umfangreichen Broschüren. Diese Broschüren sind normalerweise von Mitarbeitern der Verwaltung für Sozialversicherung beim FDGB geschrieben und dienen außer propagandistischen Zwecken vornehmlich der Aufklärung der Versicherten über die ihnen zustehenden Leistungen, ohne dabei sehr stark in die Breite und Tiefe zu gehen[27]. Das — mit weitem Abstand — umfangreichste Werk zur Sozialversicherung ist eine „Geschichte der Deutschen Sozialversicherung“[28], nach Meinung ihres Verfassers die erste „wissenschaftliche“ Abhandlung zu diesem Thema, die je geschrieben wurde[29]. Dies ist ein Spätprodukt der stalinistischen Art von „Geschichtsschreibung“ und verschwand mit

[24] Das Versicherungswesen in der deutschen demokratischen Republik. Berlin 1965.

[25] Die neueste Fassung davon ist: Versicherungsrecht. Textausgabe der Rechtsnormen und Vertragsbedingungen für die Sach-, Haftpflicht- und Personenversicherung in der DDR. Berlin (Ost) 1978.

[26] z. B. Sozialversicherungsrecht der Arbeiter und Angestellten. Textausgabe mit Anmerkungen und Sachregister. Berlin (Ost) 1963. H. Weser bemerkt, daß diese Vorschriftensammlungen sämtlich einige markante Auslassungen beim Sozialversicherungsrecht für die Genossenschaftsbauern aufweisen, vgl. op. cit. S. III.

[27] Einige neuere dieser Titel sind H. Rühl, H. Weiße: Sozialpolitische Maßnahmen — konkret für jeden. Berlin (Ost) 1982; R. Schlegel: Geborgenheit im Alter. Berlin (Ost) 1981; H. Püschel: Sozialversicherung der Arbeiter und Angestellten. Berlin (Ost) 1981; G. Renneberg, G. Türschmann: Die Sachleistungen und die Geldleistungen der Sozialversicherung der Arbeiter und Angestellten. Berlin (Ost) 1979.

[28] P. Peschke. Berlin (Ost) 1962.

[29] Op. cit. S. 8.

der auch in der DDR allmählich vom Fleck kommenden Entstalinisierung ruhmlos wieder in der Versenkung.

Die Habilitationsschrift von H. Ulbricht[30] eröffnete 1965 eine DDR-Literatur zum Thema Sozialpolitik. Außer ideologischen Oldtimern enthalten diese Werke indes kaum etwas, die getroffenen Aussagen sind so vage und gehaltlos, daß das Interesse, auf das sie bei einigen westdeutschen Autoren[31] gestoßen sind, fast übertrieben erscheint. Wegen ihrer Belanglosigkeit für mein Thema gehe ich auf sie im folgenden nicht weiter ein, der interessierte Leser kann auf den Artikel von Lampert verwiesen werden.

Schließlich sind außer erneut der „Sozialistischen Finanzwirtschaft" noch einige Zeitschriften zu erwähnen, aus denen man gelegentlich etwas zur Sozialversicherung erfahren kann. Das sind die „Sozialistische Arbeitswissenschaft", „Arbeit und Arbeitsrecht", „Die Sozialversicherung" etc.

1.4. Der Aufbau der Arbeit

Teil 2 der Arbeit enthält eine Deskription des Versicherungswesens der UdSSR (2.1.) und der DDR (2.2.) und beginnt hierbei mit der UdSSR als dem Vorbild und Muster einer sozialistischen Planwirtschaft. Innerhalb der Länderkapitel steht die „Sozialversicherung" als das volkswirtschaftlich bedeutendste und dem Beitragsaufkommen bei weitem überwiegende Versicherungssystem am Anfang. Im Abschnitt über die Individualversicherung schließt sich dann naturgemäß die Personenversicherung an. Bei der Sachversicherung erörtere ich zunächst die volkswirtschaftlich wichtigsten Sparten, in der UdSSR also die landwirtschaftliche Versicherung, in der DDR die Versicherung aller sozialistischen Betriebe, dann folgen die vergleichsweise weniger wichtigen. Aufgrund ihrer geringen Entwicklung fehlt hier ein gesonderter Abschnitt zur Haftpflichtversicherung. 2.1. und 2.2. enthalten einen Anhang mit statistischem Material. Ein Vergleich des Versicherungswesens der UdSSR und DDR (2.3.) schließt den Teil 2 ab.

Teil 3 hat die Aufgabe, herausragende Eigenarten des Versicherungswesens sozialistischer Länder einer volkswirtschaftlichen Analyse zu unterwerfen. Hierbei wird in derselben Reihenfolge nach Versicherungssystemen und -sparten vorgegangen wie im deskriptiven Teil. Abschnitt 3.1. versucht, die Muster und Konzepte zu erkennen, die das wechselnde Zusammenspiel von Personenversicherung, „Sozialversicherung", sozialer Versorgung und Sozialfürsorge bei der Sicherung vor Lebensrisiken prägen. Abschnitt 3.2.-3.3.

---

[30] Im Druck nicht zugänglich.

[31] H. Lampert, F. Schubert: Sozialpolitik in der DDR. HdWW Band 7, Stuttgart 1977, S. 130 ff.

untersucht die Rolle, die die Sachversicherung im produzierenden Bereich der sozialistischen Planwirtschaft beim Schutz vor Gefahren spielen kann. Hier wird zunächst die Produktion von Versicherungsleistungen behandelt und dann die zugehörige Preispolitik und ihre allokativen Effekte. Bei ersterem wird nach Industrie und Landwirtschaft getrennt. Abschnitt 3.4. befaßt sich mit den Gründen für die geringe Entwicklung der Haftpflichtversicherung.

1.5. Zusammenfassung einiger Ergebnisse der theoretischen Diskussion

Da die Schwerpunkte der im nächsten Kapitel erfolgenden Beschreibung der Verhältnisse unter Berücksichtigung der Ergebnisse meiner theoretischen Überlegungen gewählt sind, sollen die wichtigsten derselben hier kurz zusammengefaßt werden.

Ein Merkmal des sozialistischen Versicherungswesens ist, daß die Sicherung gegen die Lebensrisiken, soweit sie nicht wie die Finanzierung der medizinischen Versorgung in der heutigen Sowjetunion weitgehend aus dem Versicherungswesen herausgenommen ist, überwiegend im Wege der „Sozialversicherung" erfolgt, der gegenüber die individuelle Personenversicherung eine sehr untergeordnete Rolle spielt. Der hierfür in der sozialistischen Literatur genannte Grund der Überlegenheit der „Sozialversicherung", insbesondere des höheren Versorgungsniveaus, das diese bieten könne, hält einer kritischen Überprüfung nicht stand: die Ertragsrate von „Sozialversicherungsbeiträgen" stellt sich als im Mittel niedriger als diejenige auf Prämien zur Lebensversicherung heraus.

Eine Untersuchung zeigt, daß eine der wichtigsten Wirkungen einer Substitution des Lebensversicherungssparens durch eine nach dem Umlageverfahren finanzierte „Sozialversicherung" die Verringerung der gesamtwirtschaftlichen freiwilligen Ersparnis ist. Dies wird in einer Planwirtschaft durch vermehrte Zwangssparprozesse ersetzt und macht diese gleichzeitig erforderlich wie auch die größeren Möglichkeiten zu Zwangssparprozessen, die ein sowjetsozialistisches System hat, ein großes Sparaufkommen aus freiwilligem Sparen entbehrlich macht.

Eine freiwillige individuelle Geldvermögensbildung von großem Umfang ist in einem sozialistischen System ideologisch verdächtig. Das ist aber nicht ihr einziger Makel: sie ist auch ein potentiell die Wirtschaft destabilisierendes Element. Dies ist ein Grund, weshalb der Staat eine solche Geldvermögensbildung etwa in Form der Haltung von Lebensversicherungpolicen nicht besonders enthusiastisch fördert. Für die Individuen ist demgegenüber die Bildung von Geldvermögen eine riskante und vergleichsweise nicht sehr attraktive Anlageform: eine Anlage in langlebigen Konsumgütern ist oft vorteilhafter. Hinter diesen Zusammenhängen steht, daß es in einer Planwirtschaft kein voll funktionsfähiges Geld gibt: das Geld erfüllt die Wertaufbewahrungsfunktion nur in sehr eingeschränktem Maße.

Erklärungsbedürftig ist weiter, weshalb in den „Sozialversicherungssystemen" sozialistischer Staaten das Versicherungsprinzip fortwirkt und nach vorübergehender Aufgabe eine gewisse Renaissance erlebt. Hierfür scheinen vor allem Gesichtspunkte der Allokationseffizienz und der wirtschaftlichen Stimulierung verantwortlich. Wenn die Mittel für die Renten und andere Versorgungsleistungen durch „Sozialversicherungsbeiträge" statt aus allgemeinen Steuermitteln aufgebracht werden, ermöglicht das eine vergleichsweise richtigere Berechnung der Kosten des Produktionsfaktors Arbeit. Die Anbindung der Höhe der Rentenansprüche an die Höhe der „Sozialversicherungsbeiträge" und hierüber an den Lohn löst einen Leistungsanreiz aus.

Ein Versuch, die Ausgestaltung des Sozialversicherungswesens darüber hinaus aus wirtschaftspolitischen und ideologischen Zielvorstellungen abzuleiten oder eine politökonomische Theorie derselben zu entwickeln, stößt auf ernste Schwierigkeiten. In historischer Betrachtung lassen sich zwar gewisse Zusammenhänge zwischen Schwenks der Parteilinie und Änderungen der Rentenpolitik ausmachen. Die politischen Vorgänge sind im allgemeinen jedoch mindestens zu undurchsichtig, als daß sich eine größere Zahl von systematischen Zusammenhängen zwischen politischen Vorgängen und Sozialpolitik feststellen ließe. Aus wirtschaftspolitischen Zielen wie etwa dem Wachstumsziel oder politisch-ideologischen Konzepten lassen sich operationale Grundsätze für die Gestaltung des Versorgungssystems nicht ableiten. Dies wird durch die Unklarheit illustriert, die bei sozialistischen Theoretikern in der Frage besteht, ob in den „Sozialversicherungssystemen" nun eigentlich das „sozialistische" oder das „kommunistische Verteilungsprinzip" dominiere und die nichtoperationale Form, in der beide „Verteilungsprinzipien" verbleiben.

Im Bereich der Sachversicherung taucht zuerst die Frage auf, inwieweit eine Versicherung der staatlichen sozialistischen Betriebe in einer zentralen Planwirtschaft notwendig und sinnvoll ist. Die Diskussion, die hierüber unter sowjetischen Versicherungswissenschaftlern geführt wurde, hat keine schlüssigen Ergebnisse erbracht. Die Versicherbarkeit der stattlichen Industrie wurde insbesondere unter dem Aspekt der „Verwaltungseffizienz", des Ausbaus der „wirtschaftlichen Rechnungsführung" und des Zusammenspiels mit dem planwirtschaftlichen Zuteilungssystem für materielle Ressourcen erörtert.

Offenbar müssen in einer Planwirtschaft zugleich mit der Bereitstellung eines Versicherungsfonds in monetärer Form geeignete Vorkehrungen für einen Ersatz in natura etwa durch die Anlage geeignet dimensionierter Läger getroffen und die Verfügung über diese beiden Arten von Fonds miteinander kombiniert werden, wenn die Versicherung ihre Kompensationsfunktion erfüllen soll. Dieser Zusammenhang läßt sich in einem Modell vollkommener Planung unter Unsicherheit näher analysieren. Hierbei stellt sich heraus, daß es in dieser Planwirtschaft einen eigenen Plan für jeden Weltzustand (state of world), jede Ausprägung des Zufallsprozesses, geben müßte. Ganz analog zum deterministischen Fall ergibt sich dann für das optimale Mengensystem ein „duales" Preissystem, das eine Versicherungsinterpretation hat und zur Implementierung des optimalen Mengenplans oder aber auch zur Ermittlung desselben im Wege eines Dekompositionsalgorithmus verwendet werden könnte. Es ist jedoch herauszustellen, daß die Ermittlung solcher optimaler Pläne u. a. an ungelösten und vermutlich auch unlösbaren incentive compatibility-Problemen scheitert und schließlich auch nur in Grenzen wünschenswert ist, da auch die Aufstellung eines solchen Systems optimaler Pläne nicht vor der Notwendigkeit laufender Planrevision schützen würde.

Im tatsächlichen unvollkommenen Plansystem wird eine solche Vielzahl von Planvarianten auch erst gar nicht ausgearbeitet und das Auftreten zufälliger Schäden macht jeweils eine Änderung des Plans oder außerplanmäßige Aktivitäten erforderlich. Von einer „Einheit materieller und finanzieller Planung" und Prozesse kann keine Rede sein, letztere spielen eine untergeordnete Rolle.

Eine nähere Betrachtung dessen, wie das tatsächliche Leistungssystem funktioniert, zeigt, daß Reaktionen auf zufällige Ereignisse von größerem Ausmaß einen umständlichen Behördenweg voraussetzen und die Gewährung einer finanziellen Entschädigung weder eine notwendige noch eine hinreichende Bedingung für eine Beseitigung des Schadens ist. Dies gilt trotz einer gewissen Dezentralisierung gegenüber der Stalinära auch noch heute. Die entscheidende Hürde ist es geblieben, daß eine Änderung der Verteilungspläne für materielle Ressourcen erwirkt wird — auf die Dienste einer Versicherung kann hierbei durchaus verzichtet werden. Überlegungen, die eine Versicherung auch ohne eine solche Kompensationsfunktion befürworten, führen zu keinen für mich völlig schlüssigen Ergebnissen.

Dies ändert sich in dem Maße, wie die Rolle der betrieblichen Finanzwirtschaft, der finanziellen Hebel und Kennziffern im allgemeinen und die horizontalen Beziehungen zwischen den Betrieben gegenüber den vertikalen Beziehungen in der Wirtschaftsleitungshierarchie aufgewertet und von der direktiven Mengenplanung abgegangen wird. Eine Einführung der Versicherung wäre also im Zusammenhang einer umfassenden Wirtschaftsreform zu sehen.

Anders verhält es sich mit der landwirtschaftlichen Versicherung. Dies ist der einzige Bereich, in dem das Versicherungswesen der sozialistischen Staaten im internationalen Vergleich quantitativ überdurchschnittlich entwickelt ist, was von den sozialistischen Versicherungstheoretikern als Beweis für dessen Überlegenheit angeführt wird. Dabei ist es keineswegs so, daß die Versicherung im Bereich der überwiegend im „genossenschaftlichen" Eigentum stehenden Landwirtschaft die umgehende Ersetzung von Schäden in natura, wenn gewünscht, zu bewirken imstande wäre. Die landwirtschaftliche Produktion unterliegt ebenso staatlicher Planung und Leitung wie die industrielle, ein Unterschied zwischen staatlichem und „genossenschaftlichem" Eigentum ist aber, daß das Einkommen der Kolchozbauern vollständig oder doch zum beträchtlichen Teil den Charakter eines Residualeinkommens hatte bzw. hat und die Versicherung damit die Funktion einer Sicherung des persönlichen Einkommens der Kolchozbauern übernimmt. Ferner unterlag und unterliegt der Kolchoz strengeren Budgetrestriktionen als der staatliche Industriebetrieb und die Versicherung half insofern zumindest in der Vergangenheit, eine Fortsetzung der landwirtschaftlichen Produktion wenigstens auf bescheidenem Niveau zu sichern.

Ein zentrales Problem einer Versicherung des Viehs und landwirtschaftlicher Kulturen, insbesondere einer Ernteversicherung, ist das damit verbundene hohe moralische Risiko, das ein hohes Maß an Versicherungsschutz zu einer ineffizienten Lösung werden läßt. Dies wird mit Hilfe einer Anwendung des principal-agent-Modells gezeigt, und es stellt sich heraus, daß die Gründe hierfür denen für die Ineffizienz der sozialistischen Großlandwirtschaft gleichen. Bei einer Gegenüberstellung mit der amerikanischen Ernteversicherung fällt auf, daß das sozialistische Versicherungssystem trotz seines größeren Umfangs in vergleichsweise sehr viel geringerem Maße mit Instrumenten zur Begrenzung des moralischen Risikos ausgestattet ist. Das konstatierte hohe Versicherungsbedürfnis des sozialistischen landwirtschaftlichen Großbetriebs überrascht. In einem solchen Betrieb sollte doch ein nachhaltiger interner Risikoausgleich stattfinden. Dieser hohe Versicherungsschutz dürfte durch die systembedingte Ineffizienz dieser Betriebe mitbedingt und nicht ausschließlich mit dem russischen Klima erklärbar sein.

Bei der Prämienpolitik in der Sachversicherung ergeben sich im Zusammenhang mit der mangelnden versicherungsmathematischen Fundierung und Differenzierung und dem Ausschluß der Versicherung zahlreicher Risiken zwei Folgen:

Bei der Preisberechnung werden Risiken, die mit der Produktion der Güter verbunden sind, nicht adäquat in Rechnung gestellt. Fehlallokationen sind das Ergebnis. Dies ist auch deswegen der Fall, weil aus marxistisch-dogmatischen Gründen — laut Marx werden Versicherungsprämien aus dem Mehrwert bezahlt — Versicherungsprämien oft nicht als Kostenbestandteil verrechnet werden. Es wird gezeigt, daß dies auch im Rahmen der marxistischen Ökonomie eine falsche Lösung ist.

Die mangelnde Differenzierung der Prämie nach dem Risiko bewirkt schließlich auch, daß ganz entgegen dem Anspruch, das sozialistische Versicherungswesen lege besonderes Gewicht auf die Schadenverhütung, sowohl der ökonomische Anreiz als auch die Möglichkeit einer Einschätzung der wirtschaftlichen Zweckmäßigkeit der Vornahme von Schadenverhütungsmaßnahmen fehlt.

Auf der Suche nach Ursachen für die geringe Entwicklung der Haftpflichtversicherung finden sich ideologische, rechtshistorische und schließlich ökonomische Gründe.

Zum Teil übernimmt die „Sozialversicherung“ de facto, wenn auch nicht immer de jure, Aufgaben einer Haftpflichtversicherung und das Resultat mag von einem kollektivistischen Standpunkt weniger unbefriedigend als von einem individualistischen erscheinen. Der Verbreitung der Haftpflichtversicherung wirkt die starke Betonung des Schuldprinzips im sowjetischen Recht entgegen. Was den ganzen Bereich der Betriebshaftpflicht und Berufshaftpflicht betrifft, so ist in einem befehlswirtschaftlichen Modell diese Haftung primär eine Verpflichtung gegenüber der befehlenden Zentrale und es wäre merkwürdig, wenn man sich hiergegen bei dieser versichern könnte. Nun weicht die Realität zunehmend vom befehlswirtschaftlichen Modell ab und damit entstehen neue Argumente für eine Betriebs- und Berufshaftpflichtversicherung, die jedoch schwerlich so weit gehen kann wie in einem kapitalistischen System. Hiervon wäre nämlich der Verfall der wirtschaftlichen Disziplin zu befürchten.

2. Das Versicherungswesen ausgewählter sozialistischer Länder: Entwicklung und Gestalt

2.1. Das Versicherungswesen der UdSSR

2.1.1. Sozialversicherung

2.1.1.1. Vor der kommunistischen Machtübernahme

Neuere sowjetische Lehrbücher erwecken gern den Eindruck, daß das sowjetische „Sozialversicherungswesen" mehr oder minder aus dem Nichts entstanden sei. Eine kurze Darstellung des Sozialversicherungswesens des zaristischen Rußland ist deswegen nicht nur zweckmäßig, sondern ermöglicht auch interessante Vergleiche. Meine Ausführungen sollten auch dem Liebhaber der Oktoberrevolution schon deswegen unverdächtig sein, weil ich mich fast ausschließlich auf sowjetische Literatur der zwanziger Jahre stütze[1].

Der Kulminationspunkt der zaristischen Sozialversicherungsgesetzgebung waren die Gesetze von 1912, die von einer Kommission ausgearbeitet wurden, die im Revolutionsjahr 1905 eingesetzt worden war. Da diese Gesetze aber nur die Industrie-, Bergbau- und einige andere Betriebe mit mehr als 20 Beschäftigten betrafen und auch die nicht in Sibirien und Turkestan (—ausgespart blieben u. a. Bauarbeiter, Angestellte des Handels etc.), galten für einen beträchtlichen Teil der Arbeitnehmer des russischen Reichs Versorgungseinrichtungen weiter, die vorher bestanden hatten und von denen einige Versicherungscharakter hatten.

Als sozialpolitische Maßnahmen sind wegen ihres allgemeinverbindlichen Charakters insbesondere die schon seit 1741 bestehende Sorgepflicht eines Arbeitgebers für seine Arbeitnehmer im Krankheitsfall einschließlich der Errichtung von Pflegeeinrichtungen und die 1902 nach westeuropäischem Vorbild erfolgende Umkehrung der Beweislast bei Arbeitsunfällen zu nennen: ab 1902 war es auch in Rußland Sache des Arbeitgebers zu beweisen, daß es zu dem Unfall aufgrund von Verschulden des Arbeitnehmers gekommen

[1] Für dieses wie für die nächsten beiden Kapitel wurden insbesondere die folgenden Arbeiten heranzogen: A. Višneveckij: Razvitie zakonodatel'stva o social'nom strachovanii v Rossii. Moskva 1926; B. G. Danskij: Social'noe strachovanie ran'še i teper'. Moskva 1926; Z. Tettenborn: Sovetskoe social'noe strachovanie. Moskva 1926; B. Ljubimov: Social'noe strachovanie. Moskva 1925.

war, und konnte er das nicht, so hatte er beispielsweise bei ständiger voller Erwerbsunfähigkeit eine Rente in Höhe von 2/3 des Arbeitslohns zu zahlen. Versicherungseinrichtungen, die diese Risiken für die Arbeitgeber versicherbar gemacht hätten, wurden jedoch nicht geschaffen, und für die Sorgepflicht im Krankheitsfall wird beklagt, daß ihr ein Großteil der Arbeitgeber nicht oder nur ungenügend nachkam[2].

Neben einem komplexen, nicht Versicherungscharakter tragenden Versorgungssystem für Eisenbahner sind unter denn zahlreichen Kassen mit Versicherungscharakter insbesondere die Pflichtversicherung für Bergwerksarbeiter und die „Eremitenkassen" (eremital'nye kassy) hervorzuheben, die bei einzelnen Ministerien und Ämtern für die dort beschäftigten Beamten und Angestellten geschaffen wurden. Eigentümlicherweise kannte das zaristische Rußland keine Beamtenversorgung aus allgemeinen Steuermitteln, sondern diese Kassen wurden durch Beiträge der Versicherten gespeist. Wenn A. Višneveckij feststellt[3], daß in dieser Vielzahl von kleinen Kassen letztendlich nur die höheren Beamten und einige Angestelltengruppen mit ihrem Versorgungsniveau zufrieden sein konnten, so ist das durchaus glaubwürdig. Wenn er hingegen die bereits erwähnten Genossenschaftskassen der Bergarbeiter (gornozavodskie tovariščestva) als „archaisch"[4] abtut, so sollte daran erinnert werden, daß diese von den Arbeitern geleitet wurden. Alle diese Einrichtungen hatten mehr oder minder eine Versorgung im Krankheitsfall, bei Invalidität und für Hinterbliebene zur Aufgabe. Neben den obligatorischen und den von den Arbeitgebern geschaffenen Kassen[5] entstanden auch in Rußland Vereinigungen der Arbeiter zur gegenseitigen Hilfe. Sie erlangten aber nicht dieselbe Verbreitung wie z. B. in England, was u. a. an der späten Zulassung russischer Gewerkschaften (1906)[6] lag, aber auch an der zaristischen Polizei, die hier oft subversive Tendenzen vermutete und die Vereine einer strengen Aufsicht unterstellte. Ein ständiges Problem solcher Vereine war die aus einer ungenügenden Messung des Risikos folgende finanzielle Instabilität[7].

Die Sozialgesetzgebung von 1912 schuf eine obligatorische Krankenversicherung und eine obligatorische Arbeiterunfallversicherung. Zum Zweck des

[2] B. G. Danskij: Social'noe strachovanie ran'še i teper'. Moskva 1926, S. 8.

[3] Razvitie zakonodatel'stva o social'nom strachovanii v Rossii. Moskva 1926.

[4] S. 9.

[5] Vor allem im Revolutionsjahr 1906 wurden solche „Fabrikkassen" oft durch Kollektivverträge zwischen den Arbeitern und den Eigentümern eines Betriebs geschaffen.

[6] Z. Tettenborn: Sovetskoe social'noe strachovanie. Moskva 1926, S. 23.

[7] B. Ljubimov (Social'noe strachovanie. Moskva 1925, S. 28) schätzt, daß es 1905 20 bis 30 Vereinigungen von Arbeitern für gegenseitige Hilfe gab, die größten darunter mit mehreren tausend Mitgliedern und einem Mittelaufkommen von über 10.000 Rubel im Jahr. Daneben gab es eine beträchtliche Zahl von Gegenseitigsvereinen von Handwerkern etc. Ein paar Jahre später wird die Zahl der Gegenseitigvereine auf bis zu 1000 mit einer Gesamtmitgliedschaft von 350 - 450 tausend Personen geschätzt.

Betriebs der ersteren waren in Großbetrieben Kassen auf betrieblicher Ebene zu bilden, in kleineren auf überbetrieblicher, die sich aus einem Beitrag der Arbeiter in Höhe von ca. 3% des Arbeitslohns speisten. Im Rahmen dieses Mittelaufkommens oblag die Ausgestaltung der Leistungen im einzelnen[8] in beträchtlichem Maße der Beschlußfassung durch die Leitung der Kasse, die sich mehrheitlich aus Vertretern der Arbeiter zusammensetzte. Zum Aufgabenkreis dieser Leitung gehörte es auch, für die Schaffung von Gesundheitseinrichtungen Sorge zu tragen, die eine tatsächliche Gewährung der vorgesehenen Leistungen an die Kassenmitglieder sicherten. Eine derartige „rabočaja strachovaja medicina" entstand auch wirklich. Die Arbeiterunfallversicherung gewährte eine Erwerbsunfähigkeitsrente bei Verlust der Erwerbsfähigkeit infolge eines Arbeitsunfalls, der zu Körperbeschädigung geführt hatte, und Hinterbliebenenrenten bei einem Arbeitsunfall mit Todesfolge. Zu diesem Zweck wurden Kassen auf meist regionaler Ebene gebildet. Die Erwerbsunfähigkeitsrente konnte je nach dem Grad der Körperbeschädigung bis zu 100% des Arbeitslohns erreichen, die Mittel wurden aus Beiträgen der Arbeitgeber, die nach der Gefahrenklasse des Betriebs differenziert waren, aufgebracht; die Leitung der Kasse oblag dem Arbeitgeber, der Arbeiter konnte gegen ihre Entscheidungen bei den ordentlichen Gerichten klagen. Zum Zwecke einer sehr weit gehenden Aufsicht über die Kassen wurden mehrere im wesentlichen mit Beamten besetzte Kommissionen gebildet. Von dieser Sozialversicherungsgesetzgebung wurden ca. 2 Millionen Arbeitnehmer erfaßt, was nach der Schätzung von B. G. Danskij[9] ca. 1/5 aller Arbeitnehmer in Stadt und Land ausmachte[10].

Bemerkenswert ist, daß trotz der Kürze der vor Ausbruch des ersten Weltkriegs verbleibenden Zeit nachhaltige Schritte zur Durchführung dieser Gesetzgebung unternommen wurden und vielerorts ab 1913 die neugeschaffenen Kassen tätig waren. Die Bol'ševiki nahmen die Einrichtung der Kassen 1912/1913 zum Anlaß einer Kampagne, die vor allem den Zweck verfolgte, daß die Arbeitervertreter Anhänger ihrer Partei sein sollten[11]; dies scheint auch in beträchtlichem Maße gelungen zu sein.

Die Agitation der Bol'ševiki zur Sozialversicherung kreiste um das „Arbeiterversicherungsprogramm", das in gemilderter Form in mehreren Resolutionen der 2. sozialistischen Internationale wiederkehrte und bis heute durch die sozialistische Literatur geistert. Eine Kurzfassung gibt B. Ljubimov: „1. Ausdehnung der Versicherung auf alle Lohnarbeiter ohne Ausnahme 2. Aus-

---

[8] Z. B. ob es Karenztage geben sollte oder nicht, inwieweit Angehörige in die Versorgung einbezogen werden sollten.

[9] Op. cit. S. 19 — es sind nur grobe Schätzungen möglich.

[10] Gelegentlich des Inkrafttretens der Gesetzgebung wurde ferner auch die Versorgung der Eisenbahner in ähnlicher Weise neu geordnet.

[11] Dies wurde deutlich aus W. I. Lenin: Resolutionen S. 454. Lenin Werke Bd. 18, Berlin 1972.

dehnung der Versicherung auf alle Arten des Verlustes der Arbeitsfähigkeit: auf den Fall der Krankheit, Verstümmelung, Invalidität, des Alters, der Mutterschaft, des Witwenstandes, des Waisenstandes, aber auch der Arbeitslosigkeit 3. vollständige Auferlegung aller Ausgaben für die Versicherung auf den Unternehmer 4. Ersetzung des vollen Arbeitslohns im Fall des Verlustes der Arbeitsfähigkeit und der Arbeitslosigkeit 5. volle Selbstverwaltung der Versicherten“[12].

2.1.1.2. Die ersten Jahre der sowjetischen Regierung

Durch Deklaration der sowjetischen Regierung vom 30. Oktober 1917 wurde die baldige Verwirklichung des „Arbeiterversicherungsprogramms“ versprochen — ja, noch mehr: seine Ausdehnung auf „die städtische und die Dorfarmut“[13]. In den darauffolgenden Monaten erging auch eine Fülle von Gesetzen, die jedoch vor allem propagandistische Bedeutung hatten, denn „. . . der Gesetzgeber zog die objektiven, realen Möglichkeiten für die Verwirklichung der herausgegebenen Gesetze nicht in Betracht, so daß sich diese in der Praxis in einigen ihrer Teile in eine undurchführbare Deklaration verwandelten“[14]. Dieses Schicksal teilten sie mit zahlreichen anderen Dekreten der Sowjetmacht, die schon allein deswegen den Charakter von Aufrufen an die Massen haben mußten, da die sowjetische Regierung im ersten Jahr ihrer Existenz noch über keinen loyalen Verwaltungsapparat verfügte. Dies soll nicht heißen, daß nichts geschah. Die reorganisierten bzw. neu geschaffenen, nunmehr von den Arbeitern „selbstverwalteten“ Kassen begannen alsbald, die privaten Arbeitgeber in Anspruch zu nehmen, allein in der Krankenversicherung mit 10 % der Lohnsumme[15] und praktisch unbegrenzten Möglichkeiten, bei einem Mangel an Mitteln Nachschüsse zu erheben, und sie unternahmen auch einiges ohne gesetzliche Grundlage[16]. Dies war den Bol'ševiki nicht unwillkommen, diente es doch der Zerstörung der hergebrachten Ordnung. Diese Finanzierungsquellen versiegten indes bald, die Mittel konnten nur mehr aus Sozialversicherungsbeiträgen der sozialistischen Betriebe oder

[12] S. 9 Social'noe strachovanie v prošlom i nastojaščem. Moskva 1925. Vgl. W. I. Lenin: Über die Stellung zu dem Gesetzentwurf der Duma über die staatliche Arbeiterversicherung. Lenin Werke Bd. 17. Berlin 1973, S. 467 f.

[13] Višneveckij op. cit. S. 47; mit letzterer sind auch die Kleinbauern gemeint.

[14] A.a.O. S. 48. Ähnlich äußert sich Danskij op cit. S. 64: „Die sowj. Versicherungsdekrete . . . ließen viel in Bezug auf ihre praktische Umsetzung zu wünschen übrig. Sie hatten in beträchtlichem Maße deklarativen und oft agitatorischen Charakter.“

[15] „Dann wird geltend gemacht, daß die hohen Sätze für die Sozialversicherung die Industrie ruinieren können . . . Eine solche These ist vollkommen falsch. Erstens, wenn die Industrie nicht in der Lage ist, die bei ihr beschäftigten Arbeiter zu versorgen, was ist mit ihr? . . .“ (N. Miljutin: Kommuna i social'noe strachovanie. Petersburg 1918. S. 34).

[16] Op. cit. S. 57, s.a. Danskij op. cit. S. 62.

Zuschüssen des Staatshaushalts kommen und die Arbeiterselbstverwaltung endete bereits knapp ein Jahr nach ihrer Einführung — alle Befugnisse wurden einer einzigen Behörde übertragen, die eine Abteilung des Volkskommissariats für Arbeit war[17].

An die Stelle der revolutionären Anarchie trat mehr und mehr Ultrazentralismus.

Es blieb den führenden „Spezialisten für Sozialversicherung" A. Vinokurov[18] und A. Miljutin[19] vorbehalten, dies als Schritt zum bevorstehenden Vollkommunismus zu feiern, der, wie Vinokurov erklärte, durch die Abschaffung der Sozialversicherung und ihre Ersetzung durch die „soziale Versorgung" (social'noe obespečenie) gekennzeichnet sein werde. Auch in den grundsätzlichen Erklärungen begann ein Abrücken vom „Arbeiterversicherungsprogramm". So schreibt Miljutin, daß „im Kommunismus nicht Ersetzung des verlorenen Arbeitslohns, sondern die Gewährleistung der Mittel für die Existenz Aufgabe der Versicherung" sein werde[20].

Der Deklaration nach wurden nun auch alle Selbständigen sozialversicherungspflichtig, soweit sie keine „Ausbeuter" waren, zumindest hatten sie Beiträge zu entrichten. Zugleich mit der Übertragung der Sozialversicherung erhielt das Volkskommissariat für Arbeit das Recht, alle Leistungen im Fall einer „schweren . . . wirtschaftlichen Krise"[21] auf einen Minimalsatz zu reduzieren, bei dessen Festlegung die örtlichen Bedingungen in Rechnung zu stellen waren und die Möglichkeit, Geldleistungen schrittweise durch Zuwendungen in natura zu ersetzen[22]. Ebenfalls 1918 wurde eine Arbeitspflicht für die gesamte arbeitsfähige Bevölkerung eingeführt. Hinterbliebenenrenten wurden damit zu einem beträchtlichen Teil „überflüssig". Die Dekrete der nächsten Monate lassen erkennen, daß das System rasch alle Versicherungsmerkmale einbüßte und sich in eine mit einer Bedürftigkeitsprüfung verbundene gleichmacherische Versorgung verwandelte.

Im April 1919 wurde die Sozialversicherung auch förmlich abgeschafft und für den neuen sozialistischen, sozialökonomischen Verhältnissen unange-

---

17 Die Abteilungen für Arbeit der örtlichen Sovets fungierten als ausführende Organe dieser Behörde. Begreiflicherweise waren die Versicherten über den Verlust ihrer Selbstverwaltungsrechte nicht unbedingt glücklich. E. Astrachan interpretiert dies in Anknüpfung an sowjetische Autoren der Zwanzigerjahre als das „völlige Unvermögen" der Men̆seviki und Sozialrevolutionäre und einiger „rückständiger Elemente der Arbeiterklasse", die neuen Bedingungen zu begreifen (Razvitie zakonodatel'stva o pensijach rabočim i služaščim. Moskva 1971 S. 48).

18 Social'noe obespečenie. Ot kapitalizma k kommunizmu. Moskva 1921. S. 7 f.

19 Kommuna i social'noe strachovanie. Petersburg 1918, S. 8 ff.

20 S. 37 Kommuna . . .

21 Višnevecki op. cit. S. 71.

22 Višnevecki op. cit. S. 77 berichtet, daß die „Prinzipien" dieser Neuordnung zum Teil bereits angewandt wurden, bevor sie offiziell stattfand.

messen erklärt. Die sozialistischen Betriebe zahlten keine Sozialversicherungsbeiträge mehr, die Beiträge der sonstigen „Versicherungs“pflichtigen flossen hinfort in den allgemeinen Staatshaushalt, die Finanzierung der „sozialen Versorgung“ wurde eine Angelegenheit des Volkskommissariats für Finanzen. Organisatorisch herrschte erheblicher Wirrwarr, ein eigenes Volkskommissariat für soziale Versorgung wurde geschaffen und wieder aufgelöst und erneut geschaffen, ich verfolge die zahlreichen Reorganisationsversuche nicht weiter. Man versuchte, eine gewisse Unterscheidung zwischen „Versorgung“ und reiner „Sozialfürsorge“ beizubehalten.

Was die Leistungen anbetraf, so überstürzten sich die Dekrete des Rats der Volkskommissare bis Anfang 1921, die z. T. immer weitergehende Leistungen in Aussicht stellten, die weit über das „Arbeiterversicherungsprogramm“ hinausgingen, z. T. sie auch wieder stark einschränkten. Tatsächlich bedeutete das alles wegen des Mangels an materiellen Ressourcen wenig. Die Leistungen, die von den örtlichen Organen des Volkskommissariats mit den sozialistischen Betrieben als Zahlstellen gewährt wurden, orientierten sich an den inzwischen eingeführten „Festlöhnen“, die „weit unter dem tatsächlichen Existenzminimum“ lagen[23] und der Versorgte mußte, wollte er nicht verhungern, versuchen „na storone“, d. h. wohl auf illegale Art und Weise eine „zusätzliche Versorgung“ zu erlangen. Die Organe der sozialen Versorgungen hatten sich in „bürokratische Kanzleien“, „Ämter des Imperators Marius“[24] verwandelt, walteten also wie Despoten. Die Mittel für die Leistungen irgendwie beizubringen, blieb oft den sozialistischen Betrieben selbst überlassen, die sich „bis zum gewissen Grad . . . in Invalidenheime verwandelten“[25]. Die Leistungsgewährung erfolgte hauptsächlich in Naturalien, daneben aber auch in praktisch wertlosem Papiergeld. „. . . die Naturalisierung blieb entweder auf dem Papier oder entsprach noch nicht einmal den bescheidensten Bedürfnissen“[26].

Festzuhalten bleibt: Die „soziale Versorgung“ des sogenannten Kriegskommunismus hatte weder der Art der Leistungsgewährung noch der Organisation und Finanzierung nach etwas mit einer Versicherung gemein. Obschon ein Produkt der Notstandssituation und der revolutionären Desorganisation statt der Verwirklichung eines Programms, verwandelte sie sich doch in den Köpfen der sowjetischen Führer aus einer Not in eine Tugend, die „Versicherungsprogrammatik“ wurde aufgegeben. Indes stellte sich die überzentralisierte und ökonomischer Stimuli entäußerte „soziale Versorgung“ des Kriegskommunismus zusammen mit dessen übrigen Elementen nach Beendingung des Bürgerkriegs rasch als funktionsunfähig heraus.

[23] Op. cit. S. 101.

[24] Dies die Ausdrücke von Milutin zitiert nach Višnevecki a.a.O.

[25] Danskij op. cit. S. 75.

[26] Danskij op. cit. S. 72.

2.1.1.3. Die neue ökonomische Politik

2.1.1.3.1. Allgemeine Charakteristik

Die Wirtschafts- und Sozialpolitik der „Neuen ökonomischen Politik" (NEP) ist in der Speziallliteratur eingehend dargestellt, auf die hier verwiesen wird[27]. Immerhin mögen wir uns einige Tatsachen ins Gedächtnis rufen.

Die NEP währte von 1921 bis zum Ende der zwanziger Jahre, in Anknüpfung an Lenin wird sie zumeist als Teilrückzug zum Kapitalismus charakterisiert. Die Industrie blieb überwiegend staatlich, arbeitete jedoch nicht unter einheitlicher Planung und Leitung, die Landwirtschaft war privat und wurde in beträchtlichem Maße von den Zwangsablieferungen befreit, ein staatlicher Handel wurde im Laufe der NEP erst allmählich geschaffen. In mehrjährigem Bemühen wurde die Währung stabilisiert, von der Naturalwirtschaft zur Geldwirtschaft zurückgekehrt. Die Wirtschaft erfuhr eine Wiederbelebung, die industrielle Produktion übertraf zu Ende der NEP den Vorkriegsstand, die landwirtschaftliche Produktion an marktfähigen Erzeugnissen blieb allerdings hinter ihm zurück. Durch gewisse Zugeständnisse und die durch die wirtschaftliche Erholung ermöglichte Verbesserung des Lebensstandards hoffte die sowjetische Regierung, die Feindseligkeit breiter Teile der Bevölkerung ihr gegenüber abzubauen.

2.1.1.3.2. Rückkehr zur Sozialversicherung

Mit der neuen ökonomischen Politik begann schon im Herbst 1921 eine neue „Sozialversicherungsgesetzgebung", die nunmehr „keine theoretischen, agitatorischen und deklarativen Artikel"[28] enthalten sollte und dieses Anfang der zwanziger Jahre geschaffene System existiert in einem beträchtlichen Maß bis heute. Die Gesetzgebung der Jahre zuvor hingegen verschwand in der Versenkung und tauchte nie wieder auf.

Bemerkenswert ist zunächst der Name „Sozialversicherung". Er muß den „führenden Experten" und Volkskommissar für soziale Versorgung Vinokurov überrascht haben, der noch wenige Monate vorher Versicherung generell für etwas Bourgeoises erklärt[29] und sich für die Weiterführung und den Ausbau der „Sozialen Versorgung" des Kriegskommunismus ausgesprochen hatte. Über die Gründe für diesen Schwenk schweigt die sowjetische Literatur jener Zeit auffallend, eine Diskussion fand zumindest öffentlich nicht

---

[27] Vgl. z. B. H. Raupach: Geschichte der Sowjetwirtschaft, Hamburg 1964. A. Baykov: The Development of the Soviet Economic System. Cambridge 1946.

[28] Danskij op. cit. S. 76.

[29] Op. cit. S. 7.

statt. Als Gründe für das ganz außerordentlich schlechte Funktionieren der „Sozialen Versorgung“ findet sich regelmäßig, dies sei nicht die „Schuld“ der Sowjetmacht, sondern „der Konterrevolution und des Weltimperialismus“ gewesen. Ein Jahr nach Beginn der Neuordnung des Versicherungs- und Versorgungswesens veröffentlichte das ZK der KP „Thesen über die Sozialversicherung“, in denen vage die Überführung der staatlichen Betriebe auf die wirtschaftliche Rechnungsführung als „Grund“ angegeben wurden, warum man zur „Versicherung“ zurückgekehrt sei. Dies wird denn auch erläuterungslos von fast allen sowjetischen Autoren nacherzählt, die sich überhaupt hierzu äußern[30]. Die relativ klarsten Darlegungen sind die von Višneveckij[31]: „Die NEP rief verschiedene Arten nichtstaatlicher Betriebe ins Leben, die Lohnarbeit von Arbeitern und Angestellten verwandten. Dieser Umstand eröffnete für die wegen des Mangels an Mitteln in Atemnot geratenen Organe der sozialen Versorgung die Möglichkeit, die Ausgaben für die Versorgung der Arbeiter und Angestellten auf die Schultern der aufkommenden Unternehmer abzuwälzen. . .“ und über die staatliche Industrie: „Mit den alten Formen der sozialen Versorgung, als die Betriebe eine unbegrenzte Zeit eine ungewisse Menge an Fällen zeitweiliger Arbeitsunfähigkeit, Schwangerschaft, Geburten etc. ihrer Arbeiter und Arbeiterinnen zahlen mußten, konnte von einer echten Buchhaltung der Einnahmen und Ausgaben, von richtiger Kalkulation, mit einem Wort von wirklicher wirtschaftlicher Rechnungsführung keine Rede sein.“ Inwieweit das neugeschaffene System tatsächlich Versicherungscharakter tragen würde, blieb bei diesen Bekundungen noch abzuwarten. Immerhin ging die Allergie gegen die „soziale Versorgung“ weit genug, daß sie als Einrichtung der russischen Föderation um ein Haar ganz abgeschafft worden wäre[32].

2.1.1.3.3. Gesetzgebungstechnik

Das neue System wurde außer durch eine Reihe von Verordnungen, Dekreten etc. des Rats der Volkskommissare durch eine Vielzahl von Verfügungen und Instruktionsschreiben zahlreicher „Ämter“ geschaffen, von denen

[30] Vgl. E. Astrachan: Razvitie zakonodatel'stva o pensijach rabočim i služaščim. Moskva 1971, S. 49. Spätere Äußerungen der Beteiligten lassen auch jede prinzipielle Kritik am System der „sozialen Versorgung“ vermissen, das „logisch folgerichtig und unvermeidlich“ gewesen sei. B. Miljutin: Razvitie form social'nogo strachovanija za desjatiletie sovetskoj vlasti. Voprosy truda. 1927: 10 S. 50.

[31] Op. cit. S. 103.

[32] Nachdem der Sieg im Bürgerkrieg errungen war, faßte der Rat der Volkskommissare 1921 eines Tages den Beschluß, das Volkskommissariat für soziale Versorgung, dem zu dieser Zeit der gesamte Bereich unterstand, „wegen Mangels an Mitteln“ zu liquidieren. Lenin war damit nicht einverstanden, die Sache kam vor das Politbüro, das den Beschluß revidierte. V. A. Ačarkan: Gosudarstvennye pensii. Moskva 1967, S. 31.

viele nie veröffentlicht wurden. Daß wir mithin bereits vom „Sozialversicherungsrecht" den größten Teil[33] nie zu Gesicht bekommen, ist ein Umstand, an den wir uns werden gewöhnen müssen. Sicherlich ist die Lage diesbezüglich seit den fünfziger Jahren besser geworden, aber auch heute dürfen wir ruhig die Aussage wagen, daß es zumindest für den Außenstehenden ganz einfach unmöglich ist, einen Überblick über die Rechtslage zu gewinnen, geschweige denn über die Rechtsanwendung. Auf jeden Fall wäre es ein Fehler, die Aussagen der in den „gesammelten Verordnungen" des Ministerrats der UdSSR veröffentlichten Texte einfach als bare Münze zu nehmen.

2.1.1.3.4. Mitglieder der Sozialversicherung

Das für die nächsten Jahrzehnte zumindest pro forma grundlegende Arbeitsgesetzbuch von 1922 spricht von der „Sozialversicherung" aller Lohnabhängigen, die sich auf Gewährung ärztlicher Hilfe, Unterstützung bei zeitweiliger Arbeitsunfähigkeit, Invaliden- und Hinterbliebenenrenten erstreckt. Mit „alle" sind aber nicht wirklich alle gemeint und zwar zum einen „aus technischen Gründen"[34] und zum anderen, weil eine Versicherung „nichtproletarischer Elemente" nicht beabsichtigt war. Im einzelnen übernahm es das bald für den Betrieb der „Sozialversicherung" wieder zuständige Volkskommissariat für Arbeit, in Zirkularen mitzuteilen, wer mit „alle" nicht gemeint ist. Nach den Angaben von Gosplan über die Zahl der Lohnarbeiter, die anscheinend das „Landproletariat" entweder überhaupt nicht oder nur in kleinen Bruchteilen enthalten, waren 1924/25 81% derselben von der Sozialversicherung erfaßt, 1926/27 86%[35]. Von diesen waren 1926/27 ca. 3 Millionen oder 35% aller Versicherten Beschäftigte der Industrie, vornehmlich der staatlichen[36]. Das Hauptkontingent der restlichen 4-5 Millionen Versicherten[37] waren die Beschäftigten anderer staatlicher Einrichtungen wie die meisten Mitarbeiter der Volkskommissariate, örtlichen und überörtlichen Sowjets, Funktionäre der Partei und einiger anderer Organisationen, Lehrer, Ärzte und sonstiges medizinisches Personal, im Transport Beschäftigte und ähnliche. Eine nähere Aufschlüsselung ist aufgrund des vorliegenden statistischen Materials nur beschränkt möglich[38].

[33] Wie groß können wir natürlich nicht sagen!

[34] Višneveckij op. cit. S. 104.

[35] L. Nemčenko: Naši dostiženija v oblasti social'nogo strachovanija k desjatoj godovščine Oktjabrja. Voprosy truda 1927: 10 S. 36.

[36] L. V. Zabelin, Ja. P. Emdin: Promyšlennost' i socialnoe strachovanie. Moskva 1928, S. 13.

[37] Die Zahlenangaben weichen im einzelnen stark ab.

[38] Eine interessante Aufschlüsselung bezieht sich auf den Kraj des Nordens. Hier waren 1930 von 203tausend Versicherten Beschäftigte in der Industrie: 57; Bau: 12,8; Transport: 1,5; Post- und Fernmeldewesen: 2,6; Volksbildung: 10,6; Gesundheitswesen: 6,9; Staats-

Daß bestimmte Personengruppen nicht wirklich Mitglieder der Sozialversicherung gewesen sein können, wird in den nächsten Jahrzehnten dann deutlich, wenn Normativakte veröffentlicht werden, die den Neueinschluß von solchen in die Sozialversicherung verkünden wie z. B. Ende der zwanziger Jahre den Einschluß der zahlenmäßig bedeutenden Gruppe der Heimarbeiter oder den Einschluß der Hausdiener[39]. Für die sehr bedeutende Gruppe der nur saisonal oder nicht regelmäßig beschäftigten Arbeitnehmer[40] gab das Volkskommissariat Listen heraus, welchen Berufsgruppen eine teilweise Versicherung zuteil werde, die jedoch vieles offen ließen[41]. Višneveckij gibt den mit diesen Fällen dann praktisch befaßten Behörden den Rat, das Kriterium „proletarisch" im Zweifelsfall eng zu interpretieren[42]. Glücklicherweise verfügen wir aus jenem Jahrzehnt über ein paar Detailaufnahmen der tatsächlichen Tätigkeit der „Sozialversicherung". Nehmen wir den Fall der Landarbeiter, zu dem es einige offenherzige Schilderungen gibt, schon allein, weil es hier ja die Kulaken anzuklagen gab. So wird berichtet[43], daß im nordkaukasischen Kraj 1928 von einer geschätzten Zahl von 200 000 Landproletariern nur 29475 versichert waren und daß diesen nur 5% der von den Kulaken eingetriebenen Versicherungsbeiträge oder 4851 Rubel[44] als Leistungen zugute kamen[45]. Nun, die Versicherung des „Landproletariats" mag einen verzerrenden Eindruck vermitteln[46], gab es hier doch einige Vorschriften[47], die bestimmte bäuerliche Wirtschaften von der Versicherungspflicht für ihre Knechte befreiten, und war die Durchführung einer „Sozialversicherung" im weitgehend analphabetischen russischen Dorf überhaupt schwer vorstellbar. Wenn in der Gesetzgebung der zwanziger Jahre davon die Rede

verwaltung: 8,2; andere Einrichtungen: 11,8; Einrichtungen der Gemeinden: 5,2; persönliche Dienerschaft (ličnaja prisluga): 2,2; Kader in der Holzfällerei: 16,7; Saisonarbeiter in der Holzfällerei: 48,2 (A. P. Orlov: Social'noe strachovanie trudjaščichsja Svernogo kraja. Chozjastvo severa 1931: 1-2 S. 136).

[39] Eine Gruppe, mit deren Versorgung sich die sowjetische Regierung noch wiederholt befassen zu haben wird.

[40] Z. B. Bauern, die versuchten, in der Industrie Arbeit zu finden.

[41] 1925-27 waren 2-3 % aller Versicherten nicht vollversichert (I. Baevskij: K voprosu o sisteme tarifov vznosov na social'noe strachovanie. Voprosy truda 1928: 6 S. 30).

[42] Op. cit. S. 107.

[43] V. Spektor: Uslovija truda i byta sezonnikov i batrakov. Voprosy truda 1929: 3-4, S. 201.

[44] Zum Vergleich: eine Gesetzessammlung der Sozialversicherungsgesetze kostete zu jener Zeit ca. 3 Rubel, also ungefähr so viel wie heute.

[45] Aus Elge: Social'noe strachovanie batračestva. Voprosy truda 1929: 2 S. 5 wird deutlich, daß es sich hier nicht um einen isolierten Einzelfall handelt. Elge vermutet, daß sich unter den „versicherten" Landarbeiter auch noch eine nicht geringe Zahl von „toten Seelen" befindet.

[46] Über eine andere Arbeiterkategorie, deren Versicherung oft „nur auf dem Papier" existierte, berichtet D. Šneer: Rabočij vopros na splave. Voprosy truda 1929: 12 S. 103.

[47] Die 1928 allerdings außer Kraft gesetzt waren.

war, daß auch die Lohnarbeiter der „genossenschaftlichen Industrie“ der „Sozialversicherung“ unterlägen, so sind damit nicht die Mitglieder dieser Genossenschaften gemeint, sondern nur von diesen Genossenschaften beschäftigte Lohnabhängige, und das war eine ganz kleine Gruppe[48]. Diese Informationen sollten uns veranlassen, auch in den kommenden Jahrzehnten sowjetischen Bekundungen über die „Umfassendheit“ der sowjetischen „Sozialversicherung“ mit Vorsicht zu begegnen — auch wenn wir dann nicht mehr so viele Gegenbeweise werden anführen können.

2.1.1.3.5. Krankenversicherung

Es ist zu unterscheiden zwischen einer Krankheitskosten- und einer Krankentagegeldversicherung, erstere deckt die Kosten der Gesundheitsleistungen. Eine eigentliche Krankheitskostenversicherung wurde nicht betrieben.

Das Volkskommissariat für Arbeit (NKT) führte einen Teil der Beitragseinnahmen aus der „Sozialversicherung“ an das Volkskommissariat für Gesundheitswesen ab, das diese zusammen mit Mitteln aus dem Staatshaushalt für die Finanzierung der Gesundheitseinrichtungen verwendete. Inwieweit das NKT ein Mitspracherecht bei der Verwendung dieser Mittel und die in der „Sozialversicherung“ Versicherten einen privilegierten Zugang zu den Gesundheitseinrichtungen[49] hatten oder spezielle Gesundheitseinrichtungen für sie geschaffen wurden, war in den verschiedenen Unionsrepubliken nicht einheitlich geregelt. Nach längeren Kompetenzstreitigkeiten kamen die Beteiligten überein, daß die Versicherten in den allgemein zugänglichen Gesundheitseinrichtungen bevorzugt vor der übrigen Bevölkerung zu behandeln sind. Die Mittel, die das NKT abführte, durften nur für die Behandlung der Versicherten verwendet werden. Deren Ausmaß war aber nicht auch umgekehrt durch den Umfang dieser Abführungen beschränkt.

Hingegen gab es eine Krankentagegeldversicherung, die in den Grundzügen bis heute fortbesteht (strachovanie na slučaj vremennoj netrudosposobnosti). Damit war und ist auch Schwangerschaft gemeint. Krankentagegeld wurde prinzipiell unbegrenzt lange in voller Höhe des tariflichen Arbeits-

[48] Im einzelnen sind die Informationen über best. Personengruppen eher verwirrend. So versichert uns Višneveckij, daß zu den Lohnarbeitern auch auf Kommissions- und ähnlicher Basis Beschäftigte gehörten, von denen es bei den Handels- und Beschaffungsorganisationen nicht wenige gab. Dazu steht im Widerspruch, daß 1935 eine Neueinbeziehung dieser Gruppe in die Sozialversicherung verkündet wurde. Eine Erklärung finden solche Widersprüche vielleicht darin, daß die meist unveröffentlichten Zirkulare des Volkskomissariats oft unklar und ihre Anwendung durch die örtlichen Behörden nicht gewährleistet war, wie wir aus zahlreichen Zeugnissen wissen.

[49] Der im Prinzip kostenlos war, allerdings nicht bei allen Leistungen.

lohns gezahlt und ohne Karenztage. Die Bezüge konnten jedoch im Fall einer schwierigen Finanzlage der „Sozialversicherung" gekürzt werden —und deren Finanzlage war meistens schwierig.

Für die Anerkennung als Kranker ist die Eintragung in eine Krankenliste erforderlich, die von bestimmten Gesundheitseinrichtungen (lečebnye učreždenija) aufgrund einer Untersuchung für 5 Tage vorgenommen wird. Dauert die Krankheit länger, so muß sich der Kranke mit einer Notiz der Gesundheitseinrichtung an die ärztliche Kontrollkommission wenden, deren Zusammensetzung und Arbeitsweise durch Vereinbarung der Regionalorgane für Gesundheitswesen und „Sozialversicherung" näher geregelt wird. Diese erteilt Weisungen, wie mit dem Kranken weiter zu verfahren ist. Sie ist aber nicht berechtigt, ein Recht des Kranken auf Unterstützung auszusprechen, dies kommt vielmehr den Organen der „Sozialversicherung" zu, die hierbei das Gutachten der Kontrollkommission verwenden. In ländlichen Gebieten war es durchaus der Fall, daß der Kranke deswegen keine Leistungen erhielt, weil es in der Gegend keine Gesundheitseinrichtungen gab, die berechtigt gewesen wären, ihn in die Krankenliste einzutragen[50]. Es wird deutlich: In Ermangelung ökonomischer Stimuli für eine zweckmäßige Inanspruchnahme der Leistungen der Krankenversicherung wurde vor diese ein kompliziertes administratives Verfahren gesetzt. — Ferner wurden Sterbegelder in bescheidener Höhe gewährt.

2.1.1.3.6. Arbeitslosenversicherung

Anspruch auf Arbeitslosenunterstützung hatten Arbeitnehmer mit wenigstens 3 Arbeitsjahren, Demobilisierte der Roten Armee, hochqualifizierte Geistesarbeiter und alleinstehende Mütter und einige andere auch ohne Arbeitsjahre. Die Regelungen im einzelnen änderten sich wiederholt, die Maximaldauer der Unterstützung war meist 1/2 Jahr, die Höhe im allgemeinen 1/6 bis 1/2 des örtlichen Durchschnittslohns. Ab 1925 wurde die Gewährung einer Unterstützung vom Ergebnis einer Bedürftigkeitsprüfung abhängig gemacht. Im einzelnen konnte das Ausmaß an Unterstützung flexibel an die Finanzlage der „Sozialversicherung" angepaßt werden[51]. Statt einer direkten Unterstützung des Arbeitslosen war auch eine Finanzierung von Arbeitsbeschaffungsmaßnahmen möglich. L. Minc[52] schätzte die Gesamtzahl der Arbeitslosen zu diesem Zeitpunkt in der SU auf ca. 9 Millionen. Die Arbeitslosigkeit in den Städten wuchs vor allem aufgrund des Zustroms vom

[50] Spektor op. cit. S. 201.

[51] Die durchschnittliche Arbeitslosenunterstützung betrug in der 2. Hälfte der 20er Jahre etwa 10 Rubel pro Monat.

[52] K probleme agranogo perenaselenija. Voprosy truda 1928: 2 S. 16.

Land kontinuierlich an. Die Zahl der unterstützten Arbeitslosen stieg von 147600 im Haushaltsjahr 1924/25 auf 260000 im Haushaltsjahr 1927/28[53]. Z. Mochov[54] forderte Ende 1929 eine Reform der Arbeitslosenunterstützung, die „kolossale Mittel" verschlinge und ineffizient organisiert sei. 1930 verschwand die Arbeitslosenversicherung auf unauffällige Weise in der Versenkung und wer mehr wissen will, dem sei gesagt, daß es ab 1930 in der Sowjetunion keine Arbeitslosigkeit mehr gegeben haben soll[55].

2.1.1.3.7. Sozialversicherungsrenten

Es ist bemerkenswert, daß die sowjetische Sozialversicherung zwar Renten gewährte, diese aber bis zum 2. Weltkrieg eine Ausgabenkategorie von zweitrangiger Bedeutung blieben. Das sowjetische Rentenrecht kennt fünf Arten von Renten: a) die Invalidenrente, b) die Hinterbliebenenrente, c) die Dienstalterrente, d) die Altersrente, e) die persönliche Rente. Hiervon wird die letztgenannte prinzipiell nicht aus dem Haushalt der Sozialversicherung finanziert, sondern aus dem allgemeinen Staatshaushalt. Damit kann sie nach der von uns gewählten Abgrenzung keine Sozialversicherungsrente sein. Die Altersrente wurde erst ab 1929 eingeführt, der Leser mag indes unserer Tabelle[56] entnehmen, daß bis in die sechziger Jahre die Invalidenrente die häufigste Rentenart blieb. Auch in bezug auf das Rentenrecht war die Gesetzgebung der zwanziger Jahre für lange Zeit prägend.

Für die Invalidenverrentung sind die folgenden interessanten Regelungen maßgeblich: Vollinvalide im Sinne des Gesetzes ist nur, wer vollständig unfähig zu irgendeiner beruflichen Tätigkeit ist, welcher Art auch immer sie sei. Jeder andere ist allenfalls ein Teilinvalide. Die Invaliden wurden 1921 zunächst in sechs Gruppen unterteilt, Gruppe 1 waren die permanenten Pflegefälle, Gruppe 3 Personen, die nur mehr zeitweilig und zufällig zu einer leichten Arbeit imstande sind, Gruppe 4 Personen, die auf einen anderen Beruf mit niedrigerer Qualifikation überwechseln müssen, Gruppe 6 Personen, die in ihrem Beruf verbleiben können, aber weniger produktiv geworden sind. Hierbei wurde schon bald ein Unterschied zwischen Personen, die ihre Arbeitsfähigkeit infolge Arbeitsunfall und Berufskrankheit verloren hatten,

[53] M. Bystrickij: Pomošč bezrabotnym i meroprijatija po oslableniju bezrabotnym. Voprosy truda 1928: 4 S. 12.

[54] Uskorit reorganizaciju delja pomošči bezrabotnym. Voprosy truda 1929: 12 S. 35.

[55] Astrachan op. cit. S. 71; vgl. J. Stalin: Politischer Rechenschaftsbericht des ZKs an den XVI. Parteitag der KPdSU 1930. Stalin Werke Bd. 12 Dortmund 1976, S. 256. Stalin bezeichnet hier die Angaben des NKT, nach denen es 1930 eine Million Arbeitslose gegeben hat, als kaum glaubwürdig und vertritt die Ansicht, daß es vermutlich nur mehr wenig Arbeitslosigkeit gebe. Wenig später wurde die Leitung des NKT als „konterrevolutionär" entlarvt.

[56] Vgl. S. 111.

und den anderen gemacht. Erstere wurden und werden besser versorgt. Zu den anderen gehören auch diejenigen, die infolge Altersschwäche arbeitsunfähig geworden sind[57].

Die Gruppen 4 bis 6 führten immer nur ein Schattendasein[58], meist wurde ihnen allenfalls eine Arbeitslosenunterstützung gewährt und 1932 wurden sie schließlich ganz abgeschafft und die Gruppe 3 in diesem Zusammenhang etwas weiter definiert. Der kleine Personenkreis, der zuvor eine Rente als Invalide der 4. bis 6. Kategorie erhalten hatte, verlor diese zum größten Teil und derartige Erwerbsfähigkeitsminderungen führten und führen seitdem zu keinen Entschädigungen durch die „Sozialversicherung" mehr: gehen sie auf einen Arbeitsunfall oder eine Berufskrankheit zurück, so kann der Geschädigte allenfalls einen zivilrechtlichen Anspruch gegen den Betrieb erheben und muß hierbei nachweisen, daß der Betrieb schuldhaft gehandelt hat. Damit wurde also die Reform von 1902 teilweise rückgängig gemacht. Daß diese zivilrechtlichen Ansprüche, bei denen die Beweislast beim Arbeiter liegt, regelmäßig wenig wert sind, war schon im Westen so, solange es dort solche Regelungen noch gab und sie sind unter sowjetischen Verhältnissen zweifellos noch weniger wert[59].

Ab 1924 wurde zunächst für die Hochschullehrer und auch die meisten anderen Lehrer das Institut einer Dienstalterrente eingeführt. Diese Dienstalterrente ersetzte zunächst für diese Gruppe eine Altersrente, — bis zum heutigen Tag ersetzt sie eine Berufsunfähigkeitsrente, die das sowjetische Recht für andere Erwerbstätige nicht kennt. Die Lehrer konnten nach 25 Dienstjahren eine Dienstalterrente von 20 Rubel monatlich in Anspruch nehmen. Hatten sie außerdem Ansprüche auf eine Invalidenrente, so bestand ein Wahlrecht. Im Todesfall hatten bestimmte Angehörige Anspruch auf eine Hinterbliebenenrente.

2.1.1.3.8. Verbleib und Entwicklung des Invaliden- und Hinterbliebenenbestandes und seiner Versorgung

Das NK für soziale Versorgung unternahm ab Anfang der zwanziger Jahre Anstrengungen, von den nicht zuletzt aufgrund des Bürgerkriegs sehr zahlreich gewordenen Invaliden auch offiziell möglichst viele loszuwerden. Hierher gehörten die wiederholten Kampagnen zur „Säuberung" des Invalidenbestandes von „bürgerlichen" und „kleinbürgerlichen" Elementen, insbesondere auch bei den aus dem Zarismus übernommenen Invaliden. Symptomatisch

[57] Vgl. z. B. Višneveckij op. cit. S. 150 ff.

[58] Vgl. hierzu die Zahlen von A. B. Vege: Social'noe strachovanie v RSFSR. Voprosy truda 1927: 12 S. 92.

[59] Astrachan op. cit. S. 109.

ist es, wenn L. V. Zabelin, Ja. P. Emdin[60] die ukrainische „Sozialversicherung" loben, der es durch konsequente Säuberung gelungen sei, die vorher durch das hohe Gewicht der ehemaligen Angestellten und Beamten (und Hausdiener) des Zarenreichs[61] „belastete" Zusammensetzung ihres Invalidenbestandes derart zu „verbessern", daß er nun dieselbe Sozialstruktur wie der Bestand an noch aktiven Versicherten in der Ukraine aufweise (ca. 55% Arbeiter, ca. 45% Angestellte). Ferner wurden Invalide, die mit Unterstützung von Angehörigen eine kleine Landwirtschaft fortführen konnten, weitgehend ausgeschieden. Ein Teil der Invaliden wurde aa sogenannte „städtische und ländliche Organe gesellschaftlicher wechselseitiger Hilfe" übertragen, ein anderer an die „Sozialversicherung". Für alle gilt indes bis mindestens Mitte der zwanziger Jahre, daß ihre Versorgung in dürftigstem Umfang überwiegend in natura und oft in gemeindlichen „Invalidenhäusern" erfolgte, die eine sowjetische Version des Armenhauses waren[62], und sich nach den örtlichen Möglichkeiten richtete. „So beläuft sich in Leningrad in den Invalidenhäusern der Sozialversicherung der Unterhalt des Versorgten auf 21-27 Rubel[63],[64] ..., im Čerepovecer Verwaltungsbezirk auf 17 Rubel etc." Erst ab 1925/26 wurde die Inanspruchnahme einer Invalidenrente in Rubel zu einer ernstzunehmenden Alternative und entstand eine reale Wahlmöglichkeit zwischen Heim und anderen Formen der Naturalhilfe und Geld drente[65].

Von den Invalidenhäusern wurde erwartet, daß sie sich so weit wie möglich selbst versorgten, und es war auch viel von Invalidenartels die Rede[66]. Im

[60] Op. cit. S. 17, 18.

[61] Die im Rahmen der Eremitenkassen verrentet worden waren.

[62] Višneveckij op. cit. S. 168 spricht von einer „Zwangsunterbringung in Invalideneinrichtungen".

[63] Diese Zahlen beziehen sich auf 1926. A. B. Bege: Social'noe strachovanie v RSFSR. Voprosy truda 1927: 12 S. 93. Zum Vergleich der durchschnittliche Jahreslohn der Arbeiter und Angestellten laut Istorija socialističeskoj ekonomiki SSSR. 3. Band Moskva 1977 S. 498: 1925/26.. 571 Rubel, 1928: 703 Rubel, 1932: 1 427 Rubel. Zur Kaufkraftentwicklung vgl. meinen „Preisindex" weiter unten.

[64] Alle Angaben — vor 1961 — sind in alten Rubeln, wenn nicht anders vermerkt.

[65] „Die Verringerung der Versorgten dieser Kategorie — gemeint: der im Invalidenheim befindlichen (B. S.) — erklärt sich dadurch, daß im Zusammenhang mit der Erhöhung des Ausmaßes der Rentenversorgung einige Versorgte beginnen, die Rentenversorgung der naturalen in den Invalidenheimen vorzuziehen. Bege op. cit. S. 91. „Die Hauptgründe des Verzichts der Rentner auf den Eintritt in ein Invalidenhaus sind erstens, daß die Aufenthaltsbedinungen dort sehr schlecht sind, zweitens, daß ihre Familienangehörigen dadurch den Rentenanspruch verlieren. In der Mehrzahl der Fälle werden die Arbeitsinvaliden — Arbeiter und Angestellte — in Häusern der sozialen Versorgung zusammen mit Dieben, Bettlern und Prostituierten etc. untergebracht. In den Häusern ist es schmutzig, man lebt zusammengepfercht, die Ernährung und Bedienung sind schlecht." (M. Minc: O nekotorych nedočetach v dele pensionirovanija. Voprosy truda 1928: 7-8 S. 88). Dies auch nochmals zum Beleg, daß es sich hier in der Mehrzahl der Fälle wirklich um eine Art Armenhaus handelt.

Falle einer Invalidität, die nicht auf Arbeitsunfall oder Berufskrankheit zurückging, bestimmte nach der Rechtlage von 1925 noch das „Sozialversicherungsorgan" des Verwaltungsbezirks die Rentenhöhe, die 50 % des Arbeitslohns nicht überschreiten konnte, ab 1926 galten unionsweit einheitliche Vorschriften über die Rentenhöhe, die sich nun nach dem individuellen Arbeitslohn vor der Verrentung richtete und nach dem Invaliditätsgrad und der Invaliditätsursache zwischen 50 und 100% desselben betrug[67]. In diesem Zusammenhang wurde auch eine Neuberechnung der Rentenansprüche der „Altrentner" unter den Arbeits(!)invaliden vorgenommen. Bei dieser Verrentung fand für diejenigen, deren Invalidität nicht auf Arbeitsunfall oder Berufskrankheit zurückging, jedoch immer noch eine Bedürftigkeitsprüfung statt und stellte sich dabei heraus, daß der Invalide nicht völlig mittellos war, so wurde die Rentenzahlung für die Zeit, in der einer Selbstversorgung denkbar erschien, ausgesetzt oder reduziert. Hier wäre etwa an den Besitz eines Gärtchens oder einer Wohnung zu denken. Ferner war eine Mindestzahl an Arbeitsjahren hier Voraussetzung für eine Versorgung.

In ähnlicher Weise entwickelte sich die Hinterbliebenenversorgung: Anfang der zwanziger Jahre Einweisung in armenhausartige Einrichtungen, wenn nicht eine Versorgung aus eigener Landwirtschaft oder Handwerk denkbar erschien, ab Mitte der zwanziger Jahre demgegenüber die Möglichkeit, eine Geldrente zu erhalten, die bei großen Familien bis zu 3/4 des Arbeitslohns des verlorenen Ernährers betrug und wenn dieser Verlust auf Arbeitsunfall oder Berufskrankheit zurückzuführen war, nicht vom Ergebnis einer Bedürftigkeitsprüfung abhing. Die „Versicherungs"organe blieben jedoch berechtigt, nicht volljährige Jugendliche, die den Ernährer verloren hatten, „in geschlossene Einrichtungen der NK für Bildungswesen oder Gesundheitsfürsorge" einzuweisen statt eine Rente[68] zu gewähren.

Für das Haushaltsjahr 1927/28 rechnete die sowjetische „Sozialversicherung" mit 433300 von ihr zu versorgenden Invaliden aus „allgemeinen Gründen", denen eine durchschnittliche Monatsrente von 20 Rubel zustand. Die entsprechenden Zahlen für die anderen Rentnergruppen sind: Hinterbliebenenrenten für Familien, die den Ernährer aus „allgemeinen Gründen verloren haben: 322800 und 15,74 Rubel; Invalide wegen Arbeitsunfall oder

[66] „Bei einigen Invalidenhäusern sind verschiedene Arten von Arbeitseinrichtungen vorhanden . . .die . . . ausschließlich von Invaliden bearbeitet werden. Die erzeugten . . . Produkte gehen hauptsächlich an die Verpflegten selbst . . . Vege op. cit. S. 93. „Der Hauptnachteil der Invalidenkooperativen ist, daß sie bislang sehr passiv sind . . . Sie hausen bislang in zufälligen, schlecht eingerichteten Räumen, in denen die Arbeitsbedingungen manchmal außerordentlich unerfreulich sind" (V. Lebedeva: Social'noe opespečenie k 15-j godovščine Oktjabrja. Vlast' sovetov 1932- 31 S. 8).

[67] Aber im Rahmen einer Minimal- und einer Maximalrente, die sich nach dem örtlichen Durchschnittslohn berechnete (B. Miljutin: Novoe v social'nom strachovanii. Voprosy truda 1927: 7 S. 24).

[68] Višneveckij op. cit. S. 180.

Berufskrankheit: 22000 und 29 Rubel; Familien, die den Ernährer wegen Arbeitsunfall oder Berufskrankheit verloren haben: 12100 und 24,74 Rubel[69]. Für Dienstalterrenten der „Sozialversicherung" würden 1,9 Millionen Rubel verausgabt werden. Auf dem Gebiet der russischen Sowjetrepublik waren 1927 ca. 50000 von diesen Invaliden in Invalidenheimen oder -kooperativen untergebracht[70].

Vergleichen wir diese Angaben über die Gesamtzahl der Rentner der „Sozialversicherung" mit den Angaben in der Tabelle[71] über die Gesamtzahl der Rentner, so erkennen wir einen auffallenden Unterschied. Von wem wird der Rest der Rentner versorgt? Hier wären zunächst die persönlichen Renten und die Offiziersrenten zu nennen, die im Prinzip nicht aus dem Haushalt der Sozialversicherung finanziert werden. Sie erklären aber nicht mehr als einen kleinen Teil der Differenz[72]. Wichtig ist nun, daß die Renten der „Sozialversicherung" im Prinzip nur an „Friedensinvalide und -hinterbliebene" gehen, nicht an die „Kriegsinvaliden". Diese Kriegsinvaliden werden im Prinzip aus allgemeinen Steuermitteln und von dem NK für soziale Versorgung und den diesen nachgeordeten Organen, also vor allem den kommunalen Abteilungen für soziale Versorgung berentet und wir können die Zahl dieser Rentner 1927/28 grob auf 600000 schätzen. Das Prinzip wurde zum Teil durchbrochen, da das NK für soziale Versorgung nicht über die nötigen Mittel für die Erfüllung seiner Aufgaben verfügte und daher Kriegsinvalide an die „Sozialversicherung" „abgab". Deren Zahl wird mit 20000 angegeben. Die Zahl der Unterstützungsempfänger der kommunalen sozialen Versorgung ist eine grobe Schätzung, weil keine zentrale Statistik über sie existierte[73].

2.1.1.3.9. Organisation der Sozialversicherung

Noch 1922 hatte das NK für soziale Versorgung die Vorstellung, daß es für den Betrieb der „Sozialversicherung" keinerlei spezieller Organe bedürfe, sondern daß es das im Rahmen seiner sonstigen Tätigkeit miterledigen könne, — eine Auffassung, die sich als „absolut nicht lebensfähig"[74] erwies. Nach einigen Reorganisationsversuchen, denen sämtlich die Tendenz anhaf-

[69] K postroeniju bjudžeta social'nogo strachovanija na 1927/28 g. Voprosy truda 1928: 3 S. 47.

[70] Vege op. cit. S. 93.

[71] Vgl. S. 111.

[72] Dies wird, vgl. meine Ausführungen zu der Tabelle weiter unten, daraus klar, daß sich der vorübergehende Ausschluß der persönlichen Renten aus der Zeitreihe nicht in einem auffälligen Knick niederschlägt.

[73] Vgl. weiter unten S.112; vgl. ferner: V. A. Ačarkan: Obespečenie veteranov truda v SSSR. Moskva 1965.

[74] Višneveckij op. cit. S. 132.

tete, doch wieder besondere Organe für die „Sozialversicherung" zu schaffen, war ab 1924 ein Unionsrat für die „Sozialversicherung" und als ausführendes Organ die Zentralverwaltung für die „Sozialversicherung" (Central'noe Upravlenie Social'nogo Strachovanija — Cusstrach) für deren Leistung zuständig. Ersterer enthielt zwar auch Vertreter der Gewerkschaften und anderer Behörden, seine Entscheidungen bedurften dann aber doch der Bestätigung durch das NKT. Cusstrach nachgeordnet waren Hauptverwaltungen für Sozialversicherung bei den Republik-NKTs und diesen wiederum gebietliche und örtliche Versicherungskassen. Alle diese Kassen verfügten über eigene Fonds, zwischen denen ein Finanzausgleich nur in eingeschränktem Ausmaß möglich war, nur für die Verwaltung bestimmter Transportarbeitergruppen war direkt die Bundesebene zuständig.

Ausführendes Organ der örtlichen Kassen war in den meisten Fällen der sogenannte „Versicherungspunkt", der in einigen anderen Fällen die ausgefüllten Dokumente der Leistung der örtlichen Kasse zur Beschlußfassung vorlegte. Bei der Organisation des ganzen Apparats und der Auswahl der Mitarbeiter, von denen einige als Bevollmächtigte der Gewerkschaften figurierten, war eng mit den Gewerkschaften zusammenzuarbeiten[75].

2.1.1.3.10. Einklagbarkeit von Sozialversicherungsansprüchen

Nachdem ab Mitte der zwanziger Jahre die klarere Fassung der Verpflichtungen der „Sozialversicherung" eine Geltendmachung von Ansprüchen auf dem Rechtswege in den Bereich des Vorstellbaren gerückt hatte, erging ein Beschluß des obersten Gerichts, daß solche Ansprüche grundsätzlich nicht einklagbar sind und derartige Versuche werden seitdem von den sowjetischen Gerichten abgewiesen. Die einzige Möglichkeit, eine Revision der Entscheidung einer Kasse zu erreichen, ist Beschwerde bei ihren vorgesetzten Behörden, deren Entscheidung dann endgültig ist. Es wäre falsch, dies für ein spezifisches Merkmal sozialistischen Sozialrechts zu halten. Verwaltungs-

[75] Višneveckij op. cit. S. 149. Über „Amtsschimmel" bei den Versicherungsorganen wurde geklagt. „Besonders bedeutende Ausmaße erreicht der Versicherungsamtsschimmel bei der Zuerkennung von Invalidenrenten — hier ist der Fall, daß der Rentner zwei oder drei Jahre auf die Rente wartet und dabei die Stufen aller Versicherungseinrichtungen angefangen von den Kassen . . . bis zur Hauptverwaltung abnutzt, nicht selten." (B. Miljutin: Strachovaja volokita i mery borby s nej. Voprosy truda 1927: 2 S. 8). „Wie schon festgestellt, ist eine der Ursachen für den Amtsschimmel, daß die Angestellten der Versicherungskassen die Versicherungsgesetzgebung nicht kennen. Diese Unkenntnis der Gesetzgebung führt zur Erteilung falscher Auskünfte, zur Forderung überflüssiger Dokumente und aller möglichen Bescheinigungen vom Versicherten" (ibidem S. 10). Die Beziehungen zu den Gewerkschaften nahmen vor allem auf den unteren Organisationsstufen die Gestalt an, daß die leitenden Mitarbeiter von den Gewerkschaften „gewählt" wurden, was aber nach L. Nemčenko „oft eine reine Formalität" war (Naši osnovnye zadači v oblasti social'nogo strachovanija. Voprosy truda 1927: 1 S. 42).

akte aller möglichen Stellen sind in der UdSSR in den seltensten Fällen einer gerichtlichen Nachprüfung zugänglich und ein Prinzip der Gesetzmäßigkeit der Verwaltung wurde nie verkündet. Das ist im allgemeinen ein Erbstück aus dem zaristischen Rußland, im Fall der „Sozialversicherung“ ist es ein bis heute nicht wettgemachter Rückschritt gegenüber dem Zarenreich, das eine solche Einklagbarkeit kannte. Im allgemeinen ist gegen Verwaltungsakte aller Art in der UdSSR bestenfalls eine Beschwerde bei bestimmten vorgesetzten Behörden möglich und diese Beschwerden werden in einem informellen und einfachen Verfahren bearbeitet und sind meist zwecklos. Zwar ist es unmöglich, in einer zentralen Planwirtschaft das Prinzip der Gesetzmäßigkeit der Verwaltung konsequent zu verwirklichen, weshalb es aber auch in der Sozialversicherung nicht realisierbar sein sollte, ist hingegen nicht einsehbar und in denjenigen sozialistischen Staaten, in denen eine stärkere rechtsstattliche Tradition vorhanden war, sieht es denn auch anders aus, so z. B. in der DDR. Zum Vergleich: Eine Einklagbarkeit von „Sozialversicherungsansprüchen“ — beim Reichsversicherungsamt — bestand bereits im wilhelminischen Reich[76].

2.1.1.3.11. Finanzierung der Sozialversicherung

Die „Sozialversicherung„ finanzierte sich im Prinzip ausschließlich aus Beitragseinnahmen. In der Tat wurde sie auch als nicht kreditwürdig behandelt, so daß zeitweilige Finanzierungsengpässe zu einer gelegentlich monatelangen Verzögerung bei den Auszahlungen der „Sozialversicherung“ führten[77]. Der Finanzierung nach dem strengen Umlageprinzip mit festen Beitragssätzen, de facto ohne Reserven und mit eingeschränktem Finanzausgleich zwischen den örtlichen Kassen entspricht die Möglichkeit der Leistungskürzung beim Fehlen von Mitteln, wie wir sie aufgezeigt haben. Es ist bemerkenswert, daß der mit dem strengen Umlageprinzip in der „Sozialversicherung“ erreichte „Haushaltsausgleich“ in jenen Jahren mit dem Bemühen korrespondiert, auch in den sonstigen Staatsfinanzen auf den verschiedensten Ebenen zu einem Haushaltsausgleich zu gelangen und Budgetrestriktionen durchzusetzen.

---

[76] Vgl. N. Miljutin: Kommuna . . . S. 22 hatte schon 1918 gefordert, die Einklagbarkeit von Leistungen der Versicherung abzuschaffen.

[77] L. Nemčenko: Naši osnovnye zadači v oblasti social'nogo strachovanija. Voprosy truda 1927: 1 S. 41. Demgegenüber ist ein Anzapfen ihrer Mittel durch staatliche Stellen zu beobachten für Zwecke, deren Bedeutung für die Erfüllung ihrer Aufgaben zweifelhaft ist. Hierunter fällt z. B. eine Gewährung von Mitteln für den Wohnungs- oder den Krankenhausbau „unter dem Druck verschiedener örtlicher Organe“ (Osnovnye momenty raboty strachorganov RSFSR v 1925-26 g. Voprosy truda 1927: 2 S. 115).

Die Beiträge wurden als „Einheitsbeitrag", d. h. ohne Aufspaltung nach Versicherungsarten, und in Höhe eines Prozentsatzes von der Lohnsumme vom Arbeitgeber erhoben. Sie sollten nach dem Grad der Gefahr, die der Betrieb für Leben, Gesundheit etc. des Arbeiters mit sich bringt, differenziert sein. Bei staatlichen Einrichtungen, die nicht der wirtschaftlichen Rechnungsführung unterliegen (z. B. Schulen) wurden diesen Einrichtungen Mittel für die „Sozialversicherungsbeiträge" zusammen mit den Mitteln für die Löhne aus dem Staatshaushalt zur Verfügung gestellt, die sie dann an die „Sozialversicherung" abzuführen hatten. Die Beitragssätze wurden vom Rat der Volkskommissare festgelegt und wiederholt geändert. Dabei fehlte es jedoch an geeignetem statistischem Material für die Ermittlung des Gefahrengrads und es kamen auch so viel fragwürdige haushalts- und strukturpolitische Überlegungen hinein[78], daß das Resultat rein willkürlich war und keinerlei ökonomischen Sinn ergab[79]. Die Tarife für die vollversicherten Lohnarbeiter lagen zwischen 10 und 20% der Löhne[80]. Die Versicherungsorgane waren im Prinzip berechtigt, Betrieben mit besonders günstigem bzw. besoonders ungünstigem Schadensverlauf Ab- bzw. Zuschläge zu den Beiträgen zu gewähren, bzw. aufzuerlegen. Diese Möglichkeit wurde jedoch schon 1927 wieder abgeschafft. In der sowjetischen Literatur jener Zeit gab es viel Streit, ob eine Tarifierung nach dem Gefahrengrad bürgerlich sei oder nicht. In der Debatte fallen interessante Argumente. So antwortet die Redaktion von Voprosy truda auf den zitierten Artikel von Baevskij[81], der Sinn der Wiedereinführung der „Sozialversicherung" durch Dekret von 1921 sei doch gerade gewesen, eine richtige Wertermittlung der produzierten Waren zu ermöglichen, zu der eben auch eine Einrechnung von nach dem Risiko bemessenen Versicherungstarifen gehöre. Würde dieses Ziel aufgegeneben, so könnte auch gleich wieder zum System der sozialen Versorgung aus allgemeinen Steuermitteln übergegangen werden[82].

Über schlechte Zahlungsmoral, bzw. -fähigkeit der sozialistischen Betriebe wurde geklagt[83]. Mitte der zwanziger Jahre wurden daraufhin die „Sozialversicherungsorgane" bevollmächtigt, geschuldete Beiträge ohne Gerichtever-

---

[78] Z. B. Subventionierung der Schwer- und Rüstungsindustrie, was dazu führte, daß ausgerechnet diese zusammen mit dem Bergbau in die niedrigste Gefahrenklasse kamen.

[79] „Nur die vollständige Zufälligkeit und Willkür konnte dieses Bild bei der Zuordnung der Arbeitsgebiete und Berufe zu Gefahrenklassen. . . geben." (I. Baevskij: K voprosu o sisteme tarifov vznosov na social'noe strachovanie. Voprosy truda 1928: 6 S. 27).

[80] Das Anwachsen des relativen Gewichts der Branchen mit vergünstigtem Tarif führte zu einem tendenziellen Sinken des durchschnittlichen Tarifs, der 1927 zwischen 13 und 14% betrug (L. Nemčenko: Naši osnovnye zadači v oblasti social'nogo strachovanija. Voprosy truda 1927: 1 S. 40).

[81] A.a.O., S. 41.

[82] Ähnlich äußert sich V. Usol'cev: Problema tarifa social'nogo strachovanija. Voprosy truda 1928: 9 S. 48 f.

[83] L. V. Zabelin, Ja. P. Emdin op. cit. S. 64.

fahren analog dem Steuereintreibungsverfahren im Wege der Zwangsvollstreckung einzutreiben[84].

2.1.1.3.12. Renten für Personen mit besonderen Verdiensten um die Sowjetunion

In Kürze soll hier noch auf ein paar außerhalb der Sozialversicherung stehende Versorgungseinrichtungen eingegangen werden. Personen, die sich um die Sowjetunion besondere Verdienste erworben hatten, können mit einer persönlichen Rente ausgezeichnet werden. Diese Auszeichnung ist nicht selten mit einer Ordensverleihung verbunden, die Höhe der Rente richtet sich nach dem Rang des Ordens. Auch eine Hinterbliebenenversorgung ist inbegriffen. Die Mittel fließen im Prinzip direkt aus dem Staatshaushalt, gelegentlich wurden aber auch Mittel der „Sozialversicherung" herangezogen. Quantitative Angaben über diese Rentner können nicht gemacht werden, die staatspolitische Bedeutung ist jedoch sicherlich erheblich[85]. Um eine Versicherung handelt es sich nicht. Dasselbe gilt für die ebenfalls aus dem Staatshaushalt erfolgende Versorgung der Offiziere der Roten Armee und der Geheimdienste und einiger anderer besonders staatstragender Personen.

2.1.1.3.13. Versorgung der Bauern und Handwerker

1921 war der Versuch, Selbständige, insbesondere Bauern und Handwerker, zu versichern, aufgegeben worden. Miljutin erklärte, dieser habe sich schon 1918 als Mißerfolg herausgestellt[86]. Stattdessen sollten diese Personengruppen Gesellschaften zur gegenseitigen Hilfe gründen, die einer gewissen staatlichen Reglementierung unterlagen. Die staatliche Reglementierung kam für die Bauern Anfang der zwanziger Jahre in Form eines Musterstatus. Quantitative Angaben können nicht gemacht werden, es steht jedoch fest, daß Gesellschaften nach diesem Musterstatut gegründet wurden und diese nicht sämtlich nur auf dem Papier existieren. Die Leitungen dieser Gesellschaften berücksichtigten bei ihrer Entscheidung, ob einem Geschädigten Unterstützung zuteil werden sollte, auch dessen Bedürftigkeit — die Unterstützung

---

[84] Auch dies wieder eine jahrzehntelang maßgebliche Regelung.

[85] Aus einer Veröffentlichung über persönliche Renten für Wissenschaftler mit besonderen Verdiensten um die Sowjetmacht geht hervor, daß hier durchaus Renten von über 200 Rubel im Monat vergeben wurden. (I. S. Iajlcin: O pensionnom obespečenii naučnych rabotnikov v 1926/27 godu. Naučnyj rabotnik 1928: 3 S. 44 f.). Für Moskau galt eine Höchstrente von 450 Rubel im Monat (Danskij op. cit. S. 115).

[86] N. A. Miljutin: Social'noe obespečenija 1921: 5-6, hier zitiert nach R. R. Kac: Sovetskoe kooperativnoe strachovanie. Moskva, 1960 S. 10.

erfolgte überwiegend durch Naturalien und Dienste. Hingegen mußten die Handwerker bis 1929 auf eine Republiksgesetzgebung warten und vorherige Versuche, freiwillig und auf eigene Faust Gegenseitigkeitsvereine zu gründen, scheiterten wiederholt am Widerstand der Stadtverwaltungen, die dies für illegal hielten. Ab 1929 war es dann zweifelsfrei legal, daß die Handwerkerkooperativen und -artels Kassen gründeten, die von vornherein stärker Versicherungscharakter hatten und einer Aufsicht durch die Volkswirtschaftsräte unterstanden[87].

2.1.1.3.14. Soziale Versorgung

Wie wir bereits gesehen haben, blieb auch nach der Wiedereinrichtung einer „Sozialversicherung" die „soziale Versorgung" im engeren Sinne als flankierendes System erhalten, wobei die zahlreichste von ihr zu betreuende Gruppe die Kriegsinvaliden waren. Im engeren Sinne, da es sich hier um Renten und andere Unterstützungen handelt, die nicht aus dem Haushalt der „Sozialversicherung" sondern aus allgemeinen Steuermitteln finanziert werden. Die Zahl der Personen, die von der „sozialen Versorgung" unterstützt wurden, dürfte auch gegen Ende der NEP — bedingt vor allem durch die große Zahl der Kriegsinvaliden — nicht hinter der der Rentner der „Sozialversicherung" zurückgeblieben sein. Detaillierte Zahlen habe ich nur für den Regionalhaushalt des Ural gefunden — ich gebe diese wieder, da sie als Beispiel dienen mögen. Dieser gab im Haushaltsjahr 1927/28 2 215 000 Rubel für solche Zwecke aus. Hiervon wurden 10% für Verwaltungskosten der „sozialen Versorgung" verwendet, der Rest für: Unterstützung von bäuerlichen und vergleichbaren Gesellschaften für gegenseitige Hilfe: 86 000 Rubel; Einrichtungen und Maßnahmen für Invalide: 108 000 Rubel; Unterstützung von Invalidenvereinigungen örtlicher Bedeutung: 8 000 Rubel; Einrichtungen und Maßnahmen zum Kampf gegen Armut und Prostitution: 22 000 Rubel; persönliche Renten: 135 000 Rubel; Renten für Kriegsinvalide und Hinterbliebene von Kriegsopfern: 1 312 000 Rubel; Unterstützung für die Familien von Rekruten der Roten Armee: 416 000 Rubel. Die Zahl der Unterstützungsempfänger betrug ca. 30 000 Personen, mehrheitlich befanden sie sich auf dem Land; der durchschnittliche Satz einer Geldrente war 10 Rubel im Monat; die Zahl der Betten in den gemeindlichen Invalidenhäusern ca. 800[88]. Von diesen Posten können wir 22 000 Rubel für die Maßnahmen gegen Armut und Prostitution und einen Teil der Ausgaben für Invalidenhäuser als Ansätze einer Armenfürsorge bezeichnen.

---

[87] Vgl. auch: Višneveckij A.: Social'noe strachovanie i vzaimopomošč. Vestnik promyslovoj kooperacii 1929: 1 S. 57 f.

[88] P. El'burt: Social'noe obespečenie v mestnom bjudžete Urala. Chozjajstvo Urala. 1928: 4 S. 134 ff.

2.1.1.3.15. Zusammenfassung

In der NEP-Periode wurde eine „Sozialversicherung"" für die Arbeiter und Angestellten wiedererrichtet und eine Abkehr von der „sozialen Versorgung" des Kriegskommunismus verkündet. Die „Sozialversicherung" umfaßte eine Krankentagegeldversicherung, eine Arbeitslosenversicherung und eine Rentenversicherung. Vor allem in den ersten Jahren glich die Art der Leistungsgewährung mit der vielfachen Verwendung einer Bedürftigkeitsprüfung allerdings eher der einer Armenfürsorge. Dies war durch den Mangel an Mitteln bedingt. Die Finanzierung erfolgte nach dem strengen Umlageprinzip und machte den Versicherungscharakter dieser Einrichtung aus.

Die „Sozialversicherungsgesetzgebung" der NEP-Periode war für die sowjetische Entwicklung bis heute in mehrfacher Beziehung grundlegend. Der Personenkreis, der der „Sozialversicherung" unterlag, war zwar auch unter dem Zarismus schon von verschiedenen Einrichtungen mit Sozialversicherungscharakter erfaßt gewesen, an deren Stelle trat nun aber eine einheitliche Organisation. Diese Organisation hatte vielfach ausgeprägtere obrigkeitsstaatliche Züge als ihre Vorgänger. Ob das Leistungsniveau höher war als unter dem Zarismus, läßt sich, sehen wir von dem vorübergehenden Betrieb einer Arbeitslosenversicherung ab, schwer entscheiden.

Von der „Sozialversicherung" wurden nur Arbeiter und Angestellte erfaßt, also nur ein kleiner Teil der Bevölkerung. Neben der „Sozialversicherung" bestand eine „soziale Versorgung" vor allem aus den Haushalten der Kommunen fort. Die größte hiervon erfaßte Gruppe waren die Kriegsinvaliden. Aus dem allgemeinen Staatshaushalt wurden auch die Offiziersrenten und die Renten für Personen mit besonderen Verdiensten um die Sowjetunion finanziert. Für das auch hiervon nicht erfaßte Gros der Bevölkerung existierten einige andere rudimentäre Versorgungseinrichtungen, die sicherlich nur äußerst geringe Leistungen gewährten.

Das Gesundheitswesen war weit überwiegend staatlich, der Einfluß der Sozialversicherungsträger sehr beschränkt. Es wurde jedoch — gewissermaßen als Bezahlung für die in Anspruch genommenen Sachleistungen — ein Teil des Beitragsaufkommens der „Sozialversicherung" an das NK für Gesundheitswesen abgeführt.

Die sowjetische Literatur der NEP-Periode enthält eine Reihe von interessanten Thesen zur „Sozialversicherung", auf die wir zurückzukommen haben werden, außerdem viele Sachinformationen, wichtige konzeptionelle Fragen bleiben aber auch damals schon undiskutiert.

2.1.1.4. Die Stalinära

2.1.1.4.1. Grundzüge der Wirtschaftspolitik

Mit Stalinära ist die Zeit ab Ende der 20er Jahre bis zum Tode Stalins gemeint.

Die mit den Wachstumsperspektiven der NEP unzufriedene sowjetische Führung versuchte in dieser Periode, durch ein rigoroses Regiment, die Einführung der zentralen Planwirtschaft und umfassende Sozialisierung besonders auf dem Land eine Beschleunigung der wirtschaftlichen Entwicklung zu erreichen. Die Konzentration der Arbeitskräfteressourcen und Ersparnisse ermöglichte tatsächlich und trotz außerordentlich ineffizientem Faktoreinsatz eine beachtliche Produktionssteigerung, vor allem in den militärisch wichtigen Industriezweigen. Die Konsumgüterbranche blieb demgegenüber zurück, die gewaltsamen Sozialisierungsmaßnahmen führten insbesondere in der Landwirtschaft zu einer massenhaften Vernichtung von Kapital und zu Produktionseinbrüchen, so daß der Fortschritt hier gering blieb. Der Lebensstandard der Bevölkerung verbesserte sich nicht nur nicht, in Form von Realeinkommenseinbußen und Versorgungskrisen, die sich vor allem während der Sozialisierung zu Hungersnöten steigerten, wurden die Zwangssparprozesse durchgesetzt, die trotz Sozialisierungsverlusten und des ineffizienten Faktoreinsatzes den Aufbau neuer Industrien ermöglichten. Um den Bestand des Regimes zu erhalten und die Mitarbeit der Bevölkerung zu gewährleisten wurde der Terror gewaltig intensiviert.

2.1.1.4.2. Ausbau der Sozialversicherung?

Wir haben nicht zuletzt deswegen versucht, ein recht konkretes Bild der tatsächlichen Versorgung zu Ende der NEP-Zeit zu zeichnen, weil uns dies mindestens für die gesamte Stalinära nur sehr schwer möglich sein wird und wir — aufgrund der Haushaltszahlen und der geschätzten Inflationsraten —mit Sicherheit sagen, daß sich die real pro Kopf des Versicherten zur Verfügung stehenden Mittel des Haushalts der Sozialversicherung bis Mitte der fünfziger Jahre nicht erhöht haben. Den bescheidenen realen Erhöhungen des Haushaltsvolumens gegenzurechnen ist hierbei der starke Anstieg der Arbeitnehmer in der Industrie und damit die Zahl der Versicherten[89]. Stellen wir eine überschlagsmäßige Rechnung an: Nach der Tabelle[90] hat sich der nominale Umfang des Haushalts der Sozialversicherung von 1928 bis 1938

[89] So wird die Zahl der Versicherten 1937 mit 26,7 Millinen angegeben (Stalinskaja programma social'nogo strachovanija. Partinnoe stroitel'stvo 1938: 6 S. 11).

[90] Vgl. Tab. auf S. 110.

etwas mehr als verfünffacht. Nach einer Bereinigung der um 1938 weggefallenen Abführungen an das Volkskommissariat für Gesundheitswesen wird daraus: er hat sich mehr als versechsfacht. Die Zahl der Versicherten hat sich in diesen 10 Jahren weit mehr als verdoppelt, die Preise haben sich sicherlich mehr als versechsfacht. Daraus ergibt sich, daß die Haushaltsmittel pro Versicherten real auf weniger als die Hälfte gesunken sind, woraus sich zwangsläufig eine Senkung des Leistungsniveaus ergibt. Schließlich müssen wir auch noch berücksichtigen, daß in der Stalinära ein beträchtlicher Teil des Beitragsaufkommens der Sozialversicherung, vor 1937 sogar der größte Teil desselben, zweckentfremdet wurde.

2.1.1.4.3. Veränderte Informationspolitik

Die neue Atmosphäre macht beispielsweise eine „Rezension" des Buchs von Tettenborn klar: „Wie man nicht über die sowjetische Sozialversicherung schreiben darf"[91], in der es als unverantwortliches „bürgerlich-liberales" Verhalten bezeichnet wird, von Not in der Sowjetunion zu sprechen oder der Vorwurf an die Adresse der (vormaligen) Redaktion von Voprosy strachovanija, sie wolle „unsere sowjetische Wirklichkeit anschwärzen"[92]. Über die Vorgehensweise stalinistischer Säuberungen ist viel geschrieben worden und eine Illustration anhand der Materialien zur „Sozialversicherung" erübrigt sich. Beinahe alle Autoren, die sich zuvor hierzu geäußert hatten, verschwanden in den dreißiger Jahren von der Bildfläche.

2.1.1.4.4. Mitglieder der Sozialversicherung

Die wichtigste Erweiterung des Kreises der von der „Sozialversicherung" erfaßten Personen war im Zusammenhang mit der Kollektivierung der Landwirtschaft die Einbeziehung des leitenden und aufsichtsführenden Personals dieser Kolchozen, was 1930 mit den Agronomen begann und alsbald auf den Kolchozvorstand und ein paar andere kleine Personengruppen ausgedehnt wurde. Erst 1953 wurden die nicht-hauptberuflichen Mitarbeiter der Maschinen-Traktor-Stationen (MTS) in die Sozialversicherung einbezogen, also Kolchozbauern, die Tätigkeiten für den MTS beispielsweise als Traktorist verrichteten[93].

[91] Kak ne nado pisat'o sovetskom social'nom strachovanii. Sovetskoe gosudarstvo i pravo 1930: 11-12 S. 238.

[92] Men'ševitskaja kontrabanda. O žurnale VCSPS 'Voprosy strachovanija'. Voprosy profdviženija 1936: 10 S. 78.

[93] Gosudarstvennoe social'noe strachovanie. Moskva 1955, S. 50. Die hauptamtlichen Beschäftigten der MTS hatten den Status von Arbeiter und Angestellten und waren als solche Mitglieder der Sozialversicherung, wie es ihrem herausgehobenen Status als vielfach die Kolchozen anweisendes Personal auch entsprach.

2.1.1.4.5. Alters- und Invalidenrenten

Die auffallendste Veränderung im sowjetischen Rentenrecht während der Stalinära war die Einführung einer Altersrente. Diese begann 1928/29 mit den Arbeitern und dem ingenieurtechnischen Personal der „führenden Industriezweige“[94] und breitete sich dann auf andere Zweige aus, bis 1937 die Einbeziehung aller übrigen Vollmitglieder der „Sozialversicherung“, des Gros der Angestellten verkündet wurde[95]. Von dieser Altersrente heißt es[96], daß sie Männern ab dem 60. Lebensjahr unter der Voraussetzung von wenigstens 25 Arbeitsjahren[97] gewährt wurde. Nach einigem Hin- und Her betrug die Altersrente im Prinzip 50-60% des „Arbeitslohnes“[98], der für Zwecke der Verrentung in einem komplexen Zusammenspiel von tariflichem und tatsächlichem Arbeitslohn neu berechnet wurde. Das Maximum des anrechnungsfähigen Arbeitslohns betrug von 1932 bis 1956 im Prinzip 300 Rubel. Dies muß angesichts der erheblich ansteigenden Nominallöhne für zahlreiche Anwärter eine empfindliche Beschränkung gewesen sein. Ihrem Satz nach lag die Altersrente um ein paar Prozentpunkte unter der Invalidenrente für Invaliden der ersten Kategorie aus „allgemeinen Gründen“[99], für die in den dreißiger Jahren erhöhte Anforderungen an die Zahl ihrer Arbeitsjahre eingeführt worden waren, und bei Invaliden wegen Arbeitsunfall oder Berufskrankheit unter der Rente für die ersten beiden Kategorien[100]. Eine Statistik über die Zahl der Rentner wurde lange nicht veröffentlicht, als dies endlich geschah, enthielt sie die Überraschung, daß nur erstaunlich wenige Personen tatsächlich in den Genuß der Altersrenten gekommen waren. Stellen wir in Rechnung, daß in den dreißiger Jahren die „Sozialversicherung“ einen Neuzugang von über 20 Millionen Mitgliedern gehabt haben muß —über genaue Zahlen verfügen wir nicht — und wir keinen Grund haben, anzunehmen, daß das nur junge Leute waren, ferner, daß die Bedingungen für die Erlangung einer Altersrente nach den veröffentlichten Vorschriften etwa in bezug auf die erforderliche Länge des Arbeitslebens nicht besonders

---

[94] Die erste Branche, für die die Einführung einer solchen Rente deklariert wurde, war 1928 die Textilindustrie als damals größter Industriezweig.

[95] Letzteres wurde als Erfüllung des Auftrags der „Stalinschen“ Verfassung deklariert, die den „Bürgern der UdSSR“ „das Recht auf materielle Versorgung im Alter sowie im Fall von Krankheit und Invalidität“ versprach (Art. 120).

[96] Vgl. beispielsweise G. Injutin, R. Kac: Pensii rabotnikam osnovnych otraslej narodnogo chozjastva. Moskva 1949, S. 19 f.

[97] Frauen ab 55 und unter etwas günstigeren Bedingungen; Arbeitsjahre als Kolchozbauer etc. zählten nicht.

[98] Real lag die Altersrente damit unter der Durchschnittsrente gegen Ende der NEP.

[99] Unter Umständen bestand eine Wahlmöglichkeit zwischen Alters- und Invalidenrente.

[100] Das Maximum von 300 Rubel galt auch für Invalidenrentner; wegen der Gruppierung der Invaliden vgl. oben S. 42 f.

restriktiv waren, so erscheint die Zahl von nur 1 Million Altersrentner 1952 gering, nicht zuletzt im Vergleich mit den Arbeitsinvaliden, die sicherlich ein mehrfaches davon ausmachten. Geeignete Sterblichkeitsstatistiken — insbesondere wären hier Kriegsverluste zu berücksichtigen — stehen nicht zur Verfügung. Immerhin wissen wir, daß nach der Sterbetafel von 1926/27 von 100 000 Geborenen 44 702 das Alter 60 erreichten und 15 056 das Alter 80[101]. So haben wir doch Grund, die Zahl der Altersrentner für rätselhaft niedrig zu halten. Versuchen wir das Rätsel aufzuklären!

Astrachan schreibt, ein Motiv für die Einführung der Altersrenten sei das Streben nach einer „Verjüngung der Belegschaft"[102] gewesen, ein Motiv, das bald wieder entfiel. Als Gründe für die „sehr langsame" Entwicklung der Altersrente benennt er „die geringe Höhe der Rente im Vergleich mit dem Arbeitslohn, der Verlust der Vergünstigungen, die Arbeitern gewährt werden, der Versorgung mit Lebensmitteln . . ."[103]. Wir erfahren auch, daß am Ende des 1. Fünfjahresplans der Invalidisierungsgrad um 1/3 gegenüber dem Stand zuvor gefallen war[104].

Die offizielle Erklärung, das sei Folge der erheblichen Verbesserung der Arbeitsbedingungen, brauchen wir nicht weiter ernstzunehmen, und wir erkennen eine fundamentale Änderung in der Praxis der Sozialversicherungsorgane bei der Zusprechung der Rente, ohne daß klar würde, wie wir uns diese Änderung im einzelnen vorzustellen haben. Wir haben viele Hinweise darauf, daß es Anwärtern auf eine Rente schwerfiel, die gewünschten Dokumente für den Beweis der erforderlichen Zahl an Arbeitsjahren beizubringen. Kampagnenartig wurden in den dreißiger Jahren auch Sozialversicherungsorgane angegriffen, die hier großzügig waren und Personen mit gefälschten Dokumenten Renten zugesprochen hatten, was zu einer Verschwendung von „gewaltigen Mitteln" geführt habe und zu einer Verletzung der „Klassenlinie" in der „Sozialversicherung" im Sinne einer Gewährung von Renten an „nichtproletarische Elemente"[105].

Sicherlich war ein Arbeitnehmer nicht sonderlich interessiert, frühzeitig in Rente zu gehen, ermöglichte der Anstieg der Nominallöhne doch wenigstens einen gewissen Ausgleich der dramatisch verschärften Inflation, wohingegen

[101] Narodnoe chozjajstvo SSSR v 1964 g. Moskva 1965, S. 37.

[102] Op. cit. S. 89.

[103] Op. cit. S. 91.

[104] Mit Invalidisierungsgrad ist die Zahl der Neuinvaliden eines Jahres gemeint ausgedrückt als Prozentsatz der Versicherten. A. Libetes: Očerednye voprosy pensionnogo obespečenija. Voprosy profdvizenija 1934: 11 S. 34. Noch drastischer sind die Zahlen von Z. Mochov: 1928 seien auf 10.000 Versicherte 155 Neuinvaliden gekommen, 1932 nur mehr 52. Stalinskaja konstitucija i social'noe strachovanie. Voprosy profdviženija 1937: 3 S. 27.

[105] N. Engel': Za četkuju klassovuju liniju v provedenii social'nogo strachovanija. Voprosy truda 1929: 11 S. 15 f. Vgl. auch die Quellen zur „Säuberung" des NKT weiter unten.

ein solcher Inflationsausgleich bei den Renten in weit geringerem Maße erfolgte[106]. Über die Folgen für Altersrentner schweigt die sowjetische Literatur. Für die dreißiger Jahre hatte sicherlich auch die Einführung des nepreryvnyj trudovoj staž (ununterbrochene Arbeitsdauer, hinfort n. t. s.)[107] Bedeutung. Hierdurch sollte der Fluktuation der Arbeitskräfte vorgebeugt werden und nach der Länge des n. t. s. gab es erhebliche Zu- und Abschläge vor allem zu den Krankentagegeldern und Invalidenrenten[108]. Dies mag zur Verringerung des Zuwachses an Invalidenrenten beitragen, für die Zahl der Altersrenten ist es hingegen bedeutungslos.

Anknüpfend an die Überlegungen von Stiller[109] können wir Vermutungen über einige weitere Gründe für die geringe Vermehrung insbesondere der Altersrentner hegen. So mangelte es sicherlich — dies wurde auch in der sowjetischen Literatur jener Zeit beklagt — an Aufklärungsmaterial, das die Mitglieder der „Sozialversicherung" über ihre Rechte informiert hätte. Die unter dem Druck, möglichst wenig zu verausgaben stehende Verwaltung der „Sozialversicherung" hatte mithin bei willkürlichen Leistungsverweigerungen leichtes Spiel, zumal die verängstigte sowjetische Bevölkerung jener Zeit es sicherlich kaum wagten, Ansprüche zu stellen oder Beschwerden einzureichen, um das ihr nach dem Buchstaben des Gesetzes Zustehende auch tatsächlich zu erlangen.

---

[106] Hier wäre die Anhebung der Minimalrenten für Invalide der Gruppe I und II 1932 auf 20 - 40 Rubel zu nennen und die der ehemaligen Rotarmisten und deren Hinterbliebenen auf 40 - 100 Rubel; zwei Zuschläge, die aus Anlaß von Preiserhöhungen bzw. der Aufhebung der Rationierung 1935 erfolgten und sich im ungünstigen Fall auf 3 Rubel, im günstigsten zu 17 Rubel, addierten — Kac. Sorokin op. cit. S. 192; eine Erhöhung der Minimalrenten auf 25 - 75 Rubel 1938 und schließlich 1946 eine „Brotzulage" genannte allgemeine Rentenerhöhung von 60 Rubel. Injutin, Kac, op. cit. S. 84. Zum Vergleich einige Preise. 1 kg Weizenmehl kostete 1936 2,90 Rubel, 1 kg Zucker kostete 4,10 Rubel, 1 kg Butter kostete 1936 19,50 Rubel, 1940 28 Rubel, ein Ei kostete 1936 40 Kopeken, 1940 85 Kopeken. Es handelt sich um staatliche Preise. Nach Baykov A. op. cit. S. 261. Setzt man den 1937er Preis für Weizenmehl gleich 100, so war der Preis 1928 4,8, 1948 258. Die entsprechenden Zahlen für Butter sind 142 und 384, für Eier 8,8 und 261, für Zucker 7,1 und 375. Vgl. J. G. Chapman: Real wages in Soviet Russia since 1928. Cambridge 1963, S. 55 ff.

[107] Hiermit ist die Anzahl der Jahre gemeint, während derer ein Arbeiter in ein- und demselben Betrieb gearbeitet hat. Hiervon gab es nur wenige Ausnahmen — die Möglichkeiten eines Betriebswechsels ohne Unterbrechung des n.t.s. waren im wesentlichen Einberufung zum Militärdienst und Versetzung durch die vorgesetzte Behörde.

[108] Am Ende eines langen Artikels, in der die Fluktation zunächst u.a. als Mißbrauch einer angeblich gewonnenen Arbeitsplatzsicherung gedeutet wird, führt Peršman: Tekučest' rabocej sily i zadači profsojzov. Voprosy profdviženija 1933: 3 S. 38, schließlich auch noch an, daß die Versorgungslage an der Fluktuation schuld sein könne. Ab 1940 muß der n.t.s. wegen der offiziellen Aufhebung der Freizügigkeit an Bedeutung verloren haben, abgeschafft wurde er jedoch nicht.

[109] Sozialpolitik . . ., S. 100.

2.1.1.4.6. „Kampf gegen Gleichmacherei“

Ein Leitmotiv der sowjetischen Literatur jener Jahre war auch, daß die „Sozialversicherung“ mit den „Methoden der sozialen Versorgung“ und der „Gleichmacherei“ (uravnilovka)[110] Schluß machen, sich mit dem „Gesicht zur Produktion“ wenden und die „Hauptkader der führenden Industriezweige“ und die „Stoßarbeiter“ bevorzugt behandeln solle. Diese Formeln wurden von den meisten westlichen Autoren, die ein paar Worte über diese Periode verlieren, nachgesprochen. Was sie zu bedeuten haben, ist jedoch schwer auszumachen. 1932 wurde außer der bereits erwähnten Einführung höherer Anforderungen an die Arbeitsjahre[111] eine Gruppierung der Wirtschaftszweige bzw. Beschäftigten in vier Gruppen nach Kriterien vorgenommen, die nicht ohne weiteres volkswirtschaftlich einsichtig sind. In Gruppe 1 kamen der Bergbau, in Gruppe 4 die Angestellten, soweit sie nicht in „führenden Industriezweigen“ beschäftigt waren[112]. Die auf dieser Unterscheidung aufbauende Differenzierung der Rentenhöhen ist nach dem Buchstaben des Gesetzes aber eher unwesentlich[113]. Nach dem zweiten Weltkrieg kam es dann zu selektiven Rentenerhöhungen für die „Hauptkader . . .“. Diese selektiven Rentenerhöhungen wurden hauptsächlich über eine Anhebung der Maxima des anrechnungsfähigen Arbeitslohns vorgenommen. Solchermaßen dürfte für einen „Hauptkader . . .“ um 1950 wieder eine Rente möglich geworden sein, die real die Durchschnittsrente zu Ende der NEP übertraf[114]. Es wurden auch Listen herausgegeben, welche Berufsgruppen in welchen Industriezweigen als „Hauptkader“ anzusehen waren. „Es ist offenbar, daß der Kreis der Branchen, auf die das System bevorzugter Renten ausgedehnt wurde, nicht immer nur durch die Bedeutung dieser Branche bestimmt wurde, sondern . . . von den Bedürfnissen des Augenblicks, dem Grad der Aktivität und Hartnäckigkeit dieses oder jenes Amtes etc. abhing. Manchmal wurden Vorteile nicht für die ganze Branche, sondern für einzelne Betriebe, Produktionslinien und auch Werkabteilungen festgelegt“[115].

---

[110] Vgl. beispielsweise I. Cejlikman: Na putjach likvidacii uravnilovki. Voprosy strachovanija 1932: 11-12 S. 52. Na bor'bu s uravnilovkoj v socstrache. Voprosy strachovanija 1934: 5 S. 4.

[111] Und einer Differenzierung der Rentenhöhe nach der Zahl der Arbeitsjahre in der Invalidenverrentung aus „allgemeinen Gründen“.

[112] Was meist, aber nicht immer „Abteilung A“ bedeutet.

[113] Astrachan schreibt, diese Differenzierung sei mit „der größten Folgerichtigkeit und auch Skrupelhaftigkeit“ durchgeführt worden, op. cit. S. 105.

[114] Maximum des anrechnungsfähigen Arbeitslohns wurde in den meisten Zweigen 500 - 600 Rubel; in beschränktem Umfang existierten auch Möglichkeiten, bestimmte darüber hinausgehende Beträge zu berücksichtigen.

[115] Astrachan op. cit. S. 140.

2.1.1.4.7. Krankentagegeldversicherung

Die Leistungen der Krankentagegeldversicherung wurden zwar offiziell kaum verändert[116]. Da dies der wichtigste Ausgabenposten der „Sozialversicherung" war, wurden jedoch erhebliche Anstrengungen unternommen, hier das Ausgabenvolumen real zu senken. Zu diesem Zweck fanden wiederholte Kampagnen gegen das „Simulantentum" und „Bummelanten" statt, die Aufsicht über die Ärzte und die Eintragung in die Krankenliste wurde verschärft[117], der sogenannte Versicherungsdelegierte nahm überraschend Hausbesuche vor, und identifizierte „Simulanten" wurden den „Produktions-Kameradschafts-Gerichten" (Proizvodstvenno-tovariščeskie sudy) übergeben, von denen sie dann zu Strafen „verurteilt" wurden. Diese ganze Kontrolltätigkeit sollten weitgehend ehrenamtliche „Aktivisten" tragen. Tatsächlich nahm der Krankenstand, der schon zu Ende der NEP im internationalen Vergleich nicht eben hoch war, weiter ab[118,119].

Die im Rahmen der Krankentagegeldversicherung gewährten versicherungsfremden Leistungen an Schwangere, Mütter etc. wurden trotz vieler Worte von der „Stalinschen Sorge um Mutter und Kind" ebenfalls abgebaut[120].

2.1.1.4.8. Die Reform der Organisation und Finanzierung der Sozialversicherung von 1933

In der Organisation und Finanzierung der Sozialversicherung traten 1933 mit der „Verschmelzung" des Volkskommissariats für Arbeit und der Ge-

---

[116] Abgesehen von einigen Abschlägen für Beschäftigte außerhalb der „führenden Industriezweige" und mit kurzem Arbeitsleben und kurzem n.t.s. und dann meist nur für die ersten Krankheitstage, vgl. V. Karavaev, I Trefilov: Posobija po social'nomu strachovaniju. Moskva 1937 S. 40.

[117] Z. Mochov: O nekotorych organizacionnych voprosach socstracha. Voprosy profdviženija 1936: 9 S. 61 spricht von „einem scharfen Antagonismus zwischen Versicherungsärzten und Patienten" — Versicherungsärzte sind die Ärzte, die die Eintragung in die Krankenliste auf ihre Notwendigkeit hin prüfen.

[118] Vgl. B. Usol'cev: Rastet ili snižaetsja zabolevaemost' zastrachovannych. Voprosy truda 1930: 4 S. 42; Borba za sniženie zabolevaemosti i tovariščeskij kontrol'. Voprosy strachovanija: 1934: 2 S. 63; L. Kizičenko, Ja. Mikulinksij: Borba s zabolevaemost'ju i travmatizmom v stanko-instrumental'noj promyšlennosti. Voprosy profdviženija 1937: 1 S. 56.

[119] Daß dies auf eine Besserung der Gesundheitslage zurückzuführen war, ist schon deswegen unglaubwürdig, weil eingestandenermaßen die medizinische Versorgung vielerorts auch für „das Proletariat" außerordentlich schlecht war und kaum Ärzte vorhanden waren, was Mochov z. B. mit dem Mangel an Wohnungen begründet (!). Vorhandene Praxen waren oft behelfsmäßig untergebracht „in kleinen verdreckten Kammern . . . in einem alten Waggon . . ." (A. Sepp: Profrabota železnodorožnikov Juga ne na vysote zadač železnodorožnogo transporta. Voprosy profdviženija 1936: 3 S. 31; Mochov: Strachovoj sovet v dejstvii. Voprosy . . . 1936: 12 S. 86).

[120] Vgl. Karavaev, Trefilov op. cit. S. 33. Stiller, P.: Sozialpolitik . . ., S. 97.

werkschaft wesentliche Änderungen ein. Diese „Verschmelzung“ wurde wenig später vorwiegend in eine „Übergabe“ umgedeutet[121] und spätere Autoren wollen in ihr erste Anzeichen eines Absterbens des Staates erkennen[122], in den ursprünglichen Verlautbarungen findet sich jedoch nichts dergleichen.

Der Verschmelzung ging eine Säuberung des NKT und der Gewerkschaften voraus; außer politischen Zielen[123] wurde auch die Absicht einer Einsparung bezahlten Personals verfolgt[124]. Aus den Veröffentlichungen wird außer einer Verlagerung der Verwaltungsarbeit in der „Sozialversicherung“ auf „freiwillige“ ehrenamtliche Mitarbeiter der Gewerkschaften als Motiv für die Umorganisation noch deutlich, daß mit der branchengebundenen Verteilung der Mittel der Sozialversicherung eine spezielle Förderung der bevorzugten Branchen möglich wurde. Es wurden entsprechende Branchenkassen bei den Gewerkschaften[125] gebildet und die Territorialklassen aufgelöst. Solchermaßen wurden 1934 die gesamten Beitragseinnahmen mit Ausnahme der Überschüsse der Einnahmen über die planmäßigen Ausgaben im Unionsmaßstab auf die damals 47 Gewerkschaften verteilt, wobei die Gewerkschaften der „führenden Industriezweige“ wesentlich mehr Mittel erhielten, als durch ihr Beitragsaufkommen gedeckt war[126]. Diese Konstruktion hatte von vornherein die Schwäche, daß eingestandenermaßen gar nicht die erforderlichen statistischen Unterlagen für eine Messung des Invaliditäts- und Sterblichkeitsrisikos vorhanden waren und insofern eine Planung der Ausgaben hierfür kaum möglich war[127]. Die Vielzahl der Gewerkschaften[128] bewirkte, daß ein ausreichender Risikoausgleich nicht zu erwarten war, ein weitergehender Finanzausgleich war jedoch nicht vorgesehen. Die Mittel für die Rentenversicherung verblieben in einem Fond bei den ZKs der Gewerkschaften, die anderen Mittel wurden an die nachgeordeten Ebenen zweckgebunden weitergeleitet und eine Verwendung für andere Zwecke war prinzipiell verboten. Wie die Schöpfer dieser Konstruktion vorzugehen gedachten, wenn bei einem dieser zahlreichen Fonds ein Defizit auftreten sollte und ob sie daran überhaupt gedacht hatten, wird aus der Literatur nicht recht deutlich. Wie

[121] N. Švernik: O zadačach VCSPS i professional'nych sojuzov v svjazi s peredačej im funkcij Narkomtruda. Voprosy profdviženija 1933: 9 S. 3.

[122] Astrachan op. cit. S. 112 ff.

[123] 40 % der Mitarbeiter des NKT wurden als „klassenfremde Elemente“ abgelöst.

[124] Vgl. L. Sokovikov: Itogi čistki aparata NKT i glavsocstracha RSFSR. Voprosy truda 1930: 1 S. 27 und 1930: S. 38.

[125] Die sowjetischen Gewerkschaften sind nach dem Branchenprinzip organisiert.

[126] Vgl. O bjudžete vsesojuznogo central'nogo soveta professional'nych sojuzov i central'nych komitetov professional'nych sojuzov po gosudarstvennomu social'nomu strachovaniju na 1934 g. Voprosy strachovanija 1934: 4 S. 26.

[127] A. Libetes: Očerednye voprosy penionnogo obespečenija. Voprosy profdviženija 1934: 11 S. 40.

[128] Sie wurde binnen kurzem von 23 auf 164 erhöht.

nicht anders zu erwarten, schwankten die finanziellen Ergebnisse erheblich[129], und obwohl es zu erheblichen Überschreitungen der Planansätze kam, waren diese keineswegs bedeutungslos, weil ihre Überschreitung[130] für die Verantwortlichen persönliche Folgen haben konnte. Dazu kam, daß auch die ZKs der einzelnen Gewerkschaften im Grunde wenig zu sagen hatten und die Verteilung der Mittel en detail von VCSPS (oberster Zentralrat der Gewerkschaften) vorgenommen wurde. Dies ließ schon bald Forderungen nach einer Änderung dieses unglücklichen Systems aufkommen[131]. Bei den Einnahmen der „Sozialversicherung" traten nach wie vor erhebliche Beitragsrückstände der sozialistischen Betriebe auf. Die Vollstreckungsmöglichkeiten der Sozialversicherungsorgane wurden dadurch weitgehend entwertet, daß die meisten Vermögensgegenstände sozialistischer Betriebe von einer Vollstreckung ausgeschlossen waren (und sind).

Die Gewerkschaften waren gehalten, die „Stoßarbeiter" und „Arbeiterkader" bevorzugt zu versorgen. Ferner setzte ab 1931 die Regelung ein, daß Nichtmitglieder der Gewerkschaften erhebliche Abschläge in den Leistungen hinnehmen müssen. Einigen Gewerkschaften[132] gelang es zeitweilig, ein eigenes Netz von Gesundheitseinrichtungen zu halten, das für die eigenen Mitglieder reserviert war und aus ihrem Anteil an den nach wie vor bestehenden Abführungen an das NK für Gesundheitswesen finanziert wurde. Einige Jahre war der Streit zwischen der Auffassung, daß auch das Gesundheitswesen „mit dem Gesicht zur Produktion" neu geordnet und den Gewerkschaften unterstellt werden sollte und den Vertretern der „Einheit der Sowjetmedizin" unentschieden, dann setzte sich letztere Auffassung durch[133].

---

129 Siehe z. B. M. Kaganovič: Perelom. Voprosy profdviženija 1937: 4 S. 26; A. Sepp, Profrabota železnodorožnikov Juga ne na vysote zadač železnodorožnogo transporta. Voprosy profdviženija 1936: 3 S. 26. Hierfür werden dann gern „Trotzkistische Schädlingen" verantwortlich gemacht.

130 Wie diese Überschreitung im einzelnen finanziert wurden, ist für mich nicht feststellbar. Die Fonds wurden meist von den FZMKs (Fabrik-, Betrieb- und Ortskomitee) der Gewerkschaft gehalten, die sie auf einem eigenen Konto hielten, das zu überziehen strikt verboten war. „In Ausnahmefällen" und „rechtzeitig" konnten bei unvermeidlichen Überschreitungen zusätzlich Mittel bei den höheren Organen der eigenen Gewerkschaft beantragt werden. Da deren Entscheidungsprozeß aber bekanntermaßen bürokratisch und fragwürdig war, dürften sie doch in beträchtlichem Maße durch Überziehung des Kontos finanziert worden sein (vgl. O porjadke postuplenija i raschodovanija sredstv socstracha. Voprosy strachovanija 1934: 3 S. 21). — Später — nach der Reorganisation, die wir weiter unten besprechen werden — wurde dieses Problem dahingehend gelöst, daß eine Verpflichtung der jeweils höheren Organe eingeführt wurde, Defizite der FZMKs zu decken. (Gosudarstvennoe social'noe strachovanie. Moskva 1955 S. 201).

131 O principach sostavlenija bjudžeta social'nogo strachovanija. Voprosy profdviženija 1936: 10 S. 53.

132 Beispielsweise der der chemischen Industrie.

133 Vgl. u.a. Ju. Liss: Novyi porjadok finansirovanija medpomošči. Voprosy strachovanija. 1934: 8 S. 9; Medobsluživanie pod kontrol' profsojuzov. Voprosy strachovanija 1934: 5 S. 1.

Mit dem ersten Fünfjahresplan setzte eine zunehmende Zweckentfremdung des Beitragsaufkommens der „Sozialversicherung" für Ausgaben wie Wohnungsbau, Bau und Betrieb von Kindergärten, Beköstigung von Schulkindern etc. ein. Da diese Leistungen vornehmlich für die Unterbringung etc. der Beschäftigten der neu entstehenden Industrien gedacht waren und die Finanzierung zu Lasten anderer konsumptiver Ausgaben wie Renten, Krankentagegelder ging, ist hier die Formel „Mit dem Gesicht zur Produktion" keine bloße Phrase. Die „Sozialversicherung" wird vielmehr in den Dienst von Zwangssparprozessen gestellt, deren Resultat gezielt den vorrangig entwickelten Industriezweigen zugutekommt[134]. Schließlich wurden ca. 2/3 des Beitragsaufkommens der Sozialversicherung für versicherungsfremde Zwecke mißbraucht, 1931[135] ging die Summe an Aufwendungen für Renten und Krankentagegelder auch absolut und nominal zurück.

2.1.1.4.9. Gesetzgebungstechnik

Zu Beginn der dreißiger Jahre war eine zeitlang noch der Vorschlag im Gespräch, die Gesetzgebung zur „Sozialversicherung", die in hunderten und tausenden von „Normativakten" verstreut und längst völlig unüberschaubar geworden war, in einem Gesetzbuch zusammenzufassen. Dieser so sehr unzeitgemäße Vorschlag wurde jedoch 1933 in aller Stille beerdigt und aus durchsichtigen Gründen verstärkte sich in der Stalinära die Tendenz, in der Gesetzgebung kurz und vage zu sein und die tatsächliche Regelung dann einer Flut von großenteils unveröffentlichten Ausführungsbestimmungen der verschiedensten Behörden zu überlassen[136].

2.1.1.4.10. Die Reform der Organisation und Finanzierung der Sozialversicherung von 1936/37

1936/37 kam es erneut zu wesentlichen Umbauten in der Organisation der „Sozialversicherung". Die versicherungsfremden Aufwendungen wurden zu

[134] Vgl. A. B. Varšavskij: Socstrach na službe prosveščenija. Narodnyj učitel' 1933: 5 S. 27; Socstrach v zaveršajuščem godu pjatiletki. Voprosy truda 1932: 5-6 S. 107. Dies und nicht eine Rückkehr zur Naturalrente ist gemeint, wenn der zuletzt angeführte Aufsatz von einer zunehmenden Naturalisierung der Leistungen der „Sozialversicherung" spricht.

[135] Vgl. Socstrach . . ., S. 108.

[136] Vgl. B. Miljutin: Strachovaja volokita i mery bory s nej. Voprosy truda 1927: 2 S. 9; V. Karavaev: K proektu svodnogo zakona po social'nomu strachovaniju. Voprosy truda 1932: 4 S. 67. Gelegentlich war auch davon die Rede, die Konkretisierung durch Ausführungsbestimmungen auf ein Mindestmaß zu beschränken und stattdessen durch stark zentralisierte von Fall zu Fall-Entscheidungen abzulösen. Sehr weit konnte diese Ablösung jedoch schwerlich gehen. (Socstrach v zaveršajuščim godu pjatiletki. Voprosy truda 1932: 5-6 S. 107).

einem beträchtlichen Teil aus dem Haushalt der Sozialversicherung genommen. Ebenso wurden die Abführungen, die dieser Haushalt[137] bis dahin an das NK für Gesundheitswesen geleistet hat, abgeschafft. Seit dieser Zeit wird nur mehr ein kleiner Teil der Gesundheitsleistungen, wie bestimmte Kur- und Sanatoriumsaufenthalte, aus dem Haushalt der „Sozialversicherung“[138] finanziert. Zugleich mit dieser Entlastung ihres Haushalts wurden die Beitragssätze für die „Sozialversicherung“, die noch aus den zwanziger Jahren stammten, nach Gewerkschaften neu geregelt und im Schnitt zu ca. 1/3 gesenkt. Hinfort machten Krankentagegelder und Renten wieder das Gros der Ausgaben aus — wie in den zwanziger Jahren. Daß dies mit nachhaltig gesenkten Beitragssätzen geschah und nichtsdestoweniger keine Defizite im Haushalt der „Sozialversicherung“ aufgetreten zu sein scheinen, ist wohl eines der klarsten Indizien dafür, daß die Leistungen in der Stalinära unter das Niveau der letzten NEP-Jahre gesenkt worden sind. Die wesentlichen Entscheidungen im Zusammenhang mit der Verrentung wurden den Gewerkschaften entzogen und den Republiks-NKs für soziale Versorgung und deren nachgeordneten Organen übertragen[139], die damit erneut — wie schon unter dem Kriegskommunismus — die Verrentung sowohl der Mitglieder der „Sozialversicherung“ als auch der meisten Rentner der „sozialen Versorgung“ in ihren Händen vereinigten.

Die Fabrik- und Ortskomitees der Gewerkschaften (FZMKs) hatten nur mehr gewisse Zuträger- und Kontrolldienste zu leisten und wurden ebenfalls reorganisiert: für die Aufgaben aus der „Sozialversicherung“ sollten sie nun einen spezialisierten und großenteils aus „Freiwilligen“ zusammengesetzten Rat für „Sozialversicherung“ bilden. Über Unregelmäßigkeiten bei der Arbeit der FZMKs war geklagt worden, ansonsten aber wurde fast nichts veröffentlicht, was eine Begründung für die Reorganisation abgegeben hätte[140]. Nichtsdestoweniger war damit die Konstruktion

[137] Auch wenn die Informationen immer spärlicher werden, können wir das doch aus der Veränderung des Haushaltsvolumens schließen.

[138] In der „Diskussion“ um die Tarifreform dominierte die Forderung, die Beitragssätze sollten so geregelt werden, daß sie im Rahmen einer Gewerkschaft/Branche die Aufwendungen für „Sozialversicherung“ deckten. Auf diese Weise könnten sich diese Aufwendungen „genauer“ in den „Selbstkosten der Produktion widerspiegeln“ (E. Vajnerman: Nužna reforma strachovych tarifov. Voprosy profdviženija 1937: 4 S. 52).

[139] Das Unions NK für soziale Versorgung wurde aufgelöst. Wegen der Renten der „sozialen Versorgung“ vgl. weiter unten S. 66.

[140] Wenn wir solche Äußerungen wie eine Resolution des VI. Plenums des VCSPS als Begründung nehmen wollen, in der es heißt „die bürokratischen Methoden“ der Gewerkschaften hätten ein Eindringen von „Volksfeinden“ ermöglicht und sie „führten“ keinen „unablässigen Kampf für die Verbesserung . . .“ I. Gavrilov: Za korennuju perestrojku raboty po social'nomu strachovaniju. Sovetskaja nauka 1938: 1 S. 181. Etwas greifbarer sind die Äußerungen von Z. Mochov, der anführt, im alten System habe es ein ungutes Verhältnis zwischen den ZKs der Gewerkschaften und dem VCSPS gegeben. Die ZKs wären bei der Eintreibung der Beiträge nachlässig gewesen und hätten andererseits die

geschaffen, die in ihren Grundstrukturen bis heute fortbesteht. Die Gewerkschaften hatten kaum mehr Einfluß auf den Teil des Beitragsaufkommens, der für die Renten verwendet wurde — trotzdem wollte sich die Änderung nicht als neuerliche Abschaffung der „Sozialversicherung", sondern als Übertragung von Aufgaben derselben an die Organe der sozialen Versorgung verstanden wissen[141].

2.1.1.4.11. Sozialversicherung der Kolchozbauern

Berichten wir in Kürze noch über andere Versorgungssysteme. Anfang der dreißiger Jahre erschienen ein paar Artikel, in denen die Meinung vertreten wurde, mit der Kollektivierung der Bauernschaft sei auch deren Einbeziehung in die Sozialversicherung überfällig[142]. Als Erfüllung dieser Forderung wurde die Schaffung von Kassen der Kolchozen für gegenseitige Hilfe deklariert, die versicherungsartigen Charakter haben sollten. Tatsächlich wurden ab 1930 zahlreiche solche Kassen gegründet. Karavaev zählt allein im Kraj Nordkaukasus ca. 1500 solche Kassen, gibt aber selbst zu, daß viele davon vermutlich nur auf dem Papier existieren[143]. Die Eintreibung auch bescheidenster Mitgliedsbeiträge erwies sich — wohl nicht zuletzt aufgrund der Armut der Kolchozbauern — meist als unmöglich, bei der Verteilung des „Gewinns" der Kolchoze wurde die Kasse „vergessen". Waren dennoch einige Mittel vorhanden, so kam es vor, daß der örtliche Sowjet wegen Mangels eigener Mittel über sie „verfügte". Die Abteilung für soziale Versor-

---

Ausgaben überhöht angesetzt, um bei der Umverteilung der Beitragsmittel durch das VCSPS günstig wegzukommen. (Novye tarify social'nogo strachovanija. Voprosy profdviženija 1937: 7 S. 49.) Aus den laufenden Reorganisationswellen der vorhergehenden Jahre, während derer zeitweilig doch wieder Territorialorgane — getragen von mehreren Gewerkschaften — gebildet und wieder aufgelöst wurden — angeblich, um die ZKs verschiedener Gewerkschaften von der Verwaltung der Rentenangelegenheiten zu entlasten, wie es heißt — können schwerlich klare Schlüsse gezogen werden, weil dies alles in einer Situation fortwährender Säuberungen stattfand, denen ein Großteil der Gewerkschaftsfunktionäre zum Opfer fiel. Gelegentlich der Verhaftung des einen oder anderen von ihnen wurden abenteuerliche Geschichten über Mißwirtschaft und Korruption dieses „vreditel'" veröffentlicht, die Tausende und Millionen von Rubel verschlungen habe. Auch über die Reorganisation von 1936/37 tappte der Leser der sowjetischen Literatur zunächst weitgehend im dunkeln.

[141] Vgl. Astrachan op. cit. S. 120. Auch die Aufstellung und Beschlußfassung über den Teil des Haushalts der „Sozialversicherung", der für die Bezahlung der Renten vorgesehen war, wurde Angelegenheit dieser Ministerien und nicht mehr des „Sozialversicherungsträgers" Gewerkschaften.

[142] G. Batkis: Social'noe strachovanie v kolchozach. Na planovom fronte 1930: 3-4 S. 53; V. Karavaev: Social'noe strachovanie kolchoznikov. Voprosy truda 1931: 8-9 S. 113.

[143] „Es gibt Kassen, deren ganze Tätigkeit in der Wahl einer Leitung besteht sowie in deren Auflösung wegen Untätigkeit und der Wahl einer neuen, die auch nichts tut". Karavaev op. cit. S. 115.

gung bei diesem Sowjet hatte weitreichende Aufsichtsrechte über die Kasse, unternahm jedoch wenig, weil es an Anweisungen aus Moskau fehlte. Die tatsächliche Leitung war unfähig und verbrauchte oft das Gros der zur Verfügung stehenden Mittel für Verwaltungsausgaben. Karavaev weiß eine vorbildliche Kasse zu benennen, die an Invalide eine Jahresrente von 50 Rubel zahlt, der häufigste Fall sei aber, daß Invaliden nur eine kleine und einmalige Unterstützung gewährt werde. Schließlich kam ein Musterstatut aus Moskau. Daran, daß diese Kassen fast überall vollständig oder beinahe vollständig inaktiv blieben, änderte sich hierdurch nichts[144].

2.1.1.4.12. Sozialversicherung der Handwerker

Besser ging es der „kooperativen Versicherung" der Handwerker. Hier wurde rasch eine gesamtstaatliche Vereinigung aller Kassen gegründet, der bereits 1929 über eine halbe Million Handwerker angehörten, ca. 15 000 hiervon waren selbständige Handwerker[145]. Die Mitgliedschaft wurde 1932 für alle Handwerker auch offiziell Pflicht, die Organisation war schon vorher auf Beschluß des Rats der Volkskommissare zentralistisch umgestaltet und die Formen der Beitragserhebung und Leistungen denen der staatlichen „Sozialversicherung" angeglichen worden. In den folgenden Jahrzehnten machte diese „kooperative Versicherung", wie sie meist genannt wurde, eine Vielzahl von merkwürdigen Reorganisationen durch, die alle vom Rat der Volkskommissare veranlaßt waren und entsprechenden Reorganisationsbemühungen in der staatlichen Industrie und der staatlichen „Sozialversicherung" folgten. Ich übergehe sie, sie zeigen immerhin, daß der Unterschied zwischen der staatlichen und der kooperativen „Sozialversicherung" nicht darin bestand, daß in der letzteren die Versicherten etwas zu sagen gehabt hätten. Der Beitragssatz betrug von 1930 bis 1954 im Durchschnitt etwa 10%[146]. In diesem Zusammenhang ist es etwas erstaunlich, daß die Leistungen dem Buchstaben der Verordnung nach niedriger waren als in der staatlichen Sozialversicherung[147].

---

[144] Dies bestätigen die Berichte, die in der Zweiten Hälfte der 50er Jahre über die Arbeit vorbildlicher Kassen veröffentlicht wurden, als diese tatsächlich begannen, eine Einrichtung von Bedeutung zu werden. Regelmäßig heißt es dort, die Kasse sei zwar schon in den 30er Jahren begründet worden, aber erst ab 1956 aktiv geworden — vgl. weiter unten. In Solženicyns Erzählung Matrenin dver, die 1962 in Novyj von mir veröffentlicht wurde, scheidet die Bäuerin Matrena zwar wegen Invalidität aus dem Kolchoz aus, erhält aber keinerlei Unterstützung und wird auch noch zu unbezahlter Arbeit im Kolchoz herangezogen. Dies spielt sich Mitte der 50er Jahre ab.

[145] R. R. Kac: Sovetskoe kooperativnoe strachovanie. Moskva 1960, S. 17.

[146] Mit Differenzierung nach Gefahrenklassen.

[147] Z. B. nur bis zu 50 % des Arbeits„lohns" wurden als Krankentagegeld weitergezahlt.

2.1.1.4.13 Gegenseitige Hilfe der Arbeiter

Anfang der dreißiger Jahre erlangte auch eine Einrichtung eine etwas größere Bedeutung, die es, wenn wir der sowjetischen Behauptung, das „vollkommenste Sozialversicherungssystem“ der Welt zu besitzen, glauben wollen, eigentlich gar nicht geben dürfte. Sie erinnert uns sehr an das 19. Jahrhundert und besteht in der UdSSR bis heute: eine Kasse für gegenseitige Hilfe der Arbeiter eines staatlichen Betriebs. Ab Anfang der dreißiger Jahre waren die Gewerkschaften gehalten, ihre Verbreitung zu fördern — ihnen oblag die Leitung, etwas später wurde auch ein Musterstatut erlassen. Aufgabe dieser Kassen war es, Kollegen, die in Not (nuždaemost') geraten waren, durch Vergabe von Krediten, die nur zur Hälfte zurückgezahlt werden mußten, und Naturalleistungen zu helfen. So berichtet S. Trub[148] beispielsweise, daß in der Fabrik „Dzeržinskij“ 21 Familien von Kollegen, denen es an Kleidern und Schuhwerk mangelte, solches auf Kosten der Kasse zur Verfügung gestellt wurde oder: der Arbeiter Kovalenko (Stoßarbeiter . . . 40 Arbeitsjahre, Träger eines niederen Ordens) erhielt 3 Kindermäntel, 3 Paar Schuhe, 10 Meter Stoff . . . Eine Versicherungseinrichtung ist das nicht, sie wurde aus Mitteln der „Sozialversicherung“ subventioniert. Ihre propagandistische Bedeutung war groß, ihre praktische Bedeutung wegen des doch sehr bescheidenen Mittelaufkommens dieser Kassen beschränkt[149].

2.1.1.4.14. Soziale Versorgung

Der Kreis der Personen, der der sozialen Versorgung außerhalb der „Sozialversicherung“ oblag, ging bis zum 2. Weltkrieg u. a. aufgrund des Hinwegsterbens der Kriegsinvaliden zurück, wohingegen er im Ergebnis des 2. Weltkriegs gewaltig anschwoll. Es fehlt an konkreten Angaben, wir können aber grob schätzen, daß 1937 ca. eine halbe Million Rentner nach verschiedenen Versorgungsgesetzen aus dem allgemeinen Staatshaushalt statt aus dem Haushalt der „Sozialversicherung“ versorgt wurde[150]. Ab 1945 wurde dann ein Heer von Kriegsinvaliden aus dem allgemeinen Staatshaushalt versorgt.

---

[148] Rabota kass vzaimopomošči. Voprosy profdviženija 1933: S. 63 f.

[149] 1935 verfügten diese Kassen nach „bei weitem nicht vollständigen Angaben“ über ca. 110 Mill. Rubel (S. Nekrasov, A. Družinin: Rabota kass vzaimopomošči. Voprosy profdviženija 1936: 7 S. 31). Die Mitgliedschaft war ganz offensichtlich nicht immer freiwillig und ebensowenig die Abführung von Beiträgen. Die Mittel wurden auch nicht selten für eine spezielle Förderung der Stachanov-Leute mißbraucht.

[150] Dies können wir schätzen aufgrund der Angaben in I. Nagoviščyn: Social'noe obespečenije trudjaščichsja. Voprosy profdviženija 1937: 11 S. 30 in Verbindung mit unserer Tabelle auf S. 111. Diese Schätzung wird auch durch die Angaben von V. Lebedeva: Social'noe obespečenie k 15-j godovščine Oktjabrja. Vlast' sovetov 1932: 31 S. 8 erhärtet.

Daß die Rentner der Sozialversicherung nach 1945 zunächst eine Minderheit im Gesamtkontingent der Rentner waren, geht aus den Angaben hervor, daß die Gesamtaufwendungen für Renten 1950 24 Milliarden 250 Millionen Rubel betrugen, der Anteil der „Sozialversicherung" der Arbeiter und Angestellten hieran ca. 8 Milliarden Rubel war[151]. Etwa 10 Millionen der Kriegsinvaliden bzw. -hinterbliebenen waren Bauern, so daß infolge des 2. Weltkriegs zum ersten Mal große Massen der sowjetischen Landbevölkerung in den Genuß von Renten kamen[152]. Zum Anschwellen der sozialen Versorgung trug schließlich bei, daß 1950 für die Gruppe der Wissenschaftler eine besondere Rentenversorgung aus dem allgemeinen Staatshaushalt eingeführt wurde. Die bestehenden Systeme der Offiziersrenten und persönlichen Renten haben in dieser Periode sicherlich ebenfalls an Bedeutung gewonnen, zumal sie zu den wenigen Renten gehörten, die tatsächlich auskömmlich waren.

Im einzelnen verfügen wir nur über wenige Daten über die Leistungen der sozialen Versorgung. Das NK für soziale Versorgung der russischen Föderation erließ 1935 eine Instruktion, nach der für anderweitig mittellose Invalide unter Umständen Unterstützungen aus den örtlichen Haushalten vorgesehen waren, die allerdings äußerst bescheiden waren. Da solche Unterstützungen auch vorher schon existierten, handelte es sich wohl eher um einen Akt der Vereinheitlichung der Verwaltungspraxis.

Die einzigen wirklich detaillierten Angaben über die soziale Versorgung jener Jahre, die ich finden konnte, stammen aus der Republik Karelien und verdienen auch deswegen Beachtung, weil diese Republik als vorbildlich für die ganze russische Republik vorgestellt wird. In den örtlichen Invalidenhäusern befanden sich hier 1932 220 Plätze und ein starker weiterer Ausbau war geplant. Die durchschnittliche Jahresrente (!) für einen aus dem örtlichen Budget unterhaltenen Kriegsinvaliden betrug 1932 312 Rubel. Demgegenüber hatten sich die Ausgaben für den Unterhalt einer Person im Invalidenheim von 250 Rubel im Jahre 1928 auf 433 im Jahre 1932 erhöht. Dies dürfen wir wohl auf die Geldentwertung zurückführen. Außer den Kriegs- und bestimmten persönlichen Rentnern wird noch ein Kontingent 2648 „Alten und anderen" unterstützt, und zwar mit einer Jahresrente von 96 Rubel[153,154].

151 Vgl. P. Stiller: Die sowjetische Rentenversicherung 1971-77. Berichte des Bundesinstituts für ostwissenschaftliche und internationale Studien 1979: 42 S. 90.

152 Vgl. R. und Z. Medvedev: Khrushchev. New York 1976 S. 29.

153 N. Poljakov: Social'noe obespečenie vo vtorom pjatiletii. Sovetskaja Karelija 1932: 3-4 S. 116.

154 Zum Vergleich einige Preise aus dem jahre 1932, die auch sonst als Vergleichsmaßstab von Interesse sind. Preis von einem kg. Weizenmehl, rationiert: 19 Kopeken, in staatlichen Läden außerhalb der Rationierung 4,50 Rubel, auf dem Kolchozmarkt ca. 60 Rubel, 1 kg Zucker: rationiert 95 Kopeken, nichtrationiert 25 Rubel. 1 kg Butter: rationiert 4,66 Rubel, nichtrationiert ca. 17 Rubel, Kolchozmarkt ca. 40 Rubel. Baykov A. op. cit. S. 244.

Dies ist offenbar die eigentliche Armenfürsorge. Zuschüsse an die Kassen der Kolchozen für gegenseitige Hilfe sind für die Zukunft geplant, haben aber noch nicht in nennenswertem Ausmaß stattgefunden.

2.1.1.4.15. Zusammenfassung

Entsprechend der starken Vermehrung der Arbeiter und Angestellten der staatlichen Betriebe wuchs die Mitgliederzahl der „Sozialversicherung" dramatisch. Wollten wir der sowjetischen Propaganda glauben, so war dies auch von einer Leistungsverbesserung begleitet. In Wahrheit scheint eher das Gegenteil der Fall gewesen zu sein. Der Wert der Geldleistungen nahm inflationsbedingt vielfach real ab, der Zugang wurde erschwert. Im Zuge des sogenannten Kampfes gegen die Gleichmacherei kam es zu selektiven Leistungserhöhungen und -senkungen für bestimmte Personengruppen, was mit der speziellen Förderung „führender Industriezweige" und der „Hauptkader" begründet wurde. Analog der Entwicklung des politischen Systems verstärkte sich das Moment der Obrigkeitsstaatlichkeit und der Willkür bei der Leistungsvergabe.

Das Beitragsaufkommen pro Versicherten nahm real ab, nach einer Phase der Zweckentfremdung des größeren Teils von deren Mitteln wurden die Beitragssätze drastisch gesenkt, der Haushalt blieb jedoch ausgeglichen. Das Umlageprinzip wurde beibehalten mit unterschiedlich strikten Budgetrestriktionen für die Kassen unterschiedlich „wichtiger" Industriezweige.

Es fanden zwei große Reorganisationen der „Sozialversicherung" statt: die erstere brachte 1933 eine „Verschmelzung" der Gewerkschaften mit dem Volkskommissariat für Arbeit und scheint zu einem schlecht funktionierenden Apparat mit unausgegorener Arbeitsweise geführt zu haben, der laufend reorganisiert wurde. Die zweite Reorganisation 1936/37 nahm der Gewerkschaftsbürokratie wieder einen Großteil der Befugnisse, die ihm die erste verliehen hatte, die Rentenzusprechung und -verwaltung wurde an die Ministerien für soziale Versorgung übertragen. Damit war die Organisationsstruktur geschaffen, die bis heute fortbesteht. Ob die „Sozialversicherung" der Arbeiter und Angestellten während der Stalinära an Versicherungscharakter gewonnen oder verloren hat, vermag ich nicht zu entscheiden.

Neben der staatlichen „Sozialversicherung" der Arbeiter und Angestellten wurde eine in vieler Hinsicht ähnliche „kooperative Sozialversicherung" für die Handwerker aufgebaut.

Bestrebungen, eine Sozialversicherung der Kolchozbauern zu schaffen, blieben in den bescheidensten Ansätzen stecken. Neben der „Sozialversicherung" bestand eine „soziale Versorgung" weiter, die als größte Gruppe die Kriegsopfer betreute und durch den 2. Weltkrieg gewaltig an Bedeutung gewann. Die Mehrzahl der Rentner nach dem 2. Weltkrieg waren Kriegsopfer, und diese Renten wurden aus dem allgemeinen Staatshaushalt finanziert. Außerdem erhielten weiterhin und verstärkt bestimmte wichtige Personengruppen wie beispielsweise die Offiziere Renten aus dem allgemeinen Staatshaushalt. Die große Mehrzahl der Bevölkerung hingegen unterlag weiterhin weder der „Sozialversicherung" noch der „sozialen Versorgung", wenn wir von einer äußerst dürftigen kommunalen Armenfürsorge absehen.

Aus der sowjetischen Literatur der Stalinära Einblick in die soziale Wirklichkeit zu gewinnen ist nicht leicht. Eine ernsthafte Diskussion konzeptioneller Fragen fand entweder nicht statt oder wurde nicht in der Öffentlichkeit ausgetragen.

2.1.1.5. Von 1953 bis zur Gegenwart

2.1.1.5.1. Charakteristika der Wirtschafts- und Sozialpolitik

Autoren, die die Veränderungen nach der Stalinära analysieren, heben unter den sie bedingenden wirtschaftlichen Faktoren hervor, daß die Fortsetzung des Wirtschaftswachstums eine stärkere Nutzung der sogenannten „intensiven" Wachstumsfaktoren und höhere Effizienz und zu diesem Zweck eine Milderung der befehlswirtschaftlichen Methoden erfordert habe[155]. Sicherlich hat eine gewisse Wiederentdeckung der Ökonomie und des „materiellen Anreizes" positive Auswirkungen auf das Wirtschaftswachstum gehabt. Die Bevölkerung wurde nunmehr in Form eines allmählich steigenden Lebensstandards am wirtschaftlichen Fortschritt beteiligt, soziale Probleme wurden nicht mehr im bisherigen Maße verdrängt.

In der Landwirtschaft versuchte man durch erhebliche Investitionen und Maßnahmen zur Verbesserung der Lage der Landbevölkerung die Folgen jahrzehntelanger Versäumnisse wettzumachen, wobei allerdings von einem sehr niedrigen Niveau ausgegangen werden mußte: die Prokopfproduktion von Getreide war 1952/53 niedriger als 1913[156]. In der tierischen Produktion fällt der Vergleich sogar noch mehr zugunsten des Zarenreichs aus[157]. Der soziale Status des Bauern wurde allmählich an den eines Industriearbeiters angeglichen, was im Ausbau des Sovchozsystems einen markanten Ausdruck fand.

Die Herrschaftsformen änderten sich vom Totalitarismus Stalinscher Prägung zur vergleichsweise milderen Form autoritärer Machtausübung.

---

155 Vgl. z. B. W. Gumpel: Sozialistische Wirtschaftssysteme. München 1983.

156 Vgl. Z. und R. Medvedev op. cit. S. 24 f.; 58.

157 Vgl. A. Baykov op. cit. S. 325.

2.1.1.5.2. Überblick

Unter den zahlreichen Versorgungssystemen der heutigen Sowjetunion sind insbesondere zu erwähnen: a) die staatliche „Sozialversicherung" der Arbeiter und Angestellten und der diesen gleichgestellten Personen, b) der Allunionsfond für die soziale Versorgung der Kolchozbauern, c) die „Sozialversicherung" der Kolchozbauern, d) die Versorgung der Kolchozbauern aus Versicherungsfonds der Kolchozen und e) die Versorgung ausschließlich aus allgemeinen Steuermitteln. Hierunter fallen zunächst Personengruppen, deren Renten sich ebenso wie die der unter a) erfaßten Personen nach dem Gesetz über die „staatlichen Renten" von 1956 richten, dies sind vor allem die Kriegsinvaliden und deren Hinterbliebene und die Militärdienstleistenden ohne höheren Offiziersrang. Weiter fallen hierunter eine größere Zahl von Personengruppen, deren Renten keine „staatlichen Renten" im Sinne des Gesetzes von 1956 sind, sondern durch Sondergesetze geregelt werden. Solche Sondergesetze mit einer Versorgung aus allgemeinen Steuermitteln gibt es u. a. für die Offiziere des Militärs und der Geheimdienste, Mitglieder des Schriftsteller-, des Komponistenverbandes und einiger anderer Künstlerverbände, Wissenschaftler und ein paar weitere Personengruppen. Dann gibt es nach wie vor ein System persönlicher Renten für Personen mit besonderen Verdiensten um die Sowjetunion. Je nach Größe der Verdienste gliedert sich dieses System in persönliche Renten der verschiedenen Stufen des Staatsapparates. Schließlich wäre noch die eigentliche Sozial- und Armenfürsorge zu nennen.

Versicherungselemente werden wir in den Systemen a) und c) feststellen können, in bescheidenerem Umfang auch in b) und d).

Die ausgeübten Versicherungsarten sind unverändert die Renten- und die Krankentagegeldversicherung, eine Arbeitlosenversicherung fehlt nach wie vor. Der Gesundheitsdienst wird aus allgemeinen Steuermitteln[158] finanziert, untersteht den Gesundheitsministerien und die Inanspruchnahme seiner Dienste ist für alle sowjetischen Bürger de jure bei den meisten Behandlungsarten „kostenlos"[159].

[158] In geringem Umfang trägt nach wie vor auch der Haushalt der Sozialversicherung zur Finanzierung von Gesundheitsleistungen bei und zwar über die Beihilfen für bestimmte Kur- und Sanatoriumsaufenthalte. Insofern ist die Trennung hier nicht völlig folgerichtig vollzogen.

[159] Eine aufschlußreiche Darstellung des sowjetischen Gesundheitswesens und seiner Entwicklung ist die Studie von M. Field: Doctor and Patient in Soviet Russia. Cambridge 1957. Wegen neuerer Entwicklungen siehe auch M. Ryan: The Organization of Soviet Medical Care. Oxford 1978. Die Arbeit von Field hat den besonderen Vorzug, daß sie versucht, die offenbar sehr wesentlichen Unterschiede zwischen der sozialisierten Medizin vom sowjetischen Typ und etwa der vom „britischen Typ" herauszuarbeiten. Sowjetische Quellen vermittelten lange regelmäßig einen irreführenden Eindruck über die Unentgeltlichkeit im sowjetischen Gesundheitswesen, neuerdings hat sich hier die Literaturlage

Seit der Schaffung der „Sozialversicherung“ der Kolchozbauern ist, sehen wir von Hausfrauen, Kindern und Jugendlichen ab, nicht ohne weiteres eine größere Gruppe der sowjetischen Bevölkerung ausmachbar, die weder Sozialversicherungsschutz noch einen äquivalenten Schutz aus dem allgemeinen Staatshaushalt genießt. Dies soll nicht heißen, daß es solche Personengruppen nicht gibt, das zur Verfügung stehende Material reicht für ihre Identifizierung jedoch nicht aus.

In den fünfziger Jahren war zunächst e) das wichtigste Versorgungssystem, gefolgt von a). Heute ist — vor allem aufgrund des allmählichen Hinwegsterbens der Kriegsinvaliden — a) das wichtigste System, gefolgt von e) und b).

2.1.1.5.3. Sozialversicherung der Arbeiter und Angestellten und der diesen gleichgestellten Personen Mitgliedschaft und Leistungen

Mitglieder der staatlichen „Sozialversicherung“ der Arbeiter und Angestellten sind außer diesen nach wie vor das leitende Personal der Kolchozen und hierunter auch viele ehemalige Mitarbeiter der MTS[160]. Ferner sind auch die Gruppen der „Halbfreiberufler“ und „halbselbständigen“ Handwerker Mitglieder dieser „Versicherung“[161]. „Halbselbständig“ deswegen, weil meist ein Status eines nicht fest angestellten Mitarbeiters eines staatlichen Betriebs bestehen muß. Die Mitglieder der Handwerkergenossenschaften wurden mit der Fusion der „kooperativen Versicherung“ der Handwerker mit der „staatlichen Sozialversicherung“ 1960 Mitglieder der letzteren. Diese Fusion erfolgte gelegentlich der Verstaatlichung der meisten Handwerkerartels.

---

jedoch gebessert. Tatsächlich wurden und werden zahlreiche Leistungen, z. B. Medikamente für ambulante Patienten, entgeltlich abgegeben. Auch sind „Bestechungsgelder“ an das medizinische Personal offenbar in solcher Höhe üblich, daß Krankheit durchaus ein finanzielles Risiko bedeutet und somit hier ein unbefriedigtes Versicherungsbedürfnis besteht.

[160] Diese Regelung wurde vorgenommen, um eine Statusverschlechterung für diese Mitarbeiter zu verhindern, die zu einer noch größeren Abwanderung derselben nach Auflösung der MTS 1957/58 geführt hätte.

[161] Wegen einer Aufstellung der versicherten und nichtversicherten Personengruppen, siehe: B. A. Bavkin, G. K. Smirnova: Kommentarij k položeniju o porjadke naznačenija i vyplaty gosudarstevennych pensij. Moskva 1984 S. 27 ff. Mitglieder der Soziaiversicherung sind beispielsweise die Advokaten, die in Rechtsberatungsstellen arbeiten oder „Personen, die für Betriebe . .. verschiedene Arten von Arbeit von zufälligen und kurzzeitigem Charakter ausführen (Reparaturtätigkeiten . . .)“, grundsätzlich aber nicht „Personen, die aufgrund zivilrechtlicher Verträge arbeiten (po dogovoru podrjada, poručenija . . .)“. Von der Personengruppe, die solchermaßen nicht der Sozialversicherung unterliegt, heißt es jedoch, sie sei zahlenmäßig unbedeutend (Ačarkan op. cit. S. 126). Vom Sozialversicherungsschutz ausgeschlossen ist auch ein Teil der Beschäftigten religiöser Organisationen.

Die Renten der staatlichen „Sozialversicherung" richten sich nach den Vorschriften über staatliche Alters-, Invaliden- und Hinterbliebenenrenten sowie nach den novellierten Vorschriften über Dienstaltersrenten und werden im nächsten Abschnitt besprochen.

Die derzeit gültige Regelung für Krankentagegelder, Schwangerschaftsbeihilfen[162] und Sterbegelder stammt aus dem Jahre 1955. Die Höhe des Krankentagegeldes richtet sich bei zeitweiliger Erwerbsunfähigkeit, die nicht auf Arbeitsunfall oder Berufsunfähigkeit zurückgeht, nach dem n.t.s.: bei einem n.t.s. bis zu 3 Jahren betragen sie 50% des Arbeitslohns, 100% des Arbeitslohns werden erst ab einen n.t.s. von mindestens 8 Jahren gezahlt[163]. Mindesthöhe ist 30 Rubel. Beim Tod des Versicherten oder eines Familienangehörigen desselben werden 20 Rubel gezahlt[164].

Die Vorschriften über den n.t.s. wurden in zwei Schritten seit Mitte der fünfziger Jahre entschärft und dieser gilt heute nur mehr dann als unterbrochen, wenn zwischen dem Ausscheiden aus einem Betrieb und dem Arbeitsantritt in einem anderen mehr als eine bestimmte Zeit verstreicht — 1-3 Monate — und bei ein paar anderen Gründen.

2.1.1.5.4. Staatliche Renten

Die staatlichen Renten wurden durch die Rentenreform von 1956 grundlegend neugeregelt. Wegen seiner maßgeblichen Bedeutung gehe ich auf das Gesetz von 1956, das mit ein paar Änderungen[165] bis heute in Kraft ist, etwas ausführlicher ein.

Neu ist, daß Arbeitern und Angestellten ohne volles Arbeitsleben, d. h. 25jähriger Beschäftigungsdauer für Männer, 20jähriger für Frauen, ebenfalls eine Altersrente gewährt wird, wenn sie wenigstens 5 Jahre berufstätig waren und 3 davon in den Jahren vor dem Erreichen der Altersgrenze. Die Altersrente errechnet sich dann als Prozentsatz der Altersrente mit normalem Arbeitsleben. Bei normalem Arbeitsleben errechnet sich die Altersrente nach folgender Tafel: Die Rente beträgt bei einem Arbeitslohn bis zu 35 Rubel 100% desselben; 35-50 Rubel: 85%; 50-60 Rubel: 75%; 60-80 Rubel: 65%; 80-100 Rubel: 55%; über 100 Rubel: 50%[166]. Zuschläge werden gewährt bei

162 Und ein paar andere versicherungsfremde Leistungen mit bevölkerungspolitischem Charakter.

163 Nichtmitglieder der Gewerkschaften erhalten nur die Hälfte.

164 In der Stadt, in ländlichen Gebieten weniger.

165 Die zwei wichtigsten sind: Von 1956 bis zur Währungsumstellung 1961 waren 300, dann 30 Rubel die Minimalrente, die Maximalrente waren 120 Rubel; ab 1971 erhöhte sich die Mindestrente auf 45 Rubel; 1981 auf 50 Rubel; ferner wurden für Beschäftigte „wichtiger" Industriezweige wieder Zuschläge eingeführt, bislang allerdings in maßvoller Dosis.

166 Bestimmte Arbeitergruppen, die Renten unter Vorzugskonditionen erhalten, können dabei eine Maximalrente bis zu 160 Rubel beziehen. Alle Angaben sind in „neuen Rubeln".

einem Arbeitsleben von über 35 Jahren, bei einem n.t.s. von über 15 Jahren und seit Anfang der sechziger Jahre für bestimmte Arbeitergruppen bei einer Weiterarbeit nach Erreichen der Altersgrenze. Letztere Möglichkeit wurde in jüngster Zeit stark ausgebaut[167].

Die Vorschriften über Invalidenberentung wurden 1974 novelliert und die Leistungen erneut verbessert. Wir referieren hier die seitdem gültigen Vorschriften[168]. An den Invaliditätsdefinitionen hat sich seit den dreißiger Jahren nicht sehr viel geändert. Invalide, die nicht durch Arbeitsunfall oder Berufskrankheit in diese Verfassung geraten sind, müssen eine Mindestarbeitszeit aufweisen, die nach Altersgruppen gestaffelt ist. Invalide wegen Arbeitsunfalls oder Berufskrankheit der Gruppe I erhalten 110% der entsprechenden Altersrente[169], die der Gruppe II 100%, der Gruppe III 65% bis zu einem Maximum von 40 Rubel und für überschießende Beträge kleinere Abgeltungen[170]; die anderen Invaliden erhalten bei Vorhandensein des erforderlichen Arbeitslebens in Gruppe I 100% des entsprechenden Arbeitslohns, in Gruppe II 90% und in Gruppe III 45% bis zu 40 Rubel im Monat. — Der zugrundegelegte Arbeitslohn ist der Lohn der letzten 12 Monate, auf Wunsch kann aber auch der Durchschnittslohn von 5 aufeinanderfolgenden Arbeitsjahren, die nicht mehr als ein Jahrzehnt zurückliegen, verwendet werden. Im Lohn enthalten sind ein Teil der Prämien und Zuschläge. Rentner, die in ländlichen Gebieten leben und mit der Landwirtschaft verbunden sind, erhalten nur 85% der Rente. Hinterbliebene mit einem Anspruch auf Hinterbliebenenrente sind Waisen bis zum 16. oder 18. Lebensjahr, die Ehefrau und andere enge Verwandte, wenn sie invalide oder alt sind und anderweitig unversorgt, die Ehefrau auch dann, wenn sie Hausfrau ist, sofern sie Kinder unter 8 Jahren hat.

Für Lehrer, „Arbeiter" des Gesundheitswesens und ein paar andere Personengruppen gibt es nach wie vor die Möglichkeit, eine Dienstalterrente zu beziehen, die für Lehrer nach der derzeit gültigen Regelung 40% des Arbeitslohns beträgt bei einer Minimalrente von 30 Rubel und einer Maximalrente

---

[167] Diese Möglichkeiten existieren differenziert nach Berufsgruppe. Es kann auf diese Weise eine Maximalrente bis zu 150 Rubel erreicht werden. Es scheint, als ob eine derartige faktische Anhebung des Rentenalters das Instrument ist, mittels derer die sowjetische Führung zu einem höheren Rentenniveau zu gelangen gedenkt. Dies wäre nicht unvernünftig. Wegen Details: Spravočnik normativnych dokumentov po social'nomu obespečeniju. Moskva 1982 S. 78.

[168] Wegen der Vorschriften, die von 1956 bis 1974 maßgeblich waren, vgl. P. Stiller: Sozialversicherung . . ., S. 128 ff.

[169] Nach ihrem Arbeitslohn.

[170] Es wird davon ausgegangen, daß Invalide der Gruppe III regelmäßig in einem anderen leichteren und für Invaliden geeigneten Beruf wieder tätig werden; Definitionsmerkmal für Zugehörigkeit zu Gruppe III ist eine wesentliche Beeinträchtigung der allgemeinen Erwerbsfähigkeit.

von 120 Rubel[171]. Seit der „Reorganisation" des Dienstalterrentenwesens von 1965 ist die Bedeutung der Dienstalterrente vergleichsweise gering[172].

2.1.1.5.5. Zur sozialen Lage der staatlichen Rentner

Der Leser ist aufgefordert, zu diesem Abschnitt ergänzend die statistischen Angaben und Mutmaßungen weiter unten heranzuziehen.

Der Rentenerhöhungseffekt des Gesetzes von 1956 ging vor allem auf die Aufhebung der Obergrenze für die Berechnungsgrundlage Arbeitslohn und die Anhebung der Mindestrente zurück, die nunmehr sicherlich höher als die meisten Altrenten war, und schließlich die Erhöhung der Prozentsätze, nach denen sich die Renten als Anteil der Arbeitseinkommen berechneten. Die Altrenten wurden neu berechnet. Für die Rentner der „Sozialversicherung" verdoppelte sich die durchschnittliche Rente[173]. Seitdem fand kein Inflationsausgleich mehr statt[174] und zweifellos hat sich erneut ein erhebliches Auseinanderklaffen von Alt- und Neurenten ergeben. Die Beseitigung dieser Lücke wurde bis 1990 in Aussicht gestellt, geschehen ist jedoch noch nichts[175]. Die staatlichen Renten für Kriegsinvalide und deren Hinterbliebene erhöhten sich 1956 weniger stark als die der Sozialversicherungsrentner, dafür erhielten sie in den nachfolgenden Jahrzehnten einige besondere Zuschläge.

Um zu erfahren, inwieweit die Renten durch Weiterarbeit nach Erreichen der Altersgrenze aufgebessert werden und Beschäftigungseffekte durch verstärkte Arbeitsanreize für Rentner ausgelöst werden könnten, wären Daten über Einkommensverteilung und soziale Lage der Rentner erforderlich. Bezeichnenderweise tappen hier nicht nur wir, sondern auch die sowjetische Regierung im Dunkeln. Dies wird deutlich aus N. M. Pavlova, N. E. Rabkina[176]. Hiernach sind auch bei der statistischen Hauptverwaltung keine Daten beispielsweise über die Einkommensverteilung jener Rentner vor-

---

[171] Die derzeit gültige Regelung ist die von 1960, vgl. Spravočnik . . ., S. 165.

[172] Wegen der „Reorganisation" siehe Stiller op. cit. S. 125 f.

[173] Diese Zahl wird von vielen Autoren angegeben, z. B. M. Lircman: Pensii po starosti. Social'noe obespečenie 1956: 9 S. 8, und durch Angaben über die Ausgaben der Sozialversicherung für Renten gestützt, — die Ausgaben für die anderen staatlichen Renten erhöhten sich indes weit weniger.

[174] Abgesehen von der Erhöhung der Minimalrenten, in die auch Altrentner einbezogen wurden. Wenn man so will, kann man die Verbesserung der Möglichkeiten, durch Weiterarbeit nach Erreichen der Altersgrenze die Rente zu erhöhen, als so etwas wie einen Inflationsausgleich betrachten.

[175] Materialy XXVI s'ezda KPSS. Moskva 1981 S. 43.

[176] Ekonomik-statističeskij analiz i modelirovanie pensionnogo obespečenija. In: Statističeskie metody v issledovanijach truda, dochodov i potreblenija. Moskva 1981 S. 59 ff.

handen, die nicht von der „Sozialversicherung“ verrentet worden sind. Über die Einkommensverteilung der Rentner der „Sozialversicherung“ erfahren wir die interessante Tatsache, daß sie ähnlich wie die der Lohnempfänger durch eine Gibratverteilung gut approximiert werde, mit etwas größeren Abweichungen als bei den Lohnempfängern wegen des Gewichts der Altrentner, der Wirkung der Mindestrenten etc. — die Einkommensverteilung der Rentner der „Sozialversicherung“ sei gleichmäßiger als bei den Lohnempfängern. Aber auch die hier verwendeten Daten werden als zu ungenügend aufgeschlüsselt beschrieben, als daß eine Prognose über einen derartigen Beschäftigungseffekt möglich wäre[177].

Über die Erwerbstätigkeit der Altersrentner wissen wir das Folgende: Nachdem die 56er Reform zunächst die Stimuli für eine Weiterarbeit verringert hatte, sank der Anteil der Berufstätigen bis 1964 auf 9,4% der Altersrentner[178], nach der Einführung neuer Zuschläge hierfür stieg er indes bis 1976 wieder auf 24,3 %[179] an. An einer Untersuchung von V. D. Sapiro[180], der eine[181] Stichprobe von Rentnern befragt, ist interessant, daß fast alle nach Erreichen des Rentenalters noch ein paar Jahre berufstätig sein wollen und als wichtigstes Motiv hierfür finanzielle Schwierigkeiten genannt werden.

Seit 1956 wurden auch einige Anstrengungen unternommen, die Invaliden der Gruppe III vermehrt zu „rehabilitieren“. Hierbei wurde beklagt, daß die Ärztekommissionen, die über Invaliditätsgrad und weitere Verwendbarkeit befindet, oft „zufällig“ zusammengesetzt und ihren Aufgaben nicht gewachsen seien. Bis heute wird kritisch angemerkt, daß ihren Empfehlungen oft keine Folge geleistet werde und Invalide in Tätigkeiten beschäftigt würden, die ihren Gesundheitszustand weiter verschlechtern[182]. Interessant ist auch die neu eingeführte Rechtspflicht für Betriebe, bei ihnen angefallene Invalide im Regelfall an einem geeigneten Arbeitsplatz weiterzubeschäftigen. Inwieweit diese Rechtspflicht nur auf dem Papier steht, kann nur schwer beurteilt werden. Komarova berichtet: „1972 arbeiteten in der russischen Föderation ungefähr 200 000 Arbeitsinvalide der Gruppe III nicht, obwohl sie ihrem Alter nach arbeitsfähig gewesen wären. Vor Ort werden die Gründe, weshalb die Leute nicht arbeiten und keine konkreten Maßnahmen für ihre Rehabilitation ergriffen werden, jedoch nicht untersucht.“[183]

---

177 Daß es den Planern hier an Überblick mangelt, wird deutlich auch aus M. S. Lantsev: The economic aspects of social security in the USSR. Moscow 1976 S. 89 f.

178 Astrachan op. cit. S. 169.

179 D. P. Komarova: Decjatkj pjatiletka i našsi zadači. Social'noe obespecenie 1976: 7 S. 4.

180 Čelovek na pensii. Moskva 1980.

181 Vermutlich ein geschöntes Bild vermittelnde.

182 Povysit' otvetstvennost' za trudoustrojstvo. Social'noe obespečenie 1979: 1 S. 41.

183 D. P. Komarova: Organizatorskuju rabotu — na uroven sovremennych trebovanij. Social'noe obespečenie 1973: 6 S. 6. Eine weitere Erörterung dieses Themas führt über die

Für die Beurteilung der sozialen Lage der Rentner ist auch von Bedeutung, inwieweit ihr Einkommen durch freiwillige Transfers zwischen den Generationen aufgebessert wird. V. Ačarkan berichtet, daß seit den fünfziger Jahren der Anteil derjenigen Rentner, die trotz einer solchen Möglichkeit darauf verzichten, bei ihren Kindern zu leben und von diesen Unterstützung zu empfangen, wesentlich gestiegen sei. 1959 sei für 62% der Rentner die Rente die hauptsächliche Finanzierungsquelle für ihr Dasein gewesen, 1970 für 82%[184]. Im Widerspruch hierzu stehen indes die Angaben von N. M. Pavlova, die berichtet, nach einer Untersuchung des CEMI würde ca. die Hälfte aller Rentner zusammen mit berufstätigen Familienangehörigen leben und der Grund hierfür sei „in vielen Fällen der Mangel an Existenzmitteln“[185]. Indes gesteht auch Ačarkan ein, daß es heute finanziell für das Gros der Rentner ein wesentlicher Unterschied ist, ob die Rente durch solche Transfers zwischen den Generationen aufgebessert wird oder nicht. Bei dieser Gelegenheit auch noch ein Wort zur Verrentung der Hausdiener, mit der sich der Ministerrat der UdSSR 1964 zu befassen hatte. Hier hatte sich die Praxis eingeschlichen, daß der Dienstvertrag mit dem Hausdiener, Privatchauffeur etc. so ausgestaltet wurde, daß er im Jahr vor der Verrentung zu einem hohen Einkommen kam und entsprechend zu einer hohen Rente. Um solchen Mißständen vorzubeugen, wurde für ihre Rentenberechnung eine Sonderregelung erlassen[186]. Den Leuten, die diese Hausdiener beschäftigen, bereiten die niedrigen Sozialversicherungsrenten vermutlich keine Kopfzerbrechen.

2.1.1.5.6. Organisation und Finanzierung der staatlichen Sozialversicherung

Die Aufstellung des Haushalts der Sozialversicherung ist, soweit es sich um die Ausgaben für Renten handelt, Sache der Republikministerien für soziale Versorgung und für Finanzen und der ihnen nachgeordneten Abteilungen der örtlichen Sowjets, soweit es sich um Krankentagegeld und die erhebliche Zahl versicherungsfremder Ausgaben handelt, die aus dem Haushalt der „Sozialversicherung“ finanziert werden, Sache der Gewerkschaften. In neuerer Zeit wurde der oberste Zentralrat der Gewerkschaften in die Beschlußfassung über die unionsweiten Aggregate der Ausgaben für Sozialversiche-

---

Versicherungsproblematik hinaus und ich verweise auf die Untersuchungen von Stiller: Systeme der sozialen Sicherung in der UdSSR, Polen, DDR und der CSSR unter besonderer Berücksichtigung der Behindertenversorgung, München 1981.

[184] Socialističeskij princip raspredelenija po trudu i social'noe obespečenie. Socialističeskij trud 1974: 11 S. 121.

[185] O differenciacii pensij. Ekonomika i matematičeskie metody 1976: 6 S. 1197.

[186] Vgl. Astrachan op. cit. S. 176.

rungsrenten wieder eingeschaltet und damit die Kompetenz der Gewerkschaften auf diesem Gebiet — allerdings geringfügig — erhöht[187].

Eine versicherungsmathematische Fundierung des Prozesses der Haushaltsaufstellung ist nicht erkennbar. So werden die Mittel, die dem FZMK für Krankentagegelder zur Verfügung gestellt werden, von den leitenden Organen der Gewerkschaften als Prozentsatz der Beitragseinnahmen festgelegt und dieser Prozentsatz orientiert sich an den entsprechenden Größen der vergangenen drei Jahre. Hierbei versuchen diese leitenden Organe Zufallsschwankungen als solche zu erkennen. Nicht zuletzt zu diesem Zweck sollen die FZMKs einen planmäßigen Krankenstand für das jeweils nächste Haushaltsjahr ermitteln, der nicht höher als der niedrigste Krankenstand[188] der letzten drei Jahre sein darf. Zugleich werden auf den mittleren und höheren Ebenen der Gewerkschaft Reservefonds angelegt, die bei Fondüberschreitungen der FZMKs u. U. in Anspruch genommen werden können.

Bei der Ausarbeitung des Haushalts für die Finanzierung der Renten wird sorgfältig zwischen den Renten der „Sozialversicherung“ der Arbeiter und Angestellten und anderen Renten, die von den Organen der sozialen Versorgung gewährt werden[189], unterschieden. Erstere bilden einen Fond im Rahmen des Republikhaushalts, letztere im Rahmen der örtlichen Haushalte. Kommt es bei Vollzug des ersteren Haushalts zu einem Defizit, so ist es Aufgabe des Ministerrats der Republik, nach Deckungsmöglichkeiten zu suchen, bei letzterem des örtlichen Sowjets, der hier etwa Ausgaben für die örtliche Industrie streichen könnte[190]. Seit den fünfziger Jahren stieg der Anteil der Renten der „Sozialversicherung“ der Arbeiter und Angestellten an den „staatlichen Renten“ im Sinne des Gesetzes von 1956 wieder stark an und beträgt heute ca. 3/4 der Gesamtausgaben für Renten aller Art[191].

Da die Höhe der Sozialversicherungsbeiträge jedoch aus schwer verständlichen Gründen bis 1982 mit geringfügigen Variationen auf dem niedrigen Niveau der ausgehenden Stalinära verblieb[192], kam es zu einem starken Defizit des Haushalts der „Sozialversicherung“, das durch Zuschüsse aus allgemeinen Steuermitteln gedeckt wurde, die 1981 60% dieses Haushalts

---

[187] Geringfügig, weil die nähere Aufschlüsselung dieser Aggregate nach wie vor Sache des Ministeriums für soziale Versorgung ist.

[188] Als Prozentsatz der Beschäftigten.

[189] Einschließlich der Mittel für die Alters- und Invalidenheime und die eigentliche Sozialfürsorge.

[190] Vgl. M. Sčapov: O bjudžetnych pravach. Social'noe obespečenie 1960: 9 S. 17 —meines Wissens ist die von ihm dargestellte Regelung nach wie vor weitgehend in Kraft.

[191] Stiller op. cit. S. 91: Die sowjetische . . ., S. 91.

[192] Nach den in den statistischen Jahrbüchern veröffentlichten Zahlen war der Haushalt der Sozialversicherung bis 1956 ausgeglichen gewesen, die Beiträge richteten sich auch in der Form von 1962 nach Gewerkschaft (!) und betrugen zwischen 4,4 und 9 %.

ausmachten[193]. Indes können wir wenigstens, was die Wiederherstellung des Versicherungscharakters der „Sozialversicherung" anbetrifft, Positives melden: 1982 wurden die Beitragssätze kräftig angehoben und betragen nun für die meisten bedeutenden Industriezweige 14%.

Als Begründung für diesen Schritt wurde angegeben, daß er eine „vollere Vergütung der Aufwendungen für die Reproduktion der Arbeitsressourcen, eine richtige Bestimmung des wirtschaftlichen Effekts der Einführung einer neuen Technik und eine Verstärkung der Stimuli für eine rationelle Ausnützung der Arbeitskräfte bewirke"[194]. Ein gewisser Versuch zu einer Differenzierung nach dem Gefahrengrad ist in den neuen Sätzen ebenfalls erkennbar[195]. Die versicherungsfremden Ausgaben[196] machen etwa 10 % des Haushaltsvolumens der „Sozialversicherung" aus und weniger als in der ausgehenden Stalinära[197].

Alle „staatlichen Renten" im Sinne des Gesetzes von 1956[198] werden von einer Kommission auf Rajonebene zugesprochen, unabhängig davon, ob sie „Sozialversicherungsrenten" sind oder nicht. Diese Kommission setzt sich aus dem Vorsitzenden der Abteilung für soziale Versorgung des Rajonsowjets, einem Vertreter der Finanzabteilung und einem Vertreter der Gewerkschaften zusammen. Diese Kommission ist im Prinzip ein Organ des örtlichen Sowjets, das über seinen Vorsitzenden dem Ministerium für soziale Versorgung unterstellt ist[199]. Die Klagen über Fehler bei der Zusprechung von Leistungen der „Sozialversicherung" und eine schleppende und fragwürdige Bearbeitung von Beschwerden[200], endlose Wartezeiten auf die Rentenauszah-

---

[193] Gosudarstvennyj bjudžet SSSR. Moskva 1983 S. 296.

[194] Sbornik normativnych aktiv po material'no techničeskomu snabženiju. Čast 1 Moskva 1980 S. 42.

[195] Vgl. Spravočnik . . . S. 338.

[196] Hierzu gehören auch die Ausgaben für Pionierläger etc., schließlich wurden ab 1974 auch bestimmte Aufwendungen der Sozialfürsorge, namentlich Unterstützungen für die Kinder schlecht versorgter (maloobespečennyj) Familien dem Haushalt der Sozialversicherung aufgelastet.

[197] Vgl. Narodnoe chozjajstvo SSSR v 1977 g. Moskva 1978, S. 563.

[198] Ferner die Wissenschaftlerrenten, nicht aber die persönlichen Renten. Spricht die Kommission eine Rente an einen Militärdienstleistenden ohne höheren Offiziersgrad zu, so wird sie um einen Vertreter des Militärs erweitert.

[199] Über Beschwerden entscheidet der örtliche Sowjet, die Sitzungen der Kommission werden von der Abteilung für soziale Versorgung vorbereitet, die Auszahlung der Renten übernimmt für alle nicht mehr berufstätigen Rentner ebenfalls diese Abteilung. Die Rechte der Gewerkschaften, die im Prinzip die Arbeit der Organe der sozialen Versorgung „kontrollieren" sollen, wurden seit den 50er Jahren nach Klagen, daß diese Kontrolle entweder überhaupt nicht oder nur rein formal erfolge, etwas ausgebaut. Vgl. Za dejstvitelnyi kontrol' profsojuzov. SO 1958: 8 S. 2. Ein besonders lebhaftes Engagement der Gewerkschaften wird indes bis heute zumindest aus dem sowjetischen Schrifttum nicht spürbar.

[200] Inklusive solcher Fälle, daß ein Invalide nur durch Intervention des Ministers selbst

lung etc. halten an, es erscheint aber vollkommen glaubwürdig, daß die Verhältnisse sich hier gebessert haben. Mit der verwaltungstechnischen Abwicklung sind darüberhinaus zahlreiche Stellen befaßt und ich gehe hierauf nicht weiter ein. Eine Rolle spielt das FZMK, das eine Kommission für Sozialversicherung bildet, Versicherungs„delegierte", die Verwaltung des Betriebs, ein Stab von hauptamtlichen Mitarbeitern der Gewerkschaften speziell für Zwecke der „Sozialversicherung" etc.

Funktionen, die ein fehlendes Allunionsministerium für soziale Versorgung und u. U. eine Gerichtsbarkeit bei der Interpretation der bestehenden Rechtsvorschriften und dem Erlaß entsprechender Ausführungsbestimmungen übernehmen würde, nimmt das 1955 gegründete Staatskommitee für Arbeit der Unionsregierung wahr. Dieses Staatskommitee hat seit 1955 eine große Zahl von „Klarstellungen", d. h. Ausführungsbestimmungen zum Rentenrecht beschlossen, wobei es sich vor dem Erlaß einer wichtigen Ausführungsbestimmung mit den Ministerien für soziale Versorgung und den Gewerkschaften beraten soll. Einer der Hauptzwecke dieser Tätigkeit ist es, eine unionsweit einheitliche Anwendung des Rentenrechts zu erreichen, es wurde aber beklagt, daß es dieser Aufgabe ungenügend nachkäme und mithin ein sehr beträchtlicher Teil aller Probleme nach wie vor durch Verordnung der Republiksministerien und -regierungen entschieden werde[201].

2.1.1.5.7. Rechtssicherheit bei den Leistungsansprüchen

Eine gerichtliche Überprüfung der Entscheidungen der Organe der „Sozialversicherung" ist zwar nach wie vor unmöglich, aber es wird auf die Möglichkeit hingewiesen, die Tatsachen, die dieser Entscheidung zugrundeliegen, gerichtlich zu überprüfen[202]. Trotz der durch die 56er Reform bewirkten Flurbereinigung ist die Rechtsunsicherheit nach wie vor groß. 1975 setzte das russische Ministerium für soziale Versorgung eine Kommission ein, die den Auftrag hatte, sich einen Überblick über die noch in Kraft befindlichen Normativakte dieses Ministeriums und seiner Ämter zu verschaffen. Diese Kommission „entdeckte" u.a. im Staatsarchiv der RSFSR über 2000 derselben und nach langjähriger Tätigkeit wurden ca. 500 annulliert[203].

---

zu seiner Rente kam. M. Emel'janova: Po-leniniski čutko, operativno. SO 1979: 9 S. 6, vgl. auch E. Frimerman: Celovek pereechal . . . SO 1979: 6 S. 59; S. Borisov: Istorija odnoj žaloby. SO 1973: 6 S. 58.

[201] Ačarkan V. A.: Gosudarstvennye pensii. Moskva 1967 S. 101.

[202] Inwieweit diese Möglichkeit praktische Bedeutung hat, vermag ich nicht zu beurteilen.

[203] Ju. Cederbaum: Ob uporjadočenii vedomstvennych normativnych aktov. SO 1978: 3 S. 28.

2.1.1.5.8. Die Kolchozkassen und die Verrentung von Bauern

Ab Mitte der fünfziger Jahre wurden die bis dahin meist passiven Kassen der Kolchozen für gegenseitige Hilfe aktiviert[204] und in der zweiten Hälfte der fünfziger Jahre existierte zumindest auf dem Papier in fast jeder Kolchoze eine solche Einrichtung[205] und einige mustergültige Kassen zahlten auch durchaus wahrnehmbare Renten[206]. Eine zweite Möglichkeit, eine Rente zu erlangen, eröffnete sich ab 1957 dadurch, daß für Kolchozbauern bei Umwandlung eines Kolchoz in einen Sovchoz seine Arbeitsjahre als Kolchozbauer für den Rentenanspruch anrechenbar wurden, wenn er dann als Beschäftigter des Sovchoz verrentet wurde. Indes wurden bei solchen Umwandlungsaktionen nicht alle Kolchozbauern in den Sovchoz „übernommen". — 1961 bezogen zwar ca. 2 Millionen ehemalige Kolchozbauern Renten aus den Kolchozfonds, diese Renten waren jedoch schon deswegen unsicher, weil die Kolchozen nicht mehr als 2% ihres Bruttoproduktionswerts in die Kasse abführen durften[207], — eine Untergrenze für solche Abführungen gab es jedoch nicht — und weil im Fall von Mißernten die Kolchozen oft zu Abführungen gar nicht imstande waren und schließlich die vorhandenen Mittel auch noch oft zweckentfremdet wurden[208].

2.1.1.5.9. Der Allunionsfond für die soziale Versorung der Kolchozbauern

Schließlich wurde 1964 ein Allunionsfond für die soziale Versorgung der Kolchozbauern geschaffen, der Alters-, Invaliden- und Hinterbliebenenrenten sowie Schwangerschafts- und Geburtsbeihilfen gewährt. Die Altersrente errechnete sich zunächst als 50% des Arbeitslohns bis zu 50 Rubel im Monat[209],[210]. Diese Mindestrente übertraf die Renten auch der vorbildlichen Kolchozkassen regelmäßig[211]. Diese stellten ihre Tätigkeit jedoch nicht völ-

---

[204] Sicherlich gab es auch vorher in einigen „reichen" Kolchozen eine aktive Kasse.

[205] Vgl. 24.000 kass vzaimopomošči kolchoznikov. Social'noe obespečenie 1956: 2 S. 21.

[206] So z. B. eine Kasse im oblast' Ivanovo 45 (alte) Rubel im Monat plus einigen Naturalien, so A. Umnova: Oživilas' dejatel'nost kass. SO 1956: 4 S. 41, vgl. auch S. Vlasov: V interesach kolchoznikov. SO 1956: 4 S. 41, M. Derevnin: Pensionnoe obespečenie kolchznikov. SO 1959: 4 S. 29, L. Dolžanskij: Pensionirovanie v kolchoze. SO 1956: 3 S. 18 etc., L. Lykova: Programma partii voploščaetsja v žizn' SO 1964: 8 S. 7.

[207] Was schwerlich eine nennenswerte Reservebildung ermöglichte.

[208] V. Ačarkan: Nekotorye voprosy social'nogo obespečenija kolchoznikov. SO 1962: 8 S. 22.

[209] Überschießende Beträge wurden mit einem geringerem Prozentsatz in Ansatz gebracht.

[210] Zakon sojuza sovetskich socialističeskich respublik o pensijach i posobijach členam kolchozov. SO 1964: 8 S. 1 f.

[211] F. Konograj: Zakon o pensionirovanii kolchoznikov podgotovlen žizn'ju. SO 1964: 10 S. 6.

lig ein, sondern existieren im Prinzip bis heute, obwohl es in jüngerer Zeit um sie sehr still geworden ist. Laut A. Fedorov[212] bezog in den nächsten Jahren das Gros der verrenteten Kolchozbauern die Mindestrente. Diese wurde zweimal auf nunmehr 28 Rubel angehoben und das Rentenrecht dem der „staatlichen Renten“ angeglichen. Für die Verwaltung des Fonds wurde eine eigene Organisation, der Rat für die soziale Versorgung der Kolchozbauern, mit Organen von der Kolchoz- bis zur Republiksebene geschaffen. Einen Einfluß auf die Zusammensetzung dieser Räte haben die Kolchozbauern indes nur auf der Kolchozebene selbst. Bereits auf der oblast'-Ebene führt der Leiter der Abteilung für soziale Versorgung des oblast'-Sowjets nicht nur den Vorsitz, sondern hat auch in allen Streitfragen die „entscheidende Stimme“[213]. Auf Unionsebene hat das Finanzministerium eine Schlüsselrolle. Die Mittel für diesen Fond werden zu fast drei Vierteln aus dem allgemeinen Staatshaushalt aufgebracht. Eine Stärkung der Versicherungselemente in dieser Einrichtung ist nicht absehbar. Angesichts seiner Finanzierung, ferner angesichts dessen, daß dieser Fond de facto eine Einheitsrente gewährt und eine Selbstverwaltung der „Versicherten“ auch pro forma kaum vorliegt, halte ich es für durchaus zutreffend, wenn die sowjetische Literatur diesen Fond nicht als Bestandteil der Sozialversicherung, sondern als ein Institut der „sozialen Versorgung“ abhandelt.

2.1.1.5.10. Sozialversicherung der Kolchozbauern

Ausgeprägten Versicherungscharakter hat hingegen die Sozialversicherung der Kolchozbauern, die 1970 geschaffen wurde, um einen Schutz vor zeitweiliger Erwerbsunfähigkeit durch Krankheit zu ermöglichen, der bis dahin allenfalls notdürftig durch die Kolchozkassen gewährt worden war. Nach einem organisatorischen Interim wird diese Versicherung seit 1976 vom ZK der Gewerkschaft der Arbeiter der Landwirtschaft betrieben[214]. Sie finanziert sich aus einem Beitrag der Kolchozen in Höhe von 2,4% der Aufwendungen für Arbeitsentgelte. Die Leistungen ähneln denen der „Sozialversicherung“ der Arbeiter und Angestellte für Krankentagegelder. Bemerkenswert ist, daß in diesem Zusammenhang für Kolchozbauern die Möglichkeit eröffnet wurde, Mitglieder der Gewerkschaft der Arbeiter der Landwirtschaft zu werden[215].

---

[212] Gody slavnych preobrazovaniji. SO 1972: 5 S. 5.

[213] Spravočnik . . . S. 134.

[214] Es wird ein zentralisierter Unionsfond für diesen Zweck geschaffen. Vgl. E. S. Cerlevskaja, E. Z. Kolina, R. V. Kostina: Finansirovanie i kreditovanie sel'sko-chozjajstvennych predpritatij. Moskva 1983 S. 177.

[215] Sovetskoe social'noe strachovanie. Učebnoe posobie. Moskva 1980 S. 298. Die nähere Regelung dieser Versicherung ist Sache gemeinsamer Beschlüsse des ZKs dieser Gewerkschaft, des VCSPS und des Allunionsrats der Kolchozbauern.

2.1.1.5.11. Alters- und Invalidenhäuser

In den Alters- und Invalidenhäusern sind über 300000 Plätze vorhanden[216]. Das Musterstatut[217] bestimmt, daß sie „verschieden nach dem Typ... sein können"(!) und dann „in Abhängigkeit vom Typ die folgenden Namen haben: Internat, Pension der Arbeitsveteranen, psychoneurologisches Internat, Kinderhaus". Ein Zusatz legt fest, daß durch Beschluß des Ministerrats der Republik besondere „gebührenpflichtige Pensionen" für diejenigen alten Leute gebildet werden können, die in der Lage sind, solche Gebühren zu zahlen. Die nichtgebührenpflichtigen Häuser dürfen wir wohl zum Teil für eine Fortsetzung des Armenhauses halten. Im Zuge der „weiteren Typisierung und Profilierung der Internatshäuser" seien „an einer Reihe von Orten in den Internatshäusern Abteilungen für Invalide jugendlichen Alters geschaffen" worden berichtet G. Komarova[218]. Die Formel „weitere Profilierung" läßt auf eine allmähliche Überwindung des Armenhauscharakters schließen.

Es soll nicht bestritten werden, daß es in der Sowjetunion zufriedenstellend geführte Alters- und Invalidenhäuser gibt. Aber es irritiert beispielsweise, wenn I. Taranec als vorbildlich diejenigen Häuser benennt, die ihren Lebensmittelbedarf ziemlich vollständig aus eigener von den Invaliden betriebener Landwirtschaft decken und dies als eine Hauptrichtung der Verbesserung der Ernährungsverhältnisse in diesen Einrichtungen angegeben wird[219]. Gelegentlich finden wir schockierende Berichte über die Zustände in manchen Häusern. So erfahren wir von Häusern, in denen in einem Monat 20 Tage lang zum Frühstück, Mittag- und Abendessen dieselben „Grützebriketts" vorgesetzt und die — bescheidenen — Normen für Verpflegung und „weiches Inventar" nicht eingehalten werden. Pflegefälle sind in baufälligen Häusern untergebracht, in denen es bei Außentemperaturen von -40 Grad zieht. Reparaturarbeiten werden endlos hinausgeschoben und geeignetes medizinisches Personal ist nicht vorhanden. In einem russischen oblast' wurde nach der Entdeckung eines solchen Falls zwar ein Plan zur Zusammenarbeit mit Krankenhäusern ausgearbeitet. Niemand hat sich aber bemüht — so der Bericht —, diesem Plan „Leben einzuhauchen". G. Alešin findet in einem völlig verdreckten und heruntergekommenen „Heim", in dem die Insassen zu den entfernt gelegenen „Speisesälen" erst durch den Schlamm waten müssen, einen beinamputierten Invaliden vor, der auf dem

---

[216] M. Zakharov, R. Tsivilyov: Social security in the USSR. Moscow 1978 S. 55.

[217] Spravočnik . . . S. 353.

[218] Desjataja pjatilejtka i naši zadači. SO 1976: 7 S. 5.

[219] Taranec schreibt, daß 217 Invalidenhäuser der Ukraine zu diesem Zweck über 7000 Hektar Ackerland und fast 4.000 Stück großes Hornvieh verfügen. Rezervy podsobnych chozjajstv. SO 1977: 9 S. 31. Ein Verkauf dieser Produkte auf dem freien Markt ist jedoch illegal.

winterlichen Boden kriecht: im „Heim“ sind keine Prothesen vorhanden. Bemerkenswert ist, daß die Zustände in diesem Heim schon vor geraumer Zeit bei der Revisionskommission des Ministeriums Anstoß erregt hatten, der Leiter hatte einen „Verweis“ erhalten, war jedoch nicht ausgetauscht worden. Die Sache hat den Stadt- und den oblast'-Sowjet und die Partei eine Weile beschäftigt, geändert hatte sich jedoch nichts[220].

2.1.1.5.12. Soziale Versorgung

Wenn wir von der Gesamtheit der „sozialen Versorgung“ die „Sozialversicherung“, den Allunionsfond der sozialen Versorgung der Kolchozbauern und ein paar Sozialleistungen von meist bevölkerungspolitischem Charakter abziehen, die nicht dem Schutz vor Risiken dienen, nichtsdestoweniger in der sowjetischen Literatur meist unter „sozialer Versorgung“ aufgeführt werden, so bleibt eine „soziale Versorgung“ im engeren Sinne übrig. Wie wir bereits im Rahmen des Überblicks festgestellt haben, erfaßt diese „soziale Versorgung“ auch in dieser Betrachtungsperiode eine sehr bedeutende Zahl von Menschen, die aus sehr verschiedenen Personengruppen zusammengesetzt ist.

Die zahlenmäßig bedeutendste Gruppe sind die Kriegsopfer, beim Militärdienst verunfallten und deren Hinterbliebene. Aufgrund des Hinwegsterbens der Kriegsopfer hat sich die Zahl der Kriegsinvaliden zwar stark verringert. Da aber im Militärdienst verunfallte nach der sowjetischen Definition als Kriegsinvalide gezählt werden, auch wenn es sich um Militärdienst in Friedenszeiten handelt, nahm deren Zahl in jüngerer Zeit in manchen Jahren wieder zu. 1976 gab es 3,8 Millionen Rentner, die Kriegsinvalide oder Hinterbliebene von Kriegsinvaliden waren[221].

Die Wissenschaftlerrenten regeln sich nach wie vor nach den Vorschriften von 1949. Während, wie bereits festgestellt, für die Verrentung der bislang genannten Gruppen im Prinzip derselbe organisatorische Apparat wie für die „Sozialversicherungsrentner“ zuständig ist, existiert für persönliche Renten, Offiziersrenten und einige andere Kategorien meist privilegierter Renten jeweils ein gesonderter Apparat.

Besondere Renten für die Mitglieder der Verbände der Schriftsteller, Komponisten und bildenden Künstler wurden zwar im Prinzip schon seit 1930 gewährt, damals aber sowohl aus Mitteln des allgemeinen Staatshaushalts als auch aus Mitteln des Haushalts der Sozialversicherung finanziert.

[220] Vgl. Dom bez chozjaina. SO 1966: 4 S. 38; N. Abramenkova: Belgorodskaja anomalija. SO 1975: 9 S. 58.

[221] Zu ihrer statistischen Erfassung und den dabei verwendeten Begriffen siehe P. Stiller: Sozialpolitik . . . S. 100/1.

Mit der Novellierung des relevanten Leistungsgesetzes wurde 1957 diese merkwürdige Form von Mischfinanzierung abgeschafft, seitdem werden diese Renten ausschließlich aus dem allgemeinen Staatshaushalt bezahlt[222]. Seit Ende der fünfziger Jahre wurde durch Unions- und Republiksgesetze auch schrittweise ein System von Fürsorgesätzen für bestimmte Personengruppen geschaffen, das wir als Elemente eines allmählichen Übergangs von einer Armen- zu einer Sozialfürsorge betrachten können.

Hierunter fallen eine Verordnung für die russische Föderation von 1957, nach der an Alte und Invalide ohne andere Einkommensquellen und ohne Anverwandte, die zu deren Unterstützung verpflichtet werden könnten, eine Monatsrente von 10 (neuen) Rubeln zu zahlen ist, ferner eine Verordnung von 1968, nach der an Invalide von Kindheit an eine Monatsrente von 16 Rubel zu zahlen ist.

Zur Fürsorge zählen können wir schließlich auch die 1974 eingeführten Unterstützung für einkommensschwache Familien mit Kindern unter 8 Jahren. Einkommensschwach im Sinne des Gesetzes sind Familien mit einem monatlichen Prokopfeinkommen unter 50 Rubel. Diese erhalten pro Kind unter 8 Jahren eine Unterstützung. Während über die Zahl der anderen Sozialfürsorgeempfänger nichts bekannt ist, können wir aus den Angaben über die im Haushalt der „Sozialversicherung" der Arbeiter und Angestellten für diesen Zweck bereitgestellten Mittel ersehen, daß 1975 über 5 Millionen Kinder unter 8 Jahren in einkommensschwachen Arbeiter- und Angestelltenfamilien lebten. Bemerkenswert ist, daß auch hier wieder nicht alle Anspruchsberechtigten diese Leistung tatsächlich erhalten[223].

Hervorzuheben ist schließlich die offensichtlich systemwidrige Lösung, daß Aufwendungen mit Fürsorgecharakter zumindest zum Teil aus dem Haushalt der „Sozialversicherung" statt aus dem allgemeinen Staatshaushalt finanziert werden.

2.1.1.5.13. Zusammenfassung

Mit der Reform der staatlichen Renten von 1956 und der Schaffung des Allunionsfonds für die soziale Versorgung der Kolchozbauern 1965 wurden

---

[222] Vgl. Social'noe obespečenie i strachovanie v SSSR. Sbornik. Moskva 1972: S. 252-255.

[223] Dies geht hervor aus: E. Šomov: Organizacija raboty po naznaceniju posobij na detej maloobespečennym sem'jam. SO 1977: 1 S. 44. Angaben über die Höhe der bereitgestellten Mittel enthält Narodnoe chozjajstvo 22-82. Moskva 1982: S. 567. Die im Haushalt der „Sozialversicherung" bereitgestellten Mittel kommen nur den Haushalten von Arbeitern und Angestellten und von „Sozialversicherungsrentnern" zugute. Trotz der eben angeführten Kritik von 1977 an der unzureichenden Durchführung des Gesetzes gingen diese Mittel von 866 Mill. Rubel im Jahre 1975 auf 760 Mill. Rubel im Jahre 1981 zurück.

in der betrachteten Periode die zwei bedeutendsten sozialpolitischen Reformen durchgeführt, über die wir in unserer Geschichte der sowjetischen „Sozialversicherung" berichten konnten.

Die „Sozialversicherung" der Arbeiter und Angestellten wuchs im Betrachtungszeitraum durch den Einschluß der Handwerker und halbselbständigen Berufe. Ihre Leistungen wurden insbesondere durch die Entschärfung der Vorschriften über die ununterbrochene Betriebszugehörigkeit und das Gesetz von 1956 verbessert. Dieses erhöhte die Renten nachhaltig, erleichterte den Zugang zu ihnen und ebnete den Weg für den Durchbruch der Altersrente zur wichtigsten Rentenart. Die Rentenformel von 1956 enthält mit ihrer Abstufung der Rentenhöhe nach Lohn und Arbeitsjahren und damit nach Beitragsleistung ein deutliches Versicherungsmoment. Als Rest der aus der NEP übernommenen Bedürftigkeitsprüfung ist bei der Rentenzumessung nur der Abschlag für die Landbevölkerung geblieben. Infolge wiederholter Erhöhung der Mindestrente ohne Veränderung der Höchstrente oder Revision der Rentenformel hat sich dieses Versicherungsmoment zwischenzeitlich wieder abgeschwächt. Trotzdem können wir wegen der Stabilisierung der wirtschaftlichen Verhältnisse und damit der Finanzlage der „Sozialversicherung" und der gewachsenen Rechtssicherheit von einer größeren Verläßlichkeit der Ansprüche des Versicherten sprechen und auch damit die Aussage begründen, daß die „Sozialversicherung" der Arbeiter und Angestellten an Versicherungscharakter gewonnen hat. Anders stand es bis jüngst mit der Finanzierung, die aus unbekanntem Grund mehr und mehr aus dem allgemeinen Staatshaushalt erfolgte. Die Budgetrestriktionen innerhalb der „Sozialversicherung" wurden deutlich gelockert. Die Organisationsstrukturen blieben im Grundsatz die aus der Stalinära ererbten. In neuester Zeit hat eine Reform und Erhöhung der Beitragssätze auch wieder zu einer stärkeren Betonung des Versicherungsprinzips geführt. Sie wurde ähnlich wie schon in der NEP und der Stalinära begründet.

Bei der Entwicklung der Sozialversicherung und der „sozialen Versorgung" der Kolchozbauern sind drei Etappen feststellbar: die Aktivierung der Kolchozkassen ab 1956, die Schaffung des Allunionsfonds 1964 und die Schaffung der Sozialversicherung der Kolchozbauern 1970. Der Zusammenhang zwischen diesen Fortschritten und der vermehrten Aufmerksamkeit für die Probleme der Landwirtschaft ist unverkennbar. Das durch die Aktivierung der Kolchozkassen geschaffene System war versicherungstechnisch offensichtlich unbefriedigend, ihre Leistungen meist kümmerlich und unzuverlässig. Sie stellten eine kleine und relativ primitive Versicherungseinrichtung dar, die nach dem Umlageprinzip mit fixierten Maximalbeitragssätzen und entsprechend variablen Leistungen arbeitete und in der Leistungsvergabe oft ein Bedürftigkeitsprinzip anwandte. Ihre Schwächen wurden in der sowjetischen Literatur erkannt.

Der Allunionsfond für die soziale Versorgung der Kolchozbauern wird überwiegend aus dem allgemeinen Staatshaushalt gespeist. Die Renten waren zunächst äußerst kümmerlich. Sie bedeuteten für die Bauern trotzdem eine wesentliche Verbesserung. Wegen der überragenden Bedeutung der Minimalrente ist dies fast ein Einheitsrentensystem. Das wichtigste Versicherungselement in ihm ist die Aufbringung eines Teils der Mittel durch Umlage auf die Versicherten. Für die Verwaltung des Allunionsfonds wurde ein eigener Apparat geschaffen. Auch nominell ist Selbstverwaltung der Versicherten nur in bescheidensten Ansätzen vorhanden und die Renten erscheinen geradezu als eine milde Gabe der sowjetischen Regierung.

Die Sozialversicherung der Kolchozbauern ist der Ausgestaltung ihrer Leistungen wie ihrer Finanzierung nach die am reinsten das Versicherungsprinzip verkörpernde Einrichtung in der sowjetischen „Sozialversicherung". Ihre Organisation gleicht der „Sozialversicherung" der Arbeiter und Angestellten und sie signalisiert eine Verbesserung des sozialen Status des Kolchozbauern.

Neben den Rentnern der „Sozialversicherung" und den Rentnern des Allunionsfonds für die soziale Versorgung der Kolchozbauern existiert ein umfangreiches Kontingent an Rentnern der „sozialen Versorgung", deren Renten direkt aus dem allgemeinen Staatshaushalt finanziert werden. Diese Finanzierungsweise grenzt diese Versorgungseinrichtungen klar von den mit Versicherungselementen behafteten Einrichtungen ab. Unter den Rentnern der „sozialen Versorgung" spielen einerseits die Kriegsinvaliden, andererseits verschiedene privilegierte Gruppen der sowjetischen Gesellschaft eine besondere Rolle.

Ab Ende der 50er Jahre wurden mit Unionsgesetzen über feste Unterstützungssätze für bestimmte bedürftige Personengruppen Schritte von der aus dem Mittelalter überkommenen Armenfürsorge zur Sozialfürsorge vollzogen. Daneben existiert jedoch offenbar immer noch das Armenhaus. Konzeptionell ist es interessant, daß ein Teil der Mittel für Sozialfürsorge von der „Sozialversicherung" aufgebracht und von ihren Organen verwaltet wird.

Obwohl es im Betrachtungszeitraum wahrhaft genug an konzeptionellen Veränderungen und herausfordernden sozialen Problemen gegeben hätte, fand eine Diskussion dieser Fragen in der sowjetischen Literatur kaum statt; den Wendungen der politischen Führung folgte auch wenig an Begründungen nach. Mit den geläufigen Aussagen, daß die Geschehnisse Ausdruck der unablässigen Sorge der KPdSU um das Wohl des Volkes gewesen seien, werden wir uns nicht zufrieden geben können. Angesichts des Mangels an kritischer russischer Literatur und unserer dadurch bedingten Wissenslücken müssen wir den Leser vor dem Eindruck warnen, hier einen Einblick in alle wichtigen Probleme der sowjetischen „Sozialversicherung" erhalten zu haben.

2.1.2. Individualversicherung

2.1.2.1. Die wichtigsten Entwicklungsstationen

Etwas über ein Jahr nach der Oktoberrevolution wurde durch Beschluß des Rats der Volkskommissare die Verstaatlichung des gesamten Versicherungswesens und seine Zusammenfassung in eine staatliche Monopolanstalt verkündet, die dem obersten Volkswirtschaftsrat unterstellt war[224]. Die hierdurch verstaatlichten Einrichtungen umfaßten außer einer Reihe von erfolgreich operierenden und rasch wachsenden Aktiengesellschaften und Gegenseitigkeitsvereinen auch einen öffentlich-rechtlichen Sektor, der die landwirtschaftliche Versicherung betrieb und von der NEP bis heute Kernstück des sowjetischen Versicherungswesens blieb. Diese landwirtschaftliche Versicherung war eine russische Eigentümlichkeit und 1864 im Anschluß an die Aufhebung der Leibeigenschaften durch Gesetz des Zaren bei den Landschaftsverwaltungen (zemstvo) geschaffen worden. Sie hieß schon damals objazatel'noe okladnoe strachovanie[225]. Es handelte sich in erster Linie um eine Feuerversicherung landwirtschaftlicher Gebäude zu genormten Summen, die Versicherungstechnik war primitiv, der Mißbrauch insbesondere durch Brandstiftung groß. Ihre ganze Ausgestaltung hatte eine antiindividualistische, obrigkeitsstaatliche Tendenz, die sie mehr als alle anderen Versicherungseinrichtungen des zaristischen Rußlands zu einer Tradition werden ließ, an die die Bolševiki anknüpfen konnten[226].

Nach einer auch offiziellen Liquidierung dieser Versicherungsanstalt im Kriegskommunismus wurde 1921 die staatliche Versicherungsanstalt (Gosstrach) im Rahmen des Volkskommissariats (NK) für Finanzen wiedererrichtet. Sie erhielt 1925 erneut ein Monopol. Gosstrach betrieb neben einer Zwangsnormversicherung von städtischen und ländlichen Gebäuden, Großvieh und landwirtschaftlichen Kulturen[227] auch eine ganze Reihe von Zweigen der freiwilligen Versicherung. Prämien- und Schadensregulierungspolitik folgten zunehmend „sozialen" und klassenkämpferischen Gesichtspunkten. In der Zeit des ersten Fünfjahresplans kam es zu einem weitgehend unbegründeten Zickzackkurs, der offenbarte, daß die sowjetische Führung im Grund immer noch kein Konzept für das Versicherungswesen besaß. So wurde zunächst 1929 die Zwangsnormversicherung auf die gesamte staatli-

---

[224] Einige interessante Bemerkungen über die einjährige Wartezeit macht E. Schütte: Das Versicherungswesen der Sowjetunion, Berlin 1966, S. 85.

[225] Von Schütte als Zwangsnormversicherung übersetzt, a.a.O., S. 25.

[226] 1913 stammten 16,8 % aller Schadensleistungen aus den Kassen dieser Versicherung, vgl. Gosudarstvennoe strachovanie v SSSR. Moskva 1980 S. 42, eine gründliche Untersuchung enthält E. Schütte op. cit.; er berichtet, daß damals auch wenig erfolgreiche Versuche des Betriebs einer Viehversicherung unternommen wurden.

[227] Nur gegen Hagelschlag.

che Industrie ausgedehnt, noch bestehende Konkurrenten von Gosstrach[228] wurden aufgelöst und schon fühlte sich dessen Direktor als Haupt des größten Sachversicherers der Welt. 1930/31 wurde Gosstrach dann fast vollständig demontiert, die freiwillige Versicherung weitestgehend liquidiert, die Lebensversicherung den Sparkassen übertragen. Staatliches Eigentum wurde unversicherbar[229] und die Zwangsnormversicherung der Landwirtschaft verwaltungsmäßig über die Finanzabteilungen der örtlichen Sowjets abgewickelt. Wer in der spärlichen sowjetischen Literatur jener Zeit nach Begründungen für diesen Schritt sucht, findet wenig mehr als das folgende: Das „Versicherungsinstitut" sei „den Bedürfnissen unserer Wirtschaft vollkommen fremd und ungemäß". Was die Lebensversicherung anbetreffe, so sei sie wesentlich ein Sparvorgang und entsprechend den Sparkassen zu übertragen. Was die Haftpflichtversicherung anbetreffe, so erziehe sie die Versicherungsnehmer zur Fahrlässigkeit und sei infolgedessen abzuschaffen. Was die Sachversicherung anbelange, so trete an ihre Stelle in der Planwirtschaft die „planmäßige Wiederherstellung". Eine automatische Auszahlung einer Entschädigung im Schadensfall sei in der Planwirtschaft abwegig — stattdessen sei von den „Spezialisten" der Staatsverwaltung zu prüfen, ob und in welcher Form eine Wiederherstellung überhaupt wünschenswert sei und entsprechende Finanzmittel seien alsdann vom Finanzministerium bereitzustellen. Zu diesem Zweck seien Fonds für die „planmäßige Wiederherstellung" zu bilden, was im Bereich der staatlichen Industrie eine Angelegenheit der Buchhaltung und bei den Privaten eine der Steuerverwaltung sei. Die Aufrechterhaltung eines besonderen Apparats durch Gosstrach sei hierbei überflüssig und erhöhe nur die Verwaltungskosten[230].

Die Reorganisation wurde zum Fiasko. Die örtlichen Sowjets erwiesen sich den an sie übertragenen Schadensregulierungsaufgaben in keiner Weise gewachsen. Die Mißbräuche nahmen überhand, während gleichzeitig für wesentliche Aufgaben die Mittel fehlten[231]. Als Reaktion wurde ab 1933 ein eigenständiger Apparat von Gosstrach wieder aufgebaut und eine Reihe von Möglichkeiten der freiwilligen Versicherung wiedereingeführt, die mit nicht sehr vielen Veränderungen bis heute fortbestehen. Nicht wiedereingeführt wurde jedoch eine Versicherung des staatlichen Sektors mit Ausnahme des Teils desselben, der von den örtlichen Sowjets geleitet wurde. Während in den Jahren zuvor eher unklar war, welche Gefahren die Zwangsnormversiche-

---

228 Noch bestehende genossenschaftliche Versicherer in der Landwirtschaft.

229 Mit Ausnahme derjenigen staatlichen Betriebe, die von den örtlichen Sowjets geleitet wurden —, diese waren von 1938 bis 1956 versicherbar.

230 Vgl. M. Matvievskij: Reoganizacija strachovoj sistemy v SSSR. Sovetskoe stroitel'stvo 1930: 5 S. 111 ff.

231 Die sowjetische Literatur ist hier in der Analyse nicht eben stark —, eine Zusammenstellung kritischer Äußerungen enthält Schütte op. cit. S. 114 f.

rung beispielsweise in der Landwirtschaft eigentlich deckte, wurde dies durch das Gesetz über die Zwangsnormversicherung von 1940 klar geregelt[232].

An die Stelle der bis 1942 als Kollektivversicherung über die Betriebe operierenden Risikolebensversicherung trat ab diesem Jahr eine individuelle Kapitallebensversicherung. Die Begründung hierfür war, daß dies dem Individuum mehr Wahlmöglichkeiten einräume(!!) — Schütte vermutet die Absicht der Kaufkraftabschöpfung[233]. Immerhin ist seltsam, daß in solchen Kollektivlebensversicherungen 1940 17 Millionen Personen versichert waren[234], 1949 aber nur 1 Million[235] Policen existierten, obwohl die kollektiven Verträge angeblich zu günstigen Bedingungen in individuelle konvertiert wurden. In den nächsten Jahrzehnten wurden in der Personenversicherung eine geringe Zahl neuer Angebote eingeführt. Das in den 50er Jahren zunächst sehr bescheidene Beitragsaufkommen erhöhte sich stark.

Die nachhaltigsten Reformen fanden seitdem in der landwirtschaftlichen Versicherung statt[236]. An dem 1940 kodifizierten System wurde kritisiert, daß die Normen für die Pflichtversicherung zu niedrig seien und ein hinreichender Versicherungsschutz nur durch freiwillige Zusatzversicherung erzielbar sei. Die meisten Kolchozen versäumten jedoch, diese Möglichkeit zu nutzen. Der Versicherungsschutz sei auch deswegen gering, weil die Schadensregulierung auf die „erwarteten" Schäden pro Feld oder pro Viehsorte abstelle und damit den Risikoausgleich, der innerhalb eines Kolochoz bereits stattfinde, nicht berücksichtige. Ferner war der Steueranteil an den Prämien ganz offensichtlich hoch. 1959 wurde das Prämien-Leistungsverhältnis verbessert und 1968 der Steueranteil anscheinend vollständig beseitigt. In diesem Jahr erhielten die Versicherungsbedingungen und -tarife ihre heutige Gestalt. 1979 wurden in diese reformierte landwirtschaftliche Versicherung die Sovchozen einbezogen[237].

1958 wurde die bis dahin vollständig zentralistische Organisation von Gosstrach föderalisiert und sie erhielt die heutige Form.

1948 wurde eine eigene Monopolanstalt für Rückversicherung mit dem Namen Ingostrach gegründet.

---

[232] Vgl. Schütte op. cit. S. 171.

[233] Op. cit. S. 121.

[234] Gosudarstvennoe strachovanie. . . S. 56.

[235] E. T. Kagalovskaja: Strachovanie žizni. Moskva 1979 S. 36.

[236] Die bis in die jüngste Vergangenheit den größten Anteil am Prämienaufkommen von Gosstrach hatte.

[237] Die Reform der landwirtschaftlichen Versicherung wird im einzelnen von E. Schütte: Die Versicherung der landwirtschaftlichen Betriebe in der Sowjetunion, Berlin 1979, dargestellt.

2.1.2.2. Personenversicherung

Gosstrach bietet in der Personenversicherung die folgenden Versicherungen an: a) gemischte Lebensversicherung, b) Kinderversicherung, c) Aussteuerversicherung, d) kombinierte Todesfall- und Arbeitsunfähigkeitsversicherung, e) Unfallversicherung, angeboten sowohl als individuelle als auch Kollektivunfallversicherung, die von einem Betrieb für seine Beschäftigten abgeschlossen wird, f) freiwillige Rentenversicherung und g) die Pflichtversicherung für Passagiere.

Am meisten verbreitet sind hiervon a) und e); b) und c) wurden erst in neuerer Zeit eingeführt und expandierten seitdem kräftig. In der gemischten Lebensversicherung wird im Todes- und Erlebensfall und im Fall einer durch einen Unfall verursachten längerdauernden[238] oder permanenten Arbeitsunfähigkeit geleistet. Es werden zwei Tarife angeboten, die beide erhebliche Verbreitung haben[239]: Tarif A zahlt bei vollem Verlust der Erwerbsfähigkeit die einfache, Tarif B die doppelte Versicherungssumme aus. Versichern können sich Personen von 16 bis 65 auf 5, 10, 15 und 20 Jahren. Die mit weitem Abstand am meisten verbreitete Police ist die fünfjährige. Gosstrach sträubt sich gegen eine von vielen Bürgern gewünschte Police mit noch kürzerer Laufzeit. Die durchschnittliche Versicherungssumme war 1971 476 Rubel[240]. Bei einer nur beschränkten Erwerbsfähigkeitsminderung wird ein Teil der Versicherungssumme ausgezahlt, der sich nach dem Grad der Erwerbsfähigkeitsminderung richtet. Der obligatorische Einschluß des Arbeitsunfähigkeitsrisikos[241] führt angesichts dessen, daß bereits bei geringfügigen Erwerbsfähigkeitsminderungen geleistet wird — die Masse der geleisteten Beträge liegt zwischen 5 und 15% der Versicherungssummen —, zu einer starken Belastung der Prämien durch diese Komponente[242]. So erklärt es sich u. a., daß bei einer fünfjährigen Lebensversicherung, wenn sie von einem Vierzigjährigen abgeschlossen wird, bei einer Versicherungssumme von 100 Rubel jährlich eine Bruttoprämie von 21,12 Rubel entrichtet werden muß[243], was nach Motylev zu einigem Unmut bei den Versicherungsnehmern führt. Für die Prämienberechnung wird uns jene Formel vorgestellt[244], die sich seit einem Jahrhundert in jedem Einführungslehrbuch der Lebensversi-

[238] Ab 3 Monate.

[239] 1977 entfiel auf die Lebensversicherung 63 % des gesamten Prämienaufkommens aller Versicherungszweige, vgl. Pleškov op. cit. S. 18.

[240] Vgl. Motylev op. cit. S. 219.

[241] Eine reine Todesfall- und/oder Todes- und Erlebensfallversicherung wird nicht angeboten.

[242] Der Prämienanteil für das Erwerbsunfähigkeitsrisiko beträgt pauschal 32 Kopeken im Jahr pro 100 Rubel Versicherungssumme (Gosudarstvennoe . . . S. 261).

[243] Gosudarstvennoe . . . S. 262.

[244] Z. B. von E. T. Kagalovskaja: Strachovanie žizni. Moskva 1979, S. 9 ff.

cherung findet, und zwar in der einfachsten Form. Die zugrundegelegte Sterbetafel stammt von 1959 und über die Art und Weise ihres Zustandekommens ist wenig bekannt. Der Rechnungszinsfuß beträgt 3 %[245], der loading-Faktor 10,6%. Der Gewinn wird an den Staatshaushalt abgeführt[246,247]. Versichertendarlehen werden bis zu 75 % des Rückkaufwerts gewährt[248]. Der Rückkaufwert liegt um etwa 5% unter dem zu dem Vertrag gehörigen Sparguthaben. Die Versicherungsbedingungen sind durch exzessive Ausschlüsse gekennzeichnet. So erstreckt sich die Erwerbsunfähigkeitsversicherung nur auf eine durch eine Liste näher spezifizierte Zahl von Krankheiten[249]. Gegen eine große Zahl von möglichen Fällen der Erwerbsunfähigkeit ist der Abschluß einer Versicherung damit nicht möglich[250].

Diese Police ist sehr verbreitet und wird mehr gekauft als angesichts ihrer Ausgestaltung, die nur einer relativ speziellen Kombination von Versicherungsbedürfnissen voll gerecht wird, zu erwarten wäre. Überraschend ist auch, daß das sowjetische Publikum gerade die kurzen Laufzeiten bevorzugt[251]. Gosstrach wirbt stark für diese Versicherung und hat sein Vertreternetz für ihren Vertrieb erheblich ausgeweitet. Wie aus Kagalovskaja[252] deutlich wird, besteht zwischen diesem Ausbau des Vertreternetzes und der Verbreitung dieser Versicherung ein unübersehbarer Zusammenhang. Gestiegen ist in jüngerer Zeit auch die Stornoquote.

Erhebliche Beliebtheit hat die 1968 eingeführte Kinderversicherung erlangt, eine Versicherungsform von zweifelhafter Rationalität. Versicherungsnehmer sind die Eltern oder andere Verwandte, die den Vertrag abschließen und die Prämie bezahlen. Versicherter ist das Kind. Die Versicherungssumme wird bei Ablauf des Vertrags und bei einer schwerwiegenden Beeinträchtigung der Gesundheit des Kindes infolge eines Unglücksfalls gezahlt, wobei Unglücksfall ähnlich wie in der gemischten Lebensversicherung definiert ist. Stirbt das Kind während der Vertragsdauer, so werden die geleisteten Prämien zurückerstattet und ein standardisiertes Sterbegeld von

[245] Zum Vergleich: in sowjetischen Investitionsrechnungen bei der Planerstellung wird mit einem Rechnungszinsfuß von 12 % operiert, — die Bedeutung dessen sollte aber nicht überschätzt werden, da diese Rechnungen vermutlich regelmäßig von übertrieben optimistischen Prognosen ausgehen.

[246] Zahlen über den „Gewinn" gibt Kagalovskaja op. cit. S. 66. Hiernach betrug er 1955 4 % der Prämieneinnahmen, 1960 1 %; 1965 2 %; 1970 2,1 %, 1977 3,3 %.

[247] Eine „Anpassung" von Prämien, Versicherungssummen oder Rechnungszinsfuß an Geldwertveränderungen im Sinne eines Inflationsausgleichs oder einer Dynamisierung findet nicht statt und hat es in der sojwetischen Lebensversicherung nie gegeben.

[248] Und mit einem Zinsfuß von 4 %!

[249] U. a. Quetschwunden, Vergiftungen und ein paar andere.

[250] Nicht versicherbar sind auch Personen, die bereits an bestimmten Krankheiten leiden.

[251] Wegen eines Erklärungsversuchs vgl. S. 171.

[252] Op. cit. S. 57; vgl. auch Motylev op. cit. S. 202 ff.

200 Rubel gewährt. Versichert werden können Kinder ab der Geburt bis zum Alter von 15 1/2 Jahren und wahlweise zu 300, 500 oder 1000 Rubel[253]. In der 1977 eingeführten Aussteuerversicherung wird die Versicherungssumme entweder bei Erreichen des 25. Lebensjahrs oder bei Heirat ausgezahlt, ferner wiederum bei einer schwerwiegenden Beeinträchtigung der Gesundheit des Versicherten infolge eines Unglücksfalls. Versicherungsnehmer sind regelmäßig ältere Verwandte und diese „Versicherung“[254] wird dadurch etwas weniger fragwürdig, daß sie bei Tod des Versicherungsnehmers beitragsfrei weiterläuft. Jedoch ist die Periode der Beitragszahlung normalerweise kürzer als die Laufzeit des Versicherungsvertrags. In der beitragsfreien Periode erhöht sich die Versicherungssumme jedes Jahr um 2%[255].

Über die Gründe, warum die kombinierte Todesfall- und Erwerbsunfähigkeitsversicherung so wenig verbreitet ist, können wir ebensowenig sagen wie über die Prämie. Es bleibt unklar, wie Gosstrach das Erwerbsunfähigkeitsrisiko mißt und ob dafür geeignete statistische Unterlagen vorhanden sind[256].

In der Unfallversicherung können sich Personen von 16 bis 70 und zu beliebigen Summen versichern. Gedeckt sind Verlust der Erwerbsfähigkeit und Tod infolge Unfall. Die Tarife hängen nicht vom Alter des Versicherten ab, sondern von dem Beruf, in dem er tätig ist; der Versicherte wird in eine von 4 Gefahrenklassen eingestuft mit einer Differenzierung der Prämie pro 100 Rubel Versicherungssumme von 25 Kopeken bis 1,20 Rubel[257]. Weitgehend analog der individuellen Unfallversicherung ist die Kollektivunfallversicherung ausgestaltet. Diese Versicherung können aber nur eine sehr begrenzte Zahl von Betrieben abschließen, die hierfür eine Sondererlaubnis des Ministerrats der Unionrepublik haben[258].

---

[253] Die Rationalität dieser Versicherungsform ist aus folgenden Gründen zweifelhaft: Sinnvoll wäre eine Absicherung des Invaliditätsrisikos, da die Sozialversicherung, wie wir gesehen haben, keinen hinreichenden Schutz bietet. Hierfür sind die Versicherungssummen aber regelmäßig zu klein und das kann auch gar nicht anders sein, solange diese Versicherung mit einem Sparvorgang kombiniert wird, der die Prämie stark erhöht.

[254] Problematisch ist eine solche Versicherung u.a. deswegen, weil der Eintritt der „Gefahr“ der Heirat nicht vom Willen des Versicherten unabhängig ist — also nachhaltiges moralisches Risiko besteht. Westliche Versicherungsexperten haben vielfach vom Abschluß einer solchen Versicherung abgeraten.

[255] 1979 existieren 3,1 Millionen Verträge dieser Art mit einer Versicherungssumme von 972 Millionen Rubel (E. T. Kagalovskaja op. cit. S. 35).

[256] Vermutlich nicht. Die Zuschläge für dieses Risiko schienen auch bei der Kapitallebensversicherung schon ziemlich willkürlich.

[257] Was im einzelnen als Unfall angesehen wird, wird durch eine Liste näher festgelegt, die nicht sehr lang ist. Der Vergleich mit dem Zuschlag für das Erwerbsunfähigkeitsrisiko in der gemischten Lebensversicherung nährt den Verdacht, daß auch dieser Versicherungszweig für Gosstrach sehr „rentabel“ ist.

[258] Es handelt sich um Betriebe mit besonders gefährlichen Arbeitsbedingungen. Die Versicherungssummen liegen um 500 Rubel.

Nur wenig verbreitet ist die freiwillige Rentenversicherung. Diese wird durch Zahlung eines einmaligen Beitrags erworben und kann entweder über eine begrenzte Zeit oder lebenslänglich laufen. Die Verwunderung über die geringe Verbreitung dieser Form legt sich, sobald wir das Preis-Leistungsverhältnis betrachten. Der Erwerb einer 5-jährigen monatlichen Rente von 10 Rubeln kostet unabhängig von Alter und Gesundheitszustand (!) 561 Rubel[259]. Da die Rente verfällt, wenn der Bezugsberechtigte während der Laufzeit stirbt, muß der Rechnungszinsfuß, wenn es einen gibt, in der Nähe von Null liegen[260].

Die Passagierversicherung schließlich ist eine Pflichtversicherung, die der Passagier mit dem Ankauf des Fahrscheins erwirbt[261]. Erfaßt ist der Transport mit öffentlichen Verkehrsmitteln mit Ausnahme des öffentlichen Personennahverkehrs. Die Versicherungssumme beträgt 300 Rubel. Die Beiträge werden von den Ministerien, denen die jeweiligen Transportmittel unterstehen, an Gosstrach abgeführt. In dieser Versicherung ist bei Meinungsverschiedenheiten über die Schadensregulierung durch Gosstrach keine Anrufung der ordentlichen Gerichte möglich, sondern die zuständige „Gerichts"instanz ist das Finanzministerium.

In der sowjetischen Literatur wird gefordert, das Angebot an Policen in der Personenversicherung zu erweitern. Die Aussichten auf die Erfüllung dieser Forderung sind nicht ungünstig.

Eine Beurteilung der volkswirtschaftlichen Bedeutung des sowjetischen Personenversicherungswesens ist nur im Vergleich mit anderen Formen der Geldanlage möglich. Dies wird im Rahmen von Abschnitt 3.1. erfolgen.

2.1.2.3. Sachversicherung

2.1.2.3.1. Landwirtschaftliche Versicherung

Versichert sind die Kolchozen und alle diejenigen staatlichen landwirtschaftlichen Betriebe, die dem Landwirtschaftsministerium unterstehen sowie bestimmte Konglomerate, an denen sowohl genossenschaftliche landwirtschaftliche Betriebe als auch staatliche Einrichtungen[262] Eigentums-

---

[259] Gosudarstvennoe . . . S. 234.

[260] Kolomin (op. cit. S. 217) erklärt die geringe Beliebtheit dieser Versicherung damit, daß die aufzubringenden Einmalbeiträge für den Sowjetbürger normalerweise unerschwinglich hoch seien.

[261] Sie wurde im Jahr 1925 eingeführt und seit jener Zeit hat sich hier nicht sehr viel verändert.

[262] Als dem Landwirtschaftsministerium unterstellte landwirtschaftliche Betriebe unterliegen also auch die Sovchozen dieser Versicherung und einige andere Betriebe wie

rechte haben. Der Versicherung unterliegen die Ernte, die landwirtschaftliche Tierhaltung inklusive Geflügelzucht, Pelztierhaltung und Bienen in der Imkerei, Baulichkeiten, Maschinerie und Ausrüstungen, Fischerboote und Jagdwaffen, Rohstoff- und Endproduktläger und der Wert mehrjähriger Anpflanzungen. Von der Versicherungssumme in der landwirtschaftlichen Versicherung entfiel 1978 auf die Ernte 18,7 %, auf die Viehhaltung 16,8 % und auf die Gebäude, Maschinerei und sonstiges Vermögen 64,5 %[263]. Seit 1968 ist die Sachversicherung der landwirtschaftlichen Betriebe ausschließlich Pflichtversicherung. Der Versicherungsschutz wird unabhängig vom Abschluß irgendeines Vertrages[264] oder der Zahlung der Prämie durch das bloße Vorhandensein des betreffenden Vermögensgegenstandes ausgelöst. Für einzelne Vermögensgegenstände ist festgelegt, in welchem Zustand sie sich befinden müssen, um Versicherungsschutz zu genießen. So müssen Tiere ein bestimmtes Alter erreicht haben, um vollen Versicherungsschutz zu genießen, für Jungvieh gilt nur ein eingeschränkter Schutz, Baulichkeiten sind erst ab dem Zeitpunkt ihrer Fertigstellung versichert u. ä. m.

Die Ernte landwirtschaftlicher Kulturen ist gegen Untergang oder Beschädigung durch eine Vielzahl von Gefahren versichert und der Umfang dieses Schutzes schließt auch „andere für die Gegend ungewöhnliche metereologische und Naturumstände“[265] ein. Es handelt sich damit um einen ziemlich universalen Schutz der Ernte. Da günstige und ungünstige Zufälle sich im Rahmen eines Kolchoz in ihrer Wirkung auf die Ernte bestimmter Kulturen wechselseitig kompensieren können, wird der physische Ernteschaden durch einen Vergleich des Gewichts (!) der mittleren Ernte dieser Kulturen pro ha im gesamten Kolchoz mit dem Gewicht ihrer Hektarerträge im Durchschnitt der letzten 5 Jahre ermittelt. Durch das Elementarereignis bewirkte Änderungen in der Qualität, die sich nicht in einer Veränderung des Gewichts der Ernte niederschlagen, bleiben unberücksichtigt. Für die Ermittlung des Werts werden auf das Gewicht die staatlichen Aufkaufpreise angewandt. Bei der Schadensermittlung werden Aufwendungen für eine Nach- oder Übersäung berücksichtigt. Der ermittelte Schaden wird zu 50 % ersetzt[266]. Für die

Geflügelfarmen etc., nicht hingegen die dem Landwirtschaftsministerium unterstellten Organe der material-technischen Versorgung und Absatzorganisationen, da diese keine landwirtschaftlichen Betriebe sind. Auch das Vermögen derjenigen staatlichen landwirtschaftlichen Betriebe, die nicht dem Landwirtschaftsministerium unterstellt sind — das ist eine beträchtliche Zahl von spezialisierten Sovchozen, die Lieferanten bestimmter Industriebetriebe sind — ist nicht versicherbar. Deren Einschluß in die Versicherung wird inzwischen gefordert.

263 Gosudarstvennoe strachovanie . . . S. 63.

264 Es wird keiner abgeschlossen.

265 Ibidem, S. 63.

266 Diese ganze Regelung stellt laut L. A. Motylev: Gosudarstvenneo strachovanie v SSSR i problemy ego razvitija. Moskva 1972, S. 143-154 gegenüber früher einen Fortschritt dar. Motylev — Direktor von Gosstrach — würde es vorziehen, wenn bei der

Schätzung des Schadens können von Gosstrach Spezialisten des landwirtschaftlichen Büros des Rajonsowjets herangezogen werden, wenn ihm die Angaben des Kolchoz nicht genügen. Auf jeden Fall nimmt ein Vertreter des Exekutivkomitees des örtlichen Sowjets teil[267]. Für die Ermittlung der an Gosstrach abzuführenden Prämie ist der Kolchoz verpflichtet, ein Formular einzusenden, in dem er Angaben über den Anbau an Feldfrüchten (nach ha) und die Hektarerträge der letzten fünf Jahre macht. Hieraus ermittelt Gosstrach Versicherungssummen und wendet auf diese dann die Beitragssätze an.

Vieh, Geflügel, Pelztiere und Bienenvölker sind ab einem bestimmten Alter gegen eine Reihe von Elementargefahren und Infektionskrankheiten versichert, die durch eine Liste des Landwirtschafts- und Finanzministeriums näher festgelegt werden, außerdem gegen Feuerbrunst. Versichert sind Tod und Notschlachtung. Der maßgebliche Wertansatz ist der Inventarwert der Buchhaltung des landwirtschaftlichen Betriebes, evtl. unter Berücksichtigung von Abschreibungen. Der Schaden wird zu 70 % ersetzt. Die Inspektoren von Gosstrach sind gehalten, in engem Kontakt mit den veterinärmedizinischen Einrichtungen des Rajon zu bleiben. An der Errichtung der Akte über den Tod der Tiere nimmt ebenfalls ein Vertreter des örtlichen Sowjets teil. Tritt der Schaden durch schuldhaftes Verhalten eines Kolchozangehörigen ein, so wird die Entschädigung von Gosstrach nicht verweigert. Gosstrach nimmt aber bei dem Schuldigen Regreß.

Baulichkeiten, Maschinen, Läger, Dauerkulturen etc. sind gegen einen Katalog von Gefahren versichert, der bei den Dauerkulturen am längsten ist[268]. Die Entschädigung erfolgt zu 100 %. Auf die Methode der Ermittlung des Werts der Gebäude wird weiter unten eingegangen — sie erfolgt nach genormten Beträgen, so daß die hundertprozentige Entschädigung in Wirk-

---

Schadensermittlung nicht auf den durchschnittlichen Hektarertrag bestimmter Kulturen abgestellt würde, sondern auf den durchschnittlichen Wert der gesamten Ernte. Er vermutet, dieser würde wegen des Risikoausgleichs innerhalb des Kolchoz weniger schwanken als die bislang verwendete Größe und hierdurch würde eine Anhebung des Versicherungsschutzes auf 70 % des Werts der Ernte ermöglicht, was er für das Maximum des Wünschbaren hält. Diese Reform würde auf eine Versicherung eines Teils des Betriebsergebnisses des Kolchoz hinauslaufen. — Wegen der Chancen eines Risikoausgleichs im Rahmen des Kolchoz vgl. weiter unten Abschnitt 3.2.2. Vgl. auch: E. V. Kolomin: Gosudarstvennoe strachovanie i chozrasčetnaja dejatel'nost'. Moskva 1971, S. 50 f.

[267] Die Schadensermittlung im einzelnen ist ein komplexes Problem, die Praxis von Gosstrach nicht völlig transparent und ich gehe nicht weiter darauf ein.

[268] Zu den Gefahren, gegen die Baulichkeiten etc. gedeckt sind, gehören hier (und in den meisten weiter unten aufgeführten Zweigen) auch Erdbeben und Überschwemmung. Bei Erdbeben mögen wir das immerhin noch verstehen, da große Erdbeben in der SU selten sind, von Überschwemmungen kann dies jedoch schwerlich behauptet werden und es ist nicht ganz klar, wie diese Versicherung mehr als eine bloße Deklaration sein kann (über die Schadensregulierung nach katastrophalen Überschwemmungen wurde nie berichtet).

lichkeit nur eine sehr teilweise Entschädigung ist. Bei den anderen Vermögensgegenständen wird der Bilanzwert herangezogen.

In jeder Unionsrepublik wird ein Fond für die Versicherung der Kolchozen und ein davon gesonderter Fond für die Sovchozen gebildet. Transfers zwischen diesen Fonds oder zwischen landwirtschaftlicher und nichtlandwirtschaftlicher Versicherung finden nicht statt. Reserven werden unverzinslich bei Gosbank angelegt. Ein Gewinn wird nicht berechnet und folglich auch nicht an den Staatshaushalt abgeführt. Eventuelle Überschüsse werden zu Reserven erklärt. 91 % der Prämieneinnahmen sind für Schadenszahlungen bestimmt, 4 % für Schadensverhütungsmaßnahmen, nur 2 % für Verwaltungsaufwand[269]. Ein so niedriger Verwaltungskostenzuschlag ist nur dadurch erklärbar, daß Kosten für Bewertung, Schadensregulierung und Eintreibung der Beiträge auf die örtlichen Sowjets durch „unentgeltliche" Heranziehung von deren Personal verlagert werden.

An der Bildung des Versicherungsfonds für die Sovchozen nimmt der Staatshaushalt mit einem Zuschuß von einer Milliarde Rubel im Jahr teil[270]. 5 % der Prämieneinnahmen aus der Versicherung der Kolchozen sind an einen „zwischenrepublikanischen" Reservefond bei der Hauptverwaltung von Gosstrach abzuführen, ferner 25 % eines eventuellen Jahresüberschusses. Aus der so gebildeten Reserve werden den Republiksgosstrach Kredite für die landwirtschaftliche Versicherung gewährt, sofern sie in Zahlungsschwierigkeiten kommen. Die landwirtschaftliche Versicherung ist seit 1968 der (einzige) Zweig des sowjetischen Sachversicherungswesens, in dem Bemühungen um eine versicherungsmathematische Fundierung erkennbar sind. Aufgrund einiger Beschreibungen können wir uns eine grobe Vorstellung hiervon bilden.

Für die Ermittlung der Nettoprämie werden im Prinzip in der Versicherung der Ernte und der langjährigen Kulturen die Entschädigungen der letzten 10 Jahre, bei den anderen der landwirtschaftlichen Versicherung unterworfenen Gegenständen die der letzten 5 Jahre zugrundegelegt. Der Erwartungswert der Schäden, der für die Ermittlung der Nettoprämie verwendet wird, errechnet sich als arithmetische Mittel der Schäden für diese 5, bzw. 10 Jahre. Für dieses Verfahren müssen die versicherten Gegenstände „nach Vermögensarten"[271] aufgegliedert werden, ohne daß wir sehr klare

[269] Gosudarstvennoe strachovanie S. 133. Die Schadenszahlungen haben tatsächlich seit der Reform der landwirtschaftlichen Versicherung die kalkulierte Nettoprämie übertroffen. So gibt E. Kolomin an, die Schadensquote für 1968-1980 habe 95,4 % der Bruttoprämieneinnahmen betragen (Gosudarstvennoe strachovanie v socialističeskich stranach. Moskva 1981, S. 195).

In Fond gosudarstvennogo strachovanija v SSSR. Moskva 1984, S. 52, wird für den Zeitraum 1968-1981 und die Versicherung der Kolchozen eine Schadensquote von 109,7 % genannt.

[270] Gosudarstvennoe strachovanie . . . S. 55.

[271] Gosudarstvennoe . . . S. 129.

Vorstellungen davon hätten, wie das geschieht. Dann soll eine Gruppierung von Vermögensarten derart durchgeführt werden, daß Vermögensarten mit ähnlicher Nettoprämie zu einer Gruppe zusammengefaßt und für sie eine Durchschnittsprämie berechnet wird. Wir erfahren, diese Prozedur werde nicht „mechanisch" angewendet, sondern berücksichtigt, daß es Ereignisse gebe, die seltener als alle 5 oder 10 Jahre in katastrophenartiger Häufung einträten. Dies soll durch Zu- und Abschläge berücksichtigt werden. Eine wichtige Frage ist offenbar, inwieweit die Prämien nach territorialen Gesichtspunkten differenziert werden. Wir erfahren, daß hier im allgemeinen ein Tarif für einen Bezirk (oblast') ausgearbeitet wird und das ist eine verhältnismäßig grobe Methode[272]. Schließlich bedarf der Tarif der Genehmigung durch den Ministerrat der Unionsrepublik (!) und inwieweit er sich tatsächlich nach Erfahrungswerten ändert, ist nicht recht klar. Die Beitragssätze liegen in der Ernteversicherung mit 5 bis 10% der Versicherungssummen hoch und die Ausführungen in Gosudarstvennoe...[273] vermitteln den Eindruck, daß die Differenzierung nach Feldfrüchten, Anbaumethoden etc. immer noch wenig ausgeprägt ist. In der Viehversicherung ist die Differenzierung nach Tierart feiner, dafür die nach regionalen Gesichtspunkten gröber und die Prämie liegt im allgemeinen unter 1% der Versicherungssumme. Dies scheint im internationalen Vergleich kein ungünstiger Satz. Das Problem hier ist aber der „Inventarwert", nach dem sich die Versicherungssumme richtet: für diesen Inventarwert sind die zonal differenzierten staatlichen Aufkaufpreise maßgeblich. Offenbar fehlt hingegen die zonale Differenzierung in der Prämienfestsetzung für Gebäude, Hausrat etc.[274] weitgehend, was umso merkwürdiger ist, als die hier zuständigen Bilanzwerte sich nach zonal differenzierten staatlichen Preisen ermitteln und meist historische Werte sind, die auf Preisen der 50er und 60er Jahre basieren[275].

Wir haben diese Details nicht aufgeführt, um den Leser exzessiver Langeweile zu überantworten, sondern weil uns der Vergleich mit der landwirtschaftlichen Versicherung in der DDR und der Ernteversicherung in den USA weiter unten einige wichtige Schlußfolgerungen ermöglichen wird[276].

---

[272] Daß hier nicht konsequent vorgegangen wird, zeigt sich auch, wenn uns dasselbe Lehrbuch wenig später versichert, daß die territoriale Differenzierung nicht so weit gehen soll, daß sich die unterschiedlichen Erwartungswerte der Schäden in ihnen voll niederschlagen.

[273] S. 135.

[274] Im allg. 0,1 % - 0,2 % der Versicherungssummen.

[275] Zu dem Problem, welche Preise bei der Schadensregulierung angewendet werden, vgl. Schütte: Die Versicherung der landwirtschaftlichen Betriebe . . . S. 74 ff.; ferner muß darauf aufmerksam gemacht werden, daß es hier um die Baulichkeiten etc. geht, die genossenschaftliches oder staatliches Eigentum sind; private Baulichkeiten etc. werden nicht im Rahmen der „landwirtschaftlichen Versicherung", sondern im Rahmen der „Vermögensversicherung der Bürger" nach anderen Grundsätzen und regelmäßig mit höheren Prämien versichert.

[276] Wegen eines Vergleichs der Prämiensätze siehe auch die dort angegebenen Zahlen.

2.1.2.3.2. Versicherung nichtlandwirtschaftlicher Genossenschaften und gesellschaftlicher Organisationen

Wichtigste Versicherungsnehmer sind die Konsumgenossenschaften[277]. Es handelt sich ausschließlich um eine freiwillige Versicherung[278]. In Abhängigkeit von der „Vermögensart" kann der Versicherte vier Arten von Verträgen abschließen. a) Eine Versicherung der Gebäude, Transportmittel, unvollendeter Investitionsobjekte, Ausrüstungen, Läger usw., die sich im Eigentum der jeweiligen Organisation befinden. Dies ist der Grundvertrag. Zusatzverträge können abgeschlossen werden, wenn ein Grundvertrag abgeschlossen worden ist, und zwar zum Zweck der Deckung von b) Vermögen, das den Organisationen zur Aufbewahrung, in Kommission, zum Transport oder Verarbeitung übergeben worden ist, c) landwirtschaftlicher Tierhaltung und d) der Ernte landwirtschaftlicher Kulturen. Im Grundvertrag kann nach dem Wunsch des Versicherungsnehmers entweder eine Vollwert- oder eine Teilwertversicherung vereinbart werden[279]. Für den Vertragsabschluß ist ein Antrag des Versicherungsnehmers erforderlich, in dem der Wert der versicherten Objekte und der jahresdurchschnittliche Lagerbestand angegeben wird[280]. Das Inkrafttreten hängt vom Eingang der Prämie ab.

Die Tarifierung ist schlicht: für das nichtlandwirtschaftliche Vermögen der Genossenschaften beträgt die Prämie 0,4% der Versicherungssumme, bei gesellschaftlichen Organisationen 0,15%. Dies ist eine altehrwürdige Versicherung, bei der sich seit den 30er Jahren nur wenig geändert hat, abgesehen von zwei nicht sehr tiefgehenden Reformen 1965 und 1976.

Über diese Versicherung hat in der sowjetischen Literatur niemals eine nennenswerte Debatte stattgefunden.

---

[277] Diese sind im Centrosojuz organisiert; dieser verfügt über Kontore, Magazine, Versorgungs- und Absatzorganisationen auf den verschiedensten Ebenen, die alle als Versicherungsnehmer in Frage kommen; in der Vergangenheit — bis zu deren Verstaatlichung — waren die Handwerkerartels ein wichtiger Adressat. Neben dem Centrosojuz gibt es einige kleinere Genossenschaften wie Wohnungsbaugenossenschaften. Aus dem Kreis der gesellschaftlichen Organisationen sind verschiedene Sportverbände, die Gesellschaft der Jäger etc. Versicherungsnehmer; weshalb die Gewerkschaften das nicht sind, ist mir nicht bekannt.

[278] 1978 hatte Gosstrach 31.100 Versicherungsverträge mit verschiedenen genossenschaftlichen und gesellschaftlichen Organisationen abgeschlossen, gedeckt war ein Vermögen von 32,1 Milliarden Rubel, mehr als 90 % davon befand sich im Eigentum der Konsumgenossenschaften (Gosudarstvennoe . . . S. 119).

[279] Der Versicherungsschutz bei den Verträgen a) und b) erstreckt sich auf eine Vielzahl von Gefahren einschließlich Transportgefahren, nicht jedoch Schäden durch Betriebsunterbrechung. Bei c) und d) ähnelt er der in der landwirtschaftlichen Versicherung.

[280] Vorübergehende Lageraufstockungen sind automatisch mitversichert.

2.1.2.3.3. Versicherung des Vermögens der Bürger

Es werden sechs verschiedene Versicherungsarten betrieben: a) Pflichtversicherung von Gebäuden und Vieh in Privateigentum, b) Pflichtversicherung von Gebäuden, die Privaten, gesellschaftlichen und religiösen Organisationen in Pacht gegeben sind, c) freiwillige Zusatzversicherung von Gebäuden in privatem Eigentum, d) freiwillige Zusatzversicherung von Tierleben, e) freiwillige Hausratsversicherung, f) freiwillige Transportmittelversicherung.

Als Pflichtversicherte unter a) kommen in erster Linie die Kolchozbauern in Frage, deren Hof normalerweise deren Eigentum ist[281], die ferner auch die wichtigsten privaten Tierhalter sind, außerdem die Besitzer von Datschen. Mit der Zunahme des privaten Wohnungsbaus in den Städten ist aber auch die Zahl der pflichtversicherten städtischen privaten Hausbesitzer angestiegen[282]. Die Pflichtversicherung der Gebäude ist stark der zaristischen Tradition verpflichtet und „Zwangsnormversicherung" nach dem Gesetz von 1940. Das Gebäude ist ab dem Tag der Errichtung versichert. Die Bewertung wird auf dem Land von den Organen von Gosstrach vorgenommen, in der Stadt von den Inventarisierungsbüros der örtlichen Sowjets. Der Wertansatz für die Pflichtversicherung beträgt zwischen 15 und 30% des tatsächlichen Werts, was auf die seit 1940 eingetretenen Preis- und Lohnsteigerungen zurückzuführen ist[283]. Versichert werden alle privaten Gebäude unabhängig von ihrer Verwendung[284]. Für die Bewertung werden Bewertungsnormen verwendet, die den Wert pro m^2 oder m^3 festlegen[285] und sich an den Baukosten eines „typischen" Gebäudes in Preisen von 1939 orientieren. Zum „typischen" Gebäude wird der Gebäudetyp erklärt, der in dem jeweiligen

---

[281] Die Kulturen auf dem Hofland werden seit 1940 nicht mehr versichert, bis dahin waren sie pflichtversichert.

[282] Zahlenangaben finden sich bei Kolomin op. cit. S. 202. Hiernach waren 1980 in der Pflichtversicherung des Vermögens der Bevölkerung 39,6 Millionen „Wirtschaften" erfaßt, von diesen waren 14,4 Millionen städtische. Aufgrund von Narodnoe chozjajstvo. Moskva 1978, S. 415, können wir schätzen, daß es in der Sowjetunion über 10 Millionen Wohnungen in Privatbesitz gibt, wodurch diese Zahl also erklärt wäre. Die gesamte Versicherungssumme bei den Gebäuden war 33 Milliarden Rubel, hiervon 16,7 für städtische Gebäude. Zum Vergleich: Die Gesamtinvestitionen für Bau- und Montagearbeiten in allen Zweigen der Volkswirtschaft während des 9. Fünfjahrplans. 1975-1980 sollten laut Plan 299 Milliarden Rubel betragne. Siehe Narodnoe chozjajstvo 1977. Moskva 1977, S. 349. Eine bessere Vergleichszahl wäre der Wert des staatlichen Wohnungsbestands, der aber nicht bekannt ist.

[283] Kolomin op. cit. S. 205. Zu einer Reform dieser Versicherung, die hier nicht berücksichtigt ist, insbesondere einer Heraufsetzung der Versicherungssummen, kam es 1983. Vgl. E. Schütte: Gosstrach: Flurbereinigung und mehr „Bürgernähe". Versicherungswirtschaft 1984: 1, S. 63-70.

[284] Sofern sie nur auf einem festen Platz stehen, Wände und Dach haben und nicht baufällig sind.

[285] Ob m^2 oder m^3 verwendet werden, richtet sich nach dem Wert. Bei höherwertigen Gebäuden wird ein Wertansatz pro m^3 festgelegt, bei geringwertigen einer pro m^2.

Gebiet am meisten verbreitet ist. Die Bewertungsnormen bedürfen der Bestätigung durch den Ministerrat der jeweiligen Unionsrepublik. Stellen die Inspektionen von Gosstrach fest, daß sich in einem Gebiet eine neue Bauweise, bzw. ein neuer Gebäude„typ" mehr und mehr durchsetzt, so haben sie die Ausarbeitung neuer Bewertungsnormen zu veranlassen. Die von der Inspektion von Gosstrach aufgrund solcher Normen ermittelten Gebäudewerte bedürfen der Bestätigung durch den Ortssowjet[286]. Pflichtversichert sind insbesondere die folgenden Tierarten im privaten Besitz: großes Hornvieh, Pferd, Kamel, Esel, Maultier, Schaf, Ziege und Schwein. Auch hier gibt es normierte Versicherungssummen, die sich auf das Gewicht in kg beziehen: Das Tier wird gewogen und dieses Gewicht dann mit ca. 40 % des staatlichen Aufkaufpreises multipliziert[287,288].

Die Ausgestaltung der unter b) aufgeführten Versicherungsverträge ähnelt der der eben dargestellten Verträge. Der Versicherungsschutz tritt mit dem Zeitpunkt der Verpachtung automatisch in Kraft. Es werden jedoch keine normierten, sondern Bilanzwerte verwendet. Einem gesonderten Bewertungsverfahren und besonderen Beitragssätzen unterliegen Gebäude, die religiösen Organisationen zur Nutzung übergeben werden.

---

[286] Pleškov op. cit. S. 17 berichtet, daß Gosstrach in diesem Sinne nachhaltige Bemühungen um eine Aktualisierung der Wertansätze unternommen habe und derart die durchschnittliche Versicherungssumme von Häusern im Privatbesitz von 368 Rubel im Jahre 1958 auf 855 Rubel im Jahre 1977 angestiegen sei (!!). Weicht das zu bewertende Gebäude in gravierender Weise vom „typischen" Gebäude ab, so ist dies durch Zu- und Abschläge zu den Bewertungsnormen zu berücksichtigen; ferner sind Abschreibungen vorzunehmen. Bei der Bewertung städtischer Gebäude steht das Ministerium für Kommunalwirtschaft der Republik den örtlichen Inventarisierungsbüros mit der Herausgabe von Normen zur Seite. Sind nach der Wertfestsetzung am Gebäude etwa durch Anbau Wertzuwächse entstanden, die Gosstrach nicht gemeldet wurden, so unterliegen diese dennoch der Versicherung.

[287] Die genauen Sätze werden durch Beschluß des Ministerrats der Unionsrepublik festgesetzt.

[288] Die hier dargestellten Regelungen zur Versicherung von Gebäuden und Vieh in privater Hand wurde 1983 grundlegend reformiert. Die neuen Regelungen und Gründe für die Reform wurden in Fond gosudarstvennogo . . . S. 82 ff. dargestellt.

Wichtigste Neuerung in der Pflichtversicherung der Gebäude ist, daß die Gebäude zu 40 % des „wirklichen" Wertes versichert werden sollen. Um die Bewertungsnormen an diese „wirklichen" Werte heranzuführen, ist alle 5 Jahre eine Neubewertung aufgrund der staatlichen Einzelhandelspreise für Baumaterialien und der Bauarbeiterlöhne des jeweiligen Jahres vorzunehmen. Die Tarife wurden nachhaltig gesenkt und zwar in den städtischen Gebieten um 40 % und in den ländlichen auf die Hälfte bis ein Drittel. Dies zeigt, wie gewinnbringend diese Versicherung zuvor gewesen sein muß.

In der Pflichtversicherung des Viehs wurde die Pflichtversicherung des Kleinviehs abgeschafft und diese auf das große Hornvieh, Pferde und Kamele beschränkt. Als Grund wurde angegeben, daß Gosstrach damit überfordert gewesen war, das in dieser unmittelbar durch Gesetz entstehenden Versicherung geschützte Kleinvieh vollständig zu registrieren und die Beiträge einzutreiben. Ein beträchtlicher Teil der sowjetischen Schweine hatte infolgedessen unentgeltlich Versicherungsschutz genossen und dies hatte zu erheblichen Verlusten von Gosstrach geführt. Dieses Kleinvieh kann weiterhin freiwillig versichert werden, aber zu neuen und vermutlich höheren Tarifen.

Versicherungszweig c) wurde 1959 eingeführt und hier waren bis 1973 die Großhandelspreise von 1960 für die Bewertung des Gebäudes zu verwenden, seitdem sind die Einzelhandelspreise heranzuziehen. Versichert werden können dieselben Gebäude, die bereits pflichtversichert sind, aber gegen einen breiteren Kreis von Gefahren und bis zu einer Gesamtversicherungssumme aus freiwilliger und Pflichtversicherung von 80 % des mit Hilfe der Einzelhandelspreise ermittelten Wertansatzes[289].

Die Bedingungen, unter denen eine freiwillige Zusatzversicherung von Tierleben möglich ist, ähnlich denen der freiwilligen Zusatzversicherung der Baulichkeiten[290].

Durch lebhafte Werbung und zwei Reformen[291] bemüht sich Gosstrach um eine größere Verbreitung der Hausratsversicherung[292]. Die Versicherungssumme wird nach dem Wunsch des Versicherten festgelegt. Durch die jüngste Reform wurden auch Diebstahl und Raub in den Kreis der versicherten Gefahren aufgenommen. Die Entschädigung erfolgt nach dem first-risk-Prinzip.

Im Zusammenhang mit f) fällt auf, daß keine Haftpflichtversicherung abgeschlossen werden kann. Deren Einführung wird seit Jahrzehnten gefordert, ist aber immer noch nicht absehbar[293]. Bei f) handelt es sich um eine Kasko-Versicherung, deren Absatz Gosstrach u. a. durch eine Reform 1978 zu fördern suchte[294]. Versichert werden können die verschiedensten Arten von registrierten Transportmitteln[295].

---

[289] Erneut können wir aus den Zahlen von Kolmin einen Einblick in die Bedeutung gewinnen. So ergibt sich aus seinen Angaben in op. cit. S. 207, daß das Prämienaufkommen der freiwilligen Sachversicherung der Bürger 1980 430 Millionen Rubel betrug, die sich folgendermaßen verteilten: freiwillige Zusatzversicherung von Bauten: 26,9 % davon, freiwillige Zusatzversicherung des Viehs: 18,1 %; Hausrat: 29,9 %; Transportmittel: 25,1 %; 40,7 % aller Bürger, die Hausbesitzer waren, hatten eine freiwillige Zusatzversicherung abgeschlossen.

[290] Nach Kolomin op. cit. haben ca. 60 % aller Eigentümer von großem Hornvieh eine solche Zusatzversicherung abgeschlossen. Nichtsdestoweniger findet Motylev a.a.O., daß diese Versicherung keinen befriedigenden Absatz findet und schlägt ihre Abschaffung vor.

[291] Die erste davon 1969, die zweite 1981.

[292] 1981 hatten 35 % aller Familien eine solche Versicherung abgeschlossen, die Schadensleistungen betrugen 62 Millionen Rubel. Vgl. T. I. Ver'kina: Strachovanie domašnego imuščestva. Moskva 1983, S. 3.

[293] Vgl. Kapitel Haftpflichtversicherung.

[294] 1980 hatten 30,2 % aller Privaten mit Eigentum an Kraftfahrzeugen eine derartige Versicherung für diese Fahrzeuge abgeschlossen. Kolomin op. cit. S. 208.

[295] Zu den gedeckten Gefahren gehört auch Diebstahl, bei Alkoholeinwirkung verweigert Gosstrach die Leistung. Dies ist ein Fortschritt, war die KFZ-Kaskoversicherung doch in den 60iger Jahren noch so geregelt, daß im Fall einer Verletzung von Verkehrsregeln generell keine Entschädigung gewährt wurde. (Vgl. P. R. Rogers: The significance of insurance in the command economy: a study of Soviet insurance, University of Kansas 1974, unveröffentlicht.)

Aus den verstreuten Informationen und Berechnungsbeispielen für Prämien zu diesen 6 Versicherungsarten können wir schließen, daß sie für den sowjetischen Staatshaushalt profitabel sind, eine versicherungsmathematische Fundierung hingegen nicht vorliegt. Ein Vergleich der Tarife in der Pflichtversicherung privater Tierhalter mit der Versicherung der Tierhaltung in Kolchozen zeigt, daß der Tarif für die ersteren 5 bis 10 mal so hoch ist wie für die letzteren. Dabei ist das moralische Risiko bei den Privaten schwerlich höher[296]. Die Tarife für die freiwillige Zusatzversicherung liegen noch höher. In der Pflicht- wie in der freiwilligen Versicherung des Vermögens der Bürger[297] gilt ein Tarif, in dem außer einer territorialen Differenzierung auch zwischen Stadt und Land unterschieden wird[298], was mit dem unterschiedlichen Niveau des Feuerschutzes begründet wird. Die Tarife für das flache Land liegen ebenfalls beim 5 - 10fachen der Beträge für entsprechende Gegenstände in der landwirtschaftlichen Versicherung[299]. Ferner enthalten alle diese Tarife[300] einen wesentlich höheren Anteil an Abführungen für Schadensverhütungsmaßnahmen, die mit 8 - 10 % der Bruttoprämie beziffert werden. Auch der berechnete Verwaltungskostensatz ist höher und die Abführung an den Reservefond beträgt 5 % der Bruttoprämie, obwohl das versicherungstechnische Risiko in diesen Zweigen doch sicherlich geringer ist als in der landwirtschaftlichen Versicherung.

In der Fahrzeugversicherung haben wir als einzige sowjetische Versicherungsart einen mit dem Ansteigen der Versicherungssumme degressiv zunehmenden Beitrag, was naheliegend ist, weil sie ebenfalls als first-risk-Versicherung ausgestaltet ist[301]. Über die Rechnungsgrundlage ist die sowjetische Literatur ganz außerordentlich schweigsam[302].

---

[296] Gosudarstvennoe . . . S. 136 behauptet allerdings, der Unterschied sei durch die zusätzlich eingeschlossenen Gefahren in der Tierversicherung privater Halter bedingt.

[297] Hier nicht Tiere und Transportmittel.

[298] In der Hausratversicherung auch nach Bauart des Hauses.

[299] Vgl. Gosudarstvennoe . . . S. 134; das heißt also, daß ein Kolchozbauer für das ihm selbst gehörende Gerät ein mehrfaches der Prämie zahlt, die der Kolchoz für genau dieselben Gegenstände zu entrichten hätte.

[300] Auch der Tarif in der freiwilligen Versicherung genossenschaftlicher . . . Organisationen.

[301] Bei einer Versicherungssumme von 500 Rubel beträgt die Prämie 20 Rubel, bei Versicherungssummen über 3000 Rubel ist sie einheitlich mit 1,5 % der Versicherungssumme fixiert — unabhängig von Region und Fahrzeugtyp.

[302] Eine weitere Eigentümlichkeit aller Gosstrachpolicen ist: Von Gosstrach werden generell keine Franchisen verwendet. Anders Ingosstrach.

2.1.2.3.4. Versicherungsähnliche Einrichtungen im Bereich der staatlichen Industrie

In der sowjetischen Literatur finden sich seit langem immer wieder Hinweise auf Reservefonds, die bei den Betrieben, Industrievereinigungen und Ministerien gebildet wurden und werden. Ebenso weisen die Haushalte der örtlichen Sowjets regelmäßig Reservefonds auf. Ein systematischer Überblick über diese Fonds[303] ist nur schwer zu gewinnen, es wird jedoch deutlich, daß diese Fonds nicht sehr groß sind und ihre Verwendung unbestimmt ist. So werden sie nach einer Verordnung des Ministerrats der UdSSR[304] bei den Ministerien und Ämtern aus Abführungen aus dem Gewinn der ihnen unterstellten Betriebe gebildet, deren Grenznormen (predel'nye normy) nach Industriezweigen differenziert sind und sich zwischen 1 und 4 % bewegen, was schwerlich gewaltige Summen ergibt. Aus diesen Fonds werden den unterstellten Betrieben und auch den örtlichen Sowjets (!) Kredite (!) im Fall des Auftretens „zufälliger" Bedarfe gewährt. Aus der sowjetischen Literatur wird deutlich, daß Art und Weise der Finanzierung und Verwendung dieser Fonds nicht selten darauf hinauslaufen, daß Mittel von gewinnbringenden zu chronisch verlustbringenden Betrieben umverteilt werden. Eine Messung des Risikos wird erst gar nicht versucht und die Fonds stellen sich nicht selten als vorzeitig erschöpft heraus[305]. Bevor die Sovchozen in die Versicherung einbezogen wurden, existierte auch für sie ein solcher Fond, über dessen fragwürdige Bildungs- und Verausgabungsweise viel geklagt wurde. Daß sich der Versicherungsgedanke in der Sowjetunion noch keineswegs allgemein durchgesetzt hat, zeigen Vorschläge, auch den Versicherungsfond für Kolchozen und Sovchozen wieder in einen solchen „Reservefond" zurückzuverwandeln, der mittels nicht sehr viel näher festgelegter Prozeduren eine Angleichung der Finanzlage rentabler und unrentabler Betriebe bewirken soll[306]. Die Verwandtschaft dieser Einrichtungen mit einer Versicherung ist nur eine entfernte. Dies wird deutlich, wenn wir bedenken, daß diese Fonds keine Entschädigungen, sondern nur Kredite gewähren, daß auch auf diese „Entschädigung" kein Anspruch besteht und es keinen klar definierten Versicherungsfall gibt.

---

[303] Sie werden auch in den anderen RGW-Staaten gebildet und in recht buntscheckiger Weise ohne, daß ein großer Unterschied zwischen denjenigen Staaten erkennbar wäre, in denen die staatliche Industrie versicherbar ist und denen, in denen sie das nicht ist.

[304] Von 1967, gültig bis heute, vgl. Spravočnik finansista proizvodstvennogo ob'edinenija. Moskva 1979, S. 145.

[305] Vgl. P. D. Polovinkin: Rezervnye fondy v socialističeskom vosproizvodstve. Moska 1979, S. 110 ff.

[306] Op. cit. S. 119 ff. In diesem Sinn will Polovinkin auch die oben angeführten Reformvorschläge von Motylev und Kolomin verstanden wissen.

2.1.2.4. Die Organisation von Gosstrach

Gosstrach ist eine dem Finanzministerium unterstellte juristische Person, die nach dem Prinzip der Einzelleitung geführt wird[307] und der wirtschaftlichen Rechnungsführung unterliegt. Die angebotenen Versicherungsarten, Tarife und Versicherungsbedingungen werden, soweit sie nicht durch Gesetz oder Verordnung des Ministerrats der UdSSR geregelt sind, weitgehend durch Schreiben oder Verordnung des Allunionsfinanzministeriums fixiert. Die Kompetenzen von Gosstrach gehen über ein Vorschlagsrecht kaum hinaus.

Das Finanzministerium haftet nicht für die Verbindlichkeiten von Gosstrach, ebensowenig haftet der Allunionsgosstrach für die Verbindlichkeiten der Republikgosstrachs oder umgekehrt. Die Beitragseinnahmen aus der Sachversicherung fließen zumeist in Fonds der Republikgosstrachs[308]. Der Abschluß der nichtlandwirtschaftlichen Versicherungen geschieht in einer ganz außerordentlich schlichten Einnahmen-Ausgaben-Rechnung und ein Überschuß[309] wird als Gewinn deklariert und größtenteils an den Staatshaushalt abgeführt. 5 % gehen in einen Reservefond für Jahre mit einem schlechten versicherungstechnischen Ergebnis. Als Fortschritt ist zu werten, daß ein solches Verfahren auf die landwirtschaftliche Versicherung seit 1968 keine Anwendung mehr findet. Sicherlich ist dies die riskanteste Versicherung, die Gosstrach anbietet und Schütte[310] hat Äußerungen sowjetischer Autoren gefunden, aus denen hervorgeht, daß Gosstrach in der Vergangenheit wiederholt zahlungsunfähig wurde[311]. In diesen Fällen trieb Gosstrach jeweils weiter Beiträge ein und nahm zu einem späteren Zeitpunkt die Zahlungen wieder auf. Infolge der Mißernten wurden seit 1968 wiederholt mehrere Republikgosstrachs zahlungsunfähig, ohne daß der „zwischenrepublikanische" Fond wirkungsvolle Hilfe hätte leisten können. Diesmal aber sprang die Staatsbank mit Beistandskrediten ein[312].

307 Der Direktor wird vom Ministerrat ernannt.

308 Die verwaltungsmäßige Abwicklung der Aufgaben von Gosstrach ist größtenteils Sach der Stadt- und Rajoninspektionen desselben, in der freiwilligen Personenversicherung spielen die „nicht fest angestellten Agenten" eine erhebliche Rolle.

309 Die Abführungen an das Sparguthaben in der Lebensversicherung sind kein Bestandteil des Überschusses.

310 Das Versicherungswesen . . . S. 212.

311 Da sie ihre Überschüsse an den Staatshaushalt abgeführt hatte, verfügte sie kaum über Reserven.

312 Daß die Reserven in der landwirtschaftlichen Versicherung nicht ausreichen würden, hatten wir schon aufgrund der Angaben von Motylev op. cit. S. 131 geahnt, nach denen der „zwischenrepublikanische Fond" um 1970 über ca. 1/2 Milliarden Rubel verfügte, während das Prämienaufkommen in der landwirtschaftlichen Versicherung allein in der RSFSR über 2 Milliarden Rubel ausmachte. Wie aus Fond . . . S. 62 hervorgeht, erzielten in den Jahren 1968-1971 mehrere Republikgosstrachs in der landwirtschaftlichen Versicherung der Kolchozen Schadensquoten von 140 % und mehr und der ganze Versicherungszweig wurde sanierungsbedürftig.

Ingosstrach ist formal als Aktiengesellschaft konstruiert. „Aktionäre“ sind verschiedene Ministerien und ein paar weitere Ämter. Das Grundkapital beträgt 100 Mill. Rubel, ferner existieren Reserven von über 680 Mill. Rubel, das Prämienvolumen aus dem direkten und indirekten Geschäft betrug 1984 ca. 400 Millionen Rubel. Die Tätigkeit ist trotz dieses relativ beschränkten Prämienvolumens weit ausgedehnt[313]. Etwas mehr wissen wir über die ausländischen Töchter von Ingosstrach[314].

2.1.2.5. Zusammenfassung und einige Schlußfolgerungen

Die sowjetische Personenversicherung war bis in die 50er Jahre volkswirtschaftlich nahezu bedeutungslos. Seither nahm sie einen deutlichen Aufschwung, der vor allem von den Kapitallebensversicherungen, die mit einer Unfallversicherung kombiniert sind, und der reinen Unfallversicherung getragen wird. In jüngerer Zeit kamen Kinder- und Aussteuerversicherungen hinzu. Da die Versicherungssummen üblicherweise nur das drei- bis vierfache des durchschnittlichen Monatseinkommens eines sowjetischen Arbeitnehmers ausmachen, ist von diesen Versicherungen nur eine momentane finanzielle Entlastung bei Eintritt des Versicherungsfalls zu erwarten. Einen nachhaltigen Schutz gegen die Gefahren, vor denen die Sozialversicherung nur ungenügend schützt, wie Berufsunfähigkeit, Invalidität aus anderen Gründen als Berufskrankheit oder Arbeitsunfall, Verlust des noch jungen Ernährers oder Langlebigkeit bei vergleichsweise niedriger Altersrente, gewähren diese Versicherungsverträge jedoch nicht. Ein Versuch, die Lücken der Sozialversicherung durch Abschluß von Versicherungen mit Gosstrach zu stopfen, muß mißlingen, da Gosstrach vielfach keine dafür geeignete Policen anbietet.

Eine Sachversicherung wurde nach weitgehender Liquidierung in der zweiten Hälfte der 30er Jahre wiedererrichtet und hat seitdem eine gemächliche Entwicklung genommen.

Abgesehen von einigen Ausnahmebereichen, insbesondere den Sovchozen, findet keine Versicherung des staatlichen Eigentums statt. Zu den Institutionen, die eine solche Versicherung ersetzen sollen, gehören auch bestimmte Reservefonds, die nicht von Gosstrach, sondern von verschiedenen wirtschaftsleitenden Organen verwaltet werden und denen man eine entfernte Ähnlichkeit mit Versicherung im uns gewohnten Sinne zubilligen

---

[313] Kolomin op. cit. S. 186; Interview mit L. L. Bogdanov. Versicherungswirtschaft 1984: S. 764-767. Dies ist eine der detailliertesten Darstellungen der Tätigkeit von Ingosstrach, die vorliegen. Am Rande erwähnt: Ingosstrach versichert auch die Ausländer, die in Moskau ansässig sind, und bietet diesen dort auffallenderweise diejenigen Versicherungsarten an, die Gosstrach nicht anbietet, wie z. B. die KFZ-Haftpflichtversicherung.

[314] Vgl. hierzu Schütte op. cit. S. 287 f.

kann. Wollen wir sie als Versicherung auffassen, so wäre hervorzuheben, daß es sich um eine Versicherung des finanziellen Betriebsergebnisses handelt und daß es im freien Ermessen der wirtschaftsleitenden Organe steht, ob sie die „Versicherungsleistung" tatsächlich gewähren. Vor der Wiedererrichtung einer landwirtschaftlichen Versicherung im eigentlichen Sinne, 1940, funktionierte die Versicherung der Kolchozen offenbar ähnlich.

Während die landwirtschaftliche Versicherung in den Anfängen ebensosehr eine Ausbeutung der Landwirtschaft bezweckte — im Wege einer hohen Besteuerung der Versicherung — wie einen bescheidenen Versicherungsschutz, änderte sich dies mit dem Wandel der Landwirtschaftspolitik im allgemeinen. Die landwirtschaftliche Versicherung wurde stark ausgebaut. Seit 1968 hat die Versicherung der landwirtschaftlichen Kulturen den Charakter einer Ernteversicherung und es gibt Bestrebungen, sie zu einer Betriebsergebnisversicherung auszubauen, aber ohne freies Ermessen der wirtschaftsleitenden Organe. Zur Zweckmäßigkeit und Realisierbarkeit solcher Bestrebungen wird im Rahmen unserer theoretischen Ausführungen mehr zu sagen sein.

Andere Arten des genossenschaftlichen Eigentums unterliegen einer freiwilligen und archaisch anmutenden Versicherung. Die einschlägigen Regelungen scheinen eher zufälliger Natur und eine Eingebung des Augenblicks gewesen zu sein, die trotz des Desinteresses an der Frage Bestand hatten.

In der Versicherung des persönlichen Eigentums der Bürger überwog während der Stalinära die Zwangsversicherung[315]. Eine solche Fortsetzung der Zwangswirtschaft auch in diesem Bereich des persönlichen Konsums entsprach zwar dem herrschenden Geist oder Ungeist, mag auch aus der Sicht Euckenscher Typen „systemgerecht" scheinen, läßt sich aber mit Überlegungen wirtschaftlicher Rationalität nicht begründen. In jüngerer Zeit wurde sie zwar nicht abgeschafft, trat aber gegenüber der freiwilligen Versicherung allmählich zurück. Gosstrach unternahm Anstrengungen, sein Policenangebot auszuweiten und attraktiver zu gestalten. Dies war sicherlich nicht zuletzt von fiskalischen Überlegungen motiviert — nichtsdestoweniger verhilft es den Konsumenten zum Erreichen eines höheren Nutzensniveaus.

Eine Haftpflichtversicherung fehlt.

Wir hatten Gelegenheit, uns davon zu überzeugen, daß die Organisation des Versicherungsbetriebs und seine Beziehungen zur Umwelt den Mustern folgen, die auch sonst für die Organisation der sowjetischen Wirtschaft typisch sind: Angebots- und Nachfragemonopole, weitreichende Kontrahie-

[315] Mit Zwangsversicherung ist hier wie üblich die unmittelbar durch Gesetzeskraft entstehende Versicherung gemeint im Unterschied zur Pflichtversicherung, bei der der Versicherungsnehmer zum Abschluß eines Vertrages verpflichtet ist, durch den dann das Versicherungsverhältnis entsteht.

rungszwänge, „Leninsche“ Einzelleitung, Unterstellung unter das nach dem Branchenprinzip zuständige Ministerium bei hohem Zentralisierungsgrad der Entscheidungsbefugnisse, nur bescheidene Schritte zu einer Dezentralisierung nach dem Ende der Stalinära, einige untergeordnete Eingriffsmöglichkeiten und Aufgaben der Territorialorgane, also der örtlichen und Bezirkssowjets, wirtschaftliche Rechnungsführung etc. Wir konnten in reichlichem Maße beobachten, daß der hohe Grad an Monopolisierung von Funktionen und organisatorischer Standardisierung zu den Ergebnissen führt, die uns die Voraussagen der ökonomischen Theorie eigentlich erwarten lassen würden: eine ziemlich einfache und sich nur zögernd fortentwickelnde Versicherungstechnik, eine schleppende oder gänzlich fehlende Reaktion auf Verbraucherwünsche, Monopolrenten bei den Preisen, nur schwache Tendenzen zur „versicherungstechnischen Äquivalenz“, insbesondere wenn es um „versicherungstechnische Äquivalenz“ im starken Sinne, also im Rahmen der einzelnen Versicherungszweige und -verträge geht. Einmal getroffene und nur historisch erklärbare Regelungen entwickeln ein Beharrungsvermögen, das in einer Marktwirtschaft undenkbar wäre. Für die Eigentümlichkeiten in der Preispolitik gibt es außer den jetzt genannten aber noch weitere Gründe, mit denen wir uns gesondert zu befassen haben werden.

Insgesamt ist die Individualversicherung wenig entwickelt.

2.1.3. Tabellen

Grunddaten zur Sowjetunion

	Bevölkerung in Millionen	hiervon städtische Bevölkerung
1897	124,6	18,4
1913	159,2	28,5
1922	136,1	22
1940	194,1	63,1
1950	178,5	69,4
1960	212,3	103,8
1970	241,7	136
1980	264,5	166,2

Quellen: Narodnoe chozjajstvo SSSR 1964, 1977, 1982.
Die Zahlen von 1940 überzeichnen den Bevölkerungsgewinn, da die 1939 okkupierten Territorien eine Bevölkerung von über 20 Millionen gehabt hatten.

Zahl der Arbeiter und Angestellten in Millionen

1913	12,9
1922	6,2
1928	10,8
1932	22,6
1940	31,2
1950	38,9
1955	50,5
1960	62
1970	90,1
1980	112,4

Quellen: wie oben.

durchschnittlicher Monatslohn der Arbeiter und Angestellten

1925/26	47,5
1928	58,5
1932	118,8
1940	331
1950	639
1960	801
1965	96,5
1970	122
1980	168

Quellen: Narodnoe Chozjajstvo wie oben und Jahrgang 1972; Istorija. . . a. a. O.

Beachte die Paritätsänderung 10 alte Rubel = 1 neuer Rubel 1961!

Nationaleinkommen in den wirklichen Preisen (Milliarden Rubel) des jeweiligen Jahres

1928	24,4
1960	1450
1970	289
1980	462

Quellen: Narodnoe chozjajstvo wie oben, Istorija socialističeskoj ekonomiki SSSR 3. Band S. 27.

Für die Preise zwischen 1928 und 1956 fehlt es an Zahlen in den laufenden Preisen, es wurden nur gelegentlich Zahlen in den Preisen von 1926 angegeben und in sog. vergleichbaren Preisen. Diese Zahlen wurden wegen der Fragwürdigkeit der Preisbereinigung hier nicht verwendet.

Beachte die Paritätsänderung 1961!

Sowjetunion „Preisindex“

Der Versuch, für die Sowjetunion einen durchgängigen Preisindex aufzustellen, ist hoffnungslos. Dies soll hier auch gar nicht geschehen, vielmehr möchte ich nur einige Ergebnisse anderer Arbeiten herbeizitieren, die hilfreich sein mögen, wenn von den absoluten Zahlen über Rentenhöhen auf die Kaufkraftentwicklung der Rentner vorsichtige Schlüsse gezogen werden sollen. Wegen eingehenderer Schätzungen vgl. Stiller und die umfangreiche Literatur, die in einer Bibliographie von A. Bergson genannt ist[316].

Für die Jahre von 1918 - 1924 ist jeder Versuch, einen Preisindex zu entwickeln, wegen der Hyperinflation, des Nebeneinanderherzirkulierens mehrerer Geldeinheiten und des weitgehenden Zurückfalls auf eine Naturalwirtschaft, zwecklos. Der 1922 eingeführte Červonec-Rubel zirkulierte nur in geringem Umfang[317]. Zu einer allgemein verwendeten und einigermaßen stabilen Geldeinheit führte erst die Einführung eines neuen Rubel 1924 mit einem fiktiven Goldgehalt, der dem des Goldrubels des Zarenreichs entsprach und einer Kaufkraft, die wir grob auf 50 - 100 % des Goldrubels schätzen mögen[318]. Die relative Stabilität währte nur bis zur Versorgungskrise 1927/28 und dem ersten Fünfjahresplan. Die Entwicklung eines Preisindex ist für jene Zeit erneut unmöglich wegen des Wiederaufkommens eines Rationierungssystems, gespaltener Märkte etc. Recht glaubwürdig ist jedoch der Index 1928 : 100; 1940 : 637, den R.A. Medvedev[319] verwendet. Aus ähnlichen wie den bisher genannten Gründen ist in den darauffolgenden Jahren ein Preisindex kaum vorstellbar. Ab Ende der 40er Jahre dürfte sich ein Fallen der Verbraucherpreise ergeben haben und A. Nove[320] zitiert mit Berufung auf sowjetische Quellen einen Index 1940:100 - 1953:146, der bei einem Vergleich mit den Nominallöhnen einigermaßen vertrauenserweckend aussieht. Seitdem ist, wenn man sowjetischen Quellen Glauben schenken will, nur mehr eine Geldentwertung von 10 - 20 % eingetreten, was aber aus verschiedenen Gründen zu niedrig gegriffen erscheint[321]. Es gibt amerikanische Schätzungen über die „versteckte“ Inflation bei Konsumgütern. Eine solche Schätzung kommt auf eine zusätzliche jährliche „versteckte“ Infla-

---

[316] Vgl. P. Stiller: Sozialpolitik . . ., S. 206 ff.; A. Bergson: Income Inequality under Soviet Socialism. Journal of Economic Literature 1984: 3 S. 1052-1100.

[317] Vgl. z. B. G. Hedtkamp: Finanzsystem und Geldwesen. In: Osteuropahandbuch Sowjetunion. Köln 1965.

[318] Vgl. S. Merl: Der Agrarmarkt und die neue ökonomische Politik. München 1981, S. 88 f.

[319] K sudu istorii. New York 1974, S. 229 mit Berufung auf G. S. Sarkisjan: Uroven', tempy i proprocii rosta real'nych dochodov pri socializme. Moskva 1972, S. 157.

[320] A study of Soviet wages. In: Was Stalin really necessary. London 1964, S. 208.

[321] A. Nove: The Soviet Economic System. 2nd edition. London 1980, S. 252.

tionsrate von 0,8 - 1,2% für den Zeitraum 1955 - 1972, eine andere auf 1,3%[322].

1961 wurde die Rubelparität geändert: an die Stelle von 10 alten Rubeln trat ein neuer.

Es muß nochmals davor gewarnt werden, diesen Zahlen allzuviel Vertrauen zu schenken. Sie können nicht mehr als ungefähre Orientierungspunkte sein.

Sowjetunion: Ausgaben der Sozialversicherung der Arbeiter und Angestellten in Mill. Rubel

	für Renten	für zeitweilige Arbeitsunfähigkeit	insgesamt
1925/26	115	197	520
1926/27	158	214	606
1927/28	187	222	903
1928/29			1 172
1929/30			1 677
1930/31			2 573
1932			3 500
1933	323	553	4 607
1934	650	805	5 050
1936	1 250	1 938	8 380
1937			5 500
1938			6 300
1940	2 590		
1950	8 000	5 420	19 026
1955	13 860	6 400	25 300
1956	18 300	7 000	31 200
1957	34 000	10 100	51 200
1960	48 720	13 290	71 650
1965	7 400	1 963	10 541
1970	11 653	3 734	17 107
1975	17 761	5 082	26 187
1980	24 855	6 525	35 296
1981	26 608	6 747	37 417

Beachte die Paritätsänderung 1961!

Quellen für die Daten zu den älteren Jahren:
Stalinkaja programma social'nogo strachovanija. Partinnoe stroitel'stvo 1938: 16 S. 11.
A. G. Varšavskij: Socstrach na službe prosveščenija. Narodnyj učitel. 1933: 5 S. 28.
R. Kac, N. Sorokin: Social'noe strachovanie. Moskva 1936 S. 369.
Ju. Liss: Bjudzet social'nogo strachovanija na 1934 God. Voprosy profdviženija 1934: 4 S. 17.
K postroeniju bjudžeta social'nogo strachovanja na 1927/28 g. Voprosy truda 1928: 3 S. 48, 53.
A. S. Krasnopol'skij: O prirode sovetskogo gosudarstvennogo social'nogo strachovanija. Sov. gos. i pravo 1951: S. 65.
ferner:
Narodnoe chozjajstvo 1961 S. 765; 1958 S. 966; 1972 S. 486; 1982 S. 507.

322 Vgl. D. H. Howard: A Note on Hidden Inflation in the Soviet Union. In: Soviet Studies 1976: 4 S. 599-608; G. Schroeder, B. S. Severin: Soviet Consumption and Incomes Policies in Perspective. In: The Soviet Economy in a New Perspektive. Washington 1976, S. 636.

Ein Vergleich zwischen ihnen und den Nominallohnindizes wird ebenfalls von Nove und Medvedev vorgenommen. Er ergibt in etwa das Bild, daß am Ende der NEP-Ära die Reallöhne von 1913 wieder erreicht wurden, dann ergab sich ein erneuter Einbruch, der bis 1940 wieder wettgemacht wurde und der hierauf folgende Einbruch wurde Anfang der 50er Jahre wettgemacht. Seitdem stiegen die Reallöhne bis Ende der 70er Jahre in den meisten Jahren.

In den Jahren nach dem zweiten Weltkrieg habe ich mich mit weniger Angaben begnügt, weil hier jeder die entsprechenden Zahlen leicht in den statistischen Jahrbüchern oder bei P. Stiller[323] nachschlagen kann. Für die frühen Jahre sind entsprechende Angaben weit schwerer zu erhalten. Da sie aus sehr unterschiedlichen Quellen gewonnen wurden, kann nicht ausgeschlossen werden, daß die Berechnungsmethode uneinheitlich ist. Der hier nicht aufgeschlüsselte Teil der Ausgaben der Sozialversicherung entfiel 1927/28 hauptsächlich auf die folgenden Posten: Abführungen an das NK für Volksgesundheit: 223,5 Mill. Rubel; Aufwendungen für Arbeitslosenunterstützung 103 Mill. Rubel.

1936 entfielen auf „medizinische Hilfe" 1937 Mill. Rubel; Abführungen an Kindergärten, Pionierlager etc. 709 Mill. Rubel; Investitionen in den Wohnungsbau u. ä. 1319 Mill. Rubel.

Zahl der Rentner in der Sowjetunion (in Tausend)

	insgesamt — in tausend	hiervon Altersrenten	hiervon Kolchosbauern aufgrund des Gesetzes von 1964
1920	535		
1925	1 085		
1926	1 235		
1927	1 387		
1928	1 553		
1929	1 728	4	
1930	1 900	19	
1931	1 953	36	
1932	2 136	45	
1933	2 330	55	
1934	2 531	72	
1935	2 593	84	
1936	2 620	104	
1937	2 816	121	
1938	3 169	197	
1939	3 429	209	
1940	3 638	225	
1941	3 967	242	
1947	20 448	600	
1948	18 803	718	
1949	20 005	757	

[323] Die sowjetische . . ., S. 90.

1950	19 829	846	
1951	19 524	954	
1952	18 900	1 078	
1953	18 220	1 215	
1954	17 675	1 399	
1955	17 129	1 616	
1956	16 497	1 877	
1957	18 406	2 711	
1958	19 636	3 493	
1959	19 917	4 007	
1960	20 606	4 531	
1961	21 857	5 379	
1962	23 762	6 040	
1963	24 807	6 729	
1964	25 845	7 436	
1965	26 502	8 180	
1966	32 029	16 067	7 947
1967	33 774	17 709	7 855
1968	35 091	18 954	7 263
1969	38 826	22 414	11 851
1970	40 115	23 715	12 062
1971	41 300	24 888	12 121
1972	42 067	25 889	12 156
1973	42 815	26 803	12 192
1974	43 557	27 821	12 182
1975	44 410	28 835	12 123
1976	45 232	29 395	11 856
1977	45 941	30 042	11 654
1978	46 690	30 837	11 485
1979	47 600	31 900	11 400
1980	48 700	33 100	11 400
1981	50 200	34 000	11 200
1982	51 400	35 000	10 800

Quelle: Vestnik statistiki 1979: 2 S. 79, hierzu sind folgende Bemerkungen zu machen: Alle Zahlen für den Zeitraum 1920-1956 verstehen sich als Schätzungen. Unter den Rentnern, die Kolchozenbauern waren, überwogen von vornherein, d. h. ab 1966, die Altersrentner mit einem Anteil von mindestens 90 %. In die Gesamtzahl der Rentner von 1927-1933 sind die persönlichen Renten nicht einbezogen; 1942-1956 sind die Rentner des Handwerkerversicherungsrats nicht einbezogen und durchgängig sind die Rentner nicht einbezogen, die Renten aus einem Fond des Kolchoz erhielten.

Durch Vergleich mit anderen Daten wird deutlich, daß die Autoren dieser Aufstellung offensichtlich auch Empfänger von Renten, die diese in Naturalien erhielten, als Rentner erfaßt haben.

Die Zahlen vor 1956 müssen u. a. deswegen Schätzungen bleiben, weil beispielsweise nach 1940 bei vielen Regionalorganen der sozialen Versorgung eine Buchführung über die Zahl der von ihnen betreuten Rentner fehlte (Sostojanie statističeskoj otčetnosti v organach social'nogo obespečenija

RSFSR. Social'noe obespečenie 1940: 2 S. 21). Weitere Quellen Narodnoe chozjajstvo SSSR 22-82. Moskva 1982 S. 453.

Sowjetunion: durchschnittliche Höhe der Renten der „Sozialversicherung".

Seit Ende der 20er Jahre vermeiden es sowjetische Schriftsteller aus durchsichtigen Gründen sorgfältig, Angaben zu machen, die Schlüsse auf die durchschnittliche Höhe der Renten zulassen. Für 1927 gab Voprosy truda[324] an: 20 - 25 Rubel (im Monat). Ferner haben wir die Daten von Engel':

Durchschnittliche Höhe der Monatsrente der „Sozialversicherung"

	„allgemeine" Invaliden	Hinterbliebene
1924/25	11.80	9.69
1925/26	16.49	11.61
1926/27	19.86	15.72
1927/28	21.27	15.98
1928/29	22.65	16.74

Quelle: I. Engel': Problema strachovanija invalidnosti i finansovye perspektivy social'nogo strachovanija. Voprosy truda 1928: 12 S. 42.

Für spätere Jahre kann der Versuch unternommen werden, aus den ab dem 2. Weltkrieg durchgängig vorliegenden Daten über die Höhe der Gesamtaufwendungen für Renten und den Anteil, den hieran die „Sozialversicherung" der Arbeiter und Angestellten hatte und den Angaben über die Rentnerzahl durch Division eine Durchschnittsrente zu errechnen. Die Angaben über die Rentnerzahl erweisen sich jedoch als diffuses Konglomerat — unter ihnen sind sowohl Personen mit sehr hohen Renten (persönliche Renten etc.) als auch sehr viele mit außerordentlich niederer Rente — und eine Abspaltung einzelner Personengruppen hieraus ist außer für die Kolchozbauern beinahe unmöglich. Eine Zeitreihe über die Zahl der Rentner der „Sozialversicherung" wurde seit Ende der 20er Jahre nicht mehr veröffentlicht. P. Stiller unternimmt erhebliche Anstrengungen, aufgrund des unzureichenden Materials doch zu einer Schätzung zu gelangen. Erstaunlich ist dabei, daß nach der Rentenreform 1956 fast ein Jahrzehnt lang die sich aus Stillers Daten ergebende Durchschnittsrente unter der Mindestaltersrente liegt.

N.M. Pavlova, N.E. Rabkina[325] lassen erkennen, daß bei der sowjetischen Zentralverwaltung für Statistik die Durchschnittsrente bekannt ist, die

324 K postroeniju bjudžeta social'nogo strachovanija na 1927/28 g. Voprosy truda 1928: 3 S. 47.

325 Ekonomiko-statističeskij analiz i modelirovanje pensionnogo obespečenija. in: Statisticeskie metody v issledovanijach truda, dochodov i potreblenija. Moskva 1981, S. 69.

Daten über die Verteilung der Rentner auf verschiedene Einkommensgruppen sich aber auf ein paar Stichproben beschränken. Außerdem wird aus ihren Ausführungen deutlich, was wir auch aufgrund der Berechnungen von Stiller nicht bezweifeln: daß die Durchschnittsrente der „Sozialversicherung" jedenfalls nie sehr stark über die Mindestaltersrente gestiegen ist. Außerdem geben sie folgenden Index, der sich offenbar auf die Neurenten bezieht:

Indizes der durchschnittlichen Altersrente und des durchschnittlichen Arbeitslohns seit 1957

	durchschnittlicher Geldarbeitslohn der Arbeiter und Angestellten	durchschnittlicher Arbeitslohn, von dem die Rente berechnet wird	durchschnittliche Altersrente bei voller Erfüllung der Anforderungen
1957	100	100	100
1959	103,5	107,4	103,4
1963	114,7	114,5	106,4
1965	125,5	116,4	106,8
1966	130,3	118,6	107,8
1967	136,2	123,7	110,3
1968	146,6	138,1	118
1969	152	136,4	117,1
1970	158,6	144,8	121,8
1971	163,7	142,9	120,2
1972	169,3	159,7	130,7
1973	175,4	165,6	13,9
1974	183,5	174	138,4
1975	189,6	181,3	142

Laut Narodnoe chozjajstvo[326] lag der Durchschnittslohn der Arbeiter und Angestellten 1957 bei ca. 760 Rubel. Unter Anwendung der Rentenberechnungstabelle des Gesetzes kämen wir also für diese Neurenten 1957 auf einen Betrag von ca. 490 Rubel im Monat. Dies könnte die absolute Zahl sein, die hinter dem Index 100 steht.

Ein paar interessante Angaben machte Pavlova erneut 1976[327]. Sie zeichnete die Einkommensverteilung der Rentner der „Sozialversicherung" der Arbeiter und Angestellten folgendermaßen:

---

[326] 1964 g. S. 555 in Verbindung mit 1958 g. S. 100.

[327] O differenciacii pensij. Ekonomika i matematičeskie metody 1976: 6 S. 1198.

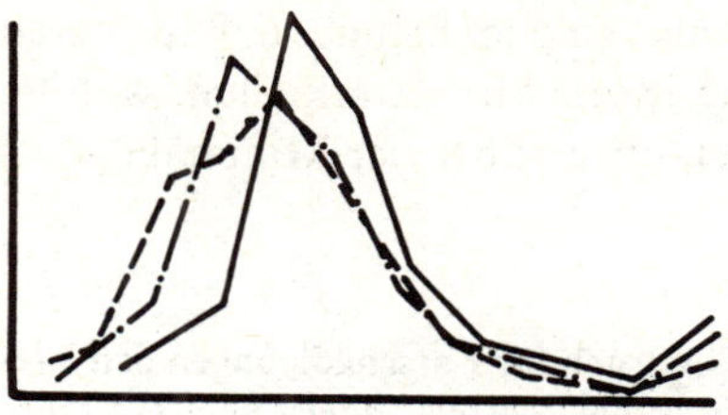

Hierbei bezeichnet die senkrechte Achse den Prozentanteil der Rentner einer bestimmten Einkommensstufe, die horizontale Achse die Monatsrente. Die gestrichelte Linie bezieht sich auf 1959, die gestrichelte mit Punkten auf 1966 und die durchgezogene auf 1972. Nun sind die Achsen bei Pavlova zwar benennungslos, wir dürfen aber vermuten, daß der Knick links an der 72er Linie bei 45 Rubel liegt. Dann wäre es auch maßstabsgerecht, daß die Zeichnung bei einer Maximalrente von 120 Rubel abbricht.

Weiter berichtet sie, der durchschnittliche Arbeitslohn habe 1956 das 1,6fache der durchschnittlichen Altersrente betragen, 1974 aber das 2,4fache.

Laut Narodnoe chozjajstvo SSSR v 1975 g.[328] betrug der durchschnittliche Arbeitslohn 1974 141 Rubel; die durchschnittliche Altersrente hätte also 58 Rubel betragen.

Einige Schlüsse können wir auch aus Angaben ziehen, die gelegentlich über die Erhöhung der Minimalrenten 1971/72 gemacht wurden.

Über die Erhöhung dieser Minimalrenten Ende 1971 — gleichzeitig mit ihr fand eine Rentenerhöhung für Kolchozbauern statt — erfahren wir, daß allein in der RSFSR 8 Millionen Rentner hierdurch höhere Renten erhielten. Hieraus könnten wir als grobe Schätzung folgern, daß ungefähr die Hälfte der sowjetischen Rentner die Minimalrente erhielt[329]. Doch Vorsicht! Für die Kolchozbauern waren die Minimalrenten zu jener Zeit erheblich niedriger. Für einen Schluß auf die durchschnittlichen Renten käme es darauf an, zu wissen, welcher Teil dieser Rentner Kolchozbauern waren. Eine solche Aufteilung können wir für die Ukraine vornehmen. A. Fedorov macht über die Ukraine die Angaben, von den ca. 5 Millionen „staatlichen Rentnern" hätten nur knapp 600000 1972 eine Rentenerhöhung erhalten — zugleich gibt er indes an, daß für diese 5 Millionen Rentner ca. 3 Milliarden Rubel aufgewandt wurden, woraus eigentlich folgt, daß ihre Durchschnittsrente nicht über 50 Rubel im Monat betragen haben kann. — Ferner seien die Renten nahezu sämtlicher berenteter Kolchozbauern — 3660107 — erhöht wor-

[328] Moskva 1976 S. 547.

[329] Vgl. Glavnyj zakon — blago čeloveka. Social'noe obespečenie 1971: 8 S. 4.

den[330]. Wir kommen also zu dem Schluß, daß die berenteten Kolchozbauern weit überwiegend die Minimalrente erhielten, wohingegen die „staatlichen Rentner“ mehrheitlich etwas über der Minimalaltersrente lagen.

Auszahlungen von Gosstrach für Entschädigungen und Versicherungenssummen, Mill. Rubel; jeweils addiert über ein Jahrfünft

	1961-65	1966-70	1971-75	1976-80
insgesamt	2758,4	6898,4	16593,3	33691,7
in der landwirtschaftlichen Versicherung	1746,2	4164,8	8261,9	13341,7
für die Versicherung genossenschaftlicher und gesellschaftlicher Organisationen (nicht Kolchozen)	46	111,1	130,2	183,2
für die Personen- und Sachversicherung der Bürger	966,2	2611,1	8200,8	20166,5

Quelle: L. A. Motylev: Gosudarstvenoe strachovanie na novom etape kommunističeskogo stroitel'stva. In: XXVI s'ezd KPSS i socialističeskie finansy. Moskva 1982 S. 370.

Entwicklung des Beitragsaufkommen der Privatpersonen Mill. Rubel

	1958	1961	1965	1970	1975	1977	1980	1981
insgesamt gingen aus allen Vers.zweigen an Beiträgen ein	675	936	1383	3356	6694	7877	11700	12617
hierunter von Privaten	234	396	647	1694	4758	5745	7616	8184
in Prozent der Gesamtsumme	34,8	38,4	46,8	50,5	71,1	72,9	65,1	64,9

Quelle: A. P. Pleškov: Avtotransportnoe strachovanie v SSSR. Moskva 1980 S. 17. Fond gosudarstvennogo strachovanija . . . S. 35.

Die Zahlen von Kolomin op. cit. S. 186 erlauben eine weitere Aufschlüsselung der Zahl für 1980: Danach sind 57 % des gesamten Beitragsaufkommens von Gosstrach in diesem Jahr auf die freiwillige Personenversicherung entfallen. Vor einer allzu wörtlichen Interpretation all dieser Zahlen muß allerdings gewarnt werden: die Zahlen, die verschiedene Autoren angeben, widersprechen sich nicht selten, eine Bilanz von Gosstrach wurde noch nie veröffentlicht.

Wegen einer bemerkenswerten Zusammenstellung der verstreuten statistischen Angaben von Gosstrach siehe P. Rogers: Gosstrach. Die Statistiken. Versicherungswirtschaft 1982:1 S. 32.

---

[330] Gody slavnych preobrazovanij. Social'noe obespečenie 1972: 5 S. 5.

Ich darf die Zusammenstellung von Rogers aber um einige Angaben ergänzen, die ihm offenbar nicht zur Verfügung standen. Nach Pleškov (op. cit. S. 45 f.) und Fond... (S. 89) waren von den Transportmitteln im Privatbesitz folgende Anteile versichert:

Menge der gültigen Verträge der freiwilligen Transportmittelversicherung

	1971	1975	1977	1979	1981	1983
Zahl der Transportmittel im privatem Eigentum Mill. Stück	8,9	14,0	17	16	18,3	20,4
Zahl der gültigen Verträge, tausend	339,4	1335,2	1900	2500	3300	4100
diese als Prozentsatz des Versicherungsfelds	3,8	9,6	11	15,6	18,2	20,3

Dies sollte aber keine irreführenden Vorstellungen über den Grad der Motorisierung vermitteln: von den Transportmitteln im privaten Eigentum waren 1975 weniger als vier Millionen private PKW (berechnet nach Pleškov op. cit. S. 46).

Beitragseinnahmen in der freiwilligen Transportmittelversicherung

	1968	1978	1972	1974	1976	1978
Beitragseinnahmen in der freiwilligen Transportmittelversicherung — Mill. Rubel	0,9	3,3	8,7	19,8	39	67,2
pro Vertrag — Rubel	6,47	9,8	10,74	14,86	10,81	26,83
gesamte Versicherungssumme Mill. Rubel	61,4	228,5	608,4	1353	2601	4398
im Durchschnitt pro Vertrag Rubel	467	673	747	1013	1339	1756

Nach Pleškov ist dieser Anstieg der durchschnittlichen Versicherungssummen vor allem auf die Zunahme der KFZ-Versicherung zurückzuführen.

Finanzielle Resultate (Mill. Rubel) — der Transportmittelversicherung

	1971	1973	1975	1976	1977	1978
Beiträge	5,8	13,5	28,1	39	51	67,2
Schadensleistungen	1,8	5,8	16,3	23,4	32,6	44,1
in % der Beiträge	31	43	58	60	63	68
Abführung für Vorbeugungsmaßnahmen	0,5	1,1	2,2	3	3,9	5,2
Verwaltungskostenaufwand	0,9	1,9	3,2	5,5	7,2	9,5
Gewinn	2,6	4,7	6,4	7,1	7,3	8,4
„Rentabilität“ %	44,8	34,8	22,7	18,2	14,3	12,5

Pleškov berichtet weiter, in den am stärksten motorisieren Teilen der Sowjetunion, namentlich Moskau und Leningrad und den baltischen Republiken sei die Versicherung bereits defizitär.

2.2. Das Versicherungswesen der DDR

2.2.1. Kurze Periodisierung der Entwicklung der SBZ/DDR

Unter wirtschafts- und sozialpolitischen Aspekten können in der Entwicklung der SBZ/DDR drei Entwicklungsphasen unterschieden werden. Eine erste Phase reichte von 1945 bis zum Anfang der 60er Jahre. In dieser Phase wurde die sozialistische Umgestaltung einschließlich der Kollektivierung der Landwirtschaft und des Aufbaus eines straff zentralistischen Leitungssystems nach sowjetischem Vorbilde im wesentlichen abgeschlossen. Diese Veränderungen gemeinsam mit den umfangreichen Reparationen an die Sowjetunion und einigen anderen Faktoren, nicht zuletzt der nach sowjetischem Vorbild erfolgenden Konzentration der Mittel auf die Entwicklung der Schwerindustrie, führten dazu, daß die SBZ/DDR den Anschluß an die wirtschaftliche und sozialpolitische Entwicklung in der Bundesrepublik Deutschland bald verlor. Zwangssparprozesse waren erkennbar, die Investitionsquote blieb trotzdem unter dem westdeutschen Niveau.

Eine zweite Phase von 1962 bis 1970 war durch vorsichtige Versuche einer Reform des wirtschaftlichen Lenkungsystems gekennzeichnet. Deren erster Teil trug den Namen „Neues ökonomisches System der Planung und Leitung“ (NÖSPL), der zweite — ab 1968 — „Ökonomisches System des Sozialismus“ (ÖSS). Durch eine Dezentralisierung, vermehrte Entscheidungskompetenzen der Betriebe und eine als Ausbau der „wirtschaftlichen Rechnungsführung" deklarierte stärkere Betonung von Rentabilitätsgesichtspunkten, die Aufwertung der Kennziffer Gewinn, sollten Effizienzgewinne ermöglicht werden. In dieser Phase, in der die materielle Stimulierung stärker betont wurde, war jedoch keine wesentliche Belebung der Sozialpolitik festzustellen.

Ab 1970 kehrte man in der dritten Phase der DDR-Entwicklung in beträchtlichem Maße zum zentralistischen System der Vor-NÖSPL-Zeit zurück, wenn auch Momente der Ultrazentralisierung wie vor allem in der ersten Hälfte der 50er Jahre vermieden werden sollten. Symptomatisch für das Ende des ÖSS war die Wiederaufwertung der Mengenkennziffern gegenüber Kennziffern wie dem Gewinn. Gleichzeitig wurde ein sozialpolitisches Programm verkündet und seitdem ist viel von der „Einheit von Wirtschafts- und Sozialpolitik" die Rede. Hinter dieser Formel dürfen wir wohl den Versuch erkennen, durch vermehrte sozialpolitische Bemühungen mehr Zustimmung und Motivation bei der Bevölkerung zu wecken. Das politische System dieser Phase zeigt Zeichen der Erstarrung, wenn nicht Konsolidierung, eine vervollkommnete Nachrichtensperre und ein konservatives und vorsichtiges Verhalten der Führung. Dies unterscheidet es deutlich von den auch in offiziellen Erklärungen noch durchscheinenden innenpolitischen Auseinandersetzungen, den überzogenen und fehlgeschlagenen Versuchen und Planungen der vorhergehenden Jahrzehnte.

2.2.2. Sozialversicherung

Hier soll nur ein ganz knapper Abriß gegeben werden, da andere Autoren das zur Verfügung stehende Material bereits aufs gründlichste ausgewertet haben.

Von 1946 bis Ende der 60er Jahre war in der DDR-Sozialversicherung ein ausgeprägter Trend zum Überbordwerfen des Versicherungsprinzips festzustellen, seitdem hat sich das Versicherungselement in ihr hingegen wieder verstärkt. Dieses Überbordwerfen des Versicherungsprinzips hat gelegentlich in der DDR-Literatur einen theoretischen Niederschlag in der Lehre gefunden, daß für die sozialistische Sozialversicherung eine Entwicklung zur Sozialversorgung charakteristisch sei. Solche Ansichten konnten wir in der Sowjetunion seit der NEP-Periode nicht mehr beobachten[331]. Sie konnten sich jedoch nicht durchsetzen.

---

[331] In der DDR wurde sie vertreten u.a. von H. Paul: Von der Sozialversicherung zur Sozialversorgung. In: Festschrift für E. Jacobi, Berlin (Ost) 1957; W. D. Puhlmann: Wesen und Funktionen der Sozialversicherung der DDR unter besonderer Berücksichtigung der sich daraus ergebenden Finanzbeziehungen. Dissertation. Berlin (Ost) 1963, S. 389; P. Peschke op. cit.; W. Zschockelt, G. Radtke: Die Sozialversicherung in der DDR — sozialpolitische Errungenschaft der Arbeiterklasse und Instrument der Finanzierung sozialer Prozesse. Wirtschaftswissenschaft 1980: 3, S. 291-302. Diese Auffassung konnte

Der Kreis der Versicherungspflichtigen wurde sehr stark ausgeweitet und umfaßt seit 1946/47 auch alle Freiberufler und Bauern, sofern sie nicht mehr als 5 Personen „ausbeuten".

Die „Sozialversicherung" gewährt eine Altersrente, die sich folgendermaßen berechnet: Die Altersrente setzt sich aus einem Festbetrag von heute 110 Mark und einem Steigerungsbetrag zusammen. Die Höhe des Steigerungsbetrags richtet sich nach der Höhe des durchschnittlichen Einkommens der letzten 20 Jahre und nach der Zahl der Arbeitsjahre plus „Zurechnungszeiten". Das durchschnittliche Einkommen der letzten 20 Jahre wird für diesen Zweck folgendermaßen ermittelt: Alle Monatseinkommen der letzten 20 Jahre werden, sofern sie 600 Mark nicht überschreiten[332] addiert und alsdann durch die Zahl 20 mal 12 dividiert. Auf das so ermittelte Durchschnittseinkommen wird nun ein Multiplikator angewandt, der sich wie folgt errechnet.

Jedes Arbeitsjahr vermittelt einen Steigerungsbetrag in Höhe von 1 % des Durchschnittseinkommens. Hat ein Arbeiter ein Arbeitsleben von, sagen wir, 30 Jahren aufzuweisen, so ist das Durchschnittseinkommen für die Ermittlung des Steigerungsbetrages also mit 0,3 zu multiplizieren. Hat unser Beispielsrentner ein Durchschnittseinkommen von 500 Mark bezogen, so erhält er mithin eine Gesamtrente von 110 Mark + 0,3 mal 500 Mark = 260 Mark. Damit liegt er aber heute unter der Mindestrente und erhält folglich die letztere. Hieraus wird[333] bereits deutlich, weshalb die meisten DDR-Rentner die Mindestrente erhalten.

Die Mindestrente ist seit dem 1. 12. 1979 unter der Voraussetzung von 25 Arbeitsjahren 300 Mark im Monat, bis 1972 betrug sie 170 Mark. Die bei dieser Rentenberechnung maximal[334] erzielbare Rente liegt heute bei ungefähr 400 Mark. Bis heute (Stand 1983) kam es in der SBZ, bzw. DDR zu 12 Rentenerhöhungen[335]. Diese Rentenerhöhungen erfolgten mit einer Ausnahme entweder über eine pauschale Erhöhung des Festbetrags bei der Rentenberechnung oder aber über eine Erhöhung der Mindesrente. Die meisten dieser Rentenerhöhungsmaßnahmen geschahen in den 70er Jahren, was dazu führte, daß 1960 die durchschnittliche Rente 152 Mark betrug, 1970: 199 Mark, 1979 aber 342 Mark.

---

sich jedoch nicht durchsetzen. Den gegenteiligen Standpunkt vertrat H. Bader schon 1962 in: Das System der staatlichen Sach- und Personenversicherung in der DDR. In: Das Finanzsystem der DDR. Berlin (Ost) 1962, S. 586.

[332] Überschießende Beträge bleiben bei dieser Rechnung unberücksichtigt.

[333] In Verbindung mit der Tabelle der durchschnittlichen Arbeitseinkommen.

[334] Also mit dem längstmöglichen Arbeitsleben und stets bei mindestens 600 Mark liegendem Einkommen.

[335] Zu einer 13. Rentenerhöhung kam es Ende 1984. Die Mindestrente wurde um 30 Mark erhöht. FAZ 3.12.1984.

Die Methode der Rentenberechnung zusammen mit der Art und Weise, wie Rentenerhöhungen vorgenommen wurden, bewirken also eine weitgehende Nivellierung der Renten auf niedrigem Niveau. Außer Altersrenten werden Invalidenrenten und Unfallrenten gewährt, die wichtigeren Invalidenrenten nur bei einem Verlust der Erwerbsfähigkeit von mehr als zwei Drittel[336]. Dieser Nivellierungstendenz wirkt die 1968 erfolgte Einführung einer freiwilligen Zusatzrentenversicherung bei der „Sozialversicherung" entgegen. Diese freiwillige Zusatzrentenversicherung (FZR) kann unter günstigen Konditionen abgeschlossen werden: sie vermittelt eine erhöhte Alters- und Invalidenrente sowie auch ein geringfügig erhöhtes Krankentagegeld. Ebenso wie bei der Pflichtversicherung ist der Betrieb beitragspflichtig. Durch Abschluß einer solchen freiwilligen Versicherung kann der Arbeitnehmer seinem Betrieb also zusätzliche Lohnnebenkosten aufbürden. Angesichts dieser vorteilhaften Bedingungen ist es nicht verwunderlich, daß sie rasch erhebliche Popularität erlangte.

Die Altersrente aus der FZR errechnet sich wie folgt: Es wird für die Jahre, in denen ein Arbeitnehmer Mitglied der FZR war, ein Durchschnitt der 600 Mark überschreitenden Beträge des monatlichen Einkommen gebildet[337]. Auf diesen Durchschnittsbetrag wird nun pro Jahr der Mitgliedschaft in der FZR ein Prozentsatz von 2,5 % angewendet. War ein Arbeiter also 10 Jahre Mitglied der FZR und geht er in Rente, so kann er bei einem angenommenen Durchschnitt von 100 Mark Einkommen jenseits der Grenze 600 eine zusätzliche Monatsrente von 25 Mark erhalten.

Aus diesem Berechnungsmodus folgt, daß die durch FZR bewirkte Erhöhung der Durchschnittsrente im wesentlichen erst eine Sache der Zukunft ist, die Erhöhung der Beitragseinnahmen der „Sozialversicherung" hingegen schon in den 70er Jahren eintrat. Es besteht der Verdacht, daß die DDR-Führung bei der Einführung des FZR nicht zuletzt kurzfristige Effekte einer Kaufkraftabschöpfung oder einer finanziellen Sanierung der Rentenfinanzen herbeiführen wollte, damit aber zugleich einen Wechsel auf die Zukunft gezogen hat, dessen Einlösung ihr noch Kopfzerbrechen bereiten könnte. Dieser Verdacht wird durch eine Reihe von weiteren hier nicht näher dargestellten Vorteilen, die einem Versicherungsnehmer der FZR in den ersten Jahren nach deren Einführung gewährt wurden, gestützt.

Außer einer Rente gewährt die „Sozialversicherung" der DDR Krankentagegeld. Diese Krankentagegelder wurden vor allem in jüngerer Zeit stark erhöht und betragen für Arbeiter und Angestellte nunmehr 90 % des Nettoarbeitslohns, für andere Berufsgruppen aber immer noch weniger. Mißbräu-

---

[336] Auch die DDR-Versicherung kennt keine Berufsunfähigkeit — weder die Sozial- noch die Invalidenversicherung!

[337] Es wird also von allen Monatseinkommen jeweils 600 Mark abgezogen und dann das arithmetische Mittel aller sich dabei ergebender positiver Beträge ausgerechnet.

che sollen durch Bevollmächtigte der Betriebsgewerkschaftsleitung eingedämmt werden, die den Kranken möglichst schon am ersten Krankheitstag zu Hause besuchen.

In der DDR wird auch das Gesundheitswesen aus dem Haushalt der „Sozialversicherung" finanziert, — die Benutzung der Gesundheitseinrichtungen ist für Mitglieder der Sozialversicherung „kostenlos". Die Gesundheitseinrichtungen sind weit überwiegend staatlich und unterstehen dem Gesundheitsministerium und den zuständigen Abteilungen der örtlichen Räte. Daneben gibt es einen kleinen und schrumpfenden privaten und konfessionellen Sektor. Nach wiederholten Reorganisationen ist die derzeitige Finanzierungsregelung für die staatlichen Gesundheitseinrichtungen, daß die „Sozialversicherungsträger" den für die Gesundheitsversorgung vorgesehenen Teil ihres Haushalts den leitenden Organen des Gesundheitswesens überweisen. Auf die Verwendung der Mittel scheinen sie nur wenig Einfluß zu haben. Andere Formen der Abrechnung sind zwischen den „Sozialversicherungsträgern" und dem nichtstaatlichen Sektor im Gesundheitswesen üblich. Bemerkenswert ist, daß trotz wesentlich niedrigerer Gehälter für die Beschäftigten des Gesundheitswesens auch in der DDR eine sogenannte „Kostenexplosion" beklagt wird[338].

Seit 1956 agieren in der DDR in der Hauptsache zwei „Sozialversicherungsträger", die DVA[339] und der Freie Deutsche Gewerkschaftsbund (FDGB). Eine organisatorische Zusammenfassung der vom Deutschen Reich ererbten Sozialversicherungsträger war bereits 1947 vollzogen worden. Auf die damals geschaffene Institution hatte der FDGB einigen Einfluß gehabt. Nachdem diejenigen Mitglieder der „Sozialversicherung", die nicht Arbeiter oder Angestellte waren, an die DVA überführt wurden, wurde der FDGB 1956 in der Verwaltung der „Sozialversicherung" in seine heutigen Rechte eingesetzt, was als Selbstverwaltung der „Sozialversicherung" durch die Arbeiter und Angestellten deklariert wird.

In Betrieben mit eigener Betriebsgewerkschaftsleitung (BGL) werden die Krankentagegelder und einige andere kleinere Leistungen für die Beschäftigten vom Betrieb unter Kontrolle der BGL berechnet und ausgezahlt. Für die Gewährung der Renten an die Versicherten der „Sozialversicherung" des FDGB ist die „Verwaltung für Sozialversicherung" des FDGB zuständig, und zwar in erster Linie deren örtliche Ebene. Es scheint den westlichen Autoren, die sich mit unserem Thema befaßten, sämtlich entgangen zu sein,

[338] Wegen einer ordnungstheoretischen Analyse des Gesundheitswesens der DDR siehe H. Harmsen: Das Gesundheitssystem der DDR — eine ökonomische Analyse aus ordnungstheoretischer Sicht. Hamburg 1978. K. Pritzel: Gesundheitswesen und Gesundheitspolitik der DDR, Berlin 1978.

[339] Die Deutsche Versicherungsanstalt (DVA), bzw. Staatliche Versicherung (StV) ist ansonsten die Versicherungsanstalt für die Individualversicherung, siehe weiter unten.

daß hier ein deutlicher Unterschied zur sowjetischen Regelung besteht. Der Kreisdirektor der Verwaltung der „Sozialversicherung“ beim Kreisvorstand des FDGB, von der die Renten zugesprochen werden, wird vom Kreisvorstand des FDGB berufen, der auch über den Einsatz von Nomenklaturkadern in dieser Verwaltung bestimmt. Der Kreisvorstand des FDGB wählt auch die Kreisbeschwerdekommission für „Sozialversicherung“, die für die Bearbeitung von Beschwerden über die Rentenbescheide zuständig ist. Schließlich beschließt der Kreisvorstand den Jahresplan der „Sozialversicherung“ des Kreises[340]. Die vorzunehmenden Verwaltungsaufgaben sind in der DDR also in den Händen des FDGB.

Außerdem wird im Arbeitsgesetzbuch bestimmt: Die „Sozialversicherung“ soll „bei der Intensivierung der Produktion mitwirken“[341]. Den Trägern der „Sozialversicherung“ obliegt es, dieses Orakel zu deuten.

Der Haushalt der „Sozialversicherung“ wird vom FDGB gemeinsam mit dem Finanzministerium ausgearbeitet. Demgegenüber ist bei der „Sozialversicherung“, die die StV betreibt, auch formal keine Spur von Selbstverwaltung der Versicherten erkennbar[342]. Die Möglichkeit eines Wiederanschlusses der „Sozialversicherung“ der StV an die FDGB-„Sozialversicherung“ wird diskutiert und könnte — als „weitere Demokratisierung“ deklariert — eine Zukunftsperspektive sein[343].

Der DDR-„Sozialversicherung“ wurden gleich nach dem 2. Weltkrieg versicherungsfremde Aufgaben der „sozialen Versorgung“, namentlich die Versorgung der Kriegsinvaliden und deren Hinterbliebenen und der ehemaligen Beamten, in großem Stile übertragen. Neben den beiden großen „Sozialversicherungsträgern“ existieren noch einige weitere Versorgungseinrichtungen für besondere Personengruppen, die Aufgaben „sozialer Versorgung“ wahrnehmen. Hier sind zu nennen die Sonderversorgungseinrichtungen für die „Nationale Volksarmee“ (NVA), die Deutsche Volkspolizei, die Zollverwaltung und für bestimmte Angestellte bestimmter gesellschaftlicher Organisationen und Ämter, ferner die Sonderversorgungseinrichtungen für die Deutsche Post und die Deutsche Reichsbahn, die die „Sozialversicherungsansprüche“ von deren Mitarbeitern aufbessern, schließlich das Institut der

---

[340] Vgl. H. Püschel: Sozialversicherung der Arbeiter und Angestellten. Berlin 1981, S. 149 f.

[341] Arbeitsgesetzbuch der DDR § 22 (2), hier zitiert nach W. Ruß: Die Sozialversicherung in der DDR. Frankfurt 1982, S. 126.

[342] Sie unterliegt ebenso der Leitung durch den Finanzminister wie die Individualversicherung, allerdings gelten die Normativakte der „Sozialversicherung“ der Arbeiter und Angestellten im Prinzip auch für sie und insofern ist hier ein Einfluß des FDGB erkennbar.

[343] Ein Problem ist hier allerdings die in der DDR im Vergleich mit der UdSSR erheblich größere Zahl von Freiberuflern, die nicht ohne politische und ideologische Kopfschmerzen als Gewerkschaftsmitglieder zugelassen werden könnten — die Kolchozbauern sind da wohl kein so großes Problem.

Ehrenrenten. Während für diese Versorgungseinrichtungen, die aus dem allgemeinen Staatshaushalt finanziert werden, jeweils ein gesonderter organisatorischer Apparat existiert, wurde die Sonderversorgung für bestimmte Gruppen der „Intelligenz“ verwaltungsmäßig der DVA[344] übertragen. Einzelheiten über die Sonderversorgung der Mitglieder der bewaffneten Organe und einige andere Personengruppen wurden nicht veröffentlicht. Auch eine Sozialfürsorge existiert außerhalb der „Sozialversicherung“ fort, ist heute aber nur mehr von geringer Bedeutung[345]. Die Abgrenzung zwischen „Sozialversicherung“ und „sozialer Versorgung“ im engeren Sinne erscheint in der DDR durch die erwähnte Übertragung von Aufgaben der letzteren auf erstere verwischt, der verbleibende Teil an „sozialer Versorgung“ privilegierter Bevölkerungsgruppen ist mit einer Beamtenversorgung vergleichbar.

Der Haushalt der „Sozialversicherung“ speist sich bislang aus drei Quellen: Beiträgen des Versicherten, Abführungen der Betriebe, die als Prozentsatz der Lohnsumme[346] ermittelt werden und drittens aus Zuschüssen aus dem allgemeinen Staatshaushalt. Die Beitragssätze für die Betriebe in der Arbeiterunfallversicherung — also der hierauf entfallende Anteil ihres Gesamtbeitragsatzes — sind nach Gefahrenklassen differenziert. Es werden 10 solche Gefahrenklassen unterschieden. Die Beiträge der Betriebe für die Pflichtversicherung sind bei den Betrieben als Kostenbestandteil zu verbuchen, die Beiträge für die Zusatzversicherung hingegen aus dem „Gewinn“ zu entrichten. Die Zuschüsse aus dem Staatshaushalt werden seit 1952 gewährt und haben wachsendes Gewicht[347, 348]. Diese Entwicklung wurde erst mit Befriedigung, später jedoch mit Unbehagen gesehen. Ein erster Versuch, gegenzusteuern, war eine Anhebung der (durchschnittlichen) Beitragssätze der Betriebe von 10% auf 12,5%, die 1978 erfolgte. Vor diesem Hintergrund ist es außerordentlich bemerkenswert, daß die DDR 1984 einen „Beitrag der Betriebe für die gesellschaftlichen Konsumtionsfonds“ einführt, der 70% der ausgezahlten Lohnsumme betragen soll[349]. Diese neue Abgabe, die in ihrem ökonomischen Effekt einer Erhöhung der „Sozialversicherungsbeiträge“ ähnelt, wird hauptsächlich den Industriebetrieben auferlegt und vermutlich die Notwendigkeit einer weiteren Bezuschussung des Haushalts der „Sozialversicherung“ beseitigen.

---

[344] Vgl. S. 131 unten.

[345] Die Zahl der Sozialfürsorgeempfänger, die in den ersten Jahren der DDR groß war, ist bis 1982 auf 14.000 zurückgegangen. Vgl. Statistisches Jahrbuch der DDR 1983, S. 341. Es fällt auf, daß der Anteil der Rentner, die Sozialhilfe erhalten, an der Gesamtheit der Sozialhilfeempfänger immer mehr zugenommen hat.

[346] Für die Pflichtversicherung bis zur Beitragsbemessungsgrenze.

[347] 1962 20,4% aller Einnahmen der „Sozialversicherung“, 1980: 46,34%, vgl. W. Ruß, op. cit. S. 161.

[348] Trotz dieses starken Defizits wurde und wird der Haushalt der „Sozialversicherung“ stark mit versicherungsfremden Aufgaben insbesondere im Zusammenhang mit den bevölkerungspolitischen Bemühungen der DDR belastet.

[349] SZ 19./20.11.83, S. 34.

2.2.3. Individualversicherung

2.2.3.1. Zur Geschichte

Mit der damals in der SBZ vielbemühten Berufung auf das Potsdamer Abkommen wurden durch Befehl 01 der SMAD vom 23. Juli 1945 alle bestehenden Versicherungsanstalten geschlossen[350] und die Errichtung von staatlichen Versicherungsanstalten für Eigentums- und Personenversicherung vorgeschrieben, die eine Zwangsversicherung von Unternehmen und Häusern durchführen sollten[351]. Solche Anstalten wurden als Länderanstalten in Brandenburg, Mecklenburg, Sachsen, Sachsen-Anhalt und Thüringen noch 1945 geschaffen[352]. Die Pflichtversicherung von Gebäuden und Betriebseinrichtungen gegen Feuer[353] sowie eine Hagelpflichtversicherung[354] für die meisten landwirtschaftlichen Kulturen und die beibehaltene Haftpflichtversicherung wurden ihnen zum Monopolbetrieb übertragen. Nachdem insbesondere in Sachsen und Sachsen-Anhalt eine Weile noch einige kleinere Versicherer neben der Landesanstalt weiterexistierten, wurden diese 1947/48 endgültig liquidiert und eine Neuzulassung davon abhängig gemacht, daß ein „volkswirtschaftliches Bedürfnis" hierfür vorliege. Ein solches wurde nur bei der Zulassung der „Schwarzmeer und Ostsee Allgemeinen Versicherungs AG", einer Tochter von Gosstrach, erkannt[355]. Hierbei gingen das Vermögen und die Verbindlichkeiten der vormaligen Versicherer an die Landesanstalten über, beides jedoch nicht vollständig. Insbesondere die Inhaber von Lebensversicherungsverträgen mußten infolgedessen eine mehrmalige „Neubewertung" ihrer Ansprüche hinnehmen. Das Realvermö-

---

[350] Der Wortlaut des Befehls war etwas anders, aber de facto bedeutete er das, vgl. S. Mampel: Die Sach- und Personenversicherung in der SBZ. Bonn 1957, S. 25.

[351] Wenn Bader die öffentlich-rechtlichen Versicherungsanstalten, die bei diesen Gelegenheiten liquidiert wurden, als „Rudimente des Feudalismus" bezeichnet und ihre Beseitigung für eine Nachholung von Aufgaben der bürgerlichen Revolution erklärt, so ist dies immerhin pikant (H. Bader: Die staatliche Versicherung in der DDR. Berlin (Ost) 1980, S. 507).

[352] Aus besatzungsrechtlichen Gründen verlief die Entwicklung in Ostberlin etwas anders, ich verfolge dies hier aber nicht weiter.

[353] Und ein paar andere Gefahren.

[354] Zur Feuerpflichtversicherung und Hagelpflichtversicherung vgl. S. Mampel op. cit. S. 80 ff.

[355] Diese sowjetische Gesellschaft betrieb die Versicherung der sowjetischen „Aktiengesellschaften", das Gros des Auslands- und Rückversicherungsgeschäfts und nahm ab 1950 automatisch mit 20 % an den Beitragseinnahmen und Schadensleistungen der volkseigenen Betriebe teil, — nicht eben zur ungeschmälerten Freude der DDR-Organe. Dies können wir verstehen, diente der Betrieb dieser „AG" doch ebenso wie der der anderen sowjetischen Aktionsgesellschaften unübersehbar der Einhebung von Reparationen an die UdSSR. 1957 ging diese Gesellschaft in DDR-Eigentum über und hieß von da an „Deutsche Auslands- und Rückversicherungs-AG" (DARAG). Sie übte und übt diese Versicherungszweige als Monopolversicherer aus.

gen der Versicherer zogen schon bald andere Staatsorgane an sich, soweit die Vermögensübergabe an die Länderanstalten überhaupt ernsthaft vollzogen worden war. Letztlich verblieb den Länderanstalten nur ein Guthaben bei den staatlichen Banken.

1950 wurde das „Deutsche Aufsichtsamt für das Versicherungswesen" mit derart weitgehenden Eingriffsrechten in die Geschäftsführung der Länderanstalten und einer solchen Organisationsstruktur geschaffen, daß dies im Grunde bereits eine Hauptverwaltung war, 1952 wurde schließlich die „Deutsche Versicherungsanstalt" (DVA) als Monopolanstalt für die ganze DDR eingerichtet[356]. Die DVA war dem Finanzministerium unterstellt. Dieses entschied über die betriebenen Versicherungszweige, über Tarife und Versicherungsbedingungen. Ihre Organisationsstruktur wurde weitgehend Gosstrach angeglichen[357]. Eine Aufstellung der 1955 betriebenen Versicherungsarten enthält zwar immer noch die meisten Zweige, die aus dem deutschen Reich ererbt worden waren. Die eigentlichen Schwerpunkte der Tätigkeit hatten sich jedoch insbesondere durch die 1950 neugeregelte Pflichtversicherung der volkseigenen Betriebe derart gründlich verlagert, daß allein 1950/51 ein Abschmelzen des Personalbestands der Versicherungsanstalten um 26 % möglich gewesen war.

Die gleichzeitig einsetzende Veränderung des Geschäftsgebarens schildert Bader folgendermaßen: „Der Kampf mußte nach zwei Seiten geführt werden. Einmal nach innen durch beharrliche Aufklärung der Mitarbeiter über Wesen und Aufgaben der Versicherungsanstalten mit dem Ziel, die von den kapitalistischen Gesellschaften übernommenen ‚Abwimmlungspraktiken' und ‚Kulanzentschädigungen' auszurotten. Zum anderen nach außen, da viele Versicherungsnehmer auf Grund der Erfahrung mit den kapitalistischen Versicherungsgesellschaften in Schadensfällen oftmals unangemessen hohe Ansprüche an die Versicherungsanstalten richteten"[358]. In diesem Zusammenhang ist es zu sehen, wenn die neuen Versicherungsbedingungen alle viel kürzer waren als die alten und von „kapitalistischen Gepflogenheiten, z. B. umfangreichem Klauselwerk oder zahlreichen tariflichen Bestimmungen"[359] befreit wurden.

---

[356] Sie wurde 1968 in Staatliche Versicherung der DDR umbenannt.

[357] Der Hauptdirektor übt „Leninsche Einzelleitung" aus und wird vom Ministerpräsidenten ernannt. Die Gewinnverwendung gleicht ebenfalls Gosstrach: Gewinne werden in monatlichen Raten an den Staatshaushalt abgeführt.

[358] H. Bader: Die staatliche Versicherung in der DDR. Berlin (Ost) 1980, S. 511. Vgl. auch die folgende Äußerung: „Ein Mitarbeiter der Versicherungsanstalt hatte durchaus recht, als er kürzlich aus der Schadensregulierung heraus die Erkenntnis gewann, daß heute in der Fahrlässigkeit und ihrer Beurteilung oftmals der Klassenkampf seinen Ausdruck findet." H. Nünke: Die Bedeutung der Bildung der DVA und ihre Rolle beim sozialistischen Aufbau. DFW 1952, S. 1176 ff.

[359] Das Versicherungswesen in der DDR. Berlin (Ost) 1956, S. 219.

Nach dem Gesetz von 1950 waren die volkseigenen Betriebe (VEBs) pflichtversichert gegen Feuer, Einbruchdiebstahl und Beraubung, Transportgefahren, Geltendmachung von Haftpflichtansprüchen (!!)[360] und Unfall[361]. Versicherungssummen gab es nicht, die Beiträge berechneten sich als Promillsatz der Bruttobilanzwerte, wobei die Betriebe in sechs Gefahrenklassen eingeteilt wurden[362]. Versicherungsmathematische Gesichtspunkte waren also bereits weitgehend verdrängt — zumindest im Vergleich mit der viel stärker differenzierten Tarifierung zuvor. Die Entschädigungen wurden, wenn sie 30000 Mark überstiegen, an die Deutsche Investitionsbank statt an den Betrieb selbst überwiesen[363]. Der Betrieb hatte daraufhin über das zuständige Industrieministerium einen Antrag an die staatliche Planungskommission auf Wiedererrichtung, Wiederherstellung oder Wiederbeschaffung des zerstörten oder beschädigten Anlagegegenstandes zu richten, der eingehend zu begründen war. Erst nach Genehmigung durch die staatliche Planungskommission konnte die Entschädigung verwendet werden. Falls der Antrag nicht genehmigt wurde, konnte der Betrag von der Bank für Aufgaben eingesetzt werden, die „für den Aufbau der Wirtschaft zweckdienlicher erscheinen“[364]. Einzelverträge mit einem über die Pflichtversicherung hinausgehenden Versicherungsschutz konnten nur mehr mit Sondergenehmigung des zuständigen Ministeriums (!) abgeschlossen werden[365]. Mit denjenigen VEBs, die nicht der Pflichtversicherung unterlagen[366] und den nichtlandwirtschaftlichen Genossenschaften wurden „Globalverträge“ abgeschlossen, die deren Versicherung ähnlich wie die der pflichtversicherten VEBs regelten.

---

[360] Einschließlich KFZ-Haftpflicht.

[361] Insbesondere ab 1952; die Entschädigung für den verunfallten Arbeitnehmer betrug bei Tod oder voller Invalidität eine Jahresbruttolohnsumme, mindestens aber 1000 DM ohne Anrechnung auf die Ansprüche aus der Sozialversicherung.

[362] Gedeckt sind auch die Gefahren Krieg, innere Unruhe, Erdbeben, Nuklearexplosion und noch einige andere in Versicherungsverträgen gewöhnlicherweise ausgeschlossene Gefahren. Dies gilt seit Anfang der 50er Jahre überhaupt für die meisten DDR-Versicherungsverträge, worauf gelegentlich mit Stolz hingewiesen wird. Ich halte diese Einschlüsse jedoch für eine reine Deklaration, die hauptsächlich aus propagandistischen Gründen erfolgt. In allen diesen Fällen würde die DVA, sollten sie eintreten, die Zahlungen einstellen und als staatliche Anstalt in einem nichtrechtstaatlichen Umfeld würde ihr das auch keine besonderen Schwierigkeiten bereiten.

[363] Bereits bei Beträgen über 5 000 Mark war eine Überweisung an die VEB nur mehr unter bestimmten Bedingungen möglich. Vgl. Versicherungswesen . . ., S. 191. Dies ist die Regelung ab 1952, vorher war alles noch etwas zentralistischer. Es bestand ferner das ausdrückliche Verbot, Großschäden auf andere Weise, z. B. durch Kredit oder Amortisationen zu finanzieren. Vgl. H. Wüst op. cit. S. 142.

[364] Vgl. S. Mampel op. cit. S. 104.

[365] Ein besonderer Anreiz, diese bürokratischen Hürden zu nehmen, bestand für die VEBs schwerlich, erhielten sie doch, wie eben gezeigt, die Schadensleistungen der Versicherung auch nicht zu ihrer Verfügung.

[366] Das betrifft hauptsächlich die sog. „nichtproduktive“ Sphäre.

Was mit der Betriebshaftpflichtversicherung außer der Kraftfahrzeughaftpflicht gemeint war, ist nicht völlig klar — die Möglichkeiten zum Abschluß einer Haftpflichtversicherung wurden in den kommenden Jahren allgemein stark abgebaut. Ausgeschlossen wurden der ganze Sanktionsbereich des Vertragsgesetzes und direkte und indirekte Schäden infolge Qualitätsmängel der Produkte[367]. Bereits 1949 waren neue allgemeine Bedingungen für die Haftpflichtversicherung erlassen worden, durch die u. a. die folgenden Schäden vom Versicherungsschutz ausgeschlossen wurden: „Schäden, welche a) aus Versehen bei Anweisungen zur Auszahlung von Geldern, b) durch Untreue von Angestellten und die hieraus sich ergebenden Folgen, durch Abhandenkommen von Geld ... entstehen, c) Haftpflichtansprüche, die auf die Überschreitung von Kostenanschlägen oder die Nichteinhaltung von Lieferfristen zurückzuführen sind, d) Schäden, welche darauf zurückzuführen sind, daß der Versicherungsnehmer oder seine Angestellten Fehler übersehen, die in Rechnungen, Aufstellungen... enthalten sind, deren Prüfung dem Versicherungsnehmer übertragen war“[368]. Infolgedessen scheint es fraglich, ob die offizielle Abschaffung der Betriebshaftpflichtversicherung 1962 dann noch wirklich eine durchgreifende Veränderung bedeutete.

Viele der aus der Vergangenheit übernommenen Policen waren durch diese Neuregelung nur mehr für den schrumpfenden privaten Sektor von Bedeutung und auch hier erblickte die DVA in der Reduzierung des Policenangebots eine wichtige Aufgabe[369]. Eine wichtige Änderung war die Abschaffung der Berufshaftpflichtversicherung[370]. Bei der Tarifierung und Schadensregulierung setzte bald eine nachhaltige Diskriminierung gegen die Privaten ein[371].

---

[367] Vgl. H. P. Wüst: Versicherungsrecht und Wirtschaftsordnung. Berlin 1969, S. 109.

[368] Vgl. S. Mampel, op. cit. S. 58.

[369] „Wir müssen sechstens einige Versicherungssparten daraufhin untersuchen, ob ihre Versicherungsbedingungen nicht in Widerspruch zu unserer gesellschaftlichen Entwicklung stehen, indem sie der Schlamperei, der Verantwortungslosigkeit und Mißwirtschaft Vorschub leisten. Gegebenenfalls müssen daraufhin entweder die Versicherungsbedingungen völlig neu bearbeitet werden oder dieser Versicherungsschutz ist überhaupt nicht mehr zu gewähren“ — zitiert aus internen DVA-Materialien von S. Mampel, op. cit. S. 55, der hier auch eine Bemerkung in dem bereits angeführten Nünke-Aufsatz anführt: „Während in der kapitalistischen Wirtschaft . . . jedes beliebige Risiko versichert wurde, wenn hierbei im Ergebnis ein entsprechender Gewinn für die Aktionäre erzielt wurde, wird unsere staatliche Versicherung in erster Linie die Versicherbarkeit des Risikos von der gesellschaftlichen Notwendigkeit des Versicherungsschutzes abhängig machen.“

[370] Wüst op. cit. S. 57.

[371] „Die einfache und einheitliche Regelung, die bei der volkseigenen Wirtschaft angewandt wird, kann nicht auf die Privatwirtschaft übertragen werden . . . Das bedeutet, daß die Beiträge so kalkuliert sein müssen, daß sie die Schadensdeckung in jedem Fall gewährleisten . . . Dem kapitalistischen Eigentümer wird jedoch nur in dem Umfang Versicherungsschutz gewährt, wie seine individuellen Interessen mit den gesellschaftlichen übereinstimmen . . .“ Das Versicherungswesen . . ., S. 219, dort auch noch einige weitere Details.

Ähnlichen Linien folgten die zahlreichen Neuerungen in der landwirtschaftlichen Versicherung. Ab 1952 wurden den Landwirtschaftlichen Produktionsgenossenschaften (LPGs) weitgehende Beitragsabschläge gewährt und ein Mustervertrag eingeführt, der Baulichkeiten, Inventar, Ernte und Vieh der LPGs „automatisch" und weitgehend ohne Risikoprüfung gegen eine Vielzahl von Gefahren versicherte. Ab 1955 gab es für LPGs die Möglichkeit, einen „Globalvertrag" abzuschließen, der in vielem der Versicherung der VEBs ähnelte, keine Versicherungssummen kannte, — die Beitragsberechnungen stellte auf Stichtagswerte ab — und der u. a. auch eine Unfallversicherung für LPG-Mitglieder enthielt. Die Ära der Pflichtversicherung begann für die LPG und Gärtnerische Produktionsgenossenschaft (GPG) endlich 1960 und die freiwillige Versicherung der landwirtschaftlichen Betriebe wurde damit zur Randerscheinung. Der neue Versicherungsvertrag sah in dem „Bemühen, möglichst unkomplizierte Beitragsbemessungsgrundlagen zu finden" „für die einzelnen Objektgruppen einheitliche Beitragssätze" vor[372].

In der Lebensversicherung kam es 1951[373] zu einer Einführung neuer Tarife aufgrund einer neuen Sterbetafel, die bis heute gebräuchlich sind. Die bei dieser Gelegenheit erfolgende (beitragsfreie) Erhöhung der Versicherungssummen wurde als eine Zuweisung von Gewinnanteilen deklariert, von denen die Versicherungsnehmer in den Jahren zuvor nichts gesehen hatten. Bis 1954 geschah erneut nichts dergleichen. Seit 1954 wird eine einmalige beitragsfreie Erhöhung der Versicherungssumme um 15% im Erlebens-, Todes- oder Heiratsfall[374] gewährt. 1954 wurde dieser Schritt mit „überplanmäßigen" Zinsgewinnen[375] sowie mit Sterblichkeitsgewinnen begründet[376].

[372] Bader op. cit. S. 529.

[373] Für einige Zweige derselben auch 1956 und 1958.

[374] Der Heiratsfall war für die 1954 betriebenen Formen der Lebensversicherung noch nicht so bedeutsam, wurde es aber später wieder. Um der Genauigkeit willen ist hier auch zu bemerken, daß sich die 15 %ige Erhöhung nur im Erlebensfall auf die Versicherungssumme, im Todesfall aber auf das Sparguthaben bezieht. (Das Versicherungswesen ... S. 159).

[375] Der Rechnungszinsfuß wurde meines Wissens noch nie veröffentlicht.

[376] Naturgemäß entsteht die Frage, ob die Sterblichkeit seit 1954 nicht noch weiter gesunken ist. Es ist hier überhaupt der Platz, auf einige Merkwürdigkeiten aufmerksam zu machen. Daß die Tarife der Lebensversicherung seit 1951 nicht mehr verändert wurden, geht aus Bader op. cit. S. 531 hervor. Im selben Buch auf S. 284 wird eine allgemeine Sterbetafel der DDR von 1971/72 angeführt, die auch im statistischen Jahrbuch veröffentlicht wurde und mit Stolz darauf hingewiesen, daß in der DDR die Sterblichkeit erheblich gesunken sei. Ein paar Seiten weiter erläutert Bader die traditionellen Formeln der Berechnung von Prämie und Versicherungssumme in der Lebensversicherung anhand des Beispiels einer Sterbetafel von 1924/25 und eines Zinsfußes von 4 % und versäumt dabei nicht, darauf hinzuweisen, daß mit dieser Sterbetafel kein moderner Lebensversicherungstarif errichtet werden könne. Die Seltsamkeiten erreichen ihren Höhepunkt, wenn schließlich auf S. 299 Bader „strenge Geheimhaltung" der Rechnungsgrundlagen der Lebensversicherung als eine für Monopolkapitalisten typische Vorgehensweise denunziert.

Da in der DDR auch heute[377] und erst recht in den 50er Jahren nicht alle Personen von der „Sozialversicherung“ erfaßt waren und sind und Anspruch auf kostenlose medizinische Behandlung haben, war die Möglichkeit einer freiwilligen Kranken- und Krankentagegeldversicherung bedeutsam. Eine solche wurde bis 1953 sowohl von den „Sozialversicherungsträgern“ als auch von den Vorläuferorganisationen der DVA angeboten, ab 1953 nur mehr von der DVA. Diese Krankentagegeldversicherung gewährte erst ab dem 4. Krankheitstag Krankentagegeld und dann nur bis zu 15 Mark täglich und nur bis zu 26 Wochen[378]. Da damals aber auch die Krankentagegelder der „Sozialversicherung“ noch recht bescheiden waren, war die Möglichkeit des Abschlusses einer zusätzlichen freiwilligen Krankentagegeldversicherung bei der DVA ein interessantes Angebot. Bis 1952 war der Abschluß einer solchen freiwilligen Zusatzversicherung bei den „Sozialversicherungsträgern“ möglich gewesen, was für diese bis 1952 auch gewinnbringend gewesen war. Als sie 1952 erstmals dabei Verluste erwirtschafteten, wurden erst die Werbung für diese Versicherung eingestellt und dann ein entsprechendes Angebot der „Sozialversicherungsträger“ abgeschafft[379]. Schließlich bot die DVA einen neuen Tarif für die freiwillige Krankentagegeldversicherung an, der bis heute relevant ist und sich von dem alten der „Sozialversicherungsträger“ u. a. dadurch unterschied, daß die Prämien deutlich höher waren[380].

Die Entwicklung auf dem Gebiet der Unfallversicherung soll hier nur grob skizziert werden. Hier wurden im Rahmen der allgemeinen Unfallversicherung[381] bis 1958 die übernommenen Einzelunfallversicherungen mit nach Gefahrenklassen differenzierten Tarifen weitergeführt. Ihr gegenüber wurde aber die sog. „Volksunfallversicherung“ präferiert, die keine Gefahrenklassen kennt[382] und mit standardisierten Versicherungssummen ausgestattet ist, die im Todes- oder Invaliditätsfall ganz oder teilweise ausgezahlt werden. Eine Zahlung von Krankentagegeld kennt die „Volksunfallversicherung“ ebenfalls nicht[383]. Zugleich mit der Abschaffung der Einzelunfallversicherung wurde dieser Mangel dadurch geheilt, daß eine neue „kombinierte Unfall- und Krankentagegeldversicherung“ neben der „Volksunfallversiche-

---

377 Bader op. cit. S. 385.

378 Vgl. S. Mampel op. cit. S. 76.

379 Es gab hier einige Turbulenzen vgl. S. Mampel S. 77.

380 Nicht zuletzt vor dem Hintergrund des „Leninschen Arbeiterversicherungsprogramms“ ist die Bemerkung von Bader „Die bis 1952 gültigen Krankentagegeldtarife, die für den Versicherten in der Regel bereits vom vierten Tag der Arbeitsunfähigkeit an ein Krankentagegeld vorsahen . . . entsprachen nicht mehr den . . . gesellschaftlichen Bedürfnissen“ delikat op. cit. S. 532.

381 Also nicht Kraftfahrunfallversicherung, solche Unfälle sind vielmehr ausgeschlossen.

382 Also einheitliche Beitragssätze für alle Versicherungsnehmer.

383 Diese „Volksunfallversicherung“ ist keine Gruppenversicherung, sie wird von einzelnen oder Familien abgeschlossen.

rung" angeboten wurde. Das Hauptergebnis dieser Entwicklung dürfte der Abgang von versicherungsmathematisch begründeten Tarifen gewesen sein.

Eine interessante Entwicklung war die schon 1951 einsetzende Übertragung von Aufgaben der „Sozialversicherung" und auch gänzlich versicherungsfremden Versorgungsaufgaben an die DVA, bzw. deren Vorläuferorganisationen[384].

Dies begann mit der Einführung einer zusätzlichen Altersversorgung für die „Technische Intelligenz", die deren kärgliche Ansprüche aus der „Sozialversicherung" aufbesserte. Der Betrieb dieser Versicherung erfolgte ebenso wie der aller weiteren noch aufzuführenden Aufgaben der DVA im Rahmen der „Sozialversicherung" getrennt von der sonstigen Personenversicherung. Die Mittel für diese Renten wurden und werden von den „technische Intelligenz" beschäftigenden Betrieben im Umlageverfahren aufgebracht. In ähnlicher Weise wurde eine zusätzliche Altersversorgung für die „wissenschaftliche, künstlerische etc. Intelligenz" ebenfalls 1951 geschaffen und von der DVA verwaltungsmäßig abgewickelt. Die Mittel hierfür fließen indes direkt aus dem Staatshaushalt[385]. Schließlich übernahm die DVA 1956 die gesamte „Sozialversicherung" für alle versicherungspflichtigen Personen, die nicht Arbeiter oder Angestellte waren. Die Hintergründe für diesen Schritt sind mysteriös. Die Leistungen, die diesen Personen gewährt werden, ähneln denen, die Arbeiter und Angestellte erhalten, bei den Beitragssätzen ist allerdings eine deutliche Diskriminierung gegen den privaten Sektor bemerkbar[386]. Dieser Übertragung voraus gingen Verlautbarungen des Inhalts, daß die „Sozialversicherung" für Bauern, Handwerker und Selbständige stark defizitär sei und aus den Beiträgen für die Arbeiter und Angestellten bezuschußt werden müsse, was einer Anhebung der Leistungen für letztere und außerdem der vollständigen Übergabe der „Sozialversicherung" an den FDGB im Wege stehe, der nicht für die in ihm nicht organisierbaren Bevölkerungsgruppen sprechen könne[387]. Beide Argumente sind fragwürdig[388], möglicherweise ging es der FDGB-Leitung um eine Stärkung ihrer Position, die sie sich von der Vergrößerung des ihr unterstellten Verwaltungsapparats erhoffen konnte, — diese Vermutung läßt sich jedoch schwerlich beweisen. Die Defizite der von der DVA betriebenen „Sozialversicherung" wurden seitdem aus dem Staatshaushalt gedeckt.

---

[384] Zu ähnlichen Entwicklungen kam es auch in einigen anderen RGW-Staaten, z. B. in Polen.

[385] Beide Institute bestehen bis heute fort.

[386] Vgl. S. Mampel op. cit. S. 91 f.

[387] Vgl. W. Ruß: Die Sozialversicherung in der DDR, Frankfurt 1982, S. 109 ff.

[388] S. Mampel weist a.a.O. auf auffallende Inkonsistenzen in den Angaben hin, die bei dieser Gelegenheit über den Haushalt der Sozialversicherung gemacht wurden. Und inwieweit der FDGB für die in ihm Organisierten zu sprechen legitimiert ist, ist auch noch sehr die Frage.

Wesentliche Veränderungen des Versicherungswesens erfolgten 1962 und 1968. 1962 wurde bei Gelegenheit der Einführung des NÖSPL (!) die Versicherung für den sozialistischen Sektor abgeschafft. Dies ist umso bemerkenswerter, als die Tendenz des NÖSPL doch eigentlich auf Schritte weg von der reinen Mengenplanung abzielte. Die „Versicherungsbedingungen" wurden für alle „produktiven" Betriebe[389] „vereinheitlicht". Die Betriebe zahlten keine Beiträge mehr, sondern die entsprechenden Mittel wurden aus dem Staatshaushalt an die DVA überwiesen. Diese übernahm nach den neuen „Versicherungsbedingungen" die Schadensregulierung. Für die Haushaltsorganisationen"[390] besorgte ab 1961 der DVA zwar nach wie vor die Feststellung der Höhe der Schäden, die Schadensleistungen jedoch und die der DVA entstandenen Kosten wurden direkt aus dem Staatshaushalt beglichen. Daß die DVA für die VEBs nur mehr als Verwalter eines Fonds des allgemeinen Staatshaushalts auftrat und ihre Versicherung offiziell für eine Sache der Vergangenheit erklärt wurde, war ein nach dem Verlauf der DDR-Diskussion lange erwarteter Schritt[391]. Vergleiche die folgenden Äußerungen von H. Bader: „Aufgrund der in unserem Institut auf dem Gebiet der Theorie erzielten Forschungsergebnisse haben wir bereits im Frühjahr 1955 anläßlich einer Konferenz mit leitenden Funktionären der Praxis erklärt, daß die Versicherung des sozialistischen Eigentums keine Versicherung im wissenschaftlichen Sinne sein kann, ... Zu diesem Zeitpunkt war uns nicht bekannt, daß in der VR Ungarn bereits seit 1950 die Bildung des Sicherungsfonds mit Hilfe der Haushaltsmethode erfolgte (d. h. aus dem allgemeinen Staatshaushalt — B.S.), und zwar in einer Art und Weise, wie sie genau unseren rein theoretischen Überlegungen entsprach... Die Versicherung des staatlich-sozialistischen Eigentums ist u. E. im wesentlichen eine historisch bedingte Erscheinung, die mit dem fortschreitenden Aufbau der sozialistischen Gesellschaftsordnung verschwinden wird. So wird in der DDR die vom Institut vertretene Ansicht über den Charakter der Versicherung des staatlich-sozialistischen Eigentums durchaus geteilt. Trotzdem haben auch heute noch die sozialistischen Betriebe in allen Wirtschaftsbereichen, die staatlichen Institutionen usw. in weitem Umfange Versicherungsschutz. Daß das noch so ist, ist vor allem auf die Erkenntnis zurückzuführen, daß ein übereilter und unbedachter Schritt in dieser Frage großen Schaden anrichten und zur Desorganisation in der Finanzierung unvorhergesehener Ausfälle im Reproduktionsprozeß führen kann. Der Versicherungsschutz wird voraussichtlich in Etappen aufgehoben werden, und zwar erst dann, wenn Gewißheit besteht, daß an die Stelle des Bestehenden etwas Besseres tritt."

---

389 Mit Ausnahme der land- und forstwirtschaftlichen und Fischereibetriebe, der Bahn und Post.

390 Z. B. Geld- und Kreditinstitute, Schulen.

391 Zu einigen Fragen der Theorie und Praxis der sozialistischen Versicherung. Wiss. Zeitschrift der Hochschule für Ökonomie 1960: 2 S. 163.

1968/69 hingegen wurde die Versicherung der sozialistischen Industrie im Zusammenhang mit dem ÖSS wiedereingeführt. Dies war ebensowenig wie das gesamte ÖSS Resultat einer öffentlich geführten DDR-Reformdiskussion. Im Gegensatz etwa zur CSSR, Polen oder auch der UdSSR hat es eine solche innerhalb der DDR nie gegeben. Dieses Resultat scheint vielmehr auch für Bader selbst eine gewisse Überraschung gewesen zu sein, hatte er doch noch 1968 die folgenden vorsichtigen Formulierungen gebraucht: „Der Trend scheint vielmehr dahin zu gehen, daß auch die sozialistischen Betriebe im Zuge der Übertragung der vollen Verantwortung für die ... Reproduktion zumindest einen großen Teil der notwendigen Sicherungsfonds aus eigenen Mitteln bilden werden“[392]. Die seit langem unter deutlicher Geringschätzung leidende Tätigkeit der DVA erfuhr hierdurch eine nachhaltige Aufwertung[393]. 1968/69 wurden auch für die meisten Zweige der Sachversicherung neue Tarife und Versicherungsbedingungen ausgearbeitet. Bemerkenswerterweise überlebte diese Reform das ÖSS und im (Individual-)Versicherungswesen hat sich seit jenen Tagen nicht mehr viel geändert[394].

Den Versicherungsrechtler wird es schließlich noch besonders interessieren, daß mit der Einführung des Zivilgesetzbuchs (ZGB) der DDR 1976 das vom Deutschen Reich ererbte Versicherungsvertragsgesetz (VVG) auch förmlich vollständig außer Kraft gesetzt wurde.

2.2.3.2. Personenversicherung

Die dominierende Police in der Lebensversicherung ist die gemischte Lebensversicherung. Die gemischte Lebensversicherung kann mit einer Unfallversicherung kombiniert werden. Die Mindestvertragsdauer ist 10 Jahre. Das Sparguthaben der Lebensversicherung betrug 1980 10,1 Milliarden Mark[395]. Da es 1980 10,6 Millionen Verträge gab[396], kann die Versicherungssumme im allgemeinen nicht sehr hoch sein[397].

---

[392] Ausblick auf die Aufgaben und Stellung der Sach- und Personenversicherung der DDR im entwickelten gesellschaftlichen System des Sozialismus. WissZdHfÖ 1968: 1 S. 88.

[393] Für eine Äußerung, in der die „Unterschätzung der Versicherungsarbeit“ schon in den 50er Jahren beklagt wurde, siehe S. Mampel op. cit. S. 42.

[394] Da in der westlichen Literatur gelegentlich weitgehend aus der Luft gegriffene Erklärungen für die Absetzung des ÖSS auftauchen, ist es vielleicht nicht überflüssig, zu betonen, daß — wie der Autor aus persönlichen Gesprächen weiß — auch für DDR-Ökonomen der Hintergrund der Vorgänge jener Jahre ein Rätsel ist.

[395] Diese Zahl bezieht sich zwar nicht nur auf die gemischte Lebensversicherung, sondern hier ist beispielsweise auch die freiwillige Rentenversicherung inbegriffen, all diese anderen Verträge sind aber quantitativ vergleichsweise unbedeutend. Vergleichszahlen: das Sparguthaben betrug 1950: 0,5 Mrd. Mark, 1960: 2,2 Mrd. Mark, 1970: 6 Mrd. Mark. G. Ullrich op. cit. S. 23.

[396] Erneut alle Formen der Lebensversicherung!

In der Lebensversicherung sind eine Reihe von Variationen möglich wie eine Beitragsbefreiung im Invaliditätsfall, der Abschluß einer lebenslänglichen[398] Todesfallversicherung, eine Versicherung verbundener Leben, eine Umwandlung in eine beitragsfreie Versicherung etc. Reine Risikolebensversicherungen sind nur wenig verbreitet, aber im Prinzip erhältlich. Auch in der DDR werden seit Mitte der 50er Jahre wieder Kinder- und Aussteuerversicherungen sehr gepflegt[399].

Die Leibrentenversicherung wird heute nur mehr in der Form der sofort beginnenden Leibrentenversicherung mit Einmalbeitrag geführt. Im Portfeuille der StV befinden sich jedoch noch Verträge einer aufgeschobenen Leibrentenversicherung und der Sparrentenversicherung. Diese wurde Mitte der 50er Jahre eingeführt und sollte die aufgeschobene Leibrentenversicherung ablösen. Das Prinzip ist, daß die Zahlungen des Versicherungsnehmers zu beliebigen Zeitpunkten und in beliebiger Höhe erfolgen und die durch die zuvor erfolgten Zahlungen erworbenen Rentenansprüche bei Zahlungseingang jeweils neu berechnet werden. Diese Sparrentenversicherung wird seit 1968 mit der Begründung, sie sei durch die freiwillige Zusatzrentenversicherung der „Sozialversicherung" überflüssig geworden, nicht mehr angeboten[400].

---

[397] Wegen Zuweisung von „Gewinnanteilen" siehe oben. In der DDR-Literatur wird für die gemischte Lebensversicherung mit doppelter Todesfalleistung bei Unfalltod wiederholt das folgende Tarifbeispiel gegeben. Bei 25 Mark Monatsbeitrag ergeben sich folgende Versicherungssummen:

Versicherungsdauer	10 Jahre	15 Jahre	20 Jahre
Eintrittsalter			
20	2750	4250	5750
30	2750	4250	5625
40	2750	4125	5375
50	2625	3750	4750

Vgl. Ullrich op. cit. S. 92. Daß statt runder Versicherungssummen runde Beitragssummen verwendet werden und auf dieser Grundlage dann die Versicherungssummen berechnet werden, ist eine optische Eigenart der DDR-Lebensversicherung seit 1960. Aber auch anderweitig scheint in diesen Tarifen eine erhebliche Portion Rundung zu stecken. Weitere Interpretationsversuche können dem Leser überlassen bleiben.

[398] Bis zum 85. Lebensjahr.

[399] Mit dieser Aussteuerversicherung, die ursprünglich Töchterversorgungsinstitut hieß, hat es eine merkwürdige Bewandnis. Anfang der 50er Jahre war diese Versicherung eine Zeitlang gesperrt, weil sie der Denkweise des Bürgertums entspreche und mit der Gleichberechtigung von Mann und Frau nicht in Einklang zu bringen sei. Vgl. S. Mampel op. cit. S. 64. Diese Begründung wurde später stillschweigend fallengelassen und die Versicherung wieder angeboten. Dem zweiten Teil dieser Argumentation kann der Autor aber durchaus zustimmen. Wenn das wirklich eine Versicherung sein soll und die Prämie wenigstens näherungsweise aktuarisch fair, so muß unterstellt werden, daß die Verheiratung der Tochter und der daraus entstehende Versorgungsanspruch ein von dieser Tochter selbst oder deren Eltern nur wenig beeinflußbares Risiko darstellt. Auffallend ist nun, daß diese „Versicherung" in den entwickelten kapitalistischen Ländern in den letzten Jahrzehnten stark an Bedeutung verloren hat und „bürgerliche" Versicherungswissenschaftler vor dem Abschluß eines solchen Vertrages warnen — vgl. z. B. B. R. Mehr: Life insurance.

Bemerkenswert ist schließlich, daß Bader gelegentlich seines Gedankenaustausches mit Radtke/Zschockelt[401] über die Bedeutung der Risikoprüfung in der Personenversicherung schreibt: „So wird beispielsweise in der Lebensversicherung die Gesundheitsprüfung unter anderem mit dem Ziel durchgeführt, möglichst auch den Bürgern mit Gesundheitsschäden den Versicherungsschutz zu gewähren“[402].

Es werden eine Reihe von Unfallversicherungspolicen angeboten. Die Unfallversicherung kann mit einer Krankentagegeldversicherung kombiniert werden, aber nur insoweit das Krankentagegeld der „Sozialversicherung“ zusammengenommen mit dem Krankentagegeld der StV nicht mehr als 90 % des Nettoverdienstes des Versicherten ausmacht. Seit 1971 ist auch wieder eine Unfallversicherung für die Insassen von Kraftfahrzeugen möglich. Auch eine Kombination der Unfallversicherung mit einer Risikolebensversicherung ist inzwischen wieder zulässig geworden. Dadurch, daß die Leistungen dieser 1975 eingeführten „kombinierten Personenversicherung“ so ausgestaltet sind, daß bei einer durch Arbeitsunfall herbeigeführten Invalidität das dreifache, bei anderen Unfällen hingegen das sechsfache der Todesfallsumme gezahlt wird, hilft diese Versicherung, jene Lücke in der „Sozialversicherungsgesetzgebung“ zu schließen, die dadurch bedingt ist, daß ein Arbeitnehmer im ersteren Fall Anspruch auf eine sog. „Unfallrente“ der „Sozialversicherung“ hat, im letzteren Fall aber nur auf die niedrigere und nur bei sehr starker[403] Erwerbsfähigkeitsminderung gewährte Invalidenrente[404]. Der Unfallbegriff der StV der DDR ist ein enger: „Ein Unfall ist ein plötzliches, von außen einwirkendes, schädigendes Ereignis, das unfreiwillig

---

Austin 1970, S. 150 ff. — während in den meisten sozialistischen Ländern dieses Töchterversorgungsinstitut eine Renaissance erlebte. Nach den Gründen brauchen wir nicht lange zu suchen. Nach dem Tarifbeispiel von Boer, Ullrich op. cit. S. 28, beträgt die Versicherungssumme für eine Aussteuerversicherung bei einem Monatsbeitrag von 20 Mark 5300 Mark, wenn die Aussteuerversicherung von einem 30jährigen für ein neugeborenes Kind abgeschlossen wird. Stellen wir in Rechnung, daß die Sterbewahrscheinlichkeit laut Sterbetafel der DDR für einen 30jährigen 1,6 Promill, für einen 40jährigen 3 Promill beträgt — die Versicherung läuft beitragsfrei weiter, wenn der Versicherungsnehmer stirbt und wir haben das also der Verzinsung der Beiträge gegenzurechnen — und bedenken wir ferner, daß bei Tod des Kindes die gezahlten Beiträge ohne Verzinsung (!) zurückerstattet werden — so dürfen wir selbst für den nicht sonderlich wahrscheinlichen Fall, daß das Kind mit 16 heiratet, den fiskalischen Erfolg der Operation für gesichert halten.

[400] Vgl. Lexikon der Wirtschaft, Versicherung. Berlin (Ost) 1982, S. 507.

[401] H. Bader: Sozialversicherung — Versicherung ja oder nein? Wirtschaftswissenschaft 1981: 12 S. 1474.

[402] Den Eindruck einer generellen Laxheit der DDR-Personenversicherung bei der Wagnisprüfung vermittelt auch H. Troegel: Die Wagnisprüfung in der Personenversicherung, DWF 1966: 17 S. 23 f.

[403] Über 2/3 der Erwerbsfähigkeit hinausgehende.

[404] Lücken im Schutz durch die „Sozialversicherung“ füllt auch die kombinierte Unfall- und Krankentagegeldversicherung.

eine Körperschädigung oder den Tod des Versicherten zur Folge hat"[405]. In den meisten Policen sind Körperschädigungen dann versichert, wenn sie mehr als „20 %" betragen — es ist aber auch möglich, bereits „1 %ige" Körperschäden zu versichern[406].

Sämtliche Unfallversicherungen[407] vermitteln nur eine einmalige Leistung, die — vielleicht mit Ausnahme der „kombinierten Personenversicherung" — auch oft zu gering ist, als daß sie sich für eine Verrentung eignen würden[408]. Eine Risikoprüfung erfolgt meist nicht, auch eine Differenzierung der Beiträge nach Gefahrenklassen wurde nicht wieder eingeführt.

Eine Ergänzung des „Sozialversicherungsschutzes" durch Abschluß von Verträgen mit der StV ist also hauptsächlich in der Unfall-, Krankentagegeld- und Rentenversicherung möglich. Letztere hat seit der Einführung der FZR stark an Bedeutung verloren.

2.2.3.3. Sach- und Haftpflichtversicherung

2.2.3.3.1. Versicherung der VEBs

Die Versicherung der VEBs setzt sich aus einer Zwangs- und einer freiwilligen Versicherung zusammen. Diese Versicherung erstreckt sich auch auf die Bank- und Kreditinstitute, wirtschaftsleitenden Organe und staatlichen Organe, soweit sie nach dem Prinzip der wirtschaftlichen Rechnungsführung arbeiten, nicht aber auf die VEBs der Landwirtschaft, die Deutsche Reichsbahn und die Post. Zwangsversichert sind die Grundmittel, materielle Umlaufmittel, noch nicht abgeschlossene Investitionsvorhaben sowie Bargeld und Geldeswerte gegen Feuer und einige weitere Gefahren. Maßgebend für die Höhe der Entschädigung ist normalerweise der Wiederbeschaffungs-

---

[405] Bader op. cit. S. 387.

[406] Ein Körperschaden wird als „ständige Beeinträchtigung oder Gebrauchsbehinderung eines oder mehrerer Körperteile des Menschen" definiert. Hierbei kommen nur medizinische Aspekte zur Anwendung, vgl. Bader op. cit. S. 390.

[407] Hierbei ist natürlich nicht die Krankentagegeldkomponente gemeint.

[408] Nach G. Ullrich op. cit. S. 24 existierten 1970 4,9 Millionen Unfallversicherungsverträge, 1980 5 Mill. Wenn wir — als grobe Näherung — davon ausgehen, daß die in der Tabelle nicht als Lebens- und Rentenversicherungsbeiträge aufgeführten Beiträge zur Personenversicherung weitgehend auf die Unfallversicherung entfallen, so ergibt sich für 1978 ein durchschnittlicher Jahresbeitrag pro Vertrag von ca. 50 Mark, worin aber auch die ganze Gruppenunfallversicherung durch die Betriebe enthalten sein dürfte. Nach dem Tarifbeispiel a.a.O. S. 98 ergibt sich hieraus: würde dieser Betrag ausschließlich für eine „kombinierte Personenversicherung" verausgabt, so käme für einen Mann mit Eintrittsalter 20 eine Versicherungssumme bei dauernder Invalidität infolge Unfall — nicht Arbeitunfall — von gut 15.000 Mark heraus. Dies ist allerdings der bei weitem günstigste Fall, normalerweise dürften die Leistungen bei Unfall erheblich niedriger sein.

wert, sofern er den Anschaffungswert nicht übersteigt. Die Beiträge berechnet der Betrieb selbst und zwar durch Anwendung von nur grob nach Branche differenzierten Sätze auf die Werte in der „Bruttobilanz“[409]. Jedoch kann der Betrieb eine Minderung des Beitragsaufkommens erwirken, indem er mit der Staatlichen Versicherung (StV) Integralfranchisen vereinbart, deren Höhe über einen Mindestselbstbehalt hinausgehen kann. Weiterhin ist die VEB zum Abschluß einer KFZ-Haftpflicht- und einer Unfallversicherung verpflichtet, die alle Personen erfaßt, die in einem Arbeitsverhältnis zum Betrieb stehen[410]. Ferner sind Fremdwährungsrisiken bei der DARAG pflichtversichert.

Die freiwillige Versicherung umfaßt eine Betriebshaftpflicht-, eine KFZ-Kasko-, eine Transport-, eine Einbruchdiebstahl- und eine Leitungswasserversicherung. Weshalb ein und dieselben Gegenstände zwangsversichert sind, solange sie auf dem Hof des Betriebs lagern, aber allenfalls freiwillig versichert, sobald sie auf einen Laster zum Transport in einen anderen VEB verladen sind, scheint unergründlich. Indes wäre es ein Fehler, das Wort freiwillig zu wörtlich zu nehmen. Der Pole W. Warkallo gibt uns hier einen wichtigen Hinweis: „Ferner ist noch darauf hinzuweisen, daß das Merkmal der Freiwilligkeit nicht in dem Sinne verstanden werden kann, daß der Abschluß eines Versicherungsvertrages stets der Ausdruck eines freien Willens des Versicherungsnehmers selbst sein müsse. Der Versicherungsnehmer entscheidet nicht immer allein; in der Planwirtschaft kann er in seiner Entscheidungsfreiheit eingeschränkt werden, und er ist es auch gewöhnlich... Es kommen hier... Einschränkungen in Frage, die durch die organisationstrukturelle Situierung des Versicherungsnehmers bedingt sind“[411].

Grundlage für die Beitragsberechnung in der Transportversicherung ist der Wert der zur Versicherung angemeldeten Güter im vorangehenden Jahr. Da die Versicherung der VEBs[412] keine Versicherungssumme kennt und folglich auch keine Unterversicherung und die Prämien für die freiwilligen Versicherungen im Gegensatz zu der für die Pflichtversicherung aus dem Gewinn bezahlt werden, besteht hier offenbar ein Anreiz für die Leitung der VEB, möglichst niedrige Werte anzugeben. Die StV soll dem durch gelegentliche Kontrolle entgegenwirken.

---

[409] Zahlung oder Nichtzahlung der Beiträge hat keinerlei Einfluß auf das Eintreten des Versicherungsschutzes, für das Entstehen dieser Versicherung bedarf es keines Vertrages.

[410] Bei einem Arbeitsunfall im Sinne der Bestimmungen der Sozialversicherung, der zum Tod oder zu mehr als 50%iger Erwerbsfähigkeitsminderung führt, wird eine Jahresbruttolohnsumme, bzw. bis zu 25 000 Mark gezahlt, bei weniger als 100%iger Erwerbsfähigkeitsminderung eine entsprechend verminderte Summe.

[411] Ubezpieczenia Majatkowe. Warschau 1971, deutsche Übersetzung: Vermögensversicherung. Berlin 1974, S. 343.

[412] Mit Ausnahme der Einbruchdiebstahl- und Leitungswasserversicherung.

Für die 1968 wieder eingeführte Betriebshaftpflichtversicherung gilt: „Freiwillige Versicherungen für Schäden aus Mängeln in der Leitungstätigkeit, für Vertragsstrafen, Preissanktionen, u. ä. aus den nicht vertragsgerechten Erfüllungen von Wirtschaftsverträgen sowie für Sachen, die sich in einem solchen Zustand befinden, der den Schaden ganz erheblich begünstigt, sind nicht abzuschließen“[413]. Dies mindert zusammen mit weiteren Ausschlüssen[414] den Wert dieser Versicherung ganz außerordentlich[415]. Die Einführung einer freiwilligen Betriebsunterbrechungsversicherung wurde bei der Einführung des ÖSS einmal vorsichtig vorgeschlagen, der Vorschlag wurde aber nie wieder aufgegriffen[416].

Außer den Standardversicherungen können im Prinzip bei Vorliegen eines entsprechenden Versicherungsbedürfnisses mit der StV auch noch maßgeschneiderte andere Versicherungen vereinbart und abgeschlossen werden. Inwieweit von dieser Möglichkeit Gebrauch gemacht wird, läßt sich aufgrund des Materials aus der DDR kaum beurteilen.

Die Schadensleistungen bei untergegangenen Vermögensgegenständen fließen nun in einen Fond der VEB, namentlich den Reparaturfond, über den die VEB im Rahmen ihrer Finanzplanung verfügt, die selbstverständlich der Bestätigung durch die vorgesetzte Behörde oder das Kombinat etc. bedarf.

Viel Aufhebens wird in der DDR-Literatur von Schadensverhütungsabkommen zwischen der StV und den VEBs, bzw. Kombinaten gemacht. Die StV übernimmt die Kosten bestimmter Schadensverhütungsmaßnahmen und für vorbildliche Individuen oder Aktionen werden auch Prämienverleihungen vereinbart. Beitragsnachlässe scheinen diese Abkommen hingegen nicht zu kennen und angesichts der spärlichen Auskünfte, die die Berichte geben, kann über die Wirksamkeit und tatsächliche Bedeutung dieser Abkommen auch wenig gesagt werden[417]. Die StV ist auch berechtigt, den

[413] DVO vom 19.11.68, hier ziert nach H. P. Wüst op. cit. S. 80.

[414] „Der Haftpflichtversicherungsschutz wird durch den Ausschluß von Schadensersatzansprüchen aus wechselseitigen Beziehungen bei der Lieferung von Erzeugnissen, bei Bau- und Montageleistungen, bei wissenschaftlich-technischen und sonstigen Leistungen wesentlich eingeschränkt . . . Sie werden ergänzt durch den Ausschluß von Schadensersatzansprüchen wegen Schäden an Sachen, die durch eine Tätigkeit der Betriebe oder ihrer Beschäftigten an diesen Sachen entstanden sind sowie durch den Ausschluß von Ansprüchen wegen Schäden an den Betrieben zur Nutzung oder zum Gebrauch überlassenen Sachen.“ Die staatliche . . . S. 193.

[415] Berechnungsgrundlage für die Prämie ist die Bruttolohnsumme!

[416] H. Schmidt, W. Franke: Neue Versicherungsbeziehungen zur volkseigenen Wirtschaft, DFW 1969: 8 S. 9.

[417] Wie sehr dies alles in Bahnen verläuft, die uns aus der SU schon aus den dreißiger Jahren vertraut sind, zeigt der anhaltende Lärm um eine sog. Bassowinitiative. Dieser Bassow war ein vorbildlicher sowjetischer Maurerbrigadier, der „Ordnung und Sauberkeit am Arbeitsplatz zu gewährleisten“ versuchte. „In der DDR waren die Geraer Wohnungsbauer die ersten, die die sowjetischen Erfahrungen mit der Bassowinitiative studierten.

Betrieben Auflagen Schadensverhütungsmaßnahmen und Sicherheitsvorschriften betreffend zu machen und bei Nichteinhaltung den Versicherungsschutz[418] auszusetzen.

2.2.3.3.2. Landwirtschaftliche Versicherung

Auch die landwirtschaftliche Versicherung wurde 1968 reformiert. Konditionen und Leistungen für staatliche und genossenschaftliche landwirtschaftliche Betriebe ähneln sich und es werden anscheinend bei der StV auch keine unterschiedlichen Fonds für die Versicherung dieser beiden unterschiedlichen Eigentumsarten gebildet. Erneut handelt es sich sowohl um eine Zwangsversicherung als auch um eine ergänzende freiwillige Versicherung.

Der Autor referiert die Versicherungsbedingungen nun in der 1971 novellierten Form. Zuvor waren sie in einer Reihe von Punkten — Höhe des Prozentsatzes der Entschädigung, Einbeziehung von Tierleben — für den Versicherungsnehmer „vorteilhafter", was zu „einer komplizierten Situation" wegen nachhaltiger Mißbräuche führte und „den Versicherungsfonds sehr hoch belastete"[419].

Zwangsversichert sind die meisten landwirtschaftlichen Kulturen, das Vieh, der Großteil des Sachvermögens, die KFZ-Haftpflicht und die Beschäftigten gegen Unfall[420]. Für die Landwirtschaft wird wegen des hohen moralischen Risikos das Prinzip verkündet, daß die landwirtschaftlichen Betriebe regelmäßig einen Teil des Risikos selbst zu tragen haben[421].

Die landwirtschaftlichen Kulturen sind gegen eine Reihe von Gefahren wie Feuer, Überschwemmung, Wolkenbruch, Frost, Auswinterung und Hagel versichert[422]. Für die Gewährung einer Entschädigung ist jeweils erforderlich, daß die Ernteeinbußen eindeutig feststellbar auf diejenigen Gefahren zurückgehen, die versicherbar sind. Es handelt sich also nicht um eine

---

Inzwischen haben mehr als 3 Millionen Werktätige aller Bereiche unserer Volkswirtschaft im sozialistischen Wettbewerb diese Initiative aufgegriffen." Es scheint, daß in der UdSSR selbst Bassow weit weniger Aufmerksamkeit gefunden hat (vgl. R. Merkel, W. Merkel: Die Bassowinitiative, SFW 1976: 11 S. 53).

418 Mit Ausnahme des Versicherungsschutzes aus der Unfallversicherung.

419 H. Kames: Änderungen im Versicherungsschutz für die Landwirtschaft. SFW 1971: 4 S. 51.

420 Eine Unfallpflichtversicherung besteht als Zwangsversicherung nur für die staatlichen landwirtschaftlichen Betriebe, für die genossenschaftlichen ist der Abschluß einer solchen Versicherung freiwillig.

421 Bader op. cit. S. 199.

422 Bestimmte besonders hochwassergefährdete Flächen sind nicht versicherbar.

Ernteversicherung im eigentlichen Sinn des Wortes[423]. Die Beiträge errechnen sich[424] mit einem Satz von 1,7 % aus den Erntewerten laut Betriebsplan. Die Schadensfeststellung erfolgt durch Vergleich des Ernteergebnisses von „geschädigten und ungeschädigten Schlägen“ oder „auf der Grundlage von Normativen“[425]. Ersetzt werden 60 oder 80 % der Schäden. Das Vieh ist gegen Seuchen zwangsversichert[426], eine weitgehende Zwangsversicherung ist nur für Schlachttiere vorgesehen[427]. Ferner ist das Vieh und das lebende Inventar[428], Geflügel etc. gegen Feuer, Überschwemmung, Erdbeben[429] versichert. Schließlich sind große Viehbestände[430] gegen andere Gefahren unter der Voraussetzung versichert, daß innerhalb von drei Wochen ein Verlust entsteht, der den Betrag von 10000 Mark übersteigt.

Die Versicherung von Grund- und Umlaufmittel, KFZ-Haftpflicht und Unfall ähnelt der der VEB[431].

Dieser vor allem bei der Ernte und bei der Viehhaltung recht lückenhafte Versicherungsschutz kann durch den Abschluß freiwilliger Versicherungen ergänzt werden. Hierfür stehen eine Reihe von Policen zur Verfügung, erneut können im Einzelfall aber auch abweichende Regelungen getroffen und Sonderverträge abgeschlossen werden[432].

Es ist darauf hinzuweisen, daß diese gegenwärtige Gestaltung der landwirtschaftlichen Versicherung stärker individualistische Züge trägt und wirtschaftlicher ist als die von 1960 — vgl. oben.

---

[423] Die Möglichkeiten der Einführung einer Ernteversicherung wurde in der DDR diskutiert, vgl. z. B. W. Zschockelt: Die Versicherung in der industriemäßig betriebenen Landwirtschaft. DFW 65: 24 S. 24. „Mit zunehmender Annäherung an die Allgefahrenhaftung . . . wird es schwieriger und am Ende ganz unmöglich, die für eine solche Art der Versicherung notwendigen Angaben zu erhalten.“

[424] Offenbar ohne regionale Differenzierung! Bader op. cit. S. 205.

[425] ibidem S. 207.

[426] Die Versicherungssumme in der Viehversicherung richten sich nach Bewertungsnormen, die vom Hauptdirektor der StV im Einvernehmen mit dem Landwirtschaftsministerium herausgegeben werden.

[427] Und hier nur dagegen, daß sich deren Fleisch nach der Schlachtung als minderwertig herausstellt.

[428] Hiermit sind z. B. Bienen gemeint.

[429] Und einige weitere Gefahren dieser Art, nicht Tod durch Krankheit!

[430] Meist ab 1000 Stück.

[431] Mit einigen skurilen Unterschieden bei der Beitragsbemessung, eine regionale Differenzierung der Beiträge kennt das DDR-Versicherungswesen auch hier nicht.

[432] In der freiwilligen Tierversicherung gelten hierbei offenbar recht differenzierte Beitragssätze und mit Betrieben, die mehrere Jahre eine Schadensquote von 100 % aufweisen, sollen besondere Vereinbarungen über die Beteiligung an den Tierverlusten abgeschlossen werden. Vgl. Bader op. cit. S. 215.

2.2.3.3.3. Versicherung anderer Betriebe und Einrichtungen des sozialistischen Sektors

Im Zusammenhang mit dem ÖSS wurde auch die Versicherung derjenigen staatlichen Einrichtungen und Organe neu geregelt, die nicht der wirtschaftlichen Rechnungsführung unterliegen. Auch für diese wurden eine Zwangsversicherung und darüber hinausgehende Möglichkeiten der freiwilligen Versicherung wiedereingeführt. Wir hören, daß dies die Organe zur „vollen Wahrnehmung der eigenverantwortlichen Planung und Durchführung ihrer Aufgaben" anspornen soll[433]. Die Beiträge für die Pflichtversicherung werden aus dem zentralen Staatshaushalt an die StV, bzw. die DARAG abgeführt. Demgegenüber müssen die Beiträge für die freiwillig abgeschlossenen Versicherungsverträge aus dem „eigenen" Haushalt dieser Organe finanziert werden. „Innerhalb der freiwilligen Versicherungen haben die Staatsorgane die Möglichkeit, entsprechend ihren Bedürfnissen eigenverantwortlich zu entscheiden, ob die finanziellen Auswirkungen schadenstiftender Ereignisse aus eigenen Mitteln, das heißt aus Mitteln des Staatshaushalts, oder über die Versicherung ausgeglichen werden sollen"[434].

Die Parteien und „Massenorganisationen" unterliegen nach wie vor der Feuer- und Kraftfahrzeughaftpflichtversicherung in der Form der Pflichtversicherungsverordnung von 1958, bzw. 1961. Darüber hinaus schließen sie freiwillige Versicherungen ab, die inzwischen zu einem „Mustervertrag" zusammengefügt wurden[435], der der Versicherung der VEBs ähnelt.

Ebenfalls an den Verordnungen von 1958 bzw. 1961 orientiert sich die Pflichtversicherung der Produktionsgenossenschaften des Handwerks (PGHs). Wichtige Unterschiede dieser Versicherungsformen gegenüber der Versicherung der VEBs sind u. a., daß sie Versicherungssummen und infolgedessen die Möglichkeit der Unterversicherung kennen und die Auszahlung der Schadensleistungen in der Feuerversicherung im allgemeinen von einem Verwendungsnachweis abhängt und mit dieser Verwendung auch in der Höhe variiert. Ergänzende freiwillige Versicherungen gegen weitere Gefahren[436] und für Objekte, die nicht unter die Feuerpflichtversicherung fallen,

---

[433] Bader op. cit. S. 219.

[434] ibidem. Dies hört sich offensichtlich etwas seltsam an. Von diesen Organen wird ja gar nicht erwartet, daß sie ohne Verlust arbeiten und Rentabilität ist normalerweise kein Kriterium, nach dem sie beurteilt werden. Im Haushalt dieser Organe befindet sich auch sicherlich ein Reservefond und daß zwischen den Fonds, aus denen er zusammengesetzt ist, keine Verschiebungen möglich sind, ist bei vielen dieser Organe einfach unvorstellbar. Nichtsdestoweniger mag der Vorteil einer freiwilligen Versicherung für sie darin bestehen, daß die Wahrscheinlichkeit sinkt, daß sie beim Finanzministerium etc. um zusätzliche Mittel anstehen müssen.

[435] Es scheint, daß ihre zentralen Leitungen regelmäßig diesem Mustervertrag entsprechende Vereinbarungen mit der StV treffen.

[436] Elementargefahren, Einbruchdiebstahl.

KFZ-Kasko und allgemeine Haftpflicht sind zum Teil als first-risk-Versicherungen ausgestaltet und wegen der andernfalls „relativ hohen Verwaltungsarbeit“[437] mit der Pflichtversicherung zu einem „Globalvertrag“ vereinigt. Seit langem erhobenen Wünschen[438] nach dem Übergang zu einer Allgefahrenhaftung und einer Angleichung der Versicherung der PGH an die der LPGs wurde bislang nicht nachgekommen, was wir als eine Diskriminierung gegen diese Betriebe sehen können.

Ich verzichte auf eine Darstellung der Versicherung anderer Genossenschaften.

2.2.3.3.4. Sach- und Haftpflichtversicherung der Privaten

Die Pflichtversicherung privater Handwerker und Gewerbetreibender entspricht der der PGHs. Nachdem sich die private Wirtschaft bis 1965 noch nach den aus dem deutschen Reich übernommenen freiwilligen Versicherungsmöglichkeiten mit zu Anfang der 50er Jahre novellierten Versicherungsbedingungen und neu eingeführten Versicherungsverboten insbesondere auf dem Gebiet der Haftpflicht[439] versichern konnte, galten ab 1965 neue Bedingungen[440]. Die alten Verträge wurden damit aber nicht generell außer Kraft gesetzt, sondern den Privaten nur eine Kündigung empfohlen, so daß hier wohl eher ein Prozeß des allmählichen Aussterbens stattgefunden hat.

Auch die privaten Haushalte sind im Rahmen der bereits wiederholt zitierten KFZ-Haftpflicht- und Feuerzwangsversicherungsverordnungen pflichtversichert, letzteres soweit sie Hausbesitzer sind. Unter den freiwilligen Versicherungen sind aufzuführen: die Hausratsversicherung, die auch eine Portion Haftpflichtversicherung enthält, eine Versicherung „des persönlichen Eigentums“ der LPG- und GPG-Mitglieder, eine daneben existierende Tierlebensversicherung, eine KFZ-Kasko-, eine „Campingversicherung“, eine kombinierte Sportbootversicherung, eine Reisegepäckversicherung[441] und auch eine „geringe Zahl“[442] von Privathaftpflicht- und Hundehaftpflicht-

[437] Bader op. cit. S. 229.

[438] W. Bielig: Gedanken zur Weiterentwicklung des Versicherungsschutzes für PGH. DFW 1965: 12 S. 22 f.

[439] Bader op. cit. S. 239. „Aus erzieherischen Gründen kann die StV der DDR Haftpflichtversicherungsschutz nicht uneingeschränkt gewähren . . . auch die Übernahme von Vertragsstrafen, Wagenstandsgeldern sowie Frachtzuschlägen kann nicht Gegenstand des Haftpflichtversicherungsschutzes sein, da die Ursachen dieser Schadenersatzansprüche in einer schlechten Leitungstätigkeit zu suchen sind und unbedingt beseitigt werden müssen.“

[440] Wegen Details zu diesen neuen Bedingungen siehe Versicherungsrecht. Textausgabe . . . Berlin (Ost) 1978, S. 268: Bader erklärt, die Neuregelung sei vom Gedanken einer Verminderung des Verwaltungsaufwands der StV und der Verstärkung der „erzieherischen Wirkung“ getragen gewesen (a.a.O.).

[441] Eine Zusammenfassung der mit Freizeit verbundenen Versicherungsarten in eine „komplexe“ Police wird angestrebt.

[442] Bader op. cit. S. 257.

versicherungen sowie einige weitere Versicherungen[443]. Allen diesen Policen ist gemein, daß sie Versicherungssummen und entsprechende Unterversicherungsregelungen kennen. Die Beitragsberechnung ist schlicht und undifferenziert[444]. Das Streben, allenthalben zu „komplexen" Policen, die eine Vielzahl von Objekten gegen zahlreiche Gefahren versichern, ist erkennbar. Von allen diesen Policen ist offenbar die Hausratsversicherung die wichtigste[445], hier wird aber auch ganz besonders nachdrücklich vor der Gefahr der Unterversicherung gewarnt. Der Durchschnittswert eines Zweipersonenhaushalts, der in einer Wohnung mit ein bis zwei Wohnräumen lebt, wird mit 30000 - 35000 Mark angegeben, die Prämie bei einem Wert von 30000 Mark beträgt ohne Haftpflicht 30 Mark jährlich[446]. Haftpflichtansprüche „aus der Ausübung eines Berufes oder einer sonstigen entgeltlichen Tätigkeit"[447] sind nach wie vor grundsätzlich nicht versicherbar[448].

2.2.4. Tabellen

DDR

Bevölkerung in 1 000

1950	18 360
1960	17 188
1970	17 068
1980	16 740

Quelle: Statistisches Jahrbuch der DDR 1982. Berlin 1982 S. 1.

---

443 Beispielsweise eine Ausfallbürgschaftsversicherung, die bei Gewährung eines Konsumentenkredits durch eine Sparkasse vom Kreditnehmer abgeschlossen werden muß. Vgl. H.J. Hellwig, V. Klos: Versicherungsschutz und sozialpolitische Maßnahmen. SFW 1972: 21 S. 29.

444 Einige Angaben über die Tarife enthält G. Ullrich: Meine Versicherung. Berlin (Ost) 1982,S. 51, 53, 55, 57, 59, S. 77 — dies die Tarife in der KFZ-Kasko, die immerhin nach PS differenziert sind — S. 83. Die meisten dieser Tarife machen nicht eben einen besonders billigen Eindruck, aufgrund des Fehlens von zugänglichem statistischen Material ist eine weitergehende Beurteilung schwer möglich.

445 Mit 5,8 Millionen Verträge haben 95 % aller DDR-Haushalte eine solche Versicherung abgeschlossen. Ullrich op. cit. S. 19.

446 R. Boer, G. Ullrich: Sich versichern — warum und wie? Berlin (Ost) 1981, S. 60. Demgegenüber wird die tatsächliche durchschnittliche Versicherungssumme für 1973 mit 19.700 Mark angegeben, so daß weitverbreitete Unterversicherung offenbar ist (H. Weihmann: Ausreichender Versicherungsschutz in der Haushaltsversicherung. SFW 1975: 5 S. 51). Die Prämie ist weniger als halb so hoch wie entsprechende Prämien in Westdeutschland 1984, aber höher als entsprechende westdeutsche Prämien beispielsweise 1960.

447 Bader op. cit. S. 251.

448 Dies ist auch unter dem Gesichtspunkt bedeutsam, daß die VEBs grundsätzlich bei durch schuldhaftes Verhalten eines Arbeitnehmers herbeigeführten Schadensfällen diesen Arbeitnehmer zu belangen haben und zwar unabhängig davon, ob sie durch die StV diesen Schaden ersetzt bekamen oder nicht.

Nationaleinkommen in „vergleichbaren Preisen", Millionen Mark

1950	29 320
1960	76 680
1970	117 430
1980	187 060

Ein Vergleich mit älteren Jahrbüchern, in denen das Nationaleinkommen in „effektiven Preisen" ausgewiesen wird, ergab keine allzu gravierenden Unterschiede

Quelle: Statistisches Jahrbuch der DDR 1982. Berlin 1982 S. 13.

Durchschnittliches monatliches Arbeitseinkommen der vollbeschäftigten Arbeiter und Angestellten der sozialistischen Wirtschaft

1950	311 Mark
1960	555 Mark
1970	755 Mark
1980	1 021 Mark

Quelle: Ebenda S. 45.

Index der Einzelhandelsverkaufspreise, der Leistungspreise und Tarife (Gewichtung: Struktur des Einzelhandelsumsatzes und der Leistungen 1980)

1950	186,1
1960	100,75
1970	100
1980	98,9

Quelle: Ebenda S. 263.

Der Umrechnungskurs der DM-Ost für kommerzielle Transaktionen wurde von der „Deutschen Notenbank" 1953 auf 1 US-Dollar = 2,22 DM-Ost festgelegt, heute beträgt er 1 US-Dollar = 2,46 DM-Ost.

Kaufkraftschätzungen des DIW

Das DIW nimmt regelmäßig Schätzungen über die Kaufkraftentwicklung der DM-Ost vor. Diese ergaben für einen Arbeitnehmerhaushalt mit „DDR-Warenkorb", daß die Kaufkraft der DM-Ost 1960 77 % der Kaufkraft der DM-West war, 1969 89 %. Die entsprechenden Zahlen für einen Rentnerhaushalt mit „DDR-Warenkorb", also einem höheren Anteil der Grundnahrungsmittel, sind für 1966 97 %, für 1969 111 %. (DDR-Wirtschaft. Eine Bestandsaufnahme. Frankfurt 1971, S. 204). Die Zahlen für einen Arbeitnehmerhaushalt mit „DDR-Warenkorb“ 1972/73 waren 101 %, bei Verwendung eines „BRD-Warenkorbs“ liegt die Kaufkraft der DM-Ost aber immer noch bei nur 88 % (System und Entwicklung der DDR-Wirtschaft. Berlin 1974, S. 246).

1984 betrugen die Zahlen für einen Arbeitnehmerhaushalt mit „DDR-Warenkorb“ 125 %, bei „BRD-Warenkorb“ erneut 88 %, für einen Rentnerhaushalt sind die entsprechenden Angaben 143 % und 111 % (SZ 24. 4. 1984, S. 29).

Auf die Inkonsistenz zwischen den letzten drei Reihen braucht nicht ausführlich hingewiesen zu werden.

Einnahmen und Ausgaben der „Sozialversicherung“ („Sozialversicherung“ der Arbeiter und Angestellten und „Sozialversicherung“ bei der Staatlichen Versicherung der DDR, bzw. DVA)

	Einnahmen Mio. M.	Ausgaben	Ausgabenüberschuß in v. H. der Ausgaben
1949	3 778	3 776	
1955	5 846	5 993	2,45
1960	7 328	9 211	20,44
1965	7 778	11 195	30,52
1970	8 847	14 265	37,98
1975	11 519	20 377	43,47
1980	15 203	29 410	48,31

Quelle: W. Ruß: Die Sozialversicherung in der DDR. Frankfurt 1982 S. 165.
Der Ausgabenüberschuß wird durch den Zuschuß aus dem Staatshaushalt gedeckt.

Ausgaben der „Sozialversicherung“, ihre Aufteilung, ab 1960 nur „Sozialversicherung“ der Arbeiter und Angestellten

	Ausgaben insgesamt	Sozialversicherungsrente	Krankentagegeld	gesundheitliche Zwecke
1951	4 499	2 495	458	1 235
1955	5 993	3 036	721	1 970
1960	8 034	4 436	9684	2 196
1965	9 547	5 437	904	2 740
1970	12 187	6 945	1 097	3 561
1975	17 617	9 731	1 606	5 501
1980	24 785	12 449	3 360	7 378

Mit gesundheitlichen Zwecken sind Behandlungen durch Ärzte, ambulante und stationäre Behandlungen in staatlichen und privaten Einrichtungen und Ausgaben für Arzneien u. ä. gemeint.

Quelle: Statistisches Jahrbuch . . . S. 251

Beitragsaufkommen der Sach- und Personenversicherung der DDR (in Mill. Mark)

	Sach- und Haftpflicht versicherung insgesamt	gesetzliche, Pflicht- und Globalvers.	frei- willige	Personen- vers. insgesamt	(ohne Sozial- vers.) Lebens- und Rentenvers.	zusammen
1950						393,5
1952	322,1			165,1	132,5	487,2
1953	389,6			194,2	147,7	583,8
1954	465,8			227,7	173,3	693,5
1955	520,5			270	206,4	790,5
1956	554,3	315,3	239,5	338,3	262,4	790,5
1957	599,4	370,2	229,2	415,5	333,2	1 014,6
1958	683,4	404,4	279	507,9	415,5	1 191,3
1959	751,2	463,8	287,4	586,7	482,2	1 337,9
1960	805,1	574,5	230,6	649,8	546,1	1 454,9
1961	924,8	664,8	260	721,6	602,3	1 646,4
1962	967,7	693,3	274,4	745	614	1 712,7
1963	767,1	492,7	274,4	662	517	1 429,1
1964	783,2	500,9	282,3	698,2	543,8	1 481,4
1965	824,1	551,8	272,3	720,1	560,5	1 544,2
1966	877,2	611	266,2	756	587	1 633,2
1967	910,6	532,7	277,9	788,9	612,2	1 699,5
1968	1 000	642,8	357,2	827,3	643,6	1 827,3
1969	1 153,2	666,7	486,5	868,6	672	2 021,8
1970	1 252,1	719,5	532,6	918,9	709,8	2 171
1971	1 356,7	801,7	555	983,3	763,9	2 235,4
1972	1 414,6	830,5	584,1	1 054,2	831,8	2 468,8
1973	1 488,4	852,5	635,9	1 127,3	900,4	2 615,7
1974	1 587,7	898,3	689,4	1 211	977,9	2 798,7
1975	1 704	957,4	746,6	1 301	1 061,6	3 005
1976	1 788,8	1 017,6	771,2	1 408,5	1 160,9	3 197,3
1977	1 891,1	1 061,2	830	1 528,3	1 276,7	3 419,4
1978	1 987,3	1 106,2	881,1	1 640,8	1 389,3	3 628,1
1979	2 054,7	1 132	922,7	1 778,1	1 523,9	3 832,8
1980	2 127,7	1 171,8	955,9	1 923,8	1 664	4 051,5
1981	2 242,1	1 296,8	945,3	2 086,8	1 820	4 328,9
1982	2 323,3	1 329,8	993,5	2 270,8	1 996	4 594,1

Quelle: H. Bader: Die staatliche Versicherung in der DDR. Berlin (Ost) 1980 S. 520. S. Mampel: Die Sach- und Personenversicherung in der SBZ. Bonn 1957 S. 120 (für die Zahl von 1950); Statistisches Jahrbuch der DDR 82 S. 254; 83 S. 262.

Zum Rückgang des Beitragsaufkommens in der Sachversicherung 1963 bemerkt Bader, dies sei auf die Neuregelung des Versicherungsschutzes der VEBs zurückzuführen. Die Zahlen, die er für 1963 in der Personenversicherung gibt, verstehen sich unter Ausschluß der freiwilligen Rentenversicherung. Dies gilt auch für alle darauffolgenden Jahre. Da wir im stat. Jahrbuch der DDR auch die Zahlen für die Zeit vor 1962 unter Ausschluß der Rentenversicherung finden, können wir ausrechnen, daß beispielsweise 1962 das Beitragsaufkommen derselben 140 Mill. Mark war.

Durchschnittliche monatliche Altersrente

	Staatl. „Sozialversicherung" der Arbeiter und Angestellten	„Sozialversicherung" bei der DVA bzw. Staatl. Versicherung der DDR
1952	90,70	
1955	95,51	
1960	152,25	149,76
1965	172,92	180,12
1970	158,28	236,64
1979	342,55	320,51

Quellen: Ruß op. cit. S. 348.
S. Mampel: Das System der sozialen Leistungen in Mitteldeutschland und in Ost-Berlin, Bonn 1961 S. 48.

2.3. Vergleichende Betrachtung des Versicherungswesens der UdSSR und der DDR

2.3.1. Sozialversicherung

2.3.1.1. Leistungsrecht

Für die Unterschiede im Leistungsrecht der „Sozialversicherung" gibt es einen offensichtlichen historischen Grund darin, daß die DDR bei ihrer Gründung bereits ein hochentwickeltes Sozialversicherungssystem vorfand.

Beziehen wir in den Vergleich das deutsche Reich als eine „Vorläuferorganisation" der DDR ein, so entsprach die Sozialgesetzgebung des zaristischen Rußlands von 1912 in etwa der Bismarckschen Sozialversicherungsgesetzgebung, die Leistungen der ersteren waren im Vergleich zur letzteren in einer Reihe von Punkten allerdings beschränkter. Unter Berücksichtigung des allgemeinen wirtschaftlichen Entwicklungsstandes können wir erstere nichtsdestoweniger als ausgesprochen fortschrittlich und zu einem frühen Zeitpunkt einsetzend kennzeichnen. Die „Sozialversicherungsgesetzgebung" der NEP ging, was die Gewährung einer Arbeitslosenunterstützung anbetraf, über die des wilhelminischen Deutschlands hinaus, in dem es allerdings auch kein vergleichbar gravierendes Arbeitslosenproblem gab, blieb bei der Gewährung einer Altersrente hingegen hinter ihm zurück. Während des ersten und zweiten Fünfjahresplans wurden der Vorzug wie der Nachteil „korrigiert". Insgesamt scheint es, daß die Renten während der Stalinära tatsächlich so kärglich waren, und die Leistungsgewährung so rigide gehandhabt wurde, daß erst durch die Rentenreform von 1956 in der Sowjetunion ein System von für eine Mehrheit der Arbeitnehmer einigermaßen auskömmlichen Renten realisiert wurde, wie wir es für Deutschland wohl für die letzten Jahre des Kaiserreichs konstatieren können. Unter Berücksichtigung der Entwicklung der Zahl der Arbeitnehmer und ihres Anteils an der Bevölkerung müssen wir dies als einen vergleichsweise späten Zeitpunkt bezeichnen. Demgegenüber scheinen die Krankentagegelder zumindest in Relation zum Arbeitseinkommen in der Sowjetunion zu einem vergleichsweise frühen Zeitpunkt relativ hoch gewesen zu sein.

Im Unterschied zur Sowjetunion, in der die Bauern erst Jahrzehnte nach der Vollkollektivierung einen Rentenanspruch und eine „Sozialversicherung" erhielten, wurden diese für die SBZ/DDR-Bauern bereits im Vorstadium zur Kollektivierung geschaffen. Dies können wir im Zusammenhang mit den weniger brutalen Methoden sehen, mit denen in der DDR die Kollektivierung vorgenommen wurde. Eine „ursprüngliche sozialistische Akkumulation", sprich eine Ausbeutung der Landwirtschaft, fand in der DDR nicht statt. Sicherlich fiel es der DDR mit ihrem höheren wirtschaftlichen Entwicklungsstand auch leichter, Mittel wirtschaftlicher Stimulierung zum Zwecke der sozialistischen Umgestaltung einzusetzen, wie dies im Zusammenhang mit der Verrentung der Bauern geschah.

Gemeinsam sind der DDR und der UdSSR hingegen, daß es im allgemeinen keine Berufsunfähigkeitsrenten, sondern nur Arbeitsunfähigkeitsrenten gibt, außerdem die erheblichen Lücken im „Sozialversicherungsschutz" für Arbeitnehmer mit relativ kurzem Arbeitsleben und deren Angehörige.

Gemeinsam ist der DDR und der UdSSR weiterhin, daß im Anschluß an eine Rentenreform oder eine Neufestsetzung der Renten diese oft über lange Zeit nur sehr zögernd erhöht werden, so daß über ausgedehnte Zeiträume eine relative Verschlechterung der Lage der Rentner, verglichen mit der arbeitenden Bevölkerung, eintritt. Dies können wir für die Sowjetunion für die Stalinära und dann erneut für die Zeit von der Rentenreform 1956 bis heute konstatieren, für die DDR für die Periode bis um 1970. In den 70er Jahren ist die DDR von diesem Muster nachhaltig abgewichen, in der Sowjetunion wäre eine solche vermehrte sozialpolitische Aktivität allenfalls eine Sache der noch nicht absehbaren Zukunft. Für diese Verhaltensunterschiede mag die gegenüber dem Westen exponiertere geographische und politische Lage der DDR eine Rolle spielen, die ja auch in jener Zeit, da die DDR ihr Wirtschaftswachstum zu forcieren suchte, keine ähnlich rigorosen Zwangssparprozesse wie in der UdSSR erlaubte.

Über lange Zeit trug die Rentenpolitik der DDR, wie sie sich in der Rentenberechnungsmethode niederschlägt, einen weit stärker nivellierenden und gleichmacherischen Charakter als die sowjetische. Eine Ironie der Geschichte ist hierbei, daß diese Neigung der DDR-Rentenpolitik, die doch als Bestandteil einer Aufgabe des Versicherungsprinzips und eines Übergangs zur Staatsbürgerrente interpretiert werden kann, technisch mit Hilfe eines

Relikts des deutschen Sozialversicherungssystems verwirklicht wurde, nämlich dem Institut der Beitragsbemessungsgrenze 600 Mark, für das es in der Sowjetunion nichts vergleichbares gibt. Mit der Einführung der Freiwilligen Zusatzrentenversicherung ist die DDR hingegen von der gleichmacherischen Rentenpolitik abgegangen und hat ein individualistisches Element in die Altersversorgung hineingebracht, für das es in der Sowjetunion kein Analogon gibt. Überzeugende Gründe, weshalb es zu diesen Abweichungen kam, hat der Autor nicht finden können.

Während in der Sowjetunion bei den Krankentagegeldern und nur bei diesen das Leninsche Arbeiterversicherungsprogramm verwirklicht wurde, wirkten in der DDR die andersgearteten Traditionen der deutschen Sozialversicherung in Gestalt relativ knapper Krankentagegelder bis in die 70er Jahre und bis zum gewissen Grad sogar bis heute fort, ja, Anfang der 50er Jahre wurden hier die Versicherungsmöglichkeiten gegenüber dem deutschen Reich sogar noch eingeschränkt. Gemeinsam ist es beiden Ländern hingegen, daß administrative Hürden aufgebaut wurden, um den Mißbrauch der Krankentagegelder einzudämmen.

Fast noch krasser als in der „Sozialversicherung" ist der historische Rückstand der Sowjetunion auf dem Gebiet der die „Sozialversicherung" und die „soziale Versorgung" teils flankierenden, teils ersetzenden Sozialfürsorge. Hier übernahm die DDR die Sozialfürsorgegesetzgebung der Weimarer Republik. Demgegenüber hat sich in der Sowjetunion die Institution des Armenhauses offenbar bis heute zumindest in Restformen gehalten und eine der Weimarer Republik entsprechende Sozialfürsorgegesetzgebung anstelle der traditionellen kommunalen Armenfürsorge ist trotz gewisser Fortschritte seit den 50er Jahren bis heute nur teilweise verwirklicht.

2.3.1.2. Organisation und Finanzierung

Wenn für das sozialistische Versicherungswesen von zahlreichen Autoren[449] eine Tendenz zum Einheitsversicherer konstatiert wurde, so basierte dies wohl vor allem auf Beobachtungen aus der DDR, in der ein solcher Einheitsversicherer für die „Sozialversicherung" in der Tat im Grunde schon 1946/47 geschaffen wurde. Aufgrund ihrer großen Ähnlichkeit kann auch die Aufteilung in eine Versicherung der Arbeiter und Angestellten und eine „Sozialversicherung" bei der Staatlichen Versicherung der DDR 1956 nicht als schwerwiegende Abweichung vom Einheitsversicherer gekennzeichnet werden. Allerdings paßt auch in der DDR die Existenz einer ganzen Reihe von Zusatz- und Sonderversorgungseinrichtungen von nicht unerheblicher

[449] Z. B. S. Mampel op. cit. Bonn 1961, S. 18, P. Mitzscherling: Soziale Sicherung in der DDR, Berlin 1968, S. 24 ff.

Bedeutung nicht in das Bild des „Einheitsversicherers". Für die UdSSR war die Tendenz zum Einheitsversicherer lange Zeit mehr Schein als Sein, wenn auch bereits 1918 eine gewisse organisatorische Zusammenfassung vorher bestehender Einrichtungen eintrat. In der UdSSR spielten lange Zeit infolge der Lücken in der staatlichen „Sozialversicherung" Organisationen eine Rolle, die wir als kleine Gegenseitigkeitsvereine beschreiben können und aus der Zeit vor der Einführung einer öffentlichen „Sozialversicherung" in den westlichen Industrieländern kennen. Auch nach den Reformen der 50er und 60er Jahren ist die UdSSR mit drei recht unterschiedlichen hauptsächlichen „Sozialversicherungsträgern" und einer großen Zahl von Sonderversorgungsinstituten vom Einheitsversicherer noch ein Stück entfernt, der — wie wir gesehen haben — für die Arbeitnehmer aufgrund eines wenig entwickelten Finanzausgleichs innerhalb der staatlichen „Sozialversicherung", der diese in mancherlei Hinsicht wie ein zersplittertes Versicherungswesen agieren ließ, jahrzehntelang mehr Schein als Wirklichkeit war.

In der angeführten Literatur wird zusammen mit dem „Prinzip" des Einheitsversicherers auch von einem „Prinzip" des Einheitsbeitrags gesprochen, womit ein einheitlicher „Sozialversicherungsbeitrag" ohne Aufteilung in einzelne Versicherungsarten wie Kranken-, Unfall-, Rentenversicherung gemeint ist. Im Gegensatz zum DDR-Bauern ist für den sowjetischen Bauern ein solcher Einheitsbeitrag bis zum heutigen Tag nicht realisiert.

Insgesamt ist weder beim Einheitsbeitrag noch beim Einheitsversicherer im Wege rationaler ökonomischer Argumentation erkennbar, weshalb sie für ein sozialistisches System anstrebenswert oder vernünftig sein sollten. Ein gewisser Hang zur organisatorischen Standardisierung ist zwar für die Planwirtschaft unbestreitbar, ob dies dort besonders empfehlenswert ist, hingegen eine ganz andere Frage. Es scheint sich bei diesen „Prinzipien" eher um eine vorschnelle Verallgemeinerung von Beobachtungen zu handeln, die in der DDR gemacht wurden.

Ein auffallender Unterschied zwischen der Sowjetunion und der DDR ist die in der DDR von vornherein und erst recht seit 1956 vorhandene relativ starke Stellung des FDGB in der „Sozialversicherung", wohingegen die sowjetischen Gewerkschaften mit Ausnahme der kurzen Periode 1933-37 hier recht bescheidene Befugnisse haben. Die Kompetenzen des FDGB entsprechen in groben Zügen denen der sowjetischen Gewerkschaften 1933-37. Vielleicht ist der Grund für diese abweichende Regelung der Unterschied in der Stellung, die die Gewerkschaften in der deutschen gegenüber der russischen Arbeiterbewegung traditionell eingenommen haben. Die russischen bzw. sowjetischen Gewerkschaften waren nie etwas anderes als ein Transmissionsriemen der Partei. Weder vor noch nach der Oktoberrevolution vermochten sie sich von ihr zu emanzipieren, was den deutschen Gewerkschaften schon Ende des letzen Jahrhunderts gelang. Zwar war der

FDGB bereits vor Gründung der DDR de facto zu einem Anhängsel der SED herabgesunken, die Traditionen mögen die kommunistische Führung aber bewogen haben, ihn zumindest der Form nach auch danach mit gewichtigeren Aufgaben zu betrauen.

Immerhin ist der Sowjetunion und der DDR gemeinsam, daß die Gewerkschaften etwas mit der Verwaltung der „Sozialversicherung" zu tun haben. Hierfür gibt es Gründe, die so einleuchtend sind, daß sie kaum einer tiefergehenden Erläuterung bedürften. Die Gewerkschaften als Interessenvertretung der Arbeiter„klasse" waren durch die Schaffung eines Staates, der in allen seinen Handlungen diese Interessen ex definitione vertritt, gewissermaßen funktionslos geworden. Nichtsdestoweniger wäre es politisch unklug gewesen, diese traditionsreiche Einrichtung einfach zu liquidieren, die Arbeiter sollten doch zumindest den Schein ungebrochener gewerkschaftlicher Kontinuität behalten. Also mußten neue Aufgaben für die Gewerkschaften gefunden werden und sie wurden gefunden, und zwar nicht zuletzt in der zumindest teilweisen Übertragung von Aufgaben, die sie schon einmal gehabt hatten: dem Betrieb einer „Sozialversicherung". Sie hatten diese Aufgabe in einem Frühstadium der Sozialversicherung, als sie in beträchtlichem Maße Vereinigungen zur gegenseitigen Hilfe waren und mit der Schaffung einer öffentlichen Sozialversicherung hatten sie diese Aufgabe wieder mehr und mehr verloren und dies war von den radikalen Sozialisten auch begrüßt worden. Nun wurde die öffentliche Sozialversicherung zwar nicht aufgelöst, die Gewerkschaften wurden aber doch an ihrer Verwaltung beteiligt. Ihre Einsetzung in die alten Rechte bedeutete dies jedoch nicht, denn in der UdSSR ebenso wie in der DDR haben sie über die Gestaltung des „Sozialversicherungssystems" und alle Grundsatzfragen hierzu praktisch keine echte Entscheidungsbefugnis.

Traditionell werden unter den Eigenschaften, die ein Sozialversicherungssystem von einem staatlichen Fürsorgesystem unterscheiden, das Vorhandensein von Selbstverwaltung der Versicherten und von einklagbaren Ansprüchen der Versicherten genannt. Erstere existiert in den sowjetsozialistischen Staaten nur der Deklaration nach und dies aus offensichtlichen Gründen: Eine reale Selbstverwaltung würde nicht nur dem politischen System zuwiderlaufen, sondern auch der zentralen Planung und Leitung der Wirtschaft. Letztere erscheinen hingegen mit einer Planwirtschaft nicht unvereinbar und existieren in den sowjetsozialistischen Staaten mit starker rechtsstaatlicher Tradition auch wie z. B. der DDR.

Ein rein formaler, in wirtschaftlicher Betrachtung jedoch kein substantieller Unterschied, ist es hingegen, daß in der DDR das Institut einer Abführung eines „Sozialversicherungsbeitrags" vom Arbeitslohn beibehalten wurde, während es in der UdSSR nur einen „Arbeitgeber"anteil gibt, der sich als Prozentsatz des Lohnfonds berechnet. Ökonomisch sind „Arbeitnehmer"-

wie „Arbeitgeber"beitrag indes Lohnbestandteile und daß man dies auch in Osteuropa nicht wirklich für eine wesentliche Frage hielt, mag erklären, weshalb man es in der DDR hier bei der aus dem Deutschen Reich ererbten Regelung beließ, außerdem fiskalische und in jüngerer Zeit auch finanzpsychologische Erwägungen[450]. Daß in der Sowjetunion hingegen die entsprechende Regelung aus dem zaristischen Rußland abgeschafft wurde, mag vielleicht historisch damit erklärbar sein, daß die Bolševiki diesen Unterschied in ihrer Propaganda derart hochgespielt hatten und die Belastung der Unternehmer mit allen möglichen Leistungen zugunsten der Belegschaft auch ein Instrument bei der vielfach spontanen Übernahme der Betriebe durch die Arbeiter 1917/18 gewesen war.

Früher als in der UdSSR setzte in der DDR eine Subventionierung der „Sozialversicherung" aus allgemeinen Steuermitteln ein und insofern können wir auch von der Finanzierungsseite her sagen, daß die DDR vom Versicherungsprinzip in der „Sozialversicherung" zeitweise eher weiter abging als die UdSSR seit der NEP[451]. Dies fand, wie wir gesehen haben, auch in theoretischen Äußerungen seinen Niederschlag. Jedoch scheint dieser Unterschied nicht so gewichtig, setzten doch ungefähr zum selben Zeitpunkt Bemühungen ein, diese Subventionierung aus allgemeinen Steuermitteln wieder zu beseitigen.

In der Übertragung von Aufgaben der „sozialen Versorgung" an die „Sozialversicherung" ist die DDR weiter gegangen als die Sowjetunion. Da es sich hierbei vor allem um die Versorgung der Kriegsopfer und ehemaligen Beamten nach dem 2. Weltkrieg handelt, können wir die damalige Situation der öffentlichen Haushalte der DDR als Hintergrund vermuten.

Während in der DDR das Gesundheitswesen in beträchtlichem Maße aus Mitteln der „Sozialversicherung" finanziert wird, ist dies in der Sowjetunion seit Ende der 30er Jahre nicht mehr der Fall. Bei einer solchen Finanzierungsregelung handelt es sich offenbar um eine logische Fortsetzung von sowohl im Deutschen Reich als auch im zaristischen Rußland geschaffenen Institutionen: die Gesundheitsleistungen für die Mitglieder der „Sozialversicherung" werden als Sachleistungen der „Sozialversicherung" aus deren Beitragsaufkommen finanziert. Daß dieses Verfahren in der UdSSR in den dreißiger Jahren abgeschafft wurde, scheint von undurchsichtigen Machtkämpfen und Säuberungsmaßnahmen in der sowjetischen Führung herzu-

---

[450] Hierauf verweist M. E. Ruban in einem unveröffentlichten Mansukript zur Sozialpolitik in der DDR. „Mit dem regelmäßigen Einsatz eigener finanzieller Mittel soll ebenso das Verantwortungsgefühl für 'unsere Versicherung' erhalten bleiben wie die Erkenntnis, daß auch die sozialen Leistungen direkt von eigenen Arbeits- und damit Beitragsleistungen abhängen und erarbeitet werden müssen." (S. 23/24)

[451] In der Literatur wird gelegentlich das Gegenteil behauptet, z.B. von P. Mitzscherling op. cit. S. 37.

rühren, die vermutlich mit Fragen der Konzeption der „Sozialversicherung" sehr wenig zu tun hatten. Diese somit wohl als Ergebnis historischer Zufälligkeit zu interpretierende Regelung dürfte ihren Fortbestand vor allem dem Desinteresse an dieser Frage verdanken.

2.3.2. Individualversicherung

2.3.2.1. Personenversicherung

Gemeinsam sind der DDR und der UdSSR, daß in der Individualversicherung zunächst die Sachversicherung überwog und die Personenversicherung erst in jüngerer Zeit ein leichtes Übergewicht gewonnen hat. Dies ist ein auffallender Unterschied zu dem aus den kapitalistischen Ländern gewohnten Bild, ebenso wie die geringe Bedeutung der Personenversicherung im Vergleich zur „Sozialversicherung".

Als Unterschiede zwischen der DDR und der UdSSR sind zu konstatieren, daß das Ausgangsniveau in der DDR ein höheres war, die versicherungswirtschaftlichen Traditionen des Deutschen Reichs stärker fortwirken und es nicht zu jenem fast völligen Brachliegen der Personenversicherung kam, wie wir es in der UdSSR jahrzehntelang beobachten konnten. Die DDR-Personenversicherung eignet sich auch eher als Mittel zur Füllung von Lücken im „Sozialversicherungsschutz" und ist im höheren Maße als solches verständlich.

In der Lebensversicherung ist der UdSSR und der DDR das Überwiegen der Kapitallebensversicherung gemeinsam. In der DDR ist jedoch trotz aller Ausdünnung des Angebots verglichen mit dem Deutschen Reich noch eine größere Zahl an alternativen Policen vorhanden. Bei den Kapitallebensversicherungen hat die UdSSR gegenüber der DDR aufgeholt. Eine Erinnerung an die Vergangenheit ist in der DDR eine Restform von Gewinnbeteiligung in der Lebensversicherung, die in der UdSSR unbekannt ist. Gemeinsam haben die DDR und die UdSSR die Verwendung veralteter Sterbetafeln ohne Differenzierung nach Berufsgruppen etc. und einen für den Fiskus gewinnbringenden Tarif.

Gemeinsam war der DDR und der UdSSR die geringe Verbreitung der freiwilligen Rentenversicherung, geändert hat sich dies mit der Einführung der FZR der „Sozialversicherung". Zuvor war die freiwillige Rentenversicherung bei der DVA immerhin attraktiver und verbreiteter als das entsprechende Angebot von Gosstrach, erst nach der Einführung der FZR sank die Rolle der Individualversicherung hier beinahe zur Bedeutungslosigkeit ab.

Gemeinsam sind der DDR und der UdSSR schließlich die kraftvolle Förderung der Kinderversicherung und des Töchterversorgungsinstitut, gemeinsam auch die oben aufgezeigten Gründe hierfür.

Die Unfall- und Invaliditätsversicherung der DDR und der UdSSR zeichnen sich beide durch einen engen Unfallbegriff aus, der eine umfassende Befriedigung von hier bestehenden Versicherungsbedürfnissen unmöglich macht und durch die schwache oder gänzlich fehlende versicherungsmathematische Fundierung, die vor allem die guten Risiken benachteiligt. Das Policenangebot der DDR ist aber vergleichsweise besser, ein den „Sozialversicherungsschutz" ergänzender Unfallversicherungsschutz der Beschäftigten der sozialistischen Betriebe ist vorhanden, der in der UdSSR nur für wenige Betriebe zulässig ist. Nachdem die private Krankenversicherung im Deutschen Reich stärker als in anderen westeuropäischen Industrienationen entwickelt war, erlebte sie in der DDR gleich am Anfang einen Einbruch und spielte in erster Linie als freiwillige Zusatzversicherung für das Krankentagegeld noch bis in jüngste Vergangenheit eine gewisse Rolle. Sie verlor ihre Bedeutung parallel zum Ausbau des Schutzes durch die „Sozialversicherung", aber auch durch administrative Eingriffe. Demgegenüber gab es in der Sowjetunion zu keinem Zeitpunkt eine private Krankenversicherung. Hier haben wir es also mit einer auslaufenden deutschen Tradition zu tun. Insgesamt können wir für die Personenversicherung eine Tendenz konstatieren, die wir erneut bei der Sachversicherung feststellen: Während die Versicherungstechnik in der Sowjetunion primitiv und das Policenangebot schmal war, hat sich in der DDR hier eine Angleichung an die sowjetischen Verhältnisse von einem höheren Niveau ausgehend vollzogen. Die Angleichung ist jedoch noch nicht abgeschlossen.

2.3.2.2. Sach- und Haftpflichtversicherung

Im Unterschied zu dem aus entwickelten kapitalistischen Nationen gewohnten Bild überwog in der Sach- und Haftpflichtversicherung der DDR und der UdSSR lange die Versicherung des Produktivkapitals, d. h. vor allem des sozialistischen Sektors gegenüber der Versicherung der Privaten. In der UdSSR ist dies bis heute der Fall, wohingegen sich in der DDR durch den Bedeutungsgewinn der KFZ-Haftpflicht und der freiwilligen Hausratsversicherung eine Angleichung an das Gewohnte abzeichnet.

Ferner überwiegt in der DDR und UdSSR bis heute die Zwangsversicherung, bzw. die einer Zwangsversicherung ähnelnde Versicherung über einen „Globalvertrag" gegenüber der freiwilligen Versicherung, letztere gewinnt aber allmählich an Bedeutung.

Das Überwiegen der Versicherung des sozialistischen Sektors geht nicht nur auf die relative Armut der Privaten und die Geringfügigkeit des persönlichen Eigentums zurück, sondern auch auf deren versicherungswirtschaftliche Diskriminierung, das Fehlen attraktiver Policenangebote. Ein Wandel geht nicht zuletzt auf die allmählich auch in den sozialistischen Ländern einsetzende Motorisierung zurück. Aus dem Überwiegen der Versicherung des sozialistischen Sektors erklärt sich ohne Schwierigkeit auch das Überwiegen der Pflicht-, „Regel"- und „Global"versicherung, ist es doch in einer sozialistischen Planwirtschaft ohne weiteres einsichtig und naheliegend, daß die Ordnung der betrieblichen Finanzen nur in sehr eingeschränktem Maße der freien Disposition des Betriebsdirektors überlassen werden kann und ist die zentrale Planwirtschaft doch schon begriffsnotwendig durch nahezu unbegrenzte Weisungsbefugnis der wirtschaftsleitenden Organe gekennzeichnet. Daß die Versicherung der sozialistischen Wirtschaft nicht vollständig freiwillig ist, ist also beinahe eine triviale Aussage. Daraus folgt aber noch keineswegs, daß eine Zwangsversicherung oder andere stark standardisierte Formen von Versicherungsnahmen die zweckmäßigen Lösungen sind — auch wenn die sozialistischen Staaten de facto einen starken Hang hierzu haben[452].

Anders verhält es sich mit der Versicherung der Privaten. Hier wird die Tendenz deutlich, Konsumentenpräferenzen in jüngerer Zeit mehr Chancen zur Befriedigung zu lassen.

2.3.2.2.1. Sach- und Haftpflichtversicherung des sozialistischen Sektors

Der auffallendste Unterschied ist, daß es in der DDR eine Sach- und Haftpflichtversicherung der staatlichen Industrie gibt, in der UdSSR hingegen nicht. Gemeinsam haben die DDR und die UdSSR hingegen, daß dieses unterschiedliche Ergebnis Resultat eines offenbar nicht von einem ausgereiften Konzept geleiteten Zickzackkurses ist.

Ebensowenig wie es Einigkeit darüber gibt, ob die staatliche Industrie sich versichern sollte oder nicht, gibt es offenbar Einigkeit darüber, was an die Stelle einer Versicherung treten sollte. Innerhalb dieser zwei Länder reichte die Variationsbreite — eine Einbeziehung anderer sozialistischer Länder hätte sie noch erweitert — vom Schutz nur durch Subventionen des Staatshaushalts über die Versicherung nur der örtlichen Industrie zur Verwaltung eines Fonds des Staatshaushalts durch die Versicherung bis zu einer Versicherung, die eigentlich keine ist, da alle Entschädigungen über einem Minimalbetrag abgeführt werden. Im Unterschied zur Sowjetunion war in der DDR allerdings auch zu jener Zeit, als die staatliche Industrie unversicherbar

[452] Vgl. hierzu 3.2.2. und 3.3.

war, nicht umstritten, daß die Mitarbeiter der Versicherung bei der Schadensregulierung eingesetzt werden sollten.

Bemerkenswert ist weiter, daß durch die Reduzierung der Haftpflichtversicherungsmöglichkeiten in der DDR zwar eine gewisse Annäherung an die sowjetischen Verhältnisse, wo die Haftpflichtversicherung völlig fehlt, erfolgt ist, aber keine völlige Angleichung.

In der landwirtschaftlichen Versicherung haben DDR und Sowjetunion zwar gemein, daß sie stark ausgebaut und großenteils als Pflichtversicherung ausgestaltet ist. Ein auffälliger Unterschied ist jedoch, daß in der DDR hierbei nicht bis zu einer allgemeinen Ernteversicherung gegangen wurde und eine solche nicht für praktikabel gehalten wird, außerdem, daß die DDR den Versicherungsschutz für landwirtschaftliche Kulturen und Vieh nach vorübergehender Ausweitung auf ein in der Viehversicherung dem sowjetischen vergleichbares Niveau neuerlich demgegenüber wieder eingeschränkt hat. Dies geschah wegen der „hohen Schäden am Versicherungsfond".

Wie bereits betont, ist die Versicherungstechnik in der DDR immer noch entwickelter, dort sind Franchisen, Schadensverhütungsvereinbarungen, der Abschluß von Sonderverträgen und ein gewisses Eingehen auf individuelle Versicherungsbedürfnisse möglich.

2.3.2.2.2. Private

Eine Feuerpflichtversicherung für Privaten gehörige Gebäude existiert in beiden Staaten — dies ist eine Fortsetzung von bereits im zaristischen Rußland und im Deutschen Reich vorhandenen Einrichtungen. Eine Pflichtversicherung für private Tierhaltung wie in der UdSSR kennt die DDR nicht, hingegen sind weitgehende freiwillige Versicherungsmöglichkeiten für die private Landwirtschaft vorhanden. Auch anderweitig war und ist das Policenangebot für die Privaten in der DDR besser. Sicherlich ist auch in der DDR ein starker Trend zur Standardisierung festzustellen.

Ein bemerkenswerter Unterschied ist, daß es in der DDR eine KFZ-Haftpflichtversicherung gibt, in der UdSSR hingegen nicht.

2.3.2.3. Organisation des Versicherungsbetriebs

Organisation und administrative Unterstellung des Versicherungsbetriebs in der DDR sind zumindest in den Hauptprinzipien eine exakte Kopie des Musters, wie es in der UdSSR in den 30er Jahren entwickelt wurde und das nur eine Anwendung des für Wirtschaftsbetriebe üblichen Schemas ist. Seitdem herrscht ungebrochene Kontinuität. Eine Föderalisierung von Gosstrach, wie sie in der UdSSR analog der damaligen Regionalisierung der Wirtschaftsverwaltung 1957 vorgenommen wurde, fand bei der DVA nicht in vergleichbaren Ausmaßen statt.

2.3.3. Schlußbemerkung

Bei der vergleichenden Betrachtung des sowjetischen und DDR-Versicherungswesens hat sich herausgestellt, daß nicht alles, was das sowjetische Versicherungswesen auszeichnet, ohne weiteres als typisch für eine sowjetsozialistische Wirtschaft — eine zentrale Planwirtschaft — angesehen werden kann, daß es aber andererseits auch eine Reihe von gemeinsamen Mustern und charakteristischen Zügen gibt. Nun ist die gewählte Stichprobe, zwei sowjetsozialistische Staaten, nicht groß, sie wird dadurch aber wesentlich vergrößert, daß wir es nicht bei einer Augenblicksaufnahme belassen haben, sondern den ganzen Entwicklungsgang betrachtet haben. Es scheint auch, daß die Einbeziehung weiterer sowjetsozialistischer Staaten für dieses gemeinsame Muster kein so grundlegend anderes Bild ergeben würde[453].

Bei einer Reihe von solchen Charakteristika lag ein Begründungszusammenhang nahe und wir konnten ihn gewissermaßen im Vorbeigehen abhandeln. Für einige andere kommt nun die Aufgabe auf uns, sie näher herauszuarbeiten und vor allem, zu versuchen, sie mittels theoretischer Überlegungen zu erklären.

[453] Vgl. zur sowjetsozialistischen Phase in Jugoslawien B. Schönfelder: Versicherung und Sozialversicherung in Jugoslawien, unveröffentlicht.

3. Eigentümlichkeiten des Versicherungswesens sozialistischer Länder

3.1. Versicherung der sozialen Risiken, insbesondere Altersversorgung

Unter den „sozialen“ oder Lebensrisiken sind Arbeitslosigkeit, Krankheit, Tod, das heißt vor allem Verlust des Ernährers, übermäßige Langlebigkeit, Berufs- und Erwerbsunfähigkeit zu verstehen. Arbeitslosigkeit ist in keinem einzigen sozialistischen Land versicherbar. Die Krankenversicherung reduziert sich mit Ausnahme Jugoslaviens wegen des staatlichen Gesundheitsdienstes weitgehend auf eine Krankentagegeldversicherung. Es verbleibt die Versicherung gegen übermäßige Langlebigkeit und die daran im Rahmen der „Sozialversicherung“ angehängten Versicherungen gegen Tod und Erwerbsunfähigkeit. Im Mittelpunkt steht also die Altersversorgung.

Auffallendstes Kennzeichen derselben ist, daß in den sozialistischen Ländern das relative Gewicht der als „Sozialversicherung“ deklarierten Systeme gegenüber der individuellen Lebensversicherung verglichen mit den kapitalistischen Ländern weit höher ist und das trotz des bescheidenen Versorgungsniveaus, das erstere gewähren. Im Westen hat es Situationen gegeben, in denen die Gewichte beinahe genau entgegengesetzt wie in den sozialistischen Ländern verteilt waren. So war in den USA vor der Schaffung der OASDI, der amerikanischen Sozialversicherung, das Beitragsaufkommen der als Sozialversicherung deklarierbaren Institutionen gegenüber dem Prämienaufkommen der Lebensversicherungen, seien sie individuell oder als Gruppenversicherung über den Arbeitgeber abgeschlossen, bescheiden. Auch in denjenigen kapitalistischen Ländern, die traditionell ein sehr stark entwickeltes Sozialversicherungssystem haben, ist das Prämienaufkommen, das Lebensversicherer daneben erzielen, keineswegs unbedeutend. Ganz anders die sozialistischen Länder.

Dieser markante Gegensatz in der Gewichtung ist volkswirtschaftlich von außerordentlich großer Bedeutung und kann als Systemmerkmal gesehen werden. Er ist in der Literatur zwar erörtert worden; da sich die Sicht des Autors jedoch von der in fast allen diesen Arbeiten vorgetragenen deutlich unterscheidet, hat er eine gründlichere Analyse für erforderlich gehalten. Ist die Bedeutung dieses Gegensatzes erkannt, so ist die von nicht wenigen westlichen Autoren bei der Betrachtung der sowjetischen „Sozialversicherung" aufgestellte These zu diskutieren, daß es dieser an der Versicherungseigenschaft mangle. Wollen diese Autoren damit mehr tun, als ihren Lesern ihre — enge — Definition von Versicherung — meist implizit — bekanntzugeben, so könnte das vielleicht als eine Aussage über die Tendenz sozialistischer „Sozialversicherungssysteme" verstanden werden, den Versicherungscharakter mehr und mehr abzustreifen[1]. Wir haben nun aber gesehen, daß die sozialistischen Länder zwar sehr wohl gelegentlich Ausflüge in diese Richtung unternommen haben, auffallend ist aber gerade, daß sie zumindest zum Teil reumütig wieder umgekehrt sind. In diesem Zusammenhang drängt sich die Frage nach der Konzeption sozialistischer „Sozialversicherungssysteme" und der Sicherung gegen soziale Risiken im allgemeinen und nach einer sozialistischen Theorie derselben auf. Es stellt sich heraus, daß es sowohl an einer durchdachten Konzeption als auch an einer Theorie mangelt. Nichtsdestoweniger scheint es aber einige typische Züge zu geben. Diese typischen Züge im Rahmen einer Theorie zu erklären, erweist sich als schwierig[2].

3.1.1. „Sozialversicherung" versus Lebensversicherung

3.1.1.1. Einführung

Eine Alters- und Hinterbliebenenversorgung, die auf einem System von Lebensversicherungspolicen aufbaut, ist typischerweise mit einem nach versicherungsmathematischen Grundsätzen kalkulierten Deckungsstock ausgestattet und gewährt ebenso fundierte Renten. Eine „Sozialversicherung" hingegen finanziert sich nach dem Umlageverfahren und versicherungsmathematische Gesichtspunkte sind bei der Rentenzumessung nur unter anderem von Belang. Sicherlich sind Mischformen denkbar und die klassischen Sozialversicherungssysteme in Deutschland, Österreich und Frankreich waren im Vergleich zu dem, was wir heute als Sozialversicherung anzusehen gewohnt sind, eine Mischform — so war ursprünglich in gewissem Umfang die Schaffung eines Deckungsstocks vorgesehen.

Daß sämtliche sozialistischen Länder eine starke systematische Präferenz für ein nach dem Umlageverfahren finanziertes Sozialversicherungssystem gegenüber einem Lebensversicherungssystem haben, läßt sich über die Dar-

[1] Die Grenze, ab der man nicht mehr von einer Versicherung sprechen will, ist notwendigerweise eine Frage der Konvention, ist doch selbst in einem ausgesprochenen Staatsbürgerversorgungssystem ein Versicherungselement ausmachbar. Das Hauptmotiv für die gesellschaftliche Zustimmung, die ein solches System erfahren mag, dürfte ein Versicherungsmotiv sein — das Bedürfnis, sich gegen unverhofftes Ausbleiben des Arbeitseinkommens zu „versichern". Für die ökonomische Analyse des Systems ist das wesentlich.

[2] Wegen theoretischer Äußerungen sozialistischer Autoren zur Sozialversicherung außer den in diesem Abschnitt zitierten, vgl. oben S. 32, 37, 49, 63, 76, 80, 82, 119.

stellungen in den Länderanalysen hinaus mit einigen Zahlen illustrieren. So betrug das Verhältnis des Beitragsaufkommens für Lebensversicherungspolicen zum Mittelaufkommen für „Sozialversicherungsrenten" in der DDR 1980 ca. 1:7,75, in Bulgarien 1980 1:14, in Ungarn 1980 1:114, in Polen 1979 1:119 und in der UdSSR 1960 1:24, 1970 1:10. Demgegenüber betrug dieses Verhältnis in der BR Deutschland 1981 1:3,9 und in den USA 1:1,75[3].

Bezeichnenderweise kommt die Ablehnung aller Anflüge von Kapitalstockdeckungsverfahren für die „Sozialversicherung" auch in einem Parteidokument der SED zum Ausdruck: „Berechnung der Renten nach Berufsjahren und Arbeitsverdienst. Mindestrenten. Wegfall des Kapitaldeckungsverfahrens, Aufbringung der Mittel nach dem Umlageverfahren. Gleiche Beitragsteile der Versicherten und Unternehmer ... Zusatzbeträge für die Zusatzversicherungen. Nach Neuordnung der Sozialversicherung Überleitung auf die Gewerkschaften"[4]. Dies dürfte die umfassendste programmatische Äußerung zur „Sozialversicherung" sein, die die SED jemals veröffentlicht hat[5].

3.1.1.2. Sozialistische Begründungen für den Vorrang der Sozialversicherung

Seit den zwanziger Jahren durchziehen die marxistisch-leninistische Literatur[6] aus Anlaß der These von der Überlegenheit eines solchen „Sozialversicherungssystems" über ein „Lebensversicherungssystem"[7] Argumente, die wir vielleicht folgendermaßen in eine rationaler Diskussion zugängliche

---

[3] Statistisches Jahrbuch der BRD 1983, Rocznik statystyczny 1981. Warszawa 1981, S. 588. Statisztikai Evkönyv 1981. Budapest 1982, S. 274. Statističeski godišnik na narodna republika B'lgarija 1981. Sofija 1981, S. 88, 456. Ferner Kolomin op. cit. S. 63, 110, William, Heins op. cit. S. 222 sowie obige Quellen zur DDR und UdSSR.

[4] Sozialpolitische Richtlinien, Beschluß des ZKs der SED vom 30.12.1946. In: Dokumente der SED, Band 1. Berlin (Ost) S. 144.

[5] Das einzige sozialistische Land, in dem der Übergang zum Kapitalstockdeckungsverfahren immerhin als Alternative in Erwägung gezogen wurde, und es gelegentlich zur Bildung — bescheidener — Reserven der Rentenversicherungsträger kam, war Jugoslavien und zwar nicht in seiner sowjetsozialistischen Periode.

[6] Vgl. die oben diskutierten sowjetischen Autoren der zwanziger Jahre, an neuerer Literatur beispielsweise R. I. Ivanova, V. A. Tarasova: Predmet i metod sovetskogo prava social'nogo obespečenija. Moskva 1983 etc. Vgl. auch jugoslavische Autoren, beispielsweise D. Lakićević: Uvod u socijalnu politiku. Beograd 1974, M. S. Michailo: Socijalna politika. Beograd 1960.

[7] Wir unterstellen in diesem Abschnitt für letzteres stillschweigend, daß es bis zu gewissen Versicherungssummen als Pflichtversicherung ausgestattet ist, unversicherbare Individuen durch staatliche Unterstützung versicherbar gemacht werden u.ä., um Elemente des Marktversagens wie Antiselektion auf den Versicherungsmärkten und Anreize für die Armen, sich nicht zu versichern, sondern auf öffentliche Fürsorge zu vertrauen, auszuschließen.

Form bringen dürfen: Ein „Sozialversicherungssystem" ermögliche eine sicherere und höhere Ertragsrate auf die eingezahlten Beiträge als ein anderweitig äquivalentes privates Lebensversicherungssystem. Zweitens seien die Leistungen höher. Beiträge und Leistungen können drittens in einer Art und Weise verteilt werden, die stärker bestimmten verteilungspolitischen Zielen entsprächen. Diese Vorzüge begründeten den Vorrang der „Sozialversicherung", der in den sozialistischen Ländern konsequent verwirklicht sei.

Hinzuzufügen ist, daß sich die sozialistischen Autoren nicht völlig darüber einig sind, ob diese Vorzüge auch für die Sozialversicherung im Kapitalismus gelten[8]. Der Meinung des Autors nach sind andere Gründe als diese Vorzüge, deren Eintreten — wie sich bald herausstellen wird — höchst fragwürdig ist, für den Vorrang verantwortlich, den die Sozialversicherung auch im Kapitalismus gewonnen hat, wenn auch nicht so ausgeprägt wie im Sozialismus[9]. Zur Skepsis gegenüber diesen Behauptungen kann bereits ihre Entstehungsgeschichte stimmen. Marx und Engels schrieben zur Sozialversicherung nahezu nichts. Während der einzige Satz im Programm des Bundes der Kommunisten von 1848, der auf diesen Fragenkomplex bezug nimmt, nicht auf Versicherung, sondern auf Sozialfürsorge hinausläuft[10], setzte sich Engels später in einem Brief bezüglich der Knappschaftskassen, die die öffentliche Sozialversicherung in wesentlichen Zügen vorwegnahmen, für die Abschaffung der Arbeitgeberbeiträge und deren Verwandlung in einen reinen Gegenseitigkeitsverein der Arbeiter ein[11]. Auch Peschke, der sich nach Kräften bemüht, die Sozialversicherungsgesetzgebung als Ergebnis des Klassenkampfes darzustellen, gesteht zu, daß „die Forderungen nach sozialer Hilfe zum Teil recht unklar und zwischen den Extremen Staats- oder Selbsthilfe schwankend[12]" waren und in der SPD abgesehen von den Lassalleanern die Vorliebe für eine staatliche Sozialversicherung gering war[13]. Es dauerte noch bis zum Ende des Jahrhunderts, bis sich die 2. sozialistische Internationale zum Standpunkt durchrang, vor allem den Ausbau der nun schon bestehenden staatlichen Sozialversicherung zu fordern[14]. Dies war der Zeit-

---

[8] Siehe hierzu weiter unten 3.1.3.

[9] Vgl. dazu 3.1.2., S. 175 ff.

[10] Vgl. P. Peschke: Geschichte der deutschen Sozialversicherung. Berlin (Ost) 1962.

[11] A.a.O., S. 174.

[12] A.a.O., S. 175.

[13] Ihre Reichstagsfraktion stimmte gegen die Gesetzentwürfe für die Kranken-, Unfall-, Invaliden- und Altersversicherung.

[14] Motiviert war die Abneigung gegen eine öffentlich-rechtliche Institution vor allem mit der Befürchtung, daß die Arbeiter damit an den Staat gebunden sein würden. Die deutsche Sozialversicherung selbst kam im Ergebnis eines parlamentarischen Kompromisses zustande. Das Ziel Bismarcks war die Schaffung einer Reichssozialfürsorge gewesen, die Liberalen und das Zentrum und mit ihnen auch die Sozialdemokraten opponierten heftig. Der Kompromiß war die Sozialversicherung, die gedanklich am ehesten von den Kathedersozialisten vorweggenommen worden war — in den Augen eines Marxisten wahrhaftig keine Empfehlung.

punkt, da auch Lenin versicherte, die Form, die die Arbeiter am besten gegen die sozialen Risiken zu sichern imstande sei, sei eine „staatliche Versicherung“ (!)[15].

Die marxistisch-leninistische Vorliebe für die Sozialversicherung war also nicht Ergebnis einer Analyse, sondern von taktischen Schwenks.

3.1.1.3. Analyse dieser sozialistischen Begründungen

Die oben angesprochene Frage der Ertragsrate auf Sozialversicherungsbeiträge im Unterschied zur Ertragsrate auf Lebensversicherungsbeiträge läßt sich wohl am leichtesten im Rahmen eines deterministischen Modells überlappender Generationen durchschauen. Wir stellen uns vor, daß jede Generation nur 2 Perioden lang lebt — auf diese Weise umgehen wir das Problem des Zinseszinses, das die Sache nur kompliziert, ohne daß sich am Ergebnis wesentliches ändern würde. Generation 1 ist in der Periode 1 jung, in der Periode 2 alt und in der Periode 3 ist sie tot. Generation 2 ist jung in der Periode 2 etc. Die Wirtschaft sei entweder stationär, d.h. jede folgende Generation sei eine exakte Wiederholung der vorhergehenden oder aber sie befinde sich in einem steady-state, was erforderlich macht, daß jede Generation eine proportionale Vergrößerung der jeweils vorhergehenden ist, oder aber, daß Harrod-neutraler technischer Fortschritt stattfindet. Eine Sozialversicherung würde so funktionieren, daß Generation 1 in der Periode 2 eine Altersrente erhält und diese durch eine Umlage bei der Generation 2 finanziert wird. Generation 2 erhält in der Periode 3 eine Altersrente, diese würde durch eine Umlage bei der Generation 3 finanziert. Die Ertragsrate auf die Sozialversicherungsbeiträge kann offensichtlich in einer stationären Wirtschaft nur null sein. In einer wachsenden Wirtschaft ist sie gleich der Wachstumsrate. Denn die folgende Generation und damit der Träger der Umlage ist ja um die Wachstumsrate größer oder aber — bei Harrod-neutralem technischen Fortschritt — reicher als die jeweils vorhergehende und somit ist die Finanzierung von Renten mit einer solchen Ertragsrate möglich, wenn die Sozialversicherungsbeiträge als Prozentsatz des Einkommens eingehoben werden.

Die Ertragsrate auf das Lebensversicherungssparen hingegen ist gleich dem Wertgrenzprodukt des Kapitals, dem Zinssatz und ist offenbar so lange höher, als der Zinssatz höher als die Wachstumsrate ist. Elementare Ergebnisse der Wachstumstheorie lehren uns, daß der Zinssatz nur auf dem Golden-Rule-Pfad gleich der Wachstumsrate ist, das Erreichen des Golden-Rule-Pfads, insbesondere die Ansparung des dafür erforderlichen großen

---

[15] Vgl. oben S. 32 zum „Arbeiterversicherungsprogramm“. Die SPD vollzog den Schwenk zur „staatlichen Versicherung“ auf dem Erfurter Parteitag 1891.

Kapitalstocks ist jedoch unwahrscheinlich. Mithin ist in allen realistischen Fällen die Ertragsrate auf das Lebensversicherungssparen höher als die auf Sozialversicherungsbeiträge[16].

Das verteilungspolitische Argument für die Sozialversicherung erscheint nicht sehr viel besser begründet. Dieselben verteilungspolitischen Ziele sollten sich zweckmäßiger, weil mehr zielgerichtet, durch eine Ergänzung eines Versicherungsprogramms durch ein entsprechendes Besteuerungs- und Transferprogramm erreichen lassen. Und zumal in einer sozialistischen Gesellschaft sollten einem derartigen Programm auch keine unüberwindlichen politischen Hindernisse entgegenstehen.

Welche Gründe anstelle der vermeintlichen Vorzüge können für das starke Übergewicht der Sozialversicherung anzuführen sein?

3.1.1.4. Lebensversicherung als Form des freiwilligen Sparens

Sicherlich wäre es leicht, historische und ideologische Ursachen zu finden. Indes lassen sich auch ökonomische Gründe angeben, die den ideologischen und historischen vielleicht erst ihre beständige Wirkung verleihen. Diese hängen damit zusammen, daß der Abschluß von Lebensversicherungen zur Altersversorgung, soweit nicht obligatorisch, eine Form freiwilligen Sparens darstellt, das im Rahmen eines Sozialversicherungssystems nicht erfolgt.

Um uns diesen Punkt klarzumachen, kehren wir zunächst zu der oben angesprochenen deterministischen Fassung des Modells überlappender Generationen zurück. Nehmen wir zunächst zusätzlich an, daß zwischen den Generationen außer den durch ein Sozialversicherungsprogramm erzwungenen Transfers keine anderen Transfers stattfinden. Dann ist es im Fall des Sozialversicherungsprogramms offenbar, daß es im Rahmen dieses Versicherungsprogramms volkswirtschaftlich zu keinerlei Ersparnis kommen wird: der möglicherweise auftretenden zusätzlichen erzwungenen Ersparnis der jungen Generation steht ein entsprechender Konsum der alten gegenüber. Durch eine entsprechende Höhe der Sozialversicherungsleistungen läßt sich darüber hinaus das Sparmotiv Altersversorgung völlig aus der Welt schaffen. Anders beim System von Lebensversicherungspolicen: In dem Maße wie die erste Generation in ihrer Jugend einen Deckungsstock für ihre Altersrente anlegt, wird offenbar freiwillig gespart. Diese Ersparnis wird zwar im Alter wieder aufgelöst, ihr steht aber eine entsprechende und unter Umständen,

[16] Anders wäre es nur bei „Kapitalüberakkumulation" mit einer Ertragsrate unter der Wachstumsrate.

Es wurde noch nicht systematisch versucht, dieses Modell auf den stochastischen Fall zu verallgemeinern. Es gibt jedoch Gründe, anzunehmen, daß dann das Ergebnis für die Sozialversicherung noch weniger vorteilhaft wäre. Vgl. B. Schönfelder: Funded versus unfunded methods of old-age retirement systems. Minneapolis 1983, unveröffentlicht.

nämlich wenn die Generation 2 größer oder reicher ist als die Generation 1, also bei Wachstum, eine größere Ersparnis der Generation 2 gegenüber. Es ergibt sich also eine volkswirtschaftliche freiwillige Nettoersparnis in Höhe des Deckungsstocks der Lebensversicherungen. Die größere Ersparnis und ergo der größere Kapitalstock einer Gesellschaft mit dem Lebensversicherungssystem würde im Ergebnis eines Anpassungsprozesses zu einem steady-state mit höherem Prokopfeinkommen führen.

Beziehen wir nun zunächst im Rahmen des deterministischen Modells zwei weitere Möglichkeiten ein: erstens die Möglichkeit von staatlich veranlaßten Zwangssparprozessen, zweitens die Möglichkeit freiwilliger Transfers zwischen den Generationen. Wenn wir in Rechnung stellen, daß eine zentrale Planwirtschaft in hohem Maße Zwangssparprozesse durchführen kann, so könnte argumentiert werden, daß sie die zusätzliche freiwillige Ersparnis aus dem Lebensversicherungssparen nicht braucht, daß sie den gewünschten Kapitalstock und das gewünschte Prokopfeinkommen auch ausschließlich im Wege des Zwangssparens herbeiführen kann. Es fragt sich aber immer noch, ob dies für sie auch empfehlenswert ist. Beispielsweise könnte das freiwillige Sparen unter Gesichtspunkten des Leistungsanreizes Vorteile haben. Dies ist weiter zu untersuchen. Wird im Rahmen des deterministischen Modells die Alternative freiwilliger Transfers zwischen den Generationen zugelassen, so ist es möglich, daß die Transfers im Rahmen des Sozialversicherungssystems nur Transfers ablösen, die auch freiwillig stattgefunden hätten, bzw. daß eine Veränderung der erzwungenen Transfers durch eine entgegengesetzte Veränderung freiwilliger Transfers neutralisiert wird. Eine Analyse dieser Möglichkeit würde hier zu weit führen[17], im Ergebnis der Kontroverse hierüber hat sich herausgestellt, daß eine solche vollständige Neutralisierung der Wirkung eines Sozialversicherungssystems auf die Nettotransfers zwischen den Generationen und auf die Nettoersparnis einen unwahrscheinlichen Extremfall darstellt, der ohne nähere Kenntnis von Präferenzen und Ausstattungen der Ökonomie nicht völlig ausgeschlossen werden kann. Jedoch geht man nicht fehl in der Annahme, daß im Rahmen des deterministischen Modells im Regelfall die Ersetzung eines Lebensversicherungssystems durch ein Sozialversicherungssystem eine nachhaltige Verrin-

---

[17] Unter Bezugnahme auf solche und einige weitere Argumente wird bis heute behauptet, daß die Wirkung einer Einführung eines Sozialversicherungssystems auf die freiwillige Ersparnis unbestimmt sei, vgl. L. Thompson: The Social Security Reform Debate. Journal of Economic Literature 1983:4.

Die tiefgründigste Erörterung des Problems findet sich in der Feldstein-Barro-Kontroverse, siehe R. J. Barro: Are Government Bonds Net Wealth? JPE 1975, S. 1095-1117, ders.: The Impact of Social Security on Private Savings. Washington 1978; derselbe: Reply to Feldstein and Buchanan. JPE 1976: 2 S. 344. M. Feldstein: Social Security and Saving. AER PaP 1976; derselbe: Social Security, Induced Retirement and Aggregate Capital Accumulation. JPE 1974, S. 905; derselbe: A. Comment. JPE 1976, S. 232; B. Schönfelder: op. cit. Minneapolis 1983.

gerung der freiwilligen volkswirtschaftlichen Ersparnis nach sich ziehen wird, wenn auch nicht in dem Umfang, wie es unter Außerachtlassung der Möglichkeit freiwilliger Transfers zu erwarten wäre.

Wesentlich verwickelter ist die Lage, sobald wir zu einem stochastischen Modell übergehen. Freiwillige Transfers zwischen den Generationen haben gegenüber den erzwungenen möglicherweise den Nachteil, daß sie eine weniger zuverlässige Quelle der Altersversorgung sind. Dies hängt allerdings stark von der politischen Verfassung ab, in einem demokratischen System ist dies mit einiger Sicherheit der Fall. Dieser Schwäche freiwilliger Transfers steht gegenüber, daß auch Altersvorsorge durch Sparen mit erheblichen Unsicherheiten behaftet sein mag, wenn keine wertbeständigen Anlagemedien zur Verfügung stehen. Je weniger das Geld die Funktion des Wertaufbewahrungsmittel erfüllt oder alternative Möglichkeiten der Anlage in Sachwerten bestehen, umso mehr wird die Bedeutung freiwilliger Transfers wachsen. Dieser Punkt wird weiterzuverfolgen sein, da er für eine sowjetsozialistische Wirtschaft wichtig ist.

3.1.1.5. Anlagemöglichkeiten für freiwillige Ersparnisse

Bevor wir die Untersuchung fortsetzen, ist es zweckmäßig, uns einen Überblick über die Größe und Anlage freiwilliger Ersparnisse in sozialistischen Ländern im Vergleich mit dem uns gewohnten Bild zu verschaffen. Als Formen der Geldvermögensbildung kommen die Bargeldhaltung, die Einlage bei den Sparkassen und der Staatsbank, der Kauf von Staatsanleihen und der Kauf von Lebensversicherungen in Frage. Als Sachvermögensbildung ist der Bau eines Eigenheims und die Anschaffung anderer langlebiger Konsumgüter, Kunstgegenstände etc. zu nennen.

Über die Größe der Bargeldhaltung können kaum Angaben gemacht werden. Diese Form der Geldanlage wird nicht gern gesehen und in der DDR versucht man ihr vorzubeugen, indem auch Girokonten verzinst werden. Der Kauf von Staatsanleihen, der früher meist nicht wirklich freiwillig war, hat seine Bedeutung weitgehend verloren, obwohl in der Sowjetunion immer noch Staatsanleihen aufgenommen werden. Wir können diesen Posten als geringfügig vernachlässigen.

In der DDR betrugen die Sparguthaben von Privatpersonen bei den Geld- und Kreditinstituten 1980 102 960 Mill. Mark, demgegenüber war das Guthaben der Bevölkerung in sparwirksamen Personenversicherungen 10 126 Mill. Mark[18]. In der UdSSR betrugen die Guthaben bei Geld- und Kreditinstituten 1980 156 Milliarden Rubel, 1960 hatten sie (in umgestellter Wäh-

[18] Nach Stat. Jahrbuch der DDR 1982.

rung) 10,9 Milliarden betragen[19]. Demgegenüber betrugen die Guthaben der Bevölkerung in sparwirksamen Personenversicherungen 1977 9,928 Milliarden Rubel, 1961 hingegen (in umgestellter Währung) 0,414 Milliarden Rubel[20]. Die Position der Lebensversicherung hat sich etwas verbessert, ist aber immer noch schlecht — weitere Angaben für die DDR würden ergeben, daß dort keine entsprechende Verbesserung der Position der Lebensversicherung stattgefunden hat. Die entsprechenden Zahlen für die BR Deutschland sind: Sparguthaben bei Banken und Sparkassen 488051 Mill. DM im Jahre 1980, hinzu kommen Bauspareinlagen von 115918 und Wertpapierdepots inländischer Privatpersonen 150979. Das in Form von Lebensversicherungspolicen angelegte Kapital betrug demgegenüber 194210 Mill. DM, sein Anteil am gesamten Geldvermögen ist also deutlich höher[21] als in den angeführten sozialistischen Staaten. Ein weiterer wesentlicher Strukturunterschied ist, daß ein Großteil dieser Finanzanlagen in der BR Deutschland längerfristiger Natur ist, wohingegen in den sowjetsozialistischen Ländern solche Anlagen mit längeren Kündigungsfristen mit Ausnahme der Lebensversicherungen weitgehend fehlen. Aufgrund der Zusammenhänge, die wir weiter unten[22] aufzeigen werden, ist dies mysteriös, — es erschiene rational, daß die sozialistischen Führungen solche Anlagemöglichkeiten mit einem höheren Zinssatz anbieten. Daß dies nicht der Fall ist, scheint vornehmlich ideologische Gründe zu haben[23] — hier wirkt das Ressentiment gegen „arbeitslose Einkommen" nach.

Setzt man den laufenden Geldvermögenszuwachs ins Verhältnis zum Geldeinkommen der Bevölkerung, so ergibt sich eine Sparquote, die in der DDR relativ konstant mit ungefähr 7 %[24] etwa halb so hoch wie in der BR Deutschland lag, für die UdSSR sind entsprechende Statistiken nicht verfügbar. Aus den Angaben, über die wir aus anderen sowjetsozialistischen Ländern verfügen, können wir jedoch schließen, daß eine signifikant niedrigere Sparquote in den sozialistischen Ländern allenthalben anzutreffen ist. Überdies sind diese 7 % auch in der DDR, die mit dem Problem der zurückgestauten Inflation besser als die UdSSR fertiggeworden ist, nicht vollständig als freiwillige Ersparnis zu werten, sondern gehen zum Teil auf mangelnde Erhältlichkeit von Konsumgütern zurück. Auf die starke Zunahme der zurückgestauten Inflation ist das — im Verhältnis zum Einkommenszuwachs — weit überproportionale Anwachsen der Sparguthaben und mit ihnen der

---

19 S. B. Sverdlik: Rost sbereženij naselenija: pričiny i sledstvija. Eko 1982: 6 S. 120.

20 Dies läßt sich berechnen aus E. T. Kagalovskaja: Strachovanie žizni. Moskva 1979, S. 36 und S. 61. Da andere Zahlen nicht zur Verfügung stehen, mußten etwas abweichende Jahre gewählt werden.

21 Zahlen nach Stat. Jahrbuch für die BR Deutschland 1982.

22 Siehe S. 169 ff.

23 In diesem Sinne äußert sich z. B. Sverdlik op. cit. S. 123.

24 DDR-Wirtschaft op. cit. S. 206.

„Boom“ der Lebensversicherung in der UdSSR zurückzuführen[25]. Für den systembedingten Unterschied in der privaten Geldvermögensbildung ist noch wesentlich, daß den Guthaben der Privaten in der BR Deutschland Kredite an Private in Höhe von 411872 Mill. DM plus Baudarlehen von 257521 und Hypothekarkrediten auf Wohngrundstücke von 333095 gegenüberstehen, so daß aus dieser Geldvermögensbildung nur sehr zum Teil[26] Produktivkapital finanziert werden kann. Demgegenüber sind der Konsumentenkredit und alle Formen der Kreditvergabe an Private in sowjetsozialistischen Ländern unterentwickelt. In der DDR beträgt der größte Posten — und die DDR steht hier erneut relativ gut da — 3,5 Milliarden Mark und das sind Kredite für den Eigenheimbau 1971-78 (kumuliert). In der UdSSR sind Kredite für die Bevölkerung eine beinahe vernachlässigbare Größe.

Was die Sachvermögensbildung anbetrifft, so gab es im Eigenheimbau abwechselnde Phasen einer äußerst restriktiven und einer nicht ganz so restriktiven Politik. Seit Anfang der 70er Jahre befinden sich DDR und UdSSR wieder in einer nicht so restriktiven Phase. Das statistische Material ist spärlich, nichtsdestoweniger ist offenbar, daß diese Form von Vermögensbildung im Vergleich zur BR Deutschland einen weit geringeren Teil der privaten Vermögensbildung ausmacht. Wichtigster Engpaß ist hier, daß nur unzureichende Baukapazitäten und Materialien zur Verfügung gestellt werden, Eigenheime müssen in hohem Maße mit eigenen Händen errichtet werden, Eigenheimbesitzer sehen sich Diskriminierungen ausgesetzt. Stellt man dazu in Rechnung, daß Eigenheimbesitzer den vollen Preis, wenn nicht überhöhte Preise für das Wohnen zahlen, wohingegen die staatliche Mieten stark subventioniert sind, so ist es umso bemerkenswerter, daß hier allem Anschein nach ein erheblicher Nachfrageüberhang besteht. Ähnliche Nachfrageüberhänge bestehen offensichtlich für viele andere langlebige Konsumgüter und Autos und das trotz weit überhöhter Preise — die Preise in der DDR für solche Waren liegen oft nach wie vor weit über denen in der BR Deutschland —, minderwertiger Qualität und langer Lieferfristen. Die lange Zeit äußerst restriktive Politik gegenüber dem privaten KFZ erschwerte ebenfalls solche Möglichkeiten der Vermögensbildung[27].

---

[25] Dies wird in der sowjetischen Literatur zugegeben, vgl. z. B. erneut Sverdlik a.a.O.

[26] Unter den Krediten an Private dürften sich allerdings auch solche Verwendungsrichtungen finden.

[27] Wegen der Option, weit überhöhte Preise zu verlangen, wäre eine Erweiterung des Angebots, Eigenheime zu erwerben, sicherlich eine ökonomisch rationale Reaktion einer Planwirtschaft, die eine zurückgestaute Inflation einzudämmen sucht. Ideologische Gründe stehen dem jedoch im Wege.

3.1.1.6. Probleme einer Altersvorsorge mittels freiwilliger Ersparnisse

Kehren wir zu Diskussion der Alternative zurück, ob die Altersversorgung vornehmlich mittels des Umlageverfahrens oder über die Bildung eines Deckungsstocks finanziert werden sollte.

In der Planwirtschaft ist die Entscheidungsmöglichkeit der Individuen über die Höhe der Ersparnis gegenüber einer Marktwirtschaft von vornherein dadurch nachhaltig eingeschränkt, daß im Rahmen der Planung eine Entscheidung über die Aufteilung des Sozialprodukts in Investition oder Konsum von der Staatsführung getroffen wird. Das Sparaufkommen, das hierdurch erforderlich gemacht wird, kann nun entweder dadurch erzielt werden, daß ein großer Teil des Bruttosozialprodukts nie zu persönlichem Einkommen wird und dadurch ein Zustand, in dem die Haushalte über seine Verwendung entscheiden könnten, gar nicht erst eintritt, — durch Zwangssparen also — oder aber die Staatsführung könnte darauf vertrauen, daß die Individuen auch freiwillig die entsprechend hohe Sparquote realisieren und ihnen deswegen erheblich mehr an persönlichen Einkommen auszahlen als an Konsumgütern auf dem Markt erhältlich ist. Ein wesentlicher Bestandteil einer solchen Politik könnte eine Substitution von „Sozialversicherung" durch Lebensversicherung sein. Letzteres dürfte indes für die Führung einer zentralen Planwirtschaft eine außerordentlich riskante und möglicherweise sogar undurchführbare Politik sein. Die Hoffnung auf Stabilität und Höhe der freiwilligen Ersparnis ist in einer Planwirtschaft trügerisch. Von der Warte der Haushalte aus gesehen ist es angesichts der stets drohenden Verknappungen und eines Wirtschaftssystems, das auf solche Verknappungen nur schwerfällig und womöglich gar nicht mit einer Erweiterung des Konsumgüterangebots reagiert, rational, ihre freiwillige Ersparnis, wenn dies möglich ist, weitgehend in natura vorzunehmen — in Gestalt langlebiger Konsumgüter und der Hortung von Artikeln, die im Zweifelsfall second hand wieder verkauft werden können. Diese Erscheinungen werden verstärkt auftreten, sobald die Produktion von Konsumgütern hinter dem Plan zurückbleibt. Oder mit anderen Worten: Die Bildung eines großen Geldvermögens ist nicht sehr zweckmäßig, da auch das Geld in Händen der Haushalte in einer Planwirtschaft die Funktion des Wertaufbewahrungsmittels nur sehr eingeschränkt erfüllt und dies ist systembedingt, da es ja nicht die Haushalte sind, die über Produktion und damit Verfügbarkeit von Gütern entscheiden, sondern der Planer[28]. Der Schein, daß das Geld in vollem Umfang als

[28] Dieses Phänomen scheint trotz gewisser Unterschiede im Wirtschaftssystem auch in Ungarn aufzutreten. Offenbar haben auch dort die Haushalte noch ein unzureichendes Vertrauen in die Fähigkeit des Forint, Wertaufbewahrungsmittel zu sein. So geht der Umstand, daß Ungarn das einzige RWG-Land ist, in dem die Schwierigkeiten der Erhältlichkeit hochwertiger Konsumgüter relativ gering sind, damit einher, daß die Sparquote sehr gering und in bestimmten Jahren negativ war, beispielsweise 1970. Dies kann aus dem ungarischen statistischen Jahrbuch berechnet werden, allerdings handelt es sich um eine

Wertaufbewahrungsmittel funktioniert hat, tritt höchstens dann ein, wenn die Wünsche der Haushalte und die Entscheidung des Planers sich im Ergebnis zufällig decken und dies wäre ein — glücklicher — Zufall und kann normalerweise nicht erwartet werden[29]. Die hieraus resultierende Instabilität der Währung wird freiwillige Transfers zwischen den Generationen als Mittel der Altersversorgung aufwerten.

Auch bei erheblichen Sparanreizen in Gestalt hoher Zinsen etc. können die Planer nicht darauf bauen, daß die freiwillige Ersparnis eine zuverlässige Finanzierungsquelle von großer Ergiebigkeit für ihre Vorhaben ist. Im Gegenteil: Eine hohe private Ersparnis, ob sie freiwillig oder unfreiwillig zustandegekommen ist, läßt befürchten, daß sich die Individuen in einem Moment der Verknappung des Warenangebots und wirtschaftlicher Schwierigkeiten beispielsweise infolge von Planungsfehlern vom Arbeitsmarkt zeitweise zurückziehen[30], etwa die Zeit zwischen einer Kündigung und der Aufnahme einer neuen Arbeit verlängern und diese Minderung des Arbeitsangebots wird eine Verschärfung der wirtschaftlichen Schwierigkeiten hervorrufen.

Im Ergebnis stellt sich der Versuch, statt der Sozialversicherung das freiwillige Lebensversicherungssparen zu fördern, — eine höchst aktuelle Alternative in der Marktwirtschaft —, als für eine Planwirtschaft wenig empfehlenswert heraus. Unsere Argumentation impliziert zugleich, daß sich das Problem anders stellen dürfte, wenn von einer Planwirtschaft sowjetsozialistischer Prägung, also einer Planwirtschaft mit imperativer Mengenplanung, ab- und zu einer „indikativen Planung" übergegangen würde, die vorwiegend mit indirekten finanziellen Hebeln zu arbeiten versucht. Dies ist hier jedoch nicht weiter zu untersuchen.

Der Aufbau eines Deckungsstocks würde für die Planwirtschaft umso akzeptabler, je mehr man ihn des Charakters freiwilliger Ersparnis entkleidet. Dies könnte etwa geschehen, indem man eine weitgehende Pflicht zum Abschluß von Lebensversicherungsverträgen einführt, die Kapitalisierung der daraus erlangten Renten ausschließt und einen Rückkauf entweder sehr unvorteilhaft oder unmöglich macht. Zahlreiche Übergangslösungen wären denkbar, wobei solche Übergangslösungen, solange man nicht Versicherungspflicht eingeführt hat, zum Ausgleich für die Beschränkung der Verfügungsmacht eine Verbesserung der anderen Konditionen erforderlich machen würden. Im Extremfall wäre ein System von Lebensversicherungs-

---

etwas unkonventionelle Sparquote. Berücksichtigt wird die private Geldvermögensbildung unter Abzug von Konsumentenkreditaufnahme (netto).

[29] Siehe hierzu auch weiter unten, optimale Planung unter Unsicherheit, S. 196.

[30] In der sowjetischen Literatur wird darüber geklagt, daß die nicht ganz freiwillige Ersparnis der Individuen in der Sowjetunion bereits dazu geführt hat, daß dieser Fall in beträchtlichem Umfang eingetreten ist, siehe Sverdlik op. cit.

verträgen denkbar, das sich von der bestehenden Sozialversicherung im wesentlichen nur durch die Deklaration unterscheidet, daß die Versicherungsnehmer Besitzer umfangreichen Geldvermögens sind, ohne daß diese Deklaration mit irgendwelchen realen Verfügungsrechten verbunden wäre. Einer solchen Ausgestaltung scheinen in der Tat nur ideologische Gründe entgegenzusehen. Sicherlich ist für jeden echten Sozialisten eine Gesellschaft von Kostgängern des Staates — von „Proletariern" — eine Augenweide, eine Gesellschaft von Bürgern mit umfangreichem Vermögen hingegen ein alptraumhafter Greuel.

In diesem Zusammenhang ist es bemerkenswert, daß die Regelungen der freiwilligen Zusatzrentenversicherung in der DDR zum Aufbau eines Deckungsstocks führen würden, würden die eingehenden Mittel nicht für die Deckung der Defizite aus einer anderen Versicherung, der Pflichtversicherung, eingesetzt. Es würde sich hier um einen Deckungsstock handeln, der keine Verwendungsmöglichkeiten über den Rentenanspruch hinaus vermittelt. Daß ein solcher Deckungsstock auch buchhalterisch nicht gebildet wird, ist sicherlich ideologisch unbedenklich.

Daß die Zwangssparprozesse, die der Verzicht auf bestimmte Formen freiwilliger Ersparnis erheischt, der von der Logik der Planwirtschaft nahegelegt wird, auch tatsächlich durchgeführt werden können, wird im Rahmen des sowjetsozialistischen Systems nicht zuletzt durch die autoritäre Regierungsform ermöglicht, die doch wesentlich weitgehendere Zwangssparprozesse durchzusetzen ermöglicht als eine demokratische.

3.1.1.7. Versuch der Interpretation einiger Beobachtungen zur Lebensversicherung

Wir haben gesehen, daß die Lebensversicherungspolicen der sozialistischen Versicherer im Vergleich mit denen westlicher Industrieländer unattraktiv ausgestaltet sind. Während im Westen das Lebensversicherungssparen durch steuerliche Anreize und andere Formen der staatlichen Unterstützung in großem Stil gefördert wird, ist hiervon in den sozialistischen Staaten keine Spur zu erkennen. Es ist offenbar, daß die dortigen Führungen sich vor allem insoweit für die Lebensversicherung interessieren, als dies ihnen einen unmittelbaren fiskalischen Nutzen stiftet.

Die Abführungen aus dem Lebensversicherungsgeschäft an den Staatshaushalt werden durch überhöhte Ansetzung des Sterblichkeits- und Unfallrisikos, niedrige Rückkaufwerte, eine relativ hohe Verzinsung von Versichertendarlehen und das Fehlen einer Gewinnbeteiligung der Versicherungsnehmer ermöglicht. Sie stellen eine Besteuerung der Lebensversicherung dar. Die Rendite des Sparanteils an der Versicherungsprämie läßt sich berechnen, indem von der Nettoprämie die reinen Risikoprämien abgezogen werden. Unter Verwendung korrigierter, d. h. gegenüber den rechnungsmäßigen, herabgesetzter Risikoprämien, und plausibler Vermutungen über die Inflationsrate sowjetsozialistischer Staaten ergibt sich, daß in der DDR und der UdSSR die Realverzinsung dieser Spareinlagen negativ sein dürfte. Die Verwendung eines einheitlichen Tarifs für die unterschiedlichsten Risiken benachteiligt ferner die guten Risiken. Nicht zuletzt das dürftige und oft unzweckmäßige Policenangebot signalisiert das Desinteresse des Monopolversicherers und des hinter ihm stehenden Finanzministers daran, die Versicherungsbedürfnisse der Bevölkerung zu erfüllen. Daß solche Versicherungsbedürfnisse nicht nur vorhanden sind, sondern von der Bevölkerung auch erkannt werden, demonstriert der große Erfolg der FZR in der DDR.

Es soll nicht bestritten werden, daß einige der Vorwürfe, die wir gegen die sozialistischen Lebensversicherungen erhoben haben, vielleicht zum Teil auch auf westliche Lebensversicherer zutreffen wie der Vorwurf eines Marketing, das den Leistungsvergleich zwischen verschiedenen Angeboten möglichst erschwert, den Kunden über die zweckmäßige Befriedigung seiner Versicherungsbedürfnisse irreführt etc. Bei einer vergleichenden Betrachtung ist es jedoch unbestreitbar, daß der Käufer einer Lebensversicherung im Westen regelmäßig ein besseres Geschäft gemacht hat als der einer sozialistischen Lebensversicherung.

Seitens der Haushalte läßt sich der vergleichsweise geringere Teil ihrer Ersparnisse, den sie in Form von Lebensversicherungen anlegen, also durchaus als rationale Entscheidung erklären. Dies wird gestützt durch die Erwägung, daß ein Teil ihrer Geldvermögensbildung unfreiwillig ist und sie darum interessiert sind, ihr Geldvermögen in relativ liquider Form zu halten, damit sie eventuell auftauchende günstige Kaufmöglichkeiten von Sachgütern nicht versäumen. Dieser Schluß wird schließlich dadurch gestützt, daß aufgrund der Instabilität der sozialistischen Währungen eine jede längerfristige Anlage sehr riskant ist. Der Bürger sozialistischer Staaten muß damit rechnen, daß beim Auftreten wirtschaftlicher Schwierigkeiten sein Geldvermögen eine plötzliche Entwertung[31] erfährt, wodurch auch immer diese wirtschaftlichen Schwierigkeiten bedingt sind — ohne daß er nennenswerte legale Möglichkeiten zur Gegenwehr hätte. Dies erklärt in Verbindung mit unserem Preisindex, weshalb bis in die fünfziger Jahre hinein das Lebensversicherungsgeschäft in der UdSSR bedeutungslos war. Vielleicht erklärt es zusammen mit dem Wachstum der zurückgestauten Inflation, hinter dem sowjetische Bürger möglicherweise die Gefahr eines Übergangs zur offenen Inflation wittern, auch die dortige Vorliebe für kurze Laufzeiten bei den Versicherungsverträgen[32]. Der DDR-Bürger mag hingegen in die Wertbeständigkeit der der

[31] Etwa in Form dramatischer Preiserhöhungen.

[32] Vgl. oben S. 90.

staatlichen Versicherung anvertrauten Gelder etwas mehr Vertrauen haben. Inwieweit die DDR-Bürger ahnen, daß die relative Preisstabilität der letzten Jahrzehnte, die auch durch wachsende Subventionen der Endprodukte bei anhaltender Kosteninflation ermöglicht wurde, sich nur schwer noch lange wird aufrechterhalten lassen, vermag der Autor nicht zu beurteilen.

Ob die Vernachlässigung der Lebensversicherung hingegen auch seitens der sozialistischen Führungen eine rationale Entscheidung ist, ist weit schwerer zu beurteilen. Rational ist es im Rahmen des Systems sicherlich, die Grundsicherung gegen die Lebensrisiken im Wege einer Sozial- statt einer Individualversicherung vorzunehmen. Ob es darüber hinaus rational ist, die trotzdem noch anfallende individuelle Ersparnis vornehmlich in sehr liquider Form zu belassen, ist hingegen höchst fraglich. Neben einer stärkeren Förderung des Eigenheimerwerbs und der Einführung von höherverzinslichen, aber auch längerlaufenden Wertpapieren wäre vermutlich eine attraktivere Ausstattung der Lebensversicherungspolicen empfehlenswert. Vermutlich könnten dadurch einige der negativen Folgen der zurückgestauten Inflation gelindert werden. Ob hier ähnlich wie bei den zwei anderen vorgeschlagenen Anlageformen immer noch ideologische Bedenken im Wege stehen, vermag der Autor nicht zu entscheiden.

3.1.2. Das „Versicherungsprinzip" in der Sozialversicherung

Diejenigen Autoren, die den meisten Sozialversicherungssystemen dieser Welt den Versicherungscharakter abstreiten, wollen diese vielleicht unter Verteilungspolitik oder unter dem noch vageren Begriff der „Sozialpolitik" rubrizieren[33]. Auf die Sozialversicherungseinrichtungen westlicher gemischtwirtschaftlicher Systeme bezugnehmend schreibt F. v. Hayek: „Such a redistribution of income has today become the chief purpose of what is still called

[33] Dabei ist auch auf einer begriffslogischen Ebene noch nicht klar, was eigentlich gemeint ist und ob das eine das andere ausschließt. Dies wird besonders deutlich, wenn wir auf die unpräzise Terminologie der DDR- und sowjetischen Literatur stoßen, die jede Art von Mittelzufluß kurzerhand als Einkommen bezeichnet und dann nicht inkonsequent Umverteilung für jeder Versicherung wesensgemäß hält. „Die Versicherung als Instrument der Umverteilung des Nationaleinkommens . . . Über die Versicherung werden Teile des Nationaleinkommens in Geldform zu einem spezifischen Zweck . . . und nach einer spezifischen Methode — der kollektiven Fondsbildung — umverteilt . . . Der Versicherungsfond ist . . . die Summe der sich in einem bestimmten Zeitraum ständig als Fondsbildung und -verteilung mittels der Versicherung vollziehenden monetären Umverteilungsprozesse. Er gleicht in diesem Sinne seiner Natur nach dem Akkumulations- und dem Konsumtionsfonds in der Phase der Distribution." H. Bader: Die staatliche Versicherung in der DDR. Berlin 1980, S. 53, 4. Dem Leser haben sich angesichts dieses Begriffssalats vielleicht die Haare gesträubt. Eine strengen Maßstäben genügende Begriffsbildung und Abgrenzung von Versicherung und Umverteilung ist in einem stochastischen Modell einer Wirtschaft jedoch nicht einfach.

social ‚insurance' — a misnomer in the early days of these schemes. When in 1935 the United States introduced the scheme, the term ‚insurance' was retained — by a ‚stroke of promotional genius' — simply to make it more palatable. From the beginning, it had little to do with insurance and has since lost whatever resemblance to insurance it may ever have had. The same is now true of most of those countries which originally started something more closely akin to insurance... No system of monopolistic compulsory insurance has resisted this transformation into something quite different, an instrument for the compulsory redistribution of income"[34]. Im Hayekschen Zusammenhang ergibt diese Aussage einen Sinn, ist bei ihm doch Versicherung ein seinem Konzept einer freiheitlichen Ordnung zugehöriges Phänomen[35], nur gibt es dann in einem sozialistischen System definitionsgemäß überhaupt keine Versicherung. Daß dies die Folge einer solchen engen Versicherungsdefinition ist, wird auch aus der Begründung deutlich, mit der G. Hedtkamp der sowjetischen Sozialversicherung den Versicherungscharakter abspricht. Wenn ich ihn recht verstehe, verwendet er als Kriterien, daß keine echte Selbstverwaltung vorliegt, die „Versicherung" staatlich ist, eine umfassende „Versicherungs"pflicht herrscht und die Leistungen u. a. nach „arbeitspolitischen" — wir könnten ergänzen klassenkämpferischen — Gesichtspunkten differenziert werden[36].

---

[34] The Constitution of Liberty, London 1960, S. 288, 289.

[35] „... the state's taking sole charge of particular service ... when the state does so ... the character of the services becomes entirely different from that which they would have had if they had been provided by competing agencies. If instead of administering limited resources put under its control for a specific service, government uses its coervice powers to insure that men are given what some expert thinks they need; if people thus can no longer exercise any choice in some of the most important matters of their lives, such as health, employment, housing and provisions for old age, but must accept the decisions made for them by appointed authority on the basis of its evaluation of their need; ... it will no longer be competitive experimentation but solely the decisions of authority that will determine what men shall get" ebenda, S. 261.

[36] „Wenn sich schon viele Sozialversicherungen marktwirtschaftlicher Wirtschaftssysteme nur noch mit Mühe unter den Begriff der Sozialversicherung subsumieren lassen, so scheitert dieser Versuch vollends beim sowjetischen System, das auf den ersten Blick sogar individualistischer konstruiert zu sein scheint als viele der westlichen Systeme. In der sowjetischen Sozialversicherung kann von Selbstverwaltung, von Solidarität, von mittelbarer Sozialpolitik kaum die Rede sein. Die Gewerkschaft ist nicht Partner des Arbeitgebers Staat, sondern mit ihm identisch. Aber auch die Ausrichtung auf das Versicherungsprinzip besteht nur scheinbar. Die Ausdehnung der Versicherungspflicht auf alle Arbeitnehmer zeigt, daß nicht Versicherung, sondern Redistribution, Versorgung ja z.T. Fürsorge beabsichtigt ist. Auch auf der Seite der Leistungen ist nach Versicherungsgrundsätzen nur scheinbar differenziert worden; in Wahrheit werden arbeitspolitische Ziele, wie die Verhinderung der Fluktuation von Arbeitskräften, die soziale Ausstattung von Mangelberufen und die Steigerung der Arbeitsproduktivität verfolgt . . . Wirkliche Sozialversicherungskassen finden sich in der Sowjetunion höchstens in den aus den ehemaligen „Bauernkomitees für gegenseitige Hilfe" hervorgegangenen freiwilligen Betriebskrankenkassen der Genossenschaften . . .". G. Hedtkamp, Finanzsystem und Geldwesen. In: Osteuropahandbuch Sowjetwirtschaft. Köln 1965, S. 285; desgleichen: Das sowjetische Finanzsystem, Berlin 1974, S. 194.

Uns geht es hier hingegen um die Feststellung, daß die kommunistischen Parteien, sobald sie zur Macht gekommen sind und damit in die Lage versetzt, jedem zuzudiktieren, welches Quantum an Gütern ihm zusteht, dennoch auf bestimmte Formen, die Marktwirtschaften entlehnt sind, nicht verzichten und daß zu diesen Formen auch der Versicherungsgedanke gehört, — bei aller Unterschiedlichkeit im Funktionieren einer sozialistischen Versicherungseinrichtung gegenüber den Versicherungen in einer freiheitlichen Ordnung.

Gehen wir die Hayeksche Aussage einmal durch. Eine Abgrenzung zwischen Einkommensumverteilung und Versicherung ist wohl noch am ehesten möglich, wenn wir es entweder mit aktuarisch fairen Prämien zu tun haben oder wir doch immerhin solche als Vergleichsmaßstab heranziehen können[37]. Entsprechend wird in der Literatur verschiedentlich „versicherungstechnische Äquivalenz" als Abgrenzungskriterium des Versicherungsprinzips verwendet[38]. Im Rahmen unserer Betrachtung über Beitrags- und Prämienpolitik dürfte dafür hinreichend Beweismaterial geliefert worden sein, daß bei einer Anwendung dieses Kriteriums in den sozialistischen Staaten weder eine Sozial- noch eine Individualversicherung existiert. Indes wären auch die meisten Privatversicherungspolicen in der BR Deutschland dann keine Versicherungsverträge[39]. Überdies ist dieses Kriterium theoretisch zweifelhaft. Die Versicherungstheorie hat in neuerer Zeit deutlicher gezeigt, daß das Umlageverfahren eine grundlegendere und in vielen Fällen leistungsfähigere Form des Versicherungsprinzips ist als die Finanzierung über eine feste aktuarisch faire Vorausprämie. Versicherungstechnische Äquivalenz ist nur in einigen selten Idealfällen eine optimale Lösung, nämlich im Fall des reinen „individuellen Risikos" der Versicherungstheorie, also eines Risikos, das sich durch Poolen vollständig eliminieren läßt[40]. Ein jedes Versicherungssystem gegen übermäßige Langlebigkeit versichert u.a. „soziale Risiken" im Sinne der Versicherungstheorie, also Risiken, die sich nicht vollständig durch Poolen beseitigen lassen, z.B. die Veränderung der Sterblichkeit über die Laufzeit des Versicherungsvertrags und die Veränderung der Verzinsung des Deckungsstocks, sofern ein solcher vorhanden ist. Selbst eine mit einem Deckungsstock ausgestattete Altersversorgung kann also keine aktuarisch

[37] Mit aktuarisch fair ist gemeint, daß die Nettoprämie dem Erwartungswert der Versicherungsleistung, erforderlichenfalls auch dem abgezinsten Erwartungswert der Versicherungsleistung, gleich ist.

[38] Z. B. von D. Farny: Sozialversicherung. HdWW Bd. 7, S. 160-169.

[39] Vgl. hierzu beispielsweise J. Finsinger: Versicherungsmärkte. Frankfurt 1984.

[40] Ein Beweis hierfür wird u.a. weiter unten S. 245 ff. gegeben, siehe auch dort wegen der Unterscheidung zwischen individuellem und sozialem Risiko, vgl. auch S. 207. Diese Definition von sozialem Risiko hat nichts mit der obigen zu tun, bei der soziales Risiko im Sinne von Lebensrisiko verstanden wurde. Vgl. hierzu insbesondere auch J.M. Marshall: Insurance Theory: Reserves versus Mutuality: Economic Inquiry 1974: 12 S. 476-493.

fairen Prämien erheben. Kurz und gut: Dieses Abgrenzungskriterium für das Versicherungsprinzip erweist sich als wenig brauchbar.

Daß die Sozialversicherungseinrichtungen marktwirtschaftlicher Länder gewisse Versicherungscharakteristika beibehalten haben und nach wie vor den Namen Versicherung tragen, dürfte kein Zufall sein: Der beim Beitragszahler dieser „Sozialversicherung" geschaffene Eindruck, mit seiner Beitragszahlung einen Anspruch auf eine an den Eintritt bestimmter Gefahren geknüpfte Gegenleistung zu erwerben, dürfte einer der Hauptgründe für die immer noch anhaltende Popularität der „Sozialversicherung" sein. Ein eindeutig als reines Transfersystem deklariertes Programm von aus allgemeinen Steuermitteln finanzierten „Staatsbürgerrenten" dürfte sich schwerlich ähnlich nachhaltiger Beliebtheit erfreuen und ähnliche Ausmaße annehmen, wie sie die „Sozialversicherung" erlangt hat, weil die Steuerwiderstände größer wären[41]. Indes ist es die Eigentümlichkeit der Sozialversicherung, daß dieser Anspruch auf Gegenleistung nicht in einer der Privatversicherung vergleichbaren Eindeutigkeit spezifiziert ist, eher ist er eine unbestimmte Hoffnung und dieser Unterschied könnte im öffentlichen Bewußtsein stärker durchzudringen beginnen, sobald die Generationen an die Reihe kommen, die mit dem „Erwerb" dieser Versicherung vermutlich ein schlechtes Geschäft gemacht haben.

In einem sozialistischen System mit seinen generell nichtrechtsstaatlichen Verhältnissen ist dieser Unterschied zwischen Privatversicherung und Sozialversicherung hingegen weit weniger bedeutsam. Auch den „promotional genius" der Väter des „Systems der sozialen Sicherheit" — ein System mit ausgeprägtem sozialistischen Akzent durch eine privatwirtschaftliche Etikettierung besser verkaufsfähig zu machen — hat eine kommunistische Diktatur nicht nötig — hier müssen andere Gründe dafür vorliegen, daß auch dort immer noch zwischen „Sozialversicherung", „sozialer Versorgung" und Sozialfürsorge unterschieden wird.

Andererseits fehlt in den sozialistischen Ländern auch die Voraussetzung — politische Freiheit — für das Aufkommen eines derartigen verteilungspolitischen Aktivismus und einer Jagd nach dem Ziel der „sozialen Gerechtigkeit", wie sie für demokratische Gesellschaften kennzeichnend geworden ist. Der Monopolversicherer sieht sich nicht einem ähnlich starken Druck ausgesetzt, in allen seinen Handlungen „soziale" Gesichtspunkt in den Vordergrund zu stellen, — deren Unbestimmtheit und letztendliche Unbestimmbarkeit eine der Hauptursachen für die Absonderlichkeiten ist, die die

[41] Die außerordentlich hohe Akzeptanz, die die bestehenden Sozialversicherungssysteme bislang genossen haben und obwohl gemindert immer noch genießen, läßt sich vielleicht am besten als ein Paradox der politischen Ökonomie (public choice) erklären. Zu dieser Erklärung siehe W. C. Mitchell: The Popularity of Social Security. Washington D.C. 1977.

Sozialversicherungen der demokratischen Staaten angenommen haben[42] und die manchen dazu veranlassen mögen, ihnen den Versicherungscharakter abzusprechen.

3.1.2.1. Argumente gegen eine reine „soziale Versorgung" im Sozialismus

Wir haben beobachten können, daß in den Renten„versicherungs"systemen der betrachteten sozialistischen Ländern[43] trotz aller gegenteiligen Bestrebungen drei Momente immer wieder zum Vorschein kommen[44]:

1. die Renten„versicherung" wird organisatorisch von der Sozialfürsorge getrennt und gesonderten Teilen der Bürokratie anvertraut, die „Sozialversicherungsträger" genießen innerhalb der Staatsverwaltung eine gewisse Autonomie.
2. die Renten„versicherung" finanziert sich aus gesonderten Beiträgen und nicht aus dem allgemeinen Mittelaufkommen des Staatshaushalts. Es kommt von Zeit zu Zeit das Bestreben auf, die Subventionierung des Haushalts der „Sozialversicherung" abzubauen.
3. Auch ein Zusammenhang zwischen der Höhe des Beitrags und der Leistung geht nicht völlig verloren, — dort wo er zeitweilig verloren gegangen ist, treten Bemühungen um seine Wiederherstellung auf.

Diese drei Momente können wir als Fortwirken des Versicherungsgedankens in der „Sozialversicherung" der sozialistischen Länder auffassen.

Als Grund für 1. scheint am ehesten „Verwaltungseffizienz" in Frage zu kommen. Daß gesonderte Behörden für die Übernahme bestimmter sozialer Aufgaben empfehlenswert sind, läßt sich aus dem Umfang und der Komplexität dieses Aufgabenfeldes und der Notwendigkeit, ein großes Vorschriftensystem für die Durchführung dieser Verwaltungsaufgabe zu schaffen,

---

[42] Mit diesen Absonderlichkeiten sind u.a. die verteilungspolitischen Effekte der realen Sozialversicherungssysteme gemeint, die solcher Art sind, daß sie eigentlich von keinem ideologischen oder politischen Standpunkt aus sinnvoll und wünschenswert erscheinen können. Vgl. hierzu M. Friedman: Capitalism and Freedom. Chicago 1962, S. 182 ff. „The only argument I have ever come across to justify the redistribution involved in OASI is one that I regard as thoroughly immoral despite its wide use. This argument is that OASI redistribution on the average helps low-income people more than high-income people despite a large arbitrary element; that it would be better to do this redistribution more efficiently; but that the community will not vote for the redistribution directly though it will vote for it as part of a social security package. In essence, what this argument says is that the community can be fooled into voting for a measure that it opposes by presenting the measure in a false guise."

[43] Eine Einbeziehung weiterer sozialistischer Länder würde diese Schlußfolgerung stützen.

[44] Eine interessante Frage, die der Autor nicht zu beantworten vermag, ist, weshalb ähnliches nicht auch in der Krankenversorgung geschieht.

schlußfolgern. Dieses Vorschriftensystem muß den Verwaltungsangestellten bekannt sein, außerdem muß eine Hierarchie vorhanden sein, die in der Lage ist, die Anwendung dieser Vorschriften zu kontrollieren. Aus diesen Erwägungen ergibt sich zwar noch keine exakte Abgrenzung des Aufgabenfeldes einer bestimmten Behörde, aber insoweit das Vorschriftensystem, das die eigentliche Sozialfürsorge regelt, sich wesentlich von dem für die Rentenversorgung unterscheidet, liegt die Schaffung gesonderter Behörden doch nahe.

Es wird noch klarer werden[45], daß das „Verwaltungskosten"argument bei der Personen- und Sozialversicherung mit weit größerer Überzeugungskraft für die Schaffung gesonderter Versicherungsträger angewendet werden kann, als dies bei der Sachversicherung im Bereich der staatlichen Industrie in einer zentralen Planwirtschaft der Fall ist.

Für 2. wird in der sowjetischen Literatur seit Jahrzehnten angeführt, daß dies der richtigeren Preis- und Wertermittlung diene. Zu diesem Argument müssen einige Anmerkungen gemacht werden. Eine „richtige Bewertung" wäre diejenige Bewertung, die sich in einem allgemeinen Gleichgewichtssystem als Gleichgewichtspreisvektor ergibt, wobei der sozialistische Charakter des Systems dadurch zum Ausdruck gebracht werden kann, daß über die Präferenzordnungen der Haushalte eine „soziale Wohlfahrtsfunktion" irgendeiner Art definiert wird[46]. Das Optimierungsproblem kann alternativ als ein Problem der mathematischen Programmierung oder als ein Problem der Suche nach einem Walrasgleichgewicht interpretiert werden, bei dem die Erstausstattung an Ressourcen auf die Individuen derart verteilt sind, daß sich gerade dasjenige Walrasgleichgewicht ergibt, das zu dem aufgrund der sozialen Wohlfahrtsfunktion präferierten Paretooptimum gehört[47]. Damit können unsere obigen Ergebnisse zur Anwendung gebracht werden. In allen jenen Fällen, in denen die Bedingungen für das Ricardo-Barro-Irrelevanztheorem für die Staatsschuld, bzw. eine nach dem Umlageprinzip funktionierenden Rentenversicherung, nicht erfüllt sind[48], ist die aggregierte Ersparnis

---

[45] Siehe unten S. 194 ff.

[46] Diese „soziale Wohlfahrtsfunktion" kann beispielsweise so aussehen, daß die Präferenzordnung eines „Haushalts", des Planers, außerordentlich starkes Gewicht in dieser sozialen Wohlfahrtsfunktion hat, die der anderen Haushalte hingegen nur ein sehr geringes.

[47] Bekanntlich gibt es in einem allgemeinen Gleichgewichtssystem in Abhängigkeit von der Verteilung der Erstausstattungen im allgemeinen unendlich viele Walrasgleichgewichte und paretooptimale Allokationen, zwischen denen eine eins-zu-eins-Korrespondenz besteht. Durch entsprechende Wahl der Erstausstattungen kann die gewünschte paretooptimale Allokation als Walrasgleichgewicht realisiert werden. Vgl. beispielsweise H.R. Varian: Microeconomic Analysis. New York 1978, S. 166.

[48] Die Erhebung der Sozialversicherungsbeiträge im Umlageverfahren kann als eine Ausgabe von Staatsschuldtiteln an die „junge Generation" betrachtet werden. Das Aufkommen der Staatsanleihe würde dann für die Finanzierung der Renten verwendet. Dann kann das Ricardosche Theorem angewendet werden, nach dem es keine realen Effekte auslöst, ob Staatsausgaben über die Aufnahme von Staatsschuld oder auf anderem Wege finanziert werden. Vgl. dazu R. Barro op. cit.

in dieser Wirtschaft nicht paretooptimal und mit ihr die gesamte Allokation. Die Finanzierungsweise des Rentenversicherungssystems stellt eine Allokationsstörung dar, die vorgegeben wird, das Resultat der weiteren Optimierungsbemühungen kann also nur mehr ein „zweitbestes" sein[49]. Diese Beurteilung erstreckt sich auch auf den Gleichgewichtspreisvektor, der diese Sozialversicherungsbeiträge dann enthält[50]. Es scheint plausibel, daß es von allen praktikablen Lösungen in einer Planwirtschaft wohl die beste ist, den Betrieben die Aufwendungen für Rentenversicherung etc. in Gestalt von Sozialversicherungsbeiträgen anzulasten und diese in die Selbstkostenberechnung für die Produkte dann einzubeziehen, wenn wir die Leistungen der Sozialversicherung etc. als gegeben voraussetzen. Ein Modell zu konstruieren, in dem dies als Ergebnis herauskommt und damit so etwas wie einen strengen Beweis dieser Aussage zu erbringen, dürfte jedoch schwierig sein.

Für die Durchsetzung eines strengen Umlageverfahrens[51] in der Sozialversicherung der sowjetsozialistischen Staaten kann noch ein zweites Argument aufgeführt werden. Sozialistische Betriebe und Behörden stehen nicht unter einem durch Wettbewerb und Konkursrecht bedingten Druck, wirtschaftlich zu arbeiten. Dies muß so weitgehend wie möglich durch administrative Wirtschaftlichkeitskontrollen ersetzt werden. Hierfür mag es hilfreich sein, wenn diese zu kontrollierenden Behörden über feste Einnahmequellen verfügen und verpflichtet sind, im Regelfall diesen finanziellen Rahmen nicht zu überschreiten. Ein solcher Druck zum „Haushaltsausgleich" wird durch das strenge Umlageverfahren ausgeübt und dies mag eine gewisse Bremse für die sozialistische Kosteninflation sein. Eine solche Motivation haben wir in der Sowjetunion in den 20er und 30er Jahren feststellen können, P. Mitzscherling[52] diagnostiziert sie für die DDR ab den 60er Jahren und am klarsten wurde sie von N. Dilber zum Ausgang der sowjetsozialistischen Periode der jugoslavischen Wirtschaft ausgesprochen[53].

---

[49] Im Sinne der Theorie des „Zweitbesten". Vgl. dazu weiter unten S. 230 f.

[50] Eine gründlichere Analyse dieses Problems würde hier zu weit führen. Es soll auf eine Schwierigkeit aufmerksam gemacht werden. Allgemeine Gleichgewichtsmodelle mit sich überlappenden Generationen sind nicht generell als Spezialfälle eine Arrow-Debreu-Systems interpretierbar und die Fundamentaltheoreme der Wohlfahrtstheorie, die für die Arrow-Debreu-Welt bewiesen wurden, gelten damit nicht immer auch für sie. Hierfür sind zusätzliche Annahmen erforderlich, die wir hier als gemacht unterstellen.

[51] Wegen der Abgrenzung von Umlage- und Prämienverfahren vgl. W. Mahr: Einführung ... Mit „streng" möchte ich ausdrücken, daß die Leistungsgewährung der Sozialversicherung durch ihre laufenden Beitragseinnahmen beschränkt werden, ihr also eine „harte Budgetrestriktion" auferlegt ist.

[52] Soziale Sicherheit op. cit. S. 42.

[53] „Die Vereinigung aller Funktionen und Aufgaben der Sozialversicherung in den Händen des Staates als abstraktem 'Träger der Versicherung' führt zur völligen Ablösung der Sozialversicherung von ihrer materiellen Basis, zum Abbruch des funktionalen Zusammenhangs zwischen Wirtschaft und Sozialversicherung und ihrem Auftreten als etwas rein 'Sozialem', für das die nötigen Mittel bei der letztendlichen Distribution aus dem Staats-

Für 3. wird ebenfalls traditionellerweise in der Literatur der sozialistischen Länder der Leistungsanreiz angeführt, der von einem nach Einkommens- und damit Beitragshöhen differenzierten Rentensystem auf die Arbeiter ausgeht. V. Angelova vertritt gar die These, daß „in der Etappe des Aufbaus der entwickelten sozialistischen Gesellschaft die ökonomische Seite der Pensionen" gegenüber der sozialen „in den Vordergrund trete" und daß sie vor allem zu einer „möglichst langen und effektiven Teilnahme an der Arbeit in der gesellschaftlichen Sphäre stimulieren" sollen[54]. Wir haben gesehen, daß solche Bemühungen, die Renten „stimulierend" zu bemessen, in den sozialistischen Ländern immer wieder eingesetzt haben. Dem stehen aber offenbar einige Schwierigkeiten politischer und ökonomischer Natur entgegen, mit denen wir uns näher zu befassen haben.

Eine den Arbeitseinsatz stimulierende Funktion der Renten- und Beitragsberechnungsformeln tritt nicht ein, wenn, wie von Kennern versichert wird, in den sozialistischen Ländern im Bewußtsein der Bürger dieser Zusammenhang zwischen Beitragsleistung und Rente nicht verankert ist. Dies wird sicherlich durch das Fehlen eines Arbeitnehmerbeitrags beispielsweise in der Sowjetunion mitbewirkt — im Fall eines Arbeitnehmerbeitrags wird dem Arbeitnehmer schließlich auf dem Lohnzettel quittiert, daß lohnbezogene Beiträge abgeführt wurden. Eine weitere Ursache für das Fehlen eines solchen Bewußtseins ist die marxistische These, daß die Renten aus dem Mehrwert bezahlt werden und die „Sozialversicherungsbeiträge" nicht als Lohnbestandteil gesehen werden sollten. Dies läuft konzeptionell darauf hinaus, die „Sozialversicherung" als ein Steuer-Transfer-System und nicht als Versicherungssystem zu sehen. Nicht zuletzt das macht es bemerkenswert, wenn heute führende sowjetische Experten wie Lancev[55] von dieser Sicht abgehen und die „Sozialversicherungsbeiträge" auch des Arbeitgebers als

---

haushalt beschafft werden. Die konsequent durchgeführte Dekomposition der Funktionen der so konstruierten Versicherung führte dazu, daß kein einziges der Organe, die an der Verwirklichung der Sozialversicherung teilnehmen, die Problematik derselben als ganzes und mehr als nur bruchstückhaft sieht. Dies führt dazu, daß keines von ihnen eine konkrete Sozialversicherungspolitik betreibt und logischerweise gibt es eine solche Politik bei uns auch nicht. Die Organe des allgemeinen Gesundheitsdienstes realisieren den Gesundheitsschutz der Versicherten und befinden über ihre Arbeitsfähigkeit. Auf diese Weise nehmen sie staatliche Aufgaben wahr, disponieren über Haushaltsmittel ohne irgendeine sachliche Verantwortlichkeit in dieser Hinsicht ... Der Mechanismus einer solchen Finanzierung ist derart, daß alle 'fremdes Geld nach den eigenen Bedürfnissen' ausgeben. Die Republikorgane interessieren sich nicht dafür, ob die örtlichen Organe ihre Mittel ordnungsgemäß verausgaben, ja sie interessieren sich nicht einmal für die ordnungsgemäße Verausgabung der eigenen Mittel, sondern nur dafür, mehr Mittel zu erhalten. Die Disproportionen, die da bestehen, werden zentral nur registriert und hauptsächlich auf der Basis verschiedener Vermutungen analysiert, weiter kommt man aber nie." Samoupravljanje službom i sredstvima socijalnog osiguranja. Narodna država 1952:5-6, S. 265 f.

[54] Pensionnoto osigurjavane v B'lgarija. Sofia 1979, S. 19.

[55] The economic aspects ....

Lohnbestandteile interpretieren. Dies impliziert eine gewisse Rückkehr zu einem Versicherungskonzept für die „Sozialversicherung".

3.1.2.2. Zur Differenzierung der Rentenhöhe und der sog. „Wachstumsorientierung" sozialistischer Sozialpolitik

Die Untersuchung beschränkt sich auf einige Bemerkungen zur Sowjetunion. Stellen wir uns vor, die „Zentrale" will — vielleicht unter Beachtung einiger Nebenbedingungen — ein möglichst hohes Wirtschaftswachstum erzielen und die Rentenpolitik hierfür nutzbar machen. Offenbar steht sie sofort vor dem trade-off, daß hohe Renten hohen Aufwand für Leute bedeuten, die unproduktiv sind und bleiben und insofern wachstumshemmend sind, niedrige Renten sich hingegen möglicherweise generell negativ auf die Arbeitszufriedenheit auswirken und durch ihren gleichmacherischen Charakter — alle bekommen in etwa das Existenzminimum — destimulierende Folgen haben. Der Versuch, aus dem Wachstumsziel eine Rentenpolitik abzuleiten, hätte schließlich Auswirkungen auf das generative Verhalten zu berücksichtigen — ein wenig ausgebautes Altersversorgungssystem fördert vermutlich das generative Verhalten und dieses kann wiederum wachstumsfördernd sein. Ein solcher Versuch wäre offenbar nicht sehr aussichtsreich.

Nichtsdestoweniger ist die Charakterisierung der sozialistischen Rentenpolitik als „produktions-" und „wachstumsorientiert" in der Literatur außerordentlich beliebt[56] und wird, obwohl es in der Regel zu keiner akzeptablen Definition dieser Begriffe kommt, als Begründung für das niedrige Niveau der Altersversorgung angegeben. Vielleicht können wir dies dahingehend interpretieren, daß den sozialistischen Führungen die Auffassung unterstellt wird, daß durch ein generell niedriges Niveau der Altersversorgung das Wachstum gefördert werden könnte. Hier muß relativierend angefügt werden, daß es keineswegs einwandfrei feststeht — vor allem, wenn wir vom Fall der Sowjetunion in der Stalinära absehen —, daß die „Sozialversicherungsrenten" der sozialistischen Länder signifikant niedriger sind als die „entsprechender" marktwirtschaftlicher Länder. So hat F. Pryor[57] gefunden, daß bis in die 60er Jahre das Wirtschaftssystem keine signifikante Erklärungsvariable für internationale Größenunterschiede in den „Sozialversicherungsrenten" ist. Dies hat sich seitdem allerdings geändert. Nach neueren Untersuchungen von Pryor geben die kapitalistischen Länder seit den 60er Jahren einen signifikant höheren Teil ihres Volkseinkommens für „Soziales"

[56] W. R. Leenen hat sie zu einem ganzen Buch ausgeweitet: Zur Frage der Wachstumsorientierung der marxistisch-leninistischen Sozialpolitik in der DDR. Berlin 1977.

[57] Public Expenditure in Communist and Capitalist Nations. London 1968, S. 150.

aus[58]. Es könnte argumentiert werden, daß auch bei gleichem Niveau der „Sozialversicherungsrenten" die Altersversorgung in den Marktwirtschaften besser ist, weil diese Renten ergänzt werden durch private Vorsorge, Entsparen von privtem Vermögen u. ä. Dies ist sicher richtig, obwohl es sich schwer quantifizieren läßt. Ebensowenig läßt sich das in den sozialistischen Ländern vermutlich gewichtigere Moment der freiwilligen Transfers zwischen den Generationen quantifizieren.

Wenn wir trotzdem versuchen, die Charakterisierung „produktions- und wachstumsorientiert" zu begreifen, können wir auf der Ebene eines Zwischenziels postulieren, daß Allokationseffizienz wachstumsfördernd ist und dies impliziert eine Entlohnung der Arbeit nach ihrem Wertgrenzprodukt. „Sozialversicherungsbeiträge" können als Lohnbestandteil gesehen werden[59]. Für Arbeit, die ein hohes Wertgrenzprodukt erwirtschaftet, können die entsprechenden hohen Löhne auch über höhere „Sozialversicherungsbeiträge" und damit verbundene höhere Rentenansprüche realisiert werden. Voraussetzung wäre allerdings, daß die Löhne auf dem sowjetischen Arbeitsmarkt tatsächlich eine Tendenz zum Wertgrenzprodukt hin haben.

Der sowjetische Arbeitsmarkt ist tatsächlich ein Markt[60], aber ein Markt mit ungewöhnlichen Eigenschaften. Sozialistische Betriebe fragen Arbeit auch dann noch nach, wenn deren Wertgrenzprodukt längst unter den Lohn gesunken ist — für sie ist Arbeit in einem gewissen Sinne kostenlos. Ihre Arbeitsnachfrage richtet sie nach der Größe des Lohnfonds, den sie im Rahmen der Planaufstellung erhalten und den sie möglichst zu vergrößern suchen. Einer effizienten Allokation von Arbeit steht ein praktisch unlösbares principal-agent-Problem zwischen „Zentrale" und sozialistischen Betrieben im Wege. Erstere kann wenig anderes tun — zumindest ist es schwierig, sich etwas anderes vorzustellen — als verschiedenen Betrieben und Branchen unter Hintanstellung mikroökonomischer Effizienzüberlegungen aufgrund ökonomisch wenig begründeter Vorstellungen über ihre „Bedeutung" einen größeren oder kleineren Lohnfond zuzuweisen. Ebenso kann sie auch mit Präferenzkonditionen bei Rentengewährung vorgehen. Hieraus ergibt sich sicherlich eine spezielle Förderung bestimmter Betriebe und Branchen, aber ob das wachstumsfördernd ist, muß offen bleiben. Sicherlich spielen die Möglichkeiten eine Rolle, die bestimmte Branchen oder Betriebe haben, der „Zentrale" den Gedanken nahezubringen, daß sie „bedeutend" sind. Diese dürften mit dem Gewicht zusammenhängen, das die diesen Betrieben vorge-

---

[58] Dies hat der Autor in einem persönlichen Gespräch mit ihm erfahren. Ob seine neuen Regressionsanalysen bereits veröffentlicht sind, ist ihm nicht bekannt.

[59] Dies entspricht der Logik eines Versicherungskonzepte der Sozialversicherung. Wird die Verwendung eines solchen Versicherungskonzeptes abgelehnt, so wäre es konsequent, die Sozialversicherungsbeiträge als eine eigentümliche Art von Steuer zu sehen.

[60] Und war es mit Ausnahme des Kriegskommunismus und der Jahre 1940-56 immer.

setzten Behörden im Rahmen der ganzen Wirtschaftsleitungsbürokratie einmal gewonnen haben.

Da die Gruppen mit privilegierter „Sozialversicherungsrentenversorgung" zumindest in der Sowjetunion vornehmlich im Bereich der Produktion von Produktionsmitteln zu finden sind, kann hier ein Moment der „Produktionsorientierung" ausgemacht werden, wenn wir berücksichtigen, daß sozialistisches Wachstum offenbar hauptsächlich ein Wachstum auf der Linie der Produktion von Produktionsmitteln ist. Es scheint eine ständige Eigenschaft dieses sozialistischen Wachstums zu sein, daß die Investitionsquote im Vergleich mit Marktwirtschaften unverhältnismäßig hoch ist.

Schließlich entdecken wir noch zwei weitere Momente der „Produktionsorientierung".

Eine sozialistische Sozialpolitik kann nach elementaren Resultaten der Wachstumstheorie als wachstumsfördernd angesehen werden, wenn sie eine solche Veränderung der Mortalität und Morbidität in der Bevölkerung bewirkt, daß der Anteil der Erwerbsfähigen an der Gesamtbevölkerung steigt. Diese Wirkung hat beispielsweise eine Erhöhung der Lebenserwartung, solange sie nicht soweit gediehen ist, daß sie ein Heer von Altersrentnern erzeugt, ebenso die Eindämmung von Krankheiten, von denen die arbeitsfähige Bevölkerung in großem Umfang betroffen ist u. ä. Und diese Wirkung können wir der Sozialpolitik der DDR wie der UdSSR bis in die 60er Jahre hinein zweifellos attestieren. Dies ist aber mehr eine Angelegenheit der Gesundheits- als der „Sozialversicherungspolitik" und beide haben sich, wie wir gesehen haben, institutionell weitgehend voneinander getrennt entwickelt. Ein Einfluß auf die „Sozialversicherung" kann immerhin insofern festgestellt werden, als die Ausgaben für Gesundheitspflege nachhaltiger und zu einem früheren Zeitpunkt erhöht wurden als die Ausgaben für Altersrenten. Ob die in der UdSSR im Vergleich zu den Altersrenten relativ hohen Krankentagegelder einen gesundheitsfördernden Effekt haben, muß als fraglich dahingestellt werden, ebenso mag das Gegenteil der Fall sein. Sozialistische „Sozialversicherungspolitik" ist schließlich insofern wachstumsfördernd, als sie keine Berufsunfähigkeitsrenten kennt und daher arbeitsfähige Menschen zur Arbeit zwingt, die unter kapitalistischen Bedingungen, unter denen die Berufsunfähigkeit ein versicherbares Risiko ist, vielleicht nicht arbeiten würden.

3.1.2.3. Zur politischen Ökonomie der Sozialversicherung

Der politische Prozeß, in dessen Rahmen die einzelnen Schwenks in der „Sozialversicherungspolitik" erfolgen, war und ist regelmäßig zu undurchsichtig und die Informationen über ihre sozialen und wirtschaftlichen Folgen sind zu spärlich, als daß sich der Autor in der Lage sähe, hier sehr viele Regelmäßigkeiten auszumachen[61].

Für plausibel können wir immerhin die Vermutung einer derartigen Regelmäßigkeit halten, daß mit Maßnahmen der politischen Liberalisierung im allgemeinen auch eine vermehrte sozialpolitische Aktivität und damit auch eine vergleichsweise mehr rentnerfreundliche Einstellung einhergeht. Eine solche sozialpolitische Gleichgültigkeit, wie wir sie am Beispiel der sowjetischen Regierung beobachten konnten — daß auch intern bis zum Ende der Stalinära keine Statistik über die Zahl der Rentner geführt wurde und bis heute nur bescheidenes statistisches Material über deren soziale Lage vorliegt, kann als Folge ausgeprägter Gleichgültigkeit gewertet werden —, läßt sich bei einer weitergehenden Liberalisierung nicht durchhalten. Wenigstens die krassesten sozialpolitischen Versäumnisse werden dann zum Politikum und zum Gegenstand einer Diskussion, die sich in Ungarn und Jugoslavien nicht hat vermeiden lassen.

Wenn, wie unter dem „Kadarismus", nach der Maxime „Wer nicht gegen uns ist, ist für uns", ohne großangelegt betriebenen Terror eine „Duldung" des Regimes durch die Bevölkerung erreicht werden soll — nachdem die Gewinnung breiter Zustimmung für unmöglich erkannt ist —, so dürfte es unvermeidlich sein, sich wenigstens um eine gewisse Verringerung des Abstands zwischen Worten und Taten, zwischen sozialistischem Anspruch und Wirklichkeit zu bemühen. Damit kann die Regierung mehr Glaubwürdigkeit bei der Bevölkerung erlangen. Eine solche Glaubwürdigkeit wird durch Nachrichten über krasse soziale Mißstände, die von breitesten Kreisen mißbilligt würden und die im „aufgeklärten sozialistischen Absolutismus" weit eher an das Licht der Öffentlichkeit gelangen, nicht gefördert.

Diese These wird durch die Beobachtung empirisch erhärtet, daß beim Übergang von den stalinistischen zu den nachstalinistischen Herrschaftsmethoden in der Sowjetunion, aber auch in anderen sozialistischen Ländern, eine Belebung der Sozialpolitik einsetzte — und daß diejenigen beiden Länder, die auf dem Weg zum „aufgeklärten sozialistischen Absolutismus"[62] am weitesten gingen, Ungarn und Jugoslavien, auch als die rentnerfreundlichsten aller sozialistischen Staaten bezeichnet werden dürfen[63].

---

[61] Soweit über diese Schwenks mehr als nur sehr spekulatives zu sagen war und sie in der Literatur nicht bereits mit solcher Gründlichkeit diskutiert worden sind, daß eine Wiederholung in dieser Arbeit unangebracht wäre, hat er seine Ansichten über die Zusammenhänge im Rahmen der historischen Darlegungen eingebracht.

[62] Dieser Ausdruck wurde von W. Brus geprägt.

[63] Für Jugoslavien siehe B. Schönfelder op. cit. Detaillierte Untersuchungen zu Ungarn liegen dem Autor nicht vor, er gewinnt aber aus J. Rózsa: Szociálpolitika Magyaroszágon. Budapest 1978, russ. Übersetzung: J. Ryža: Social'naja politika v VNR. Moskva 1982, einen derartigen Eindruck. Ryža gibt auf S. 100 die folgenden Zahlen: durchschnittliche Monatsrente: 1960: 468 Forint, 1970: 765; 1975: 1 272; 1980: 2 270. Durchschnittliche Monatsrente

Darüber hinaus ist in der Literatur auch für andere Züge der Rentenpolitik ein loyalitätssichernder Effekt reklamiert worden. Das gilt gleichermaßen für die gern als „elitär" bezeichnete und bestimmte, oft nur schwer näher ausmachbare Gruppen bevorzugende Rentenpolitik der Stalinära, als auch für die gleichmacherische Rentenpolitik, die in der CSSR bereits in der Ära Gottwald anzutreffen gewesen zu sein scheint[64].

Diese Aussagen, obwohl logisch nicht eben wohl zusammenpassend, mögen ihre Berechtigung haben — angesichts dessen, daß die soziale Lage der Rentner wie die politischen Hintergründe und Wirkungen gleichermaßen schwer feststellbar sind, kann hier jedoch allenfalls von Vermutungen gesprochen werden.

3.1.2.4. Eine abschließende Bemerkung

Der Versuch, aus einem wirtschaftspolitischen Ziel wie dem Wachstumsziel, das sozialistischen Führungen vielleicht als naheliegend unterstellt werden kann, oder aber aus politökonomischen Zusammenhängen Ausagen über die Gestalt sozialistischer Sozialversicherungssysteme und das Fortwirken des Versicherungsprinzips abzuleiten, hat sich als nur mäßig ergiebig herausgestellt. Anhaltspunkte dafür, daß sich solchermaßen die These stützen ließe, das Versicherungsprinzip sei ein bloßes Relikt der Vergangenheit, haben sich nicht finden lassen. Es ist naheliegend, daß sich die struktur- und wachstumspolitischen Vorstellungen, die die Führung zu einem bestimmten Zeitpunkt jeweils hegte, sich ebenso wie die politischen Zeitumstände in einem sowjetsozialistischen System auf die „Sozialversicherungspolitik" nachhaltig auswirken dürften. Das ist ein „versicherungsfremdes" Element. Solche vornehmlich historisch erklärbaren Schwenks sollten aber nicht mit dauerhafteren Tendenzen verwechselt werden. Es scheint, daß uns die wirt-

---

eines Neurentners: 1960: 898; 1970: 1 136; 1975: 1 966; 1980: 3 215. Betrachten wir zum Vergleich die durchschnittlichen Monatslöhne von Beschäftigten im staatlichen Sektor — in den vorigen Zahlen waren auch die Renten der Bauern eingeschlossen! —: 1960: 1 575; 1970: 2 139; 1975: 2 881; 1980: 4 014. Statisztikai évkönyv 1981 S. 17. Dies ergibt doch ein recht günstiges Bild. Zu erwähnen ist hier die weit fortgeschrittene rentenpolitische Gleichstellung der Bauernschaft, eine Dynamisierung der Renten um 2 % pro Jahr plus Ausgleichszahlungen für bestimmte Preiserhöhungen. Dabei wird zugegeben, daß trotzdem noch viele Rentner in Armut leben und es auch noch weitgehend unversorgte alte Menschen gebe. Als Mangel des ungarischen Rentensystems sieht Ryža schließlich (S. 120), daß die Spanne zwischen Minimal- und Maximalrenten und damit die Ungleichheit größer sei als „in den anderen sozialistischen und dem überwiegenden Teil der kapitalistischen Länder". Laut R. Andorka muß ein Rentner in Ungarn heute normalerweise beim Übergang in die Rente, was das auf offizielle Weise erworbene Einkommen anbetrifft, keine Einbuße an Lebensstandard mehr hinnehmen — unveröffentlichter Vortrag im August 1982 in Budapest.

[64] Vgl. W. Connor: Socialism, Politics and Equality. New York 1979.

schaftshistorische Betrachtung immer noch am meisten über die Gründe für bestimmte jeweils vorzufindende Regelungen zu sagen hat.

3.1.3. Sozialistische „Theorien" der Sozialversicherung

Von „marxistisch-leninistischer" Seite wurden ganz im Gegensatz zum reformistischen Flügel der sozialistischen Bewegung seit jeher nur geringe theoretische Bemühungen zur Sozialversicherung unternommen — und nur von ersterer ist hier die Rede. Die Nova, die die „Bismarcksche" Sozialgesetzgebung brachte — u. a. die Ausgestaltung als Pflichtversicherung, staatlich vorgeschriebene Arbeitgeberbeiträge und die Regelung durch gesamtstaatlich geltende Vorschriften, wurden ein wesentlicher Bestandteil der sozialistischen Agitation. Sowjetische Autoren der zwanziger Jahre waren geneigt, auch in den kapitalistischen Staaten eine Tendenz zur Ausweitung der Sozialversicherung zu erkennen und die Sozialversicherung der Sowjetunion für eine Erscheinung der Übergangsperiode zwischen Kapitalismus und Sozialismus zu halten[65]. In der Stalinära wurden solche „revisionistischen" Auffassungen „überwunden" und für einige Jahrzehnte die These vom fortschreitenden Abbau der Sozialversicherung in den kapitalistischen Ländern parallel zu ihrem fortschreitenden Aufbau in der UdSSR gemäß dem Leninschen Arbeiterversicherungsprogramm[66] verfochten.

In den fünfziger Jahren wurde die erstere These wieder fallengelassen, nichtsdestoweniger gehen in der sowjetischen und DDR-Literatur die Versuche gezielter Desinformation über die Sozialversicherung der westlichen Welt weiter. Auch die kommunistischen Parteien des Westens haben über die Tagesagitation hinaus nur selten in einer mehr grundsätzlichen Weise hier Stellung genommen, so etwa die Parti Communiste Francaise, die zur Zeit der Umgestaltung des französischen Sozialversicherungssystems nach dem 2. Weltkrieg immerhin an der Regierung beteiligt war.

In der jugoslavischen Literatur wird das Sozialversicherungssystem der marktwirtschaftlichen Ländern in jüngerer Zeit meist — zutreffend — als ein sozialistisches Element in ihnen gesehen, während die sowjetsozialistischen Autoren sie als Bestandteil des „staatsmonopolistischen Kapitalismus" zu deuten versuchen.

Die bei dieser Gelegenheit entwickelte „Theorie" der Sozialversicherung im Rahmen der marxistischen „politischen Ökonomie" trägt in etwa die

[65] Z. B. L. V. Zabelin: Teoretičeskie osnovy social'nogo strachovanija. Moskva 1926.

[66] Vgl. Thèses et Résolutions du VIe Congrès de l'I.C. Paris o. J. S. 71; XVII godovščina oktjabrja. Voprosy strachovanija 1934: 10, S. 1 f.

folgenden Kernaussagen vor[67]. Die „politischen Ökonomen“ haben sich dazu durchgerungen, eine systemübergreifende Tendenz zum Wachstum des Sozialversicherungssystems parallel zum Wirtschaftswachstum zu konstatieren, wobei trotz aller Versuche, einen irreführenden Eindruck über das Leistungsniveau der Sozialversicherung im Westen zu vermitteln, letztendlich etwa von Nazarenko nicht wirklich behauptet wird, daß ein kapitalistisches System bei gegebenem Stand der wirtschaftlichen Entwicklung durch ein niedrigeres Leistungsniveau gekennzeichnet sei[68]. Indes bestehe bei aller Übereinstimmung in Form und Umfang ein Unterschied im „Wesen“.

Wie ist es nun aber möglich, daß in den kapitalistischen Ländern ein so umfangreiches Sozialversicherungssystem entstanden ist? Die dort herrschende Monopolbourgeoisie nehme — so versichert Nazarenko — diesem Sozialversicherungssystem gegenüber eine widersprüchliche Haltung ein. Sie befürworte es, weil es eine Verschärfung der „Ausbeutung“ ermögliche. Diese Verschärfung der Ausbeutung gehe darauf zurück, daß die Reservebildung der Sozialversicherungsträger das Angebot an Geldkapital erhöhe(!) und die Existenz der Sozialversicherung die Produktivität der Arbeit steigere. Kosten verursache diese Sozialversicherung der Bourgeoisie hingegen nicht — charakteristisch für dieses System sei nicht nur, daß die Arbeiterklasse das Gros der Beiträge aus ihrem Lohn bezahlen muß, was der Sozialversicherung jeglichen sozialen Charakter nehme[69], sondern daß die Last der Arbeitgeberbeiträge von den Kapitalisten vollständig auf die Arbeiter überwälzt werde durch eine Erhöhung der Preise und eine Senkung der Löhne. Als Zeugen dafür, daß eine solche Überwälzung stattfindet und somit keinerlei Umverteilungseffekt zugunsten der Arbeiterklasse erwartet werden kann, ruft Nazarenko M. Friedman (!) an und bezieht sich außerdem auf ein Modell von J.A. Brittain[70]. Für den Kapitalismus sind sich die sowjetischen Autoren

---

[67] Ich stütze mich im folgenden vor allem auf das Buch von I. T. Nazarenko: Monopolii i social'noe strachovanie trudjaščichsja SSA. Moskva 1981. Der Grund dafür ist, daß dieses Buch tatsächlich eines der relativ besten ist, das zu diesem Thema in den RGW-Staaten aufgetaucht ist.

[68] Dieser Trend, das Wachstum der Sozialversicherung zur systemübergreifenden „objektiven“ Gesetzmäßigkeit zu erklären, findet bei sämtlichen der oben angeführten jugoslovischen Autoren einen etwas ironischen Niederschlag darin, daß sie die Sowjetunion und — Neuseeland (!) — für die wahren Väter des modernen Systems der sozialen Sicherheit erklären, die es bereits in den 30er Jahren verwirklicht hätten. England und Frankreich beispielsweise mit ihrer Reform der Sozialversicherung unter den ersten Nachkriegsregierungen seien demgegenüber die Nachzügler gewesen.

[69] „Die gesetzlich verankerte Notwendigkeit der Abführung von Arbeitnehmerbeiträgen in die Versicherungsfonds ... beraubt die Rentenversicherung faktisch ihres sozialen Charakters und verwandelt sie in eine ganz gewöhnliche bürgerliche Versicherung, wie z.B. die Sachversicherung“. Op. cit. S. 180.

[70] The Incidence of Social Security Payroll Taxes. AER 1971: 1 S. 110-125. Reply AER 1972: 4 S. 739-742. Wir erfahren, daß wir sogar mit einer mehr als 100%igen Überwälzung rechnen dürfen. In der Tat ist die Inzidenz der Arbeitgeberbeiträge eine schwierige Frage, deren Analyse hier zu weit führen würde.

ziemlich einig, daß die Sozialversicherungsbeiträge nicht als Mehrwertbestandteile anzusehen sind[71]. Schließlich wird noch aus dem Arsenal der keynesianischen Makroökonomik die These mitübernommen, daß die Sozialversicherung ein automatischer Stabilisator sei — jedoch ohne die Stützung mitzuübernehmen, die diese These in der keynesianischen Makroökonomik durch eine ausgebaute Konjunkturtheorie[72] hat. Der heutige Kapitalismus könne ohne eine umfangreiche Sozialversicherung nicht mehr existieren[73] und deren Wachstum sei mithin „in keiner Weise unerwartet oder unerklärlich"[74].

Umso erstaunlicher ist es, wenn wir im selben Buch einige Seiten weiter erfahren, daß die „sozialen Fonds der heutigen bürgerlichen Gesellschaft"[75] ein gegen den Kapitalismus gerichtetes Phänomen darstellen und nur gegen den erbitterten Widerstand der Kapitalistenklasse von der Arbeiterklasse erkämpft und verteidigt werden konnten. Aufgrund dessen, was wir eben über die verteilungspolitische Irrelevanz einer solchen Regelung gelernt haben, ist es auch verblüffend, daß die kommunistische Partei der USA ebenso wie andere kommunistische Parteien des Westens — wie im selben Buch zustimmend zitiert wird — zur Sozialversicherung Forderungen erheben, die aufs Haar dem alten Versicherungsprogramm der Bolševiki ähneln und es eigentlich nur durch die Forderung ergänzen, daß es sich um ein einheitliches staatliches System handeln müsse. Schließlich ist noch zu beachten: Der Ausbau der Sozialversicherungssysteme des Westens ist als Reaktion auf das sozialpolitische Vorpreschen der sozialistischen Länder zu sehen, das die Kapitalisten zum Nachziehen gezwungen habe. „Viele Zugeständnisse, die vom westdeutschen Kapitalismus gemacht wurden, ... geschahen unter dem Einfluß der Erfolge der DDR, insbesondere auf dem Gebiet der Sozialversicherung und der sozialen Sicherheit"[76]. Davon wird der Leser unserer empirischen Analyse zweifellos überzeugt sein.

Nach diesen Einsichten zum „Wesen" der bürgerlichen Sozialversicherung nun zu dem so ganz anderen „Wesen" der sozialistischen Sozialversicherung. Sie stelle ein Moment des Kommunismus im Sozialismus dar und eine der „Magistralen", auf denen die sozialistische Gesellschaft in die kommunisti-

---

[71] Vgl. z. B. L. I. Solov'eva: Problemy social'nogo obespečenija v stranach EES. Moskva 1983, S. 25.

[72] Die es in der marxistischen Ökonomie nicht gibt.

[73] „... ohne eine solche Versicherung wäre die erweiterte kapitalistische Reproduktion unter den modernen Bedingungen praktisch unmöglich und würde bestenfalls in unvollkommener, deformierter Art und Weise erfolgen. Diese Rolle der Sozialversicherung ist in der amerikanischen Wirtschaftswissenschaft im wesentlichen allgemein anerkannt", op. cit. S. 598.

[74] Op. cit. S. 59.

[75] S. 64.

[76] Op. cit. S. 126.

sche hinüberwächst[77]. Der Grund hierfür: Hier werde das kommunistische Verteilungsprinzip, „Jedem nach seinem Bedürfnis", verwirklicht[78]. Dies widerspricht offenbar der oben zitierten Äußerung von Angelova und einer ganz beträchtlichen Zahl anderer Autoren, die in der Sozialversicherung hingegen eine Dominanz des „sozialistischen Verteilungsprinzips" — „Jedem nach seiner Arbeit" — erkennen wollen. Der Streit ist schwerlich entscheidbar, weil beide Verteilungsprinzipien gleichermaßen vage sind[79]. Immerhin zeigt er, daß die „politische Ökonomie" in bezug auf die Sozialversicherung im Sozialismus im Grunde konzeptionslos ist. Der Versuch, zu konkretisieren, was das „sozialistische Verteilungsprinzip" in der Rentenversicherung bedeuten könnte, wurde eigentlich nur in Jugoslavien unternommen. Wenn „politische Ökonomen" das „kommunistische Verteilungsprinzip" in der Sozialversicherung verwirklicht sehen, dann heißt dies immerhin, daß mit „Bedürfnisse" nicht gemeint sein kann, was die Individuen für ihre Bedürfnisse halten. Sondern daß hier eine Zentrale jeweils darüber befindet, was der Bedarf der Individuen ist. Und da für diese Bestimmung keinerlei Kriterium offengelegt wird, ist dieses „Verteilungsprinzip" eine geeignete Etikettierung einer von unbekannten Erwägungen der Parteispitze geprägten Situation.

3.2. Sachversicherung. Zweige

3.2.1. Die Problematik der Versicherung des staatlichen Sektors in der Planwirtschaft

Die Frage, ob das staatliche Eigentum, insbesondere „Grund- und Umlaufmittel" der staatlichen Industrie bei der staatlichen Versicherungsanstalt versichert werden sollen, ist sicherlich die unter den Versicherungswissenschaftlern der sozialistischen Länder mindestens seit Rajcher meistdiskutierte Frage. Wer sich unvoreingenommen Gedanken über eine Planwirtschaft macht, der wird Sinn und Rolle einer solchen Versicherung schwerlich unmittelbar einsichtig finden. Auch die sozialistischen Versicherungswissenschaftler haben sich in dieser Frage nicht einigen können. Seit den sechziger Jahren wurde eine solche Versicherung in den meisten sozialistischen Ländern wiedereingeführt, nachdem sie in allen mit Ausnahme Jugoslaviens und der DDR zunächst während der „sozialistischen Umgestaltung" abgeschafft worden war. Dies geschah in der CSSR und Polen 1966, in der DDR und

[77] Vgl. 63.

[78] Hier gibt es eine Subtilität. Bedürfnis wird ins russische regelmäßig mit potrebnost' übersetzt, was zugleich auch das Wort für Bedarf ist. Im Deutschen werden wir zwischen diesen beiden Ausdrücken wohl zumeist einen Bedeutungsunterschied erkennen wollen.

[79] Er wird auch nur in der jugoslavischen Literatur wirklich ausgetragen.

Ungarn 1968 und 1969 in Bulgarien. Daß ein Zusammenhang mit den Wirtschaftsreformen der zweiten Hälfte der sechziger Jahre besteht, ist schon aufgrund der zeitlichen Anordnung offenbar. Die DDR zeigte uns Ansätze einer Sonderentwicklung insofern, als dort diese Versicherung erst mit der ersten Etappe ihrer Wirtschaftsreform abgeschafft und mit der zweiten Etappe derselben dann wieder eingeführt wurde. In Rumänien hingegen gleichen die Verhältnisse denjenigen aufs Haar, die in der SU vor 1956 herrschten. In Albanien, der Mongolei, Nordkorea und Vietnam gibt es keine Versicherung staatlichen Eigentums und ist ein Versicherungswesen überhaupt nur in schüchternen Ansätzen vorhanden. In der VR China wurde die Versicherung der staatlichen Industrie 1958 abgeschafft und Ende der 70er Jahre wiedereingeführt. Auch hier ist ein Zusammenhang mit der Entmaoisierung und der chinesischen Wirtschaftsreform seit Mao tse Tungs Tod unübersehbar[80].

Aber auch in den Ländern, in denen staatliches Eigentum versicherbar ist, weichen die Regelungen im einzelnen stark ab, sind auffallend inkonsistent und gegen welche Gefahren staatliches Eigentum versicherbar sein soll, ist weiterhin umstritten.

3.2.1.1. Auffassungen sozialistischer osteuropäischer Autoren

Frühe Äußerungen zeigen deutlich Unklarheiten. So meint N. Miljutin': „... wenn in der bürgerlichen Gesellschaft ein Haus brennt, so ist es die Pflicht der Versicherungsgesellschaft ... der Person, der der Verlust entstanden ist, diesen zu ersetzen. Wenn eben dieses Haus in der kommunistischen Gesellschaft abbrennt, dann muß die Versicherungsgesellschaft vor allem die Zweckmäßigkeit des Wiederaufbaus dieses Hauses klären"[81]. Hier entsteht sofort die Frage, wie denn dann das Verhältnis der „Versicherungsgesellschaft" zu jenen Organen sein soll, die mit der Naturalplanung und Fragen der material-technischen Versorgung betraut sind[82].

---

[80] Die chinesische Versicherungsanstalt hatte ihre Tätigkeit 20 Jahre lang nahezu vollständig eingestellt. Näheres siehe vgl. R. Heuser: Die Satzung der Chinesischen Volksversicherungsanstalt. Versicherungswirtschaft 1984: 7 S. 475-477.

[81] Kommuna i social'noe strachovanie. Petersburg 1918, S. 37.

[82] Daß die Vorstellung einer „materialwirtschaftlichen" — der Autor verwendet diesen Begriff hinfort in dem Sinn, in dem die DDR-Literatur ihn verwendet — Rolle der Versicherungsanstalt indes bis heute nicht völlig über Bord geworfen ist, illustriert folgende Äußerung: „In einem Kombinat der Grundstoffindustrie wurden auf Grund einer Havarie an Anlagen Kabelstücke in einer Gesamtlänge von 20 km ausgebaut. Das Kombinat wollte die Kabel verschrotten. Die StV forderte jedoch, die Kabel einer weiteren volkswirtschaftlichen Verwendung zuzuführen. Sie organisierte zusammen mit dem Bezirkswirtschaftsrat eine Überprüfung der Kabel und die Weitervermittlung an andere Betriebe. Dadurch kann u.a. ein Wasserwerk, das volkswirtschaftlich bedeutungsvoll ist, fertiggestellt werden, wofür die erforderlichen Kabel bislang fehlten." D. Görs: Schadenverhütung hilft Kosten senken. SFW 1972: 1 S. 35.

V.K. Rajcher[83] fordert die umfassende Versicherung des staatlichen Eigentums. Er behauptet, die Versicherung blühe im Sozialismus erst richtig auf und erreiche ihren Höhepunkt und es bestehe eine Tendenz zur Universalität der Versicherung. „Selbstversicherungstendenzen“ seien strikt abzulehnen. Er will alles zum Wiederbeschaffungswert ohne jegliche Franchisen und nach dem all-risk-Prinzip versichern. Die Tendenz hierauf sei im sowjetischen Versicherungsrecht bereits angelegt, sie müsse nur noch voll zum Durchbruch gelangen. Ein wesentlicher Grund, weshalb sich die Versicherung im Sozialismus so günstig entwickeln könne, sei, daß es kein moralisches Risiko mehr gebe. Dieses sei mit der Machtergreifung der Arbeiterklasse verschwunden, die die Übereinstimmung gesellschaftlicher und individueller Interessen hergestellt habe[84].

Der Begriff der Versicherung ist bei Rajcher etwas unklar. Bei ihm wie bei den meisten späteren russischen Autoren besteht die Neigung, jegliche Art von zentralisierter Reservebildung als Bildung eines Versicherungsfonds zu bezeichnen, unabhängig davon, ob sie in Geld oder in natura erfolgt. Dem wurde nachdrücklich von DDR-Ökonomen widersprochen. So meint beispielsweise Bader, die Versicherung sei eine mit der „Ware-Geld-Beziehung“ — also dem Marktmechanismus — zusammenhängende „Kategorie“[85], die mit der Aufhebung der Ware-Geld-Beziehung ein Ende finden werde[86]. Eine Reservebildung in natura sei nicht als Versicherung ansprechbar[87]. Rajcher meinte mit der „Universalität“ der Versicherung offenbar die zentralisierte Bildung eines Reservefonds bei Gosstrach[88]. Sein Hauptargument ist Verwaltungskostenersparnis — diese würden durch die Bildung einer auf Schadensregulierung und Schadensverhütung spezialisierten Behörde, die über alle Bereiche der Volkswirtschaft hinweg diese besondere Funktion wahrnimmt, minimiert. Bedauerlicherweise führt Rajcher sein Hauptargument nicht weiter aus.

In einem Artikel von D. Butkov, W. Sitnin[89] wurde Rajcher 1951 scharf angegriffen; inhaltlich ist ihr Artikel nicht weiter der Rede wert. Er entsprach

[83] Obščestvenno-istoričeskie tipy strachovanija. Moskva, Leningrad 1947.

[84] Dieses Argument wurde später von fast allen sozialistischen Autoren fallengelassen, ein Hauch von der „Unversilitätsthese“ ist hingegen immer noch spürbar.

[85] Dies ein Stück DDR-„Hegelei“.

[86] Vgl. beispielsweise H. Bader: Zur Frage der Stellung und der Funktion des Versicherungsfonds im Gesamtsystem der Reservefonds der Volkswirtschaft. WissZdHfÖ 1965: 3-4, S. 242 f.

[87] Hierüber wurden unter sozialistischen Versicherungswissenschaftlern wiederholt exegetische Debatten geführt, es gibt nämlich einige Marxäußerungen über Reserven. Diese exegetischen Daten sind umso merkwürdiger als diejenigen, die sie führen, selber oft gar keine Marxisten sind und sie werden hier nicht weiter verfolgt.

[88] Also so etwas wie Matrixorganisation.

[89] Einige Fragen zur Theorie der Versicherung im Sozialismus. Deutsche Übersetzung in DFW 1952, S. 1192.

dem Zeitgeist und besaß offensichtlich die Rückendeckung der politischen Führung. So verschwand die Forderung nach einer Versicherung des staatlichen Eigentums in der Sowjetunion auf über ein Jahrzehnt in der Versenkung. Auch das Lehrbuch von Kon'šin[90] mußte entsprechend abgeändert werden[91].

Bereits 1955 setzte in Polen eine lebhafte Debatte ein. Diese polnische Diskussion war wohl die tiefgründigste, die über dieses Thema im RGW geführt wurde, und es wurde seitdem hierzu wenig wirklich Neues gesagt, so daß ich auf weitere chronologische Darstellung verzichten kann[92]. Die polnische Debatte erlangte über Polen hinaus Einfluß und Bedeutung. Sie hat sich in dem Buch von Warkallo niedergeschlagen: „Es gab und gibt... unterschiedliche Meinungen darüber, in welchem Umfang man die Versicherung als Maßnahme zum Schutz des gesellschaftlichen Eigentums vor zufälligen Schäden anwenden sollte. Es scheint, daß lediglich ein Bedürfnis nach einem Versicherungsschutz für den Warenverkehr mit dem Ausland, insbesondere für den Seehandel, sowie nach einer diesbezüglichen Rückversicherung im Ausland in keinem der sozialistischen Länder in Frage gestellt wird und auch zu keinem Zeitpunkt in Frage gestellt worden war“[93].

Eine Deckung von Verlusten aus dem Staatshaushalt erfolgt wegen der Nichtkonkursfähigkeit der staatlichen Betriebe gewissermaßen „automatisch“: „Wenn z. B. eine von einem Schaden betroffene staatliche Wirtschaftseinheit keine Versicherungsentschädigung enthält und wenn sie auch — wie es in der Regel der Fall ist — keine hinreichenden, speziell für die Deckung zufälliger Schäden vorgesehenen Mittel besitzt, so ist es selbstverständlich, daß diese Aufgabe, nämlich die Deckung zufälliger Schäden dem Staatshaushalt zur Last fällt, sei es direkt, sei es indirekt durch die Verringerung der Steuer- oder Gewinnabgaben dieser Einheit an den Staatshaushalt“[94].

---

[90] Kon'šin: Gosudarstvennoe strachovanie v SSSR. Moskva 1953, 2. Auflage.

[91] Dieses Buch wollte dann ab der 2. Auflage für die staatliche Industrie eine Reservebildung nur mehr im Rahmen des allgemeinen Staatshaushalts vornehmen. Seitdem glauben sowjetische versicherungswissenschaftliche Schriftsteller im Überschuß des sowjetischen Staatshaushalte eine solche Reserve zu erkennen. Eine Ausnahme wollte die 2. Auflage von Kon'šin nur bezüglich der örtlichen Organen unterstellten Betriebe machen: das Volumen der örtlichen Haushalte sei zu klein, als daß hier die Bildung einer Reserve im nötigen Ausmaß „volkswirtschaftlich zweckmäßig“ sei — vgl. S. 19 —, daher sei die Versicherung bei Gosstrach für sie vorzuziehen. In der 3. Auflage von Kon'šin mußte schließlich auch das geändert werden — die Gründe kennen wir bereits. Seitdem werden Schäden dieser Betriebe tatsächlich aus einer Reserve des örtlichen — d.h. vor allem des oblast' — Sowjets und aus den „Überschüssen“ von dessen Haushalt beglichen. Vgl. P. D. Polovinkin: Rezervnye fondy v socialističeskom vosproizvodstve. Moskva 1979, S. 111. Zum Problem der Abstimmung mit einer Reservebildung in natura verweist Kon'šin nur lapidar darauf, daß der 5. Fünfjahrplan eine Kennziffer für die Vergrößerung der Reserven ausweise. Indes war der 5. FJP der einzige, der eine solche Kennziffer auswies.

[92] Wegen weiterer Äußerungen vgl. oben, S. 88, 103, 132.

[93] W. Warkallo: Vermögensversicherung. (Deutsche Übersetzung) Berlin 1974. S. 426.

[94] S. 428.

Als weitere Finanzierungsquelle käme noch die Inanspruchnahme von „Kredit" — sei er auf legalem oder weniger legalem Weg zustandegekommen — in Frage. „Man kann es als eine in der Wissenschaft feststehende Ansicht betrachten, daß die Versicherung von staatlichen Einheiten keine ökonomische Notwendigkeit darstellt. In bezug auf das staatliche Eigentum wird nämlich die als Wesen der Versicherung betrachtete Aufgabe der Verteilung der Schadenslast auch ohne die Vermittlung einer Versicherung erfüllt"[95].

Warkallo bringt die Tendenz, Versicherung durch Haushaltsdotationen zu ersetzen, mit dem Zentralisierungsgrad der Wirtschaftsleitung in Zusammenhang. Weiter schreibt er: „Weder das Versicherungssystem noch das System der Dotationen aus dem Staatshaushalt allein vermögen den von einem Schaden betroffenen Einheiten eine unverzügliche Wiederherstellung der Produktionsfähigkeit zu gewährleisten, insbesondere nicht derjenigen Einheiten, die Totalschäden an den aus dem Zivilrechtsverkehr herausgenommenen und im Verwaltungswege unentgeltlich zugewiesenen Produktionsgrundmitteln erlitten haben. In diesem Bereich kann sich eine Naturalleistung anstelle einer Geldleistung als unentbehrlich erweisen. Es geht hier darum, die Lieferung von Ersatzgrundmitteln aus zentral gebildeten Reserven (in Anbetracht des raschen technischen Fortschritts kann man kaum empfehlen, solche Vorräte an Maschinen und technischen Einrichtungen zu bilden...), sei es unentgeltlich wie bisher oder entgeltlich (für die letzte Lösung hat man sich schon öfters in der wirtschaftlichen und juristischen Presse ausgesprochen) sicherzustellen...eine Deckung des infolge eines zufälligen Schadens bei dieser Einheit entstandenen Bedarfs an Sachgütern. Dieser Bedarf muß in vereinfachter Weise und außerhalb der Reihenfolge aufgrund bestehender Lieferungsverträge, Zuteilungen und Verteilungsverfügungen gedeckt werden. Dieses Postulat ist in gewissem, jedoch noch nicht ausreichendem Umfang in den Bestimmungen über die Lieferung, Zuteilungen und Verteilungsverfügungen für die Einheiten der vergesellschafteten Wirtschaft berücksichtigt worden (nach der Anordnung des Vorsitzenden der Plankommission beim Ministerrat vom 2. 4. 1963 über Zuteilungen, Verteilungsvergütungen, Lieferungsabstimmungen und allg. Lieferungsbedingungen ‚...ist im Falle eines Schadens die zuständige Absatz-Einheit[96] verpflichtet, die Lieferung der benötigten Sache zu gewährleisten und zwar auch dann, wenn der Empfänger aufgrund der Anweisung oder Verteilungsverfügung keinen Anspruch auf die verlangten Sachen hat', ‚... Bestellungen, die mit einem Schaden in Zusammenhang stehen und durch den Inhalt des Schaden-Protokolls begründet sind, sind in erster Linie zu erledigen...')"[97]. Dies ist in der Tat ein sehr wesentlicher Punkt.

[95] S. 428.

[96] Der Lieferant.

[97] S. 430.

Warkallo hält eine Versicherung nur für diejenigen staatlichen Betriebe und Einrichtungen für sinnvoll, die nach der wirtschaftlichen Rechnungsführung arbeiten[98]. Weiter stellt er fest: „Es scheint als selbstverständlich, daß bei Betriebsunterbrechungen in großen Unternehmen von gesamtstaatlicher Bedeutung... nicht die Versicherungsbedingungen, sondern der allgemeine Produktionsbedarf darüber entscheiden sollte, ob und wie vernichtete Produktionsmittel wiederhergestellt werden sollen... Die Ausklammerung der Grundmittel staatlicher Industrieunternehmen vom Versicherungsschutz gemäß Beschluß Nr. 1 des Präsidiums der Regierung vom 3. 1. 1951 hatte ihre Begründung in der Entstellung der Doktrin und der Rechtssprechung der Arbitrage. Entsprechend den damals herrschenden Ansichten gehören die Grundmittel nicht zum Gegenstand des zivilrechtlichen Verkehrs; die Verfügung über diese Mittel ‚... gehört innerhalb der staatlichen Wirtschaft zur ausschließlichen Zuständigkeit der Behörden der Volkswirtschaft', ‚diese Mittel... können den Verwalter nur aufgrund einer Anordnung der übergeordneten Behörde wechseln'; sie können nur durch einen Verwaltungsakt einer Einheit zugeteilt werden; Grundmittel werden von einer Einheit der staatlichen Verwaltung auf eine andere unentgeltlich übertragen; für Geld darf ein staatliches Unternehmen solche Mittel weder veräußern noch erwerben. Wenn also nicht einmal ein voller, in Form einer Versicherungsentschädigung geleisteter Geldersatz für einen vernichteten Gegenstand dem Unternehmen weder die Gewähr noch die Möglichkeit bietet, einen solchen Gegenstand wiederzubeschaffen, so hat die Versicherung von Grundmitteln keinen Sinn. Auch wenn man aufgrund solcher Ansichten, die heute zum großen Teil nur noch historische Bedeutung haben, die Ausklammerung der Grundmittel vom Versicherungsschutz vom Standpunkt der Grundvoraussetzungen und überhaupt der Theorie der Verwaltung des Volksvermögens als richtig betrachten konnte, so mußte doch die Art und Weise wie auch die Folgen dieser Ausklammerung Bedenken hervorrufen. Es geht hier vor allem um die folgende Tatsache: ... die überwiegende Mehrheit der zufälligen Schäden an Grundmitteln sind Teilschäden, die durch Reparaturen (häufig durch solche, die eine geschädigte Wirtschaftseinheit selbst ausführen kann) behoben werden können; derartige Reparaturen sind jedoch mit Ausgaben von bestimmten Geldsummen für Arbeitsleistungen und für die Beschaffung von Sachen verbunden"[99]. Nun wurden die Betriebe in Polen 1968 ermächtigt, „entbehrliche Maschinen und andere Gegenstände der Grundeinrichtungen" zu veräußern und Warkallo formuliert salomonisch: Damit „ist eine entgeltliche Wiederbeschaffung vertretbarer Grundmittel gegen Beträge, die in Form einer Versicherungsentschädigung erworben werden, nicht mehr unmöglich"[100].

[98] Für so etwas wie eine Begründung vgl. op. cit. S. 466.

[99] S. 467/8.

[100] Ebenda. Am Rande bemerkt: 1960-1966 wurde in der polnischen Leichtindustrie als

Warkallos Behandlung der Frage, ob Versicherungsschutz oder Haushaltsschutz unter dem Aspekt der Verwaltungskosten vorzuziehen ist, fällt äußerst vorsichtig aus: „Im Dilemma Versicherungsschutz oder Haushaltsschutz liegt in Anbetracht der dargestellten Sachlage der Schwerpunkt auf der Frage, welcher Schutz billiger und wirtschaftlicher ist. Ein Vergleich der bei uns betriebenen Versicherung des staatlichen Eigentums mit dem System der Haushaltsdotationen hinsichtlich der ökonomischen Wirksamkeit der Deckung von zufälligen Schäden am staatlichen Eigentum wurde jedoch bislang noch nicht gemacht und es fehlen auch einige Angaben, die für eine ausreichend präzise und genaue Erfüllung einer solchen Aufgabe unentbehrlich sind... weil die Dotationen für die Deckung von zufälligen Schäden nicht immer von Dotationen für andere Zwecke abgesondert werden können. Außerdem — und das scheint der wichtigste Gesichtspunkt zu sein — hätte ein solcher Vergleich nur unter der Voraussetzung einen Sinn, daß gleiche Wirkungsbereiche beider Schutzsysteme verglichen werden; es gibt jedoch keine Anzeichen dafür, daß das ‚Dotationssystem' die Aufgaben der PZU (polnische Versicherungsanstalt — B. S.) hinsichtlich der statistischen Erfassung und Analyse von zufälligen Schäden sowie auf dem Gebiet der Vorbeugungstätigkeit erfüllt oder auch tatsächlich erfüllen könnte..."[101].

Vergleichen wir diese Aussage mit dem Standpunkt anderer Autoren. In der SU ist der Streit um die Versicherbarkeit des staatlichen Eigentums in jüngerer Zeit zwischen Motylev und Kolomin wieder aufgeflammt. Motylev weiß in dieser Frage ganz genau das folgende: Eine allgemeine Versicherung des staatlichen Eigentums „würde eine kolossale Konzentration von Spezialisten erforderlich machen, die in der Lage sind, die entstandenen Verluste zu bewerten, sich in die Ursachen von Unglücksfällen zu vertiefen... Es versteht sich von selbst, daß die Bildung einer solchen universalen Organisation zu großen unrationellen Aufwendungen für die Bildung derselben führen würde. Die Bestimmung des Umfangs der Verluste, die durch zufällige

„wirtschaftliches Experiment" die Versicherung von Grundmitteln zugelassen. 1966 erging dann ein Schreiben des polnischen Finanzministers, durch das die Grundmittel der Schlüsselindustrien zur Versicherung wieder zugelassen wurde. Hierbei blieb unklar, ob es sich um eine freiwillige oder um eine Pflichtversicherung handeln solle. Zu der Vorgehensweise bemerkt Warkallo nicht ohne Ironie in op. cit. S. 474: „Die Art der Einführung dieser Änderung kann jedoch gewisse nicht nur formelle Bedenken hervorrufen, weil nämlich das in Rechtsvorschriften (... veröffentlicher Beschluß des Präsidiums der Regierung vom 3.1.51) verankerte Verbot der Versicherung bestimmter Arten von Produktionsgrundmitteln sozusagen im Wege der Korrespondenz aufgehoben wurde." Die Beschränkung des Versicherungsschutzes auf nach der „wirtschaftlichen Rechnungsführung" arbeitende Betriebe hat auch die seltsame Folge, daß die staatlichen Wohngebäude in Polen generell unversichert waren und sind. Nach langem Interim wurde die Versicherung des staatlichen Eigentums 1979 dann auch durch Beschluß des Ministerrats geregelt. Danach handelt es sich überwiegend um Pflichtversicherung, weiterhin sind aber nur Betriebe versichert, die der wirtschaftlichen Rechnungsführung unterliegen.

[101] Op. cit. S. 452.

Ereignisse und Unglücksfälle verursacht wurden, läßt sich unter diesen Umständen weit zweckmäßiger durch die entsprechenden Kapazitäten der Ministerien und Ämter bewerkstelligen..."[102]. Demgegenüber war H. Bader 1955, nachdem er zunächst Versicherung des staatlichen Eigentums per Definition — indem er über das „Wesen" von Versicherung nachdachte — aus der Welt geschafft hatte, nicht minder fest vom Gegenteil überzeugt: „Aufgrund ihrer großen Erfahrungen sowie ihres qualifizierten Mitarbeiterstabes kann die DVA dem Staatshaushalt bei der Bemessung der bereitzustellenden Mittel sowie ihrer zweckdienlichen Verwendung wertvolle Verwaltungshilfe leisten. Gedacht ist dabei an die Schadensfeststellung, an die Führung der Schadensverhütung"[103].

Zurück zu Warkallo

Er befürwortet die Versicherung staatlichen Eigentums im Namen des Ausbaus der „wirtschaftlichen Rechnungsführung", der Dezentralisierung der Wirtschaftsverwaltung[104] und des Gedanken der Arbeiterselbstverwaltung: „Die Forderung nach unmittelbarer Beteiligung der Belegschaft an der Verwaltung des Unternehmens ist nur dann real, wenn die Arbeitnehmer mit ihrem Betrieb nicht nur ein rechtliches Arbeitsverhältnis, sondern auch ein psychisches, emotionell geprägtes Verhältnis verbindet, wenn also eine Verbundenheit mit ihrer Firma und die Überzeugung von der Beständigkeit und Entwicklungsfähigkeit dieser Firma vorhanden sind, wenn sich also beim gesamten Arbeitnehmer-Kollektiv (und nicht nur beim Direktor des Unternehmens) die ‚Mentalität des Wirtschafters' herausgebildet hat. Eine der Garantien für die Beständigkeit des Unternehmens ist die Versicherung seiner Produktionsmittel... Das Dotationssystem vermag ein solches Gefühl der Sicherheit einer raschen Wiederherstellung des Produktionspotentials des Unternehmens, wie es die Vermögensversicherung dank der ihr eigentümlichen ‚automatischen Wirkung' bietet, nicht zu geben"[105].

Daß der Haushaltsschutz im einzelnen recht unzuverlässig ist und der Betrieb hier oft längere Zeit warten muß, bestätigt u. a. auch E. Kolomin[106]. Wenn Kolomin ebenfalls im Namen der Einführung der „vollen wirtschaftli-

[102] Gosudarstvennoe strachovanie v SSSR i problemy ego razvitija. Moskva 1972, S. 36.

[103] DFW 1955, S. 788.

[104] Ähnlich wurde die Versicherung in der DDR zur Zeit des ÖSS vage mit der „Eigenerwirtschaftung der Mittel" in Zusammenhang gebracht. Würde diese „Eigenerwirtschaftung der Mittel" ernst genommen, so bedeutete sie nach Meinung des Autors die Abschaffung der zentralen Planwirtschaft, zu der es bekanntlich nicht gekommen ist.

[105] Op. cit. S. 457.

[106] „Im Haushalt sind nicht immer zweckgebundene Mittel für Versicherungsaufgaben vorhanden, sie werden hauptsächlich im Prozeß der Ausführung des Haushalts mobilisiert, was eine bestimmte Zeit braucht". Strachovanie obščestvennogo imuščestva pri socializme. Moskva 1975, S. 171.

chen Rechnungsführung" für Versicherung des staatlichen Eigentums auftritt[107], so steht dahinter erklärtermaßen eine Vorstellung, die viele sowjetische Wirtschaftsreformer haben: die administrativen Eingriffe zu ersetzen durch eine Steuerung über Preise, Tarife, Abgaben, Verträge, wobei die Preise etc. den Werten entsprechen sollten[108]. Im Zusammenhang mit Reformen dieser Tendenz ist die Einführung einer solchen Versicherung nun ganz unzweifelhaft naheliegend und sinnvoll[109]. Da die Ausarbeitung eines solchen Preis- und Tarifsystems, mit der die Zentrale die Betriebe genau zu dem von ihr gewünschten Verhalten stimuliert, praktisch in den Bereich der Utopie gehört, bedeutet dies aber in Wirklichkeit ein Abgehen von der zentralen Planwirtschaft, wenn auch nicht von nachhaltigem staatlichem Interventionismus. Nichtsdestoweniger ist es theoretisch interessant, über den Platz von Versicherung in einem System nachzudenken, in dem die Zentrale die Wirtschaftssubjekte über Preise steuert, die auf „vollkommener Berechnung" (perfect computation) anstelle von vollkommener Konkurrenz basieren.

3.2.1.2. Versicherung in einem Modell optimaler Planung und Leitung

3.2.1.2.1. Einleitung

Bader spricht das Problem, mit dem wir uns jetzt beschäftigen, in prägnanter Weise an. Sein Buch[110] enthält ein Kapitel „Die Einordnung der Planung der Sach-, Haftpflicht- und Personenversicherung in die volkswirtschaftliche Planung und Bilanzierung" und er schreibt u. a.: „Der Sicherungsfonds für die Bereiche der Produktion und Zirkulation (hiermit meint Bader den Geld-„Fond" der StV - B. S.) muß, wenn er voll funktionsfähig sein soll, unter sozialistischen Produktionsverhältnissen im wesentlichen in ausgesonderter Form auch materiell und strukturgerecht vorhanden sein". „Da es sich bei den Versicherungsbeziehungen um Finanzbeziehungen handelt, kommt es

---

[107] Pikanterweise beruft sich Kolomin dabei u.a. auf einen Autor, der sich im Zusammenhang mit „standhafter und konsequenter Einführung der wirtschaftlichen Rechnungsführung" gegen die Abschaffung der Versicherung gewandt hatte und zwar im Jahre 1930. (Vgl. N. Kulikov: Vosstanovit' strachovanie gossektora. Finansy i socialističeskoe chozjajstvo 1931: 30-31 S. 62).

[108] Womit hier nun nicht die Arbeitswerte gemeint sind, sondern im Prinzip der Grenznutzen, vgl. zu diesem ganzen Komplex B. Schönfelder: Neue sowjetische Beiträge zur Preistheorie. Jahrbuch der Wirtschaft Osteuropas 1983.

[109] Die ungarischen Autoren, von denen ich Äußerungen zu diesem Thema kenne, sehen den Grund für die Wiedereinführung einer solchen Versicherung in Ungarn in der ungarischen Wirtschaftsreform.

[110] Die staatliche Versicherung in der DDR. Berlin (Ost) S. 1980; er sah das Problem schon in den 50er Jahren.

besonders darauf an, ihr Zusammenwirken mit anderen Teilen des sozialistischen Finanzwesens zu koordinieren und die notwendige Einheit mit den materiellen Prozessen der Volkswirtschaft zu gewährleisten... Aus diesen Gründen ist es objektiv notwendig, auch die staatliche Sach-, Haftpflicht- und Personenversicherung in die volkswirtschaftliche bzw. zentrale Planung und Bilanzierung einzubeziehen und damit die Wirkungen der Versicherungsbeziehungen auf andere Reproduktionsbereiche sowie auf den volkswirtschaftlichen Reproduktionsprozeß in seiner Gesamtheit zu koordinieren"[111]. Nun ist es die DDR-Planungsliteratur gewohnt, für die DDR-Planung das „Prinzip der Optimalität" sowie die „Einheit von materieller und finanzieller Planung" in Anspruch zu nehmen und es stellt sich als interessant heraus, diese beiden Ansprüche für eine Weile zu akzeptieren.

3.2.1.2.2. Darstellung des Modells

Als einfachsten Fall eines gesellschaftlichen Planungsproblems unter Unsicherheit können wir die Analyse einer Einsektorenwirtschaft betrachten. Diese bringt Ergebnisse zutage, die auch für allgemeinere Fälle Gültigkeit beanspruchen können. Da Brock und Mirman zur Analyse dieses Problems maßgebliche Beiträge geleistet haben, wird hinfort von einer Brock-Mirman-Wirtschaft gesprochen. Für die Unsicherheitstheorie hat die Brock-Mirman-Wirtschaft vielleicht ähnliche Bedeutung wie Ramseys Problem für die Wachstumstheorie[112].

Die Zielfunktion des Planers ist zeitseparabel

$$(1) \qquad Z = E_o \sum_{t=o}^{\infty} \beta^t \, u(c_t)$$

[111] Op. cit. S. 40, S. 116.

Diesen vielversprechenden Postulaten folgt dann aber keine nähere Darlegung. Im angenehmen Gegensatz zu der sich in Superlativen ergehenden DDR-Literatur schreibt P. Polovinkin, daß noch bei weitem nicht für alle produktiven Ressourcen, die in die staatlichen Reserven eingingen, für diesen Zweck „wissenschaftlich begründete Normative" existierten. Der Ministerrat habe zwar für 1981-85 für die „Nomenklatur der wichtigsten Industrieprodukte" solche Normative ausgearbeitet, die Suche nach einer wissenschaftlichen Begründung für solche Normative werde jedoch noch viel Arbeit verursachen. Rezervnye fondy vo socialističeskom vosproizvodstve. Moskva 1979, S. 95.

[112] Der Aufsatz von Brock-Mirman beschäftigt sich mit der Verallgemeinerung des Einsektorenmodells optimalen Wachstums auf den Fall von Unsicherheit. Der von ihnen angenommene Zufallsprozeß ist weißes Rauschen. „Properties characterizing the dynamics of the stochastic growth process are investigated. These properties are analogous in the deterministic theory to the existence of a unique steady-state point for optimal policies. The analogous result in the random theory is the existence of a 'stable' set of capital labor ratios over which there exists a unique stationary distribution". V. Brock, L. J. Mirman: Optimal Growth and Uncertainty: The Discounted Case. JET 1972: 4 S. 484. Dieses Ergebnis wird von nun an vorausgesetzt.

Hier ist t die Zeit, E der Erwartungswertoperator, u der Nutzen, beta ist ein Parameter und wegen c vgl. ein paar Zeilen weiter unten.

Wir können diese Funktionsgestalt schon allein deswegen als Approximation an die Realität akzeptieren, weil wir über reale Nutzenfunktionen wenig wissen. Außerdem ermöglicht Zeitseparabilität die Anwendung der dynamischen Programmierung — ein unschätzbarer Vorteil.

Die Produktionsfunktion

$$(2) \qquad C_t + K_{t+1} \leq f^* (K_t, n_t)\, T_t$$

sei homogen vom Grade 1, n_t sei der Arbeitseinsatz, C_t der Konsum und K_t der Kapitalstock zum Zeitpunkt t, K_{t+1} dann zum Zeitpunkt $t+1$. Der Einfachheit halber werden wir analog zum üblichen Verfahren in der Wachstumstheorie annehmen, daß jeder Arbeiter denselben Arbeitseinsatz erbringt und selbigen als Maß verwenden. Die Prokopfproduktionsfunktion in der „Verwendungsgleichung" für das Einkommen lautet dann

$$(3) \qquad c_t + k_{t+1} \leq f^* (k_t)\, T_t$$

Die Kleinbuchstaben bezeichnen nunmehr die Prokopfgrößen. T folgt einem Zufallsprozeß, über den wir an dieser Stelle keine näheren Angaben zu machen brauchen. Die Produktivität schwankt mithin „zufällig". Als Hintergrund können wir etwa Witterungsverhältnisse, Blitzschlag etc. sehen[113]. Spezifizieren wir nun die Nutzenfunktion mit $u_t = \ln c_t$ und die Prokopfproduktionsfunktion mit $Ak^a T$, so können wir mit Hilfe der dynamischen Programmierung einen optimalen Plan berechnen. Der Planer kennt zum Zeitpunkt t k_t und T_t und deren Vergangenheitswerte, nicht hingegen die zukünftigen. Wenn wir k_t und T_t als "state" auffassen, lautet die Bellmangleichung

$$(4) \qquad V(k_t, T_t) = \max_{k_{t+1}} \left\{ \ln \left[k_t^a T_t - k_{t+1} \right] + \beta EV(k_{t+1}, T_{t+1}) \,\middle|\, k_t, T_t \right\}$$

Die "Value-function" können wir nun aufgrund der Erfahrungen unserer Vorgänger erraten: $V = E + F \ln k + X \ln T$[114].

Wir verifizieren diese Vermutung wie folgt:

$$(5) \qquad \frac{\partial V}{\partial k_t} = \frac{1}{Ak_t^a T_t - k_{t+1}} \quad Aak_t^{a-1} T_t$$

---

[113] Das Konzept des Einsektorenmodells impliziert die Vorstellung, daß ein Manövrieren von Ressourcen zwischen den Branchen keine Probleme verursacht. Wir werden weiter unten jedoch ohne Mühe den Übergang zur Multisektorenbetrachtung vollziehen.

[114] Für dieses Lösungsverfahren vgl. R. Lucas, E. Prescott, N. Stockey: Dynamic Competitive Analysis, voraussichtliches Erscheinen 1986.

Dies ist die Ableitung der Bellmanfunktion nach k_t. Berechnen wir nunmehr die Ableitung nach k_{t+1}

(6) $$\frac{1}{Ak_t^a T_t - k_{t+1}} (-1) + \beta E \frac{\partial V}{\partial k_{t+1}} = 0$$

$$\frac{1}{Ak_t^a T_t - k_{t+1}} = \beta E \frac{\partial V}{\partial k_{t+1}}$$

Unser vermutetes V in (6) eingesetzt, ergibt:

$$\frac{1}{Ak_t^a T_t - k_{t+1}} = \beta F \frac{1}{k_{t+1}}$$

$$k_{t+1} = \beta F (Ak_t^a T_t - k_{t+1})$$

$$k_{t+1} = \beta F \frac{Ak_t^a T_t}{1 + \beta F}$$

Einsetzen dieses Ergebnisses und unserer „Vermutung" in (5) verifiziert diese Vermutung. Außerdem erhalten wir auf der rechten Seite des Gleichheitszeichens:

$$= \frac{1}{Ak_t^a T_t - \beta F \dfrac{Ak_t^a T_t - \beta F}{1 + \beta F}} a\, Ak_t^{a-1} T_t$$

$$= \frac{1 + \beta F}{Ak_t^a T_t + \beta F Ak_t^a T_t - \beta F Ak_t^a T_t} a\, Ak_t^{a-1} T_t$$

$$= (1 + \beta F)\, ak_t^{-1}$$

Koeffizientenvergleich mit dem Ausdruck links vom Gleichheitszeichen

$$\frac{\partial F}{\partial k_t} = F k_t^{-1}$$

ergibt

$$F = (1 + \beta F)\, a$$

$$F(1 - a\,\beta) = a$$

$$F = \frac{a}{1 - a\,\beta}$$

und damit den folgenden optimalen „Plan“

$$(7) \qquad k_{t+1} = \frac{a\,\beta}{1 - a\,\beta} \; \frac{A k_t^a\, T_t}{1 + \frac{a\,\beta}{1 - a\,\beta}} = A k_t^a\, T_t\, a\,\beta$$

Dies ist ein ganzes Bündel von Plänen — es sind so viele Pläne wie T_t Ausprägungen annehmen kann. Der Planer erteilt jeweils die Anweisung, den zu dem gerade eingetretenen T_t zugehörigen „Plan“ zur Anwendung zu bringen[115].

Ganz analog zu dem wohlbekannten deterministischen Fall gibt es auch ein mit diesem Planungsproblem identisches Konkurrenzgleichgewicht. Um uns das klarzumachen, wollen wir die folgende Überlegung anstellen: Es gebe n identische Haushalte mit der Nutzenfunktion $E_0 \sum_{t=0}^{\infty} \beta^t\, u(c_t)$, ferner n Firmen. Wie groß n ist, ist für unsere Überlegung unerheblich. Als numeraire soll das produzierte Gut, das gleichermaßen als Kapitalgut und Konsumgut Verwendung findet, eingesetzt werden. Der Preis einer Einheit dieses Gutes ist also immer 1 unabhängig vom Zeitpunkt und unabhängig von der Realisation des Zufallsprozesses, wenn es zu diesem Zeitpunkt und nach Bekanntwerden der Realisation des Zufallsprozesses erworben wird.

Die Zahl der von uns verwendeten numeraire ist also in Wirklichkeit die Zahl der Zeitperioden multipliziert mit der Zahl der möglichen Ereignisse[116]. Von diesem Preis wohl zu unterscheiden ist z. B. der Preis für dasselbe Gut, wenn gezahlt werden soll für eine Lieferung dieses Gutes in der nächsten Zeitperiode unter der Bedingung, daß ein bestimmter Weltzustand eintritt oder aber der Preis für die Lieferung dieses Gutes in der nächsten Zeitperiode

---

[115] Es ist leicht einsichtig, daß ähnliches auch für Multisektorenprobleme gilt: Auch dann muß für jedes Ergebnis (event) für jede Periode zuvor ein optimaler Plan berechnet werden. Da ab jetzt der Debreu-Radnerschen Terminologie gefolgt wird, soll eine für den gesamten Zeithorizont spezifizierte Folge von Ereignissen nun Weltzustand (state) heißen. Mithin sind soviele Pläne zu erstellen, wie es Weltzustände gibt.

[116] Hierbei ist unterstellt, daß die Zahl der möglichen Ereignisse in allen Zeitperioden gleich groß ist.

unabhängig vom Weltzustand. Firmen und Haushalte sollen sich wie unter vollkommener Konkurrenz verhalten und sie haben dieselben Informationen über Erstausstattungen, Technologie und Zufallsprozeß und hegen rationale Erwartungen[117]. Die Haushalte sind Eigentümer der Produktionsmittel und vermieten das Kapital an die Firma. Bezeichnen wir den Lohn zum Zeitpunkt t mit w_t und die Rente für die Zurverfügungstellung von Kapital zum Zeitpunkt t mit q_t, so können wir das Maximierungsproblem der Firma folgendermaßen formulieren:

$$(8) \qquad E_o \sum_{t=o}^{\infty} \left(\frac{1}{1+r}\right)^t G_t = E_o \sum_{t=o}^{\infty} \left(\frac{1}{1+r}\right)^t \left[c_t + k_{t+1} - q_t k_t - w_t n_t\right]$$

unter der Nebenbedingung: $c_t + k_{k+1} \leq f(k_t n_t) T_t$ mit $t = o \dots \infty$

Hierbei ist r ein „Zinsfuß", wobei ich vorläufig offenlasse, was ein Zinsfuß in diesem Modell eigentlich sein könnte und G_t ist der Profit. (Der Leser wird sich in Kürze selbst klarmachen können, daß die Frage, was r ist, für unser Problem unerheblich ist.)

Es sieht so aus, als würden die Firmen ihren Erwartungsgewinn maximieren und wir könnten fragen, ob es nicht richtiger wäre, wenn wir den Erwartungsnutzen des Gewinns genommen hätten. Das Problem der Firma ist aber nur scheinbar kein deterministisches. Setzen wir nämlich die Nebenbedingung ein und differenzieren wir nach dem Produktionsfaktoren für jeden Zeitpunkt, so erhalten wir als Bedingungen erster Ordnung:

$$\frac{\partial f}{\partial k_t} T_t - q_t = o$$

$$\frac{\partial f}{\partial w_t} T_t - w_t = o$$

Vielleicht nicht unerwartet und ganz analog dem deterministischen Fall stellt sich als Effizienzbedingung heraus, daß die Produktionsfaktoren zu ihrem Wertgrenzprodukt entlohnt werden. Der Unterschied ist nur, daß diese Entlohnung nun stochastisch ist. Wenn wir den Arbeitslohn als Beispiel nehmen, so heißt das, daß es — wir wollen erneut das Arbeitsangebot als starr annehmen — im Gleichgewicht so viele verschiedene Löhne gibt wie es Zeitpunkte mal Weltzustände gibt. Wie haben wir das zu verstehen? Haben

---

[117] Das wird wichtig werden und daß diese Voraussetzungen in der Versicherungsinterpretation bedeutsam sind, wird in manchen Darstellungen, die sich mit ähnlichen Problemen befassen, übersehen.

wir ein System vollständiger Märkte für Arbeit und Kapitaldienste für die gesamte Zukunft und alle Weltzustände, — dann maximiert die Firma unter Zugrundelegung der Faktorpreise, wie sie sich auf diesem System vollständiger Märkte „herausbilden“[118]. Haben wir kein solches System, so muß die Firma ihre Erwartungen über diese Preise in ihrem Maximierungskalkül verwenden. Analog verhält es sich mit dem Markt für Kapitaldienste, nur daß hier auch noch die Angebotsfunktion stochastisch ist — für jeden Zeitpunkt und jeden Weltzustand ergibt sich im Prinzip eine andere Angebotsfunktion.

Der Ausdruck für den Arbeitslohn im Gleichgewicht enthält also ein T_t, desgleichen der für die Kapitalrente, und diese Ausdrücke in die obige Profitmaximierungsbedingung eingesetzt, führen dazu, daß sich das T_t herauskürzt und das Maximierungsproblem der Firma mithin keine Unsicherheit enthält. G. Debreu hat diesen Aspekt folgendermaßen beschrieben: "Considering the price system (für bedingte Verträge — contingent claims — B. S.) as a datum the j th producer tries to maximize his profit in his production set. For this he needs neither an appraisal (conscious or unconscious) of the likelihoods of the various events nor an attitude towards risk. His behaviour amounts to maximizing the value of the stock outstanding of the j th corporation“[119]. Dieser Punkt erscheint auf den ersten Blick mysteriös und ist meines Wissens nach auch nirgends in der Literatur näher erläutert worden[120]. Das Geheimnis hat seine einfache Auflösung darin, daß die Unsicherheit der Produktion von den Eigentümern der Produktionsfaktoren getragen werden muß (von wem sonst?) in Gestalt von Unsicherheit über die Wertgrenzprodukte ihrer Faktoreinsätze und sich dies in einem System vollständiger Märkte darin niederschlägt, daß Löhne, Renten etc. einem Zufallsprozeß folgen.

Die Haushalte lösen das folgende Problem

$$\max E_o \sum_{t=o}^{\infty} \beta^t u(c_t)$$

unter der Nebenbedingung

$$c_t + k_{t+1} \leq w_t n_t + q_t k_t + G_t$$

---

118 Also etwa vom Walrasschen Auktionator ausgerufen werden.

119 Theory of Value. New Haven 1959, S. 100.

120 Und offensichtlich auch nicht überall richtig verstanden worden. Ein solches Mißverständnis wird offenbar, wenn wir in der Literatur auf Modelle stoßen, in denen ein vollständiges System von Märkten für contingent claims angenommen wird und zugleich eine Risikoversion der Firma. Diese beiden Annahmen sind logisch nicht kompatibel.

Wir erinnern uns, daß die Produktionsfunktion linear-homogen ist und folglich der Profit gleich null. Ferner haben wir zu Vereinfachung $n_t = 1$ gesetzt. Das Einkommen des Haushalts ist mithin $w_t + q_t k_t$. Die Haushalte entscheiden über die Konsumgüternachfrage des heutigen und das Kapitalgüterangebot des nächsten Tages, indem sie ihren Erwartungsnutzen maximieren. Die Bellmangleichung lautet:

$$V(w_t + q_t k_r) = \max_{k_{t+1}} \left\{ u(c_t) + \beta EV(w_{t+1} + q_{t+1} \; k_{t+1}) \right\} \tag{9}$$

Die Nebenbedingung berücksichtigen wir, indem wir $c_t = w_t + q_t k_t - k_{t+1}$ einsetzen. Für dieses Kontrollproblem soll das Einkommen als "state", der morgige Kapitaleinsatz als "control" aufgefaßt werden. Die Bedingung erster Ordnung lautet dann[121]

$$\frac{\partial u}{\partial c_t} (c_t)(-1) + \beta E \; \frac{\partial V}{\partial k_{t+1}} = o$$

Dies aber ist mit (6) identisch! Damit ist die Identität des Planungsproblems und des Walrasschen Marktgleichgewichts „gezeigt“[122]. Als nächsten Schritt wollen wir in die Brock-Mirman-Wirtschaft eine Versicherung einführen. Der Versicherungsvertrag lautet auf Lieferung einer Einheit des Gutes zu einem bestimmten in der Zukunft liegenden Zeitpunkt, wenn ein bestimmtes Ereignis T eintritt[123]. Wir wollen nun den Preis für eine solche Versicherung ermitteln. Das Maximierungsproblem des Haushalts lautet

$$\max E_o \sum_{t=o}^{\infty} \beta^t u \left[w_t + q_t k_t + y(\bar{T}_t) - k_{t+1} - \sum_{T_t=o} d(\bar{T}_t, {}^oT_{t+1}) \, y({}^oT_{t+1}) \right] \tag{10}$$

[121] Hier wie auch sonst unterstelle ich eine Differenzierbarkeit der Valuefunction, die aber nur unter bestimmten Voraussetzungen gewährleistet ist, vgl. T. Sargent: Notes on Dynamic Macroeconomic Theory. Cambridge Mass. 1985.

[122] Streng genommen reicht das für den Beweis noch nicht aus, es handelt sich soweit nur um notwendige, nicht um hinreichende Bedingungen. Ein strenger Beweis kann völlig analog G. Debreu mit Hilfe des Hahn-Banach-Fixpunkttheorems geführt werden. Vgl. Valuation equilibrium and Pareto optimum. Proceedings of the National Academy of Sciences 1954: 40 S. 588 ff. Daß wir nicht mit weniger kompliziertem mathematischen Instrumentarium auskommen, liegt daran, daß wir einen unendlichen Zeithorizont verwendet haben und damit in einem unendlich dimensionalen Güterraum operieren.

[123] Genau genommen: Wenn in t ein solcher Vertrag für t+1 abgeschlossen wird, so genügt es, das auslösende Ereignis in t+1 zu spezifizieren. Wird der Vertrag hingegen auf sagen wir t+2 abgeschlossen, so müssen die die Leistung auslösenden Ereignisse im allgemeinen sowohl für t+1 als auch für t+2 vereinbart werden etc.

Hier bedeutet d den Preis der Versicherung alias Arrow-Debreu-contingent claim, erworben im Zeitpunkt t beim Ereignis $\overline{T}$ und abgeschlossen für $t+1$ auf Auslieferung einer Einheit des Gutes im Weltzustand $^{\circ}T$; $y(\overline{T}_t)$ ist die Menge an Gütern, die zum Zeitpunkt t beim Ereignis $\overline{T}$ von der Versicherung ausgezahlt wird. Jetzt wird das Instrumentarium der Variationsrechnung verwendet und die Budgetrestriktion ist bereits in der Zielfunktion untergebracht. Es gibt so viele $y(^{\circ}T_{t+1})$ wie es unterschiedliche Ereignisse in $t+1$ geben kann. Nach diesen $y(^{\circ}T_{t+1})$ differenzieren wir jetzt diese Zielfunktion (10), die ich hinfort Z nennen.

$$\frac{\partial Z}{\partial y(^{\circ}T_{t+1})} = \frac{\partial}{\partial y(^{\circ}T_{t+1})} \left\{ E_t \left[\beta^t u(c_t) + \beta^{t+1} u(c_{t+1}) \right] \right\}$$

$$= \frac{\partial}{\partial y_t(^{\circ}T_{t+1})} \left\{ \beta^t u(c_t) + \beta^{t+1} E_t \left[u(c_{t+1}) \right] \right\}$$

$$= \beta^t u'(c_t)\, d(\overline{T}_t, {}^{\circ}T_{t+1}) + \beta^{t+1} u'(c_{t+1}) f(^{\circ}T_{t+1})$$

$$= 0$$

wobei $f(^{\circ}T_{t+1})$ die Wahrscheinlichkeitsfunktion von $^{\circ}T_{t+1}$ ist.

Eine Umstellung ergibt

$$(11) \qquad d(\overline{T}_t, {}^{\circ}T_{t+1}) = \beta \frac{u'(c_{t+1})}{u'(c_t)} f(^{\circ}T_{t+1})$$

Diese Formel wurde zuerst von R. Lucas gefunden[124]. Um diese Formel auf die Brock-Mirman-Wirtschaft anzuwenden, erinnern wir uns, daß $k_{t+1} = a\beta A k_t^a T_t$ und folglich $c_t = (1 - a\beta) A k_t^a T_t$ war und damit

$$d = \beta \frac{\dfrac{1}{(1-a\beta) A k_{t+1}^a {}^{\circ}T_{t+1}}}{\dfrac{1}{(1-a\beta) A k_{t+1}^a \overline{T}_t}} f(^{\circ}T_{t+1})$$

$$= \beta k_t^a \overline{T}_t k_{t+1}^{-a} {}^{\circ}T_{t+1}^{-1} f(^{\circ}T_{t+1}) =$$

$$= \beta k_t^a \overline{T}_t {}^{\circ}T_{t+1}^{-1} \frac{1}{(a\beta A)^a} (k_t^a)^{-a} \overline{T}_t^{-a} f(^{\circ}T_{t+1})$$

[124] Asset Prices in an Exchange Economy. Econometrica 1978: 6 S. 1429 ff.

(12) $$d = \frac{\beta}{(a\beta A)^{a}} k_{t}^{-a} \overline{T}_{t}^{1-a} {}^{o}T_{t+1}^{-1} f({}^{o}T_{t+1})$$

Dies ist die gesuchte Versicherungsprämie[125]. Ein Bündel von solchen Arrow-Debreu-Zertifikaten, das für jedes mögliche Ereignis in t + 1 eine Einheit des Gutes garantiert, wäre so etwas wie eine Kreditgewährung auf eine Periode ohne Ausfallrisiko; der Bruttozins für diesen Kredit R kann aus (12) leicht folgendermaßen berechnet werden:

(13) $$\frac{1}{R} = \sum_{{}^{o}T_{t+1}} \frac{\beta}{(a\beta A)^{a}} k_{t}^{-a} \overline{T}_{t}^{1-a} {}^{o}T_{t+1}^{-1} f({}^{o}T_{t+1})$$

$$= \frac{\beta}{(a\beta A)^{a}} k_{t}^{-a} \overline{T}_{t}^{1-a} E^{o}T_{t+1}^{-1}$$

Dieser Zins unterscheidet sich jedoch — im Unterschied zum deterministischen Fall — grundlegend von der Größe, die wir oben als Entlohnung des Produktionsfaktors Kapital kennengelernt haben und wir werden darauf noch zurückkommen[126].

3.2.1.2.3. Interpretation des Modells

Der Versicherungsvertrag, für den wir jetzt die Prämie kennen, hat einige merkwürdige Eigenschaften, mit denen wir uns näher befassen wollen. Das System, das wir entwickelt haben, ist mehreren Marktinterpretationen zugänglich. Eine erste Marktinterpretation ist: Auf einem Markt zum Zeitpunkt Null — vor der physischen Geschichte des Systems — befinden sich die Firmen und die Haushalte — vollkommene Konkurrenz sei unterstellt — und kaufen, bzw. verkaufen zu den Gleichgewichtspreisen für jeden Weltzustand für jeden künftigen Zeitpunkt Kapitaldienste, Arbeit und das Konsumgut und zwar gemäß den Angebots- und Nachfragefunktionen und -korrespondenzen, die sich aufgrund ihrer Maximierungsprobleme „ergeben". In die Budgetrestriktion des Haushalts geht dabei außer den oben erwähnten Bestandteilen seine Erstausstattung mit dem Konsum/Kapitalgut ein. Eine zweite Marktinterpretation ist — und das ist eine „Versicherungsinterpretation" — daß ein ebensolches System von Märkten existiert, die

[125] Es ist leicht einzusehen, daß ähnliche Formeln auch für contingent claims für weiter in der Zukunft liegende Gut-Ereignis-Kombinationen entwickelt werden können. Für den, der sich in dieses Instrumentarium einleben möchte, wären solche Berechnungen in der Tat eine treffliche Übung.

[126] Siehe S. 246/7, es handelt sich um eine state-unabhängige Entlohnung.

Kontrakte aber auf Lieferung der entsprechenden Menge von Gütern gegen eine vereinbarte Menge von numeraire lauten. Die Firma vereinbart also mit dem Haushalt, daß dieser im Zeitpunkt x im Weltzustand y eine bestimmte Menge Arbeit liefert und hierfür mit numeraire entschädigt wird. Ebenso vereinbart der Haushalt mit der Firma Lieferung einer bestimmten Menge Konsumgut zum Zeitpunkt x im Weltzustand y gegen einen bestimmten Preis, der in numeraire zu entrichten ist. Erste und zweite Marktinterpretation sind in unserem Fall identisch, weil wir nur ein Gut haben und dieses als numeraire verwendet wird. In allgemeineren Systemen — und es bereitet keine grundsätzlichen Schwierigkeiten, die besprochene Wirtschaft in eine *n*-Sektoren-Wirtschaft zu erweitern — ist dies natürlich nicht der Fall. Dann wäre es erforderlich, daß die Märkte für bedingte Lieferungsversprechen durch ebensoviele Märkte für numeraire ergänzt werden, wie es Weltzustände mal Zeitpunkt gibt. Das Lieferungsversprechen für numeraire, das im Zeitpunkt o abgegeben wird, wäre im Zeitpunkt o zu zahlen und diese Zahlung kann als Versicherungsprämie interpretiert werden, die Auszahlung von numeraire zum Zeitpunkt x im Weltzustand y kann als Auszahlung der Versicherungssumme interpretiert werden. Die Versicherungssumme wird so gewählt werden, daß der Haushalt, bzw. die Firma die bei dem Abschluß der Lieferungsverträge für Güter bzw. Arbeit und Kapitaldienste gegebenen Zahlungsversprechen einhalten kann.

Können wir uns unter Umständen im Zeitpunkt o auf Märkte für numeraire beschränken und die contingent claims für Güter etc. abschaffen, durch bloße Gegenwartsmärkte nach Eintritt des Weltzustands und rationale Erwartungen ersetzen?

Die Aufgabe der contingent claims ist es offenbar, einen Handel des ereignis(event)abhängigen Einkommens zwischen Individuen, die bei Eintreten desselben Ereignisses unterschiedliches Einkommen erhalten oder unterschiedlichen Nutzen aus diesem Einkommen ziehen oder die Wahrscheinlichkeit des Eintretens der Weltzustände unterschiedlich beurteilen[127] zu ermöglichen und[128] die Produktion derart zu lenken, daß der Güterausstoß solchermaßen auf die verschiedenen Weltzustände „verteilt" wird, daß der Erwartungsnutzen der Wirtschaftssubjekte bei gegebener Erstausstattung maximal wird. Erstere Funktion fällt in einer Gesellschaft mit homogenen Individuen, wie wir sie diskutieren, offensichtlich weg. Letztere Funktion ist durch rationale Erwartungen ersetzbar. Wenn alle Individuen gleichermaßen gut über die Struktur des Systems[129] informiert sind, können sie sich die Gleichgewichtspreise für die verschiedenen Weltzustand-Zeitpunkt-Kombi-

[127] In diesem Modell gibt es also drei mögliche Arten von Heterogenität von Individuen.

[128] Diese erste Funktion träte im Fall des reinen Tausches glasklar hervor.

[129] Produktionsfunktion, den Zufallsprozeß und ihre eigene Nutzenfunktion.

nationen[130] selber ausrechnen und bedürfen nicht der Information über diese, die ein System vollständiger Märkte vermitteln würde[131]. Der Handel von Produktionsfaktoren und Konsumgütern könnte auf die Periode „vertagt" werden, in der die Produktion stattfindet. Wir erhalten für die Wirtschaft mit homogenen Individuen also ein Irrelevanzergebnis für finanzielle Institutionen, ein „Modigliani-Miller-Ergebnis"[132]. Dieses Irrelevanzergebnis gilt unabhängig von der Zahl der verschiedenen Güter und der Komplexität der Produktionstechnologie! Ob es Versicherung gibt oder nicht, ist also auch für Multisektorensysteme dieser Art für die sich ergebende Allokation unwesentlich. Dies ändert sich, sobald wir Heterogenität zwischen den Individuen zulassen, etwa zwei verschiedene Individuen. Dann würden diese Individuen untereinander contingent claims handeln und sich — u. U. wechselseitig — versichern. Wollten wir die Versicherungsverhältnisse einer zentralen Planwirtschaft mit Versicherungsmonopol in einem derartigen Modell erfassen, so könnten wir neben den sonstigen weiterhin identischen Individuen ein andersgeartetes zweites Individuum („Planer") einführen, das eine derartige Nutzenfunktion und eine derartige Ressourcenausstattung hätte, daß es bereit wäre, die anderen Individuen zu versichern. Da ein solches Modell für eine Analyse indes zu kompliziert wäre, wird unser bisheriges eher handhabbares Modell weiterverwendet[133,134].

[130] Aufgrund unserer numeraire-Wahl geht es um die Gleichgewichtswerte von Löhnen und Zinsen.

[131] Oder aber ein Institut kann diese Preise ausrechnen und an die Individuen bekanntgeben.

[132] Es besteht eine entfernte Analogie zum klassischen Postulat der Neutralität des Geldes.

[133] Was in einem solchen Modell mit mehr als einem Typ von Individuum die Annahme der rationalen Erwartungen ermöglicht und was hier sinnvollerweise als rationale Erwartungen bezeichnet werden kann, ist eine schwierige Frage und in den letzten Jahren Gegenstand intensiver Forschungen. Eine Erörterung würde hier zu weit führen.

[134] An der Versicherungsinterpretation dieses Modells wurden verschiedentlich Zweifel angemeldet. So bemerkt R. Radner in Equilibrium under Uncertainty. Handbook of Mathematical Economics, vol. II, Amsterdam 1982, S. 928, daß für diese „Versicherung" nicht die Grenzen gelten, die in der Praxis durch das juristische Erfordernis eines „versicherbaren Interesses" für den Abschluß eines gültigen Versicherungsvertrages gesteckt sind. Der Hauptgrund für die Existenz dieses juristischen Erfordernisses scheint das moralische Risiko zu sein, daß wir durch unsere Annahmen aus dem Modell entfernt haben. Ein wohl wesentlicherer und interessanterer Einwand könnte sein, daß die tatsächlichen Versicherungsinstitutionen wenig Ähnlichkeit mit einem Makler in contingent claims haben — ein solcher Makler ließe sich in unser Modell etwa durch die Annahme von Transaktionskostenersparnissen bei Vorhandensein eines solchen Maklers einführen —, sondern derart operieren, daß sie für eine Versicherung „sozialer Risiken", die in unserem Modell ja sämtlich versicherbar sind, wenig geeignet sind. Reale Versicherung konzentriere sich auf die Versicherung von „individuellen Risiken". Das ist bei Vollversicherung ohne die Möglichkeit von Nachschußforderungen auch gar nicht anders möglich. Wir könnten auf diesen Einwand antworten: Erstens verträgt es der Begriff „individuelles Risiko" oder vielleicht plastischer der Allaissche Begriff risques globalement inexistants — schlecht, auf die Goldwaage gelegt zu werden, da streng genommen nur „soziale Risiken" existieren.

Wenn wir bislang in einer Eingüterwirtschaft argumentiert haben, so haben wir das ausschließlich aus Gründen der Anschaulichkeit und wegen der leichteren Verständlichkeit der dabei verwendeten Mathematik getan. Die Erweiterung auf *n*-Sektoren ist nicht zuletzt in der sowjetischen Literatur auf starkes Interesse gestoßen[135]. In unserem Ausgangsmodell können wir das ganz einfach so vornehmen, daß wir die Buchstaben c_t, n_t und K_t nunmehr als Vektoren statt als Skalare interpretieren. Sind die Präferenzen und die Produktionstechnologie konvex und ein paar weitere technische Voraussetzungen erfüllt, so kann mit Hilfe des Hahn-Banach-Fixpunkttheorems Existenz und Eindeutig eines optimalen Pfades der Volkswirtschaft und eines zugehörigen Preissystems gezeigt werden[136]. Für kleinere Systeme lassen sich solche optimalen Pfade auch tatsächlich am Computer berechnen[137]. Das gilt gleichermaßen für Systeme mit einer „konstanten“[138] Technologie und einem unendlichen Zeithorizont. Die erwähnten russischen Autoren versäumen es nicht, darauf hinzuweisen, daß die Systeme mit „konstanter“ Technologie Eigenschaften haben, die eine stochastische Verallgemeinerung des Turnpike-Prinzips sind.

Aus dieser Betrachtung ergibt sich für unsere eingangs gestellten Fragen folgendes: In diesem Modell haben wir im wahrsten Sinne des Wortes „Einheit von materieller und finanzieller Planung“: materieller und finanzieller Plan werden simultan erzeugt. Die „Zentrale“ hat die Wahl, entweder den materiellen Plan zu implementieren oder den finanziellen oder eine Mischung aus beiden. Eine mögliche Mischung wäre beispielsweise, den Betrieben Input-Output-Kennziffern für jeden Zeitpunkt und Weltzustand vorzugeben

---

Auch kein Praktiker unter den Versicherungsmathematikern hält die Ruinwahrscheinlichkeit seines Versicherungsbetriebs tatsächlich für null. Streng genommen würde der Begriff „individuelles Risiko“ darüber hinaus auch noch identische Individuen erfordern. Vgl. hierzu J. Dreze: Market Allocation under Uncertainty. European Economic Review Winter 70-71, S. 133 ff. Es fragt sich, ob es nicht die Praxis der Versicherungsaufsicht und womöglich bestimmte ideologische Vorstellungen waren, die eine derartige Modifikation von Versicherungsverträgen bislang verhindert haben, daß eine Ausweitung des Versicherungsschutzes auf „soziale Risiken“ und damit eine Annäherung an Makler von contingent claims erfolgt wäre.

[135] Die wohl gründlichste Arbeit hierüber ist: V. I. Arkin, I. V. Evstigneev: Verojatnostnye modeli upravlenija i ekonomičeskoj dinamiki, Moskva 1979; zwei ganz neue interessante Arbeiten zu verwandten Problemen sind auch: Faktor neopredelennosti v mežotraslevych modeljach. Novosibirsk 1983. Upravlenie i ocenivanie v dinamičeskich sistemach. Sverdlovsk 1982.

[136] Bei der Interpretation der Bewertungsfunktion aus solchen Aufgaben mit unendlichem Zeithorizont als ökonomische Werte ergeben sich einige Probleme, auf die hier nicht näher eingegangen zu werden braucht. Zum ganzen Problemkomplex vgl. Lucas, Prescott, Stockey op. cit.

[137] Wegen der rechnerischen Probleme, die sich ab einer bestimmten Systemgröße ergeben, siehe D. Bertsekas: Dynamic Programming and Stochastic Control. New York 1976.

[138] Im obigen Sinne.

und ferner bestimmte Versicherungsverträge zu bestimmten Preisen anzubieten. Wären diese Preise und die Input-Output-Kennziffern die aus unserem Modell sich ergebenden, so würde die Volkswirtschaft exakt demselben Pfad folgen wie bei reiner „Mengenplanung“ oder einer Vorgabe nur eines Preissystems. In diesem System ergeben sich auch die „wissenschaftlich begründeten Normative“ für eine Lagerhaltung oder Reservebildung in natura. Das *n*-Sektorensystem kann nämlich als Produktionstechnologie auch die Möglichkeit der Lagerhaltung[139] enthalten und dann würden wir mit Sicherheit in der optimalen Lösung für die meisten states und Perioden einige Läger erhalten. Zwischen der Bildung der „Versicherungsfonds“ in numeraire und der „entsprechenden“ „strukturgerechten“ Reservehaltung in natura besteht auch ein enger Zusammenhang — sie werden ja beide simultan mit demselben Algorithmus ermittelt — aber ein sehr komplizierter und im allgemeinen ergibt sich für jeden Weltzustand und jeden Zeitpunkt ein anderes optimales Normativ der Reservehaltung in natura. Zu dem Sinne, in dem dieser Plan optimal ist, müssen jedoch ebenso noch ein paar Anmerkungen gemacht werden wie zu der Ermittel- und Implementierbarkeit dieses optimalen Plans. Optimal ist der Plan offenbar in dem Sinne, daß er den Erwartungsnutzen des Planers[140] maximiert. Dieses Optimalitätskonzept[141] ist jedoch einigen Einwendungen ausgesetzt.

Eine interessante Frage ist, ob ein solcher Plan für diese Ökonomie durch Anwendung eines Dekompositionsalgorithmus wie etwa des Lange-Arrow-Hurwicz-Algorithmus ermittelt werden könnte[142]. Es ist zweckmäßig, an dieser Stelle anzudeuten, daß die Preise in der von uns diskutierten Modellökonomie formal die Eigenschaften eines Wahrscheinlichkeitsmaßes haben[143]. Wenn wir also sagten, daß die Firmen für ihre Entscheidungen keinerlei Vorstellungen über die Wahrscheinlichkeit des Eintretens der verschiedenen Weltzustände brauchen, so bedeutete das nicht, daß die in der Wirtschaft vorhandenen Informationen über die Eintrittswahrscheinlichkeit derselben bei der Entscheidung der Firma wirklich unberücksichtigt bleiben. Sie sind vielmehr zusammen mit den Informationen über den Grenznutzen, den ein Gut in einem Weltzustand zu einem bestimmten Zeitpunkt stiftet, im Preis

139 Den entsprechenden „Netputvektor“.

140 Oder anders gesagt: den erwarteten Zielerreichungsgrad des Planers, da die Gestalt der Zielfunktion des Planers hier im Prinzip ja keine Rolle spielt und ihre Auffassung als „Nutzenfunktion“ eine formale Angelegenheit ist.

141 Dreze spricht von Arrowoptimalität im Gegensatz zu Paretooptimalität.

142 Zu den Eigenarten solcher Dekompositionsalgorithmen und den verwendeten Begriffen, insbesondere dem Lange-Arrow-Hurwiczalgorithmus, einer modernen Form jener Vorstellung eines „Marktsozialismus“, die Lange in seinem Austausch mit v. Mises und Hayek in den 30er Jahren vertreten hatte, und dem Taylor-Malinvaudalgorithmus, vgl. G. M. Heal: The Theory of Economic Planning. Amsterdam 1973.

143 Dies wurde meines Wissens nach erstmals von J. Dreze op. cit. dargestellt.

dieses Gutes enthalten. Dreze folgend können wir das folgendermaßen zeigen. Das Maximierungsproblem des Individuums in einer Multigüterökonomie lautet:

$$\max \sum_{S} w_s^i U_s^i (q_s^i \ldots q_{sc}^i) - \lambda^i (\sum_{S, C} p_{sc} q_{sc}^i - \overline{y}^i)$$

Hierbei bezeichnet $q^i_{..}$ einen contingent claim, $1 \ldots S$ numeriert die Weltzustände[144], nach denen sie kontrahiert sind und $1 \ldots C$ numeriert die physischen Güter bzw. Dienste, um die es geht; w ist die Wahrscheinlichkeit des Eintretens eines Weltzustandes und $\overline{P}_{..}$ der Preis des contingent claims, $\overline{y}$ das „Einkommen" oder auch der Wert der Erstausstattung. Differentation nach q_{sc} ergibt

$$w_s^i \frac{\partial U_s^i}{\partial q_{sc}} = \overline{P}_{sc} \lambda^i$$

oder

$$\frac{w_s^i}{\lambda^i} \frac{\partial U_s^i}{\partial q_{sc}} = \overline{P}_{sc}$$

oder in „Prosa": der Preis des contingent claim für s ist gleich dem Grenznutzen dieses Gutes im Weltzustand s multipliziert mit der Wahrscheinlichkeit des Eintritts dieses Weltzustands dividiert durch den Grenznutzen des Einkommens — eine einsichtige Verallgemeinerung der Optimalitätsbedingungen unter Sicherheit[145].

Die Anwendung eines Dekompositionsalgorithmus setzt außer der Existenz, Eindeutigkeit und Stabilität des Gleichgewichts in bezug auf den gewählten Mechanismus der Preis- oder Mengenanpassung[146], auch die Lösung von Problemen der Informationsverarbeitung und schließlich der incentive compatibility voraus. Zu den ersten beiden Problemen existiert eine umfangreiche Literatur. Wenn gegen Dekompositionsalgorithmen im allgemeinen der Einwand gemacht wird, daß das Problem auch nach erfolgter Dekomposition immer noch „zu groß" sei, die Informationsübermittlungs- und verarbeitungskapazitäten also überfordert, so gilt dies für eine Verallgemeinerung des Lange-Arrow-Hurwicz-Algorithmus auf den Fall mit

---

[144] Die von Dreze diskutierte Ökonomie erstreckt sich nur über zwei Perioden.

[145] Im weiteren Verlauf seiner Darlegungen zeigt Dreze dann, daß p_{SC} darüberhinaus alle formalen Eigenschaften eines Wahrscheinlichkeitsmaßes hat — auch jene, die sich nach dieser Ableitung noch nicht von selbst verstehen.

[146] Auf dem „Weg der Suche" nach dem Gleichgewicht.

Unsicherheit erst recht. Vielleicht noch schwerer als dieser Einwand[147] wiegt das Problem, daß es bei einem Lange-Arrow-Hurwicz-Algorithmus für die Wirtschaftssubjekte regelmäßig vorteilhaft ist, die Zentrale auf deren Preisangaben hin „falsche“ Angaben über die Mengen zu machen, die sie zu diesen Preisen profitmaximierend erzeugen würden, der Lange-Arrow-Hurwicz-Algorithmus also nicht incentive-kompatibel ist[148]. Dieser Umstand hebt den ganzen Lange-Arrow-Hurwicz-Algorithmus aus den Angeln[149].

Aber angenommen, diese Schwierigkeiten wären gelöst, so könnte mit Hilfe des Lange-Arrow-Hurwicz-Algorithmus für den Fall der Unsicherheit ebenso ein optimaler Plan ermittelt werden wie für den deterministischen Fall. Es sind jedoch einige Worte auf die Optimalitätseigenschaften eines solchen optimalen Plans bzw. des ihm äquivalenten Systems von Kontrakten bei vollständigen Märkten zu verlieren. In der wirklichen Welt beobachten wir ein solches System vollständiger Märkte nicht und wir können fragen, warum dies der Fall ist. Märkte für etwas, was zumindest eine Ähnlichkeit mit contingent claims aufweist, sind nur in verhältnismäßig bescheidenem Umfang entstanden. In der Literatur wird u. a. als Grund das moralische Risiko angegeben[150], nichtöffentliche Information, Transaktionskosten[151] und Unsicherheit des Individuums über seine zukünftigen Präferenzen. Ein Grund, der sich hingegen in der Literatur kaum findet, der aber trotzdem wesentlich erscheint, ist der folgende: Selbst angenommen, die Wirtschaftssubjekte wären sich über ihre künftigen Präferenzen klar und die incentive-Probleme bewältigt, so wäre eine Wiedereröffnung von Märkten, bzw. eine Revision des Plans für die Wirtschaftssubjekte dennoch von Vorteil, wenn im Laufe der Zeit sich ihre Vorstellungen über den Zufallsprozeß, nach dem die Ereignisse und Weltzustände eintreten, ändern. Formal schlägt sich das in

---

[147] Dem etwa durch „entsprechende“ Aggregierung begegnet werden könnte.

[148] Vgl. hierzu den Artikel von L. Hurwicz in dem derzeit noch im Druck befindlichen Bd. 3 des Handbook of Mathematical Economics und für die Suche nach anderen iterativen Planungsprozeduren, die bessere incentive Eigenschaften haben, J. Roberts: Incentives, Information and Iterative Planning. Stanford 1983, unveröffentlicht. Diese Suche scheint hauptsächlich Unmöglichkeitstheoreme zutage zu fördern.

[149] Lange bevor der theoretische Beweis für diesen Sachverhalt gefunden war, war so etwas wie ein empirischer schon erhältlich: Die Art und Weise, wie die jugolavische Planung ab 1952 eine Weile einen Investitionszins zu ermitteln suchte, der Kapitalangebot und -nachfrage zum Ausgleich bringt, glich in vielem dem Lange-Arrow-Hurwicz-Algorithmus und die enttäuschenden Ergebnisse dieser Versuche wurden in der Literatur diskutiert. Man kann hier auch auf eine Ironie der Dogmengeschichte hinweisen: Hier hat v. Mises, der doch ein ausgesprochener Gegner der mathematischen Ökonomie war, posthum seitens der mathematischen Ökonomie in seinem Austausch mit Lange eine Rehabilitation und seine Position eine wesentliche Stärkung erfahren.

[150] Dies ist ein wichtiger Punkt, auf den wir zurückzukommen haben werden.

[151] Dies ist ein schlechtes Argument, weil Transaktionskosten im allgemeinen eine Art von theoretischer Papierkorb sind, in den alles mögliche ohne nähere Identifizierung gesteckt wird.

einer Veränderung ihrer Nutzenfunktion nieder[152] und damit in einer Veränderung der Nachfragefunktionen nach contingent claims. Klarere oder richtigere Vorstellungen über diesen Zufallsprozeß sollten regelmäßig eine effizientere Allokation ermöglichen[153]. Was aber, wenn die Wirtschaftssubjekte bereits beim Abschluß der Kontrakte ahnen, daß die Wahrscheinlichkeiten, die sie ansetzen, sich später als falsch herausstellen werden? Und: Weshalb einen längerfristigen komplexen Plan aufstellen und vollzugsverbindlich machen, wenn zu erwarten ist, daß die Annahmen, die diesem Plan zugrundeliegen, sich noch während des Planvollzugs als falsch herausstellen werden? Die Wahrscheinlichkeit, daß das passiert, läßt sich dadurch vermindern, daß ein kürzerer Planungshorizont verwendet wird, damit verschärft sich aber das Problem, daß in eine solche Planung die Vorstellungen darüber eingehen, was für ein Zustand am Ende des Planungshorizonts herrschen soll, und diese willkürlich gewählten Vorstellungen das Geschehen in den ersten vom Plan erfaßten Perioden umso stärker beeinflussen je kürzer der Zeithorizont ist und damit das Moment der Willkür in der ganzen Planung verstärken[154].

Mit diesen Erwägungen soll nicht die analytische Bedeutung einer Entscheidungstheorie unter Unsicherheit, die die Unsicherheit mit dem Instrument der Wahrscheinlichkeitsrechnung erfaßt, bestritten werden. Sehr wohl aber ist ihre Tragfähigkeit in einer normativen Planungstheorie begrenzt, da, wie wir gesehen haben, auch der mit Hilfe dieser Entscheidungstheorie ermittelte optimale Plan sich in der Praxis vermutlich als nicht besonders gut herausstellen wird. Im Grunde haben wir einen Punkt berüht, der in der Literatur über Wirtschaftssysteme seit langem diskutiert wird: Ein Wirtschaftssystem, bei dem die Koordination der Handlungen der Wirtschaftssubjekte nicht von einem diese Koordination bewerkstelligenden gesamtwirtschaftlichen Plan abhängt, offenbart seine Vorzüge umso deutlicher, je mehr dieser Plan mit einer „Portion“ Unsicherheit behaftet ist; auch ein optimaler Plan in einem stochastischen Modell ist bedeutend fragwürdiger als ein optimaler Plan in einem deterministischen.

---

[152] Beispielsweise wenn diese eine Neumann-Morgenstern-Nutzenfunktion ist, aber auch wenn sie aus mehreren Nutzenfunktionen, je einer pro Weltzustand, zusammengesetzt ist.

[153] Diese Veränderung der Vorstellungen über den Zufallsprozeß ist nicht zu verwechseln mit der Veränderung der Vorstellungen über die Wahrscheinlichkeit des Eintrittes eines Ereignisses, die für $t = 2$ eine bedingte Wahrscheinlichkeit ist, abhängig vom Eintritt eines bestimmten Ereignisses in $t = 1$, und sich somit im Zeitpunkt 1 natürlich abhängig hiervon wandelt: diese Veränderung der Vorstellungen beeinträchtigt die Optimalität des gefundenen Plans, bzw. Marktgleichgewichts nicht — ein Anreiz zu einer Wiedereröffnung der Märkte besteht nicht!

[154] Diese Argumentation hat eine gewisse Verwandtschaft mit den Darlegungen von R.M. Starr in Optimal Production and Allocation under Uncertainty. QJE 1973: 87, S. 81 ff., ist aber nicht mit der seinen identisch.

3.2.1.3. Zufällige Bedarfe und das System material-technischer Versorgung

Da, wie wir gesehen haben[155], die „Einheit der materiellen und finanziellen Planung" praktisch nicht realisierbar ist, ein einer optimalen Mengenplanung entsprechendes Preissystem nicht entwickelbar[156], kann eine Planwirtschaft, die den Anspruch ernst nehmen möchte, daß die wirtschaftlichen Vorgänge weitgehend durch einen zentralen Plan gesteuert werden, primär nur durch Mengenplanung gekennzeichnet sein. Die Finanzplanung und Finanzbeziehungen spielen ihr gegenüber eine zweitrangige Rolle[157]. Der Anspruch der Steuerung durch einen zentralen Plan wird in allen RGW-Ländern mit Ausnahme Ungarns[158] absolut ernst genommen. Da verschiedene Planvarianten für unterschiedliche „Weltzustände" soweit überhaupt, dann nur in bescheidenem Umfang ausgearbeitet werden, ist bei zufällig auftretenden Ereignissen größeren Gewichts jeweils eine Planänderung oder eine Abweichung vom Plan erforderlich, — in der „Zentralen Planung und Leitung der Volkswirtschaft" greift hier also das Moment der „Leitung" ein. Wenn wir wissen wollen, welche Rolle eine Versicherung des staatlichen Sektors spielen kann, müssen wir uns also klar machen, wie das tatsächliche System der Planung und Leitung der „Materialwirtschaft" auf solche Ereignisse reagiert und uns zu diesem Zweck wenigstens im grobem Umriß die Konstruktion dieses Systems vor Augen führen[159]. Zentrale Planungsmethode ist seit alters her die Erstellung von Materialbilanzen. Im Rahmen der Materialbilanz wird auch eine „Bilanzreserve", also eine Materialmenge, für die noch keine bestimmte Verwendung vorgesehen ist, ausgewiesen[160]. Zu der Materialbi-

[155] Ein strenger Beweis wurde nicht erbracht, darauf konnte aber im Rahmen meines Themas auch verzichtet werden, weil das Problem in der Literatur eingehend und tiefgründig erörtert worden ist. Hier genügt es, sich die Art und Größe der Rechenaufgabe klar zu machen, und auf die incentive compatibility Probleme hinzuweisen, die die Informationsbeschaffung für diese Rechenaufgabe verunmöglichen und zwar selbst dann, wenn die reine Informationsübermittlung etwa durch eine entsprechende Entwicklung der Kommunikationstechnik stark erleichtert würde. Daß diese incentive compatibility Probleme unlösbar sind, ist in der einschlägigen Literatur auch im Wege der mathematischen Analyse streng bewiesen worden.

[156] Und zwar schon aus dem Grunde, weil die optimale Mengenplanung unmöglich ist.

[157] D. h. nicht, daß sie unbedeutend wären; es kann vielmehr versucht werden, die Lücken und Unvollkommenheiten in der Materialplanung mit Hilfe der Finanzplanung und der „Ware-Geld-Beziehung" zu füllen, bzw. zu kompensieren.

[158] Wo dieser Plan bekanntlich einen mehr indikativen Charakter hat.

[159] Dies ist auch deswegen notwendig, weil die Literatur an Darstellungen dieses Systems, die den hier erforderlichen Grad an Liebe zum Detail haben, nicht reich ist und wir deswegen nicht ohne weiteres auf andere Schriftsteller verweisen können.

[160] Input-Output-Tabellen spielen als Hilfsmittel bei der Aufstellung der Materialbilanzen eine Rolle, die per se ja außerstande sind, die Effekte der Veränderung der Produktion eines Gutes auf den Bedarf nach anderen Gütern, etwa Vorprodukten dieses Gutes zu erfassen. Aus verschiedenen, hier nicht näher darzulegenden, Gründen haben alle vorhan-

lanz gehört logisch — und nach sowjetischem Planungsrecht auch tatsächlich — ein Verteilungsplan[161].

Die Bilanzen und Verteilungspläne bilden eine Pyramide[162]: die zentralisiert von Gosplan bilanzierten und verteilten Produkte machen zwar einen beträchtlichen Teil der Produktionsmittel aus[163], es handelt sich dabei aber nicht wirklich um Produkte, sondern um Produktbündel, Aggregate von Produkten[164]. Die „Produkte" werden durch den Verteilungsplan auf die sogenannten „Fondhalter" (fondoderžatel) verteilt, das sind Ministerien, „Ämter" und Organe von Gossnab und ähnlichen Einrichtungen: Durch diese Verteilung sind mithin die Betriebe, die diese Materialien erhalten, zumeist noch nicht spezifiziert. So gehören zu den zentralisiert durch Gosplan verteilten Produkten u. a. Schnittholz, Holzfasern, „die wichtigsten Arten von Holzprodukten"[165], Zement, Fensterglas, Schiefer und Weichdächer (magkaja krovlja)[166] und wir können sicher sein, daß über die kg Zement, die ein kleiner örtlicher Baubetrieb in einem Dorf in Jakutien erhält, nicht vom Ministerrat entschieden wird.

Es ergibt sich für die zentralisiert verteilten Produkte ebenso wie für die sonstigen Produkte die Notwendigkeit, eine stärker aufgeschlüsselte Bilanzierung und Verteilung auf einer weniger zentralen Ebene zu organisieren.

---

denen Input-Output-Tabellen jedoch wesentlich weniger Zeilen und Spalten als allein Gosplan an Materialbilanzen erstellt. Sie können die Bilanzierungsmethode ergänzen, aber nicht ersetzen und eine Veränderung dieses Zustandes ist nicht absehbar. Wegen sowjetischer Überlegungen, die Input-Output-Tabellen für die Verhältnisse einer Ökonomie mit Risiko etwas brauchbarer zu machen — sonderlich weit gediehen sind diese Bemühungen allerdings nicht — siehe z. B. Ju. I. Maksimov: Stochastičeskoe modelirovanie v planirovanii. Novosibirsk 1981. Es kann hier beispielsweise derart vorgegangen werden, daß die Koeffizienten variiert werden — im „ungünstigsten" Fall ist der Faktorverbrauch für einen Output hoch, im „günstigsten" geringer, diesen Varianten eine unterschiedliche Wahrscheinlichkeit zugeordnet wird und für solche unterschiedlichen Varianten dann die Inverse der Koeffizientenmatrix errechnet wird.

161 Ich beschreibe hier nur die sowjetischen Verhältnisse näher — das System der materialtechnischen Versorgung im einzelnen ist in jedem RGW-Land unterschiedlich.

162 B. I. Gutmann spricht treffend von der Nomenklaturpyramide. In: Problemy soveršenstvovanija processov prinjatija rešenij v organach snabženija i sbyta. Moskva 1980, hier zitiert nach: Ju. I. Silin, E. P. Belotelov: NTP v upravlenii material'notechničeskim snabženiem. Moskva 1983, S. 17.

163 Diese Bilanzen und Verteilungspläne erlangen meist durch Beschluß des Ministerrats „Gesetzes"kraft; als zentralisiert verteilt gelten weiterhin mehrere zehntausend weitere Produkte, für die die Bilanzen von der Hauptverwaltung von Gossnab ausgearbeitet und von dessen Direktor bestätigt werden.

164 Beispielsweise im Maschinenbau werden die Maschinen zwar zentral bilanziert und verteilt, diese Verteilung hat aber, da es sich aus verständlichen Gründen um „aggregierte" Maschinen handelt, nur begrenzte Aussagekraft.

165 Ekonomika material'notechničeskogo snabženija. Moskva 1978, S. 49.

166 Der Einsatz dieser Produkte wird als „zentralisiert und in ihrer Verwendung streng reglementiert" beschrieben, a.a.O., S. 53.

Würde eine solche „Planaufschlüsselung" nicht vorgenommen, so bestünde die Gefahr, daß im Rahmen der zentral gesetzten Proportionen im einzelnen de facto eine Art Marktmechanismus über die Allokation entscheidet und das ist nicht nur politisch nicht gewollt, sondern würde es auch unwahrscheinlich erscheinen lassen, daß im Wege dieses Marktprozesses tatsächlich gerade die zentral gewollten Proportionen herauskämen[167]. Sind die Ministerien oder Hauptverwaltungen innerhalb dieser Ministerien regelmäßig die Fondhalter[168], so besteht das Problem, die Verteilung der Produkte auf Betriebe unterschiedlicher Unterstellung zu organisieren, also etwa zu gewährleisten, daß ein Betrieb eine bestimmte Maschine erhält, obwohl das ihm vorgesetzte Amt kein Fondhalter ist. Es kann versucht werden, dieses Problem auf der Ebene der zentralisierten Verteilung derart zu lösen, daß für ein Produkt eine erhebliche Zahl von Fondhaltern eingesetzt wird. Dies soll jedoch nicht so geschehen, daß es zu Wettbewerb zwischen den Fondhaltern kommen könnte — also ein Betrieb versuchten könnte, eine Maschine von verschiedenen Fondhaltern zu erhalten. Daher haben diese Fondhalter meist für ein bestimmtes Produkt, ein bestimmtes Territorium oder eine bestimmte Gruppe von Betrieben eine Monopolstellung. Daraus ergibt sich die Gefahr, daß ein Ministerium die ihm unterstellten Betriebe bei der Verteilung bevorzugt und daran ist es interessiert, wird doch die Leistung des Ministerium an der Erfüllung bestimmter Plankennziffern durch das Ministerium gemessen.

Weil sich Gosplan und die Arbitraže[169] allein mit der Aufgabe, dem gegenzusteuern, überfordert zeigten, wurde 1957 in der SU ein Staatskomitee für material-technische Versorgung geschaffen (Gossnab), deren Organe seitdem für zahlreiche Produkte die Bilanzierung und die Aufstellung des Verteilungsplans besorgen. Gossnab sollte die Aufgabe der „materialtechnischen Versorgung" übernehmen, die zuvor von einer größeren Zahl von Ministerien durch eigene Versorgungsorganisationen erledigt worden waren[170].

Gossnab hat Unionshauptverwaltungen für Beschaffung und Absatz (Sojuzglavsnabsbyty), die nach dem „Branchenprinzip" gegliedert sind[171], daneben Unionshauptverwaltungen für Komplettierung[172] und unterhalb dieser

[167] In der Tat ist ein zentrales Charakteristikum der ungarischen Reform, daß die betriebliche Planung nicht als Aufschlüsselung eines zentralen Plans verstanden werden soll.

[168] Oder vielleicht Kombinate, Industrievereinigungen.

[169] Vgl. weiter unten S. 219, Fußnote 189.

[170] Gossnab ist ein umfangreicher und komplizierter Apparat mit mehr als 7000 „Subsystemen". Für Details über die Organisation von Gossnab siehe A. A. Zakružnyj: Organy snabženija i sbyta. Minsk 1983.

[171] Also jeweils für die Verteilung bestimmter Produktgruppen zuständig sind.

[172] Diese Organe sind für die Versorgung wichtiger Bauvorhaben, insbesondere den Neubau oder die Umrüstung von Fabriken, zuständig, weil diese eine „komplexe Versorgung" nötig haben.

Hauptverwaltungen eine große Zahl von Territorialorganen, die direkt oder indirekt der Unionsebene unterstellt sind[173]. Nichtsdestoweniger gelang es Gossnab nicht, die Versorgungsorganisationen der Ministerien vollständig abzulösen[174]: Eine Reihe von Ministerien behielten eigene Versorgungsorganisationen und zwei derselben erlangten in jüngerer Zeit den Rang von Staatskomitees, darunter das Staatskomitee für landwirtschaftliche Technik (Goskomselchostechnika). Dieses Staatskomitee ist monopolistischer An- und Verkäufer von „Waren produktiver Bestimmung" für die Landwirtschaft[175]. Geht also bei einem Kolchoz eine Maschine auf zufällige Weise unter, so kann eine solche Maschine auf legale Weise nur wiedererlangt werden, indem der Kolchoz bei der Rajon-Vereinigung dieses Staatskomitees[176] einen Antrag auf Lieferung stellt, das dann seinen Verteilungsplan ändern oder eine Maschine außerhalb des Verteilungsplans zur Verfügung stellen kann[177]. Hier wird ein wichtiges Prinzip deutlich: Nur dasjenige Organ kann einen Verteilungsplan ändern, das diesen aufgestellt hat[178]. So ist es prinzipiell im sowjetischen Recht der material-technischen Versorgung geregelt[179].

Aus dem Organisationsprinzip wird deutlich, daß die bürokratischen Hürden, die bei einer Ersatzbeschaffung, die eine Veränderung des Verteilungsplans erfordert, auftreten, erheblich sind. Bislang hatten wir nur die „vertikalen" Beziehungen besprochen, in der material-technischen Versorgung spielen aber auch die „horizontalen", die vor allem durch Wirtschaftsverträge geregelt sind, eine Rolle. Durch die Verteilungspläne wird keineswegs alles spezifiziert. Beispielsweise lassen sie die konkrete Lieferbeziehung, also, wer konkret Lieferant für wen ist, regelmäßig offen[180]. Bei diesen Verträgen

---

[173] Also beispielsweise oblast'-Organe für die Verteilung bestimmter Materialien im oblast'-Rahmen.

[174] Die Organisation der material-technischen Versorgung unterliegt seit 1917 fortwährenden Reorganisationen und Reformen.

[175] Damit sind außer Maschinerie u. a. auch Dünger und Baumaterialien gemeint; vgl. Ju. A. Konkin: Ekonomika remonta sel'sko-chozjajstvennoj techniki. Moskva 1983, S. 69 ff.

[176] Die „operative" Tätigkeit im Rahmen von Goskomselchostechnika liegt weitgehend bei der Rajon-Ebene.

[177] Die Rajon-Organe haben im Rajon-Rahmen eine Monopolstellung.

[178] Dies ergibt sich logisch aus dem System: andernfalls könnten die Entscheidungen der verteilenden Behörde im Vollzug unterlaufen werden.

[179] Sbornik normativnych aktov po material'notechničeskomu snabženiju. Moskva 1976 čast' 2 S. 139 f.; čast' 1 S. 291 f.; letztere Verordnung betrifft eine Umverteilung von Materialien, für die Gossnab Fondhalter ist zwischen Ministerien. Dies ist besonders kompliziert, u.a. ist die Unterschrift des Ministers erforderlich und der Antrag zirkuliert durch eine ganze Reihe von Abteilungen von Gossnab.

[180] Eine solche weitere Spezifizierung durch Wirtschaftsverträge ist schon deswegen unvermeidlich, weil die Artikelkataloge von RGW-Staaten regelmäßig Millionen von Positionen ausweisen, vielfach Qualitätsunterschiede möglich sind und dies nicht alles auf „vertikale" Weise geregelt werden kann.

handelt es sich nicht um Verträge im Sinne unseres Zivilrechts. Sie werden meist auf der Grundlage einer Anordnung (narjad) des Fondhalters abgeschlossen[181]. Diese narjady können an individuelle Betriebe oder an Gruppen von Betrieben adressiert sein, im ersteren Fall bedeuten sie eine Anweisung des Vertragspartners. Der aufgrund dieses narjad abzuschließende Vertrag ist ein Pflichtvertrag. Im Gegensatz zu der Zeit vor der Wirtschaftsreform hat der Betrieb aber doch gewisse Möglichkeiten der Wahl des Vertragspartners und zwar auch im Fall der „individuellen" narjady — der „Käufer" kann unter bestimmten Umständen und in gewissen Grenzen den ihm zugewiesenen Lieferanten oder das zugewiesene Material zurückweisen, den Vollzug des narjad also ablehnen[182]. Tut er das nicht, so muß der Vertrag normalerweise binnen knapp eines Monats abgeschlossen werden[183].

Bei den Wirtschaftsverträgen sind die „direkten Beziehungen" von den mittelbaren zu unterscheiden — bei den mittelbaren Beziehungen tritt Gossnab oder eine andere Versorgungsorganisation als meist monopolistischer An- und Verkäufer dazwischen. Ist etwa das Subsystem von Gossnab, das hier als Vertragspartner auftritt, Fondhalter, so fallen vertikale und horizontale Beziehungen zusammen — durch den Vertragsabschluß vollzieht es seinen Verteilungsplan[184]. Für die Versorgung mit Produkten, die höheren

---

[181] „Durch einen Planakt (eine Anordnung — narjadom) wird die Zusammensetzung der Teilnehmer an künftigen Verträgen und ihr hauptsächlicher Inhalt vorbestimmt. Durch die Anordnung wird die Menge und die Benennung der Produkte festgelegt. . . die allgemeinen Lieferfristen, die Qualität, der Preis etc. Diese Bedingungen werden Bestandteil des Vertrags . . . Die bestimmende Rolle des Planprinzips im Liefervertrag erklärt sich dadurch, daß der Vertrag sich gewöhnlich direkt auf eine Planauflage gründet kraft dessen, daß der hauptsächliche Teil der Produkte produktionstechnischer Bestimmung nach den Plänen der material-technischen Versorgung verteilt wird." M. M. Rovinskij, V. N. Ezafovič: Dogorovy v material'no-techničeskom snabženii. Moskva 1981, S. 6. „Die fondhaltenden Organisationen verteilen die ihnen zugeteilten Fonds auf die Verbraucher und setzen diejenigen Organisationen, die die material-technische Versorgung durchführen, vom Verteilungsplan der Fonds in Kenntnis. Der Verteilungsplan . . . kann vom Fondhalter bis zu 50 Tage vor Beginn der Lieferung revidiert werden. Die auf die Verbraucher entfallenden Fonds dienen als Grundlage für die Ausgabe von narjady auf die Lieferung von Produkten. Solche narjady werden von den Organen der material-technischen Versorgung für die gesamte Produktion herausgegeben, die in planmäßiger Weise erstellt wird". Konkin op. cit. S. 147.

[182] Wesentlich geringer sind die Möglichkeiten des Lieferanten, vgl. Rovinskij . . . op. cit. S. 19 ff. Ein anderer Unterschied zur Stalinära ist, daß vertragslose Beziehungen, also Beziehungen nur auf der Grundlage eines narjad seit den 50er Jahren grundsätzlich illegal sind.

[183] Diese Verträge bedürfen vielfach noch der Bestätigung durch die vorgesetzten Behörden; es handelt sich meist um stark standardisierte Verträge, so daß auf dem Gebiet der Vertragskonditionen kaum ein Wettbewerb aufkommen kann.

[184] Hierbei sollten wir uns regelmäßig die Sache nicht so vorstellen, daß die Güter in Lägern des Subsystems lagern; in der Tat verfügt Gossnab nur in relativ geringem Umfang über eigene Läger, es wird sogar beklagt, daß der Umfang zu gering sei — vgl. Polovinkin op. cit. S. 96 — die Versorgung erfolgt meist in sogenannter „Transit"-form.

Wert haben, wiederholt geliefert werden, stark inhomogen sind und fortgeschrittene Technologie inkorporieren, sind demgegenüber offenbar „direkte Beziehungen" zwischen den Betrieben wünschenswert. Solche „direkten Beziehungen" werden seit geraumer Zeit gefördert, insbesondere die „langfristigen direkten Beziehungen" im Zusammenhang mit Versuchen, den Fünfjahresplan gegenüber dem Jahresplan aufzuwerten. Beim Zustandekommen solcher direkter Beziehungen sollen Gossnab und andere Organisationen eine „leitende" und vermittelnde Rolle spielen und dem Abnehmer am Lieferanten „befestigen" — auch hier soll es nicht zu „Selbstlauf" kommen[185].

Das sowjetische Recht der material-technischen Versorgung sieht für die „langfristigen direkten Beziehungen" die Ausarbeitung von Befestigungsplänen (plany prikreplenija) vor, was folgendermaßen geschieht: „Die Abnehmer reichen in die Territorialorgane der Leitung der material-technischen Versorgung, die Ministerien und Ämter, je nach Unterstellung Vorschläge über die Befestigung von Lieferanten an sie ein. Die Territorialverwaltungen prüfen diese Vorschläge gemeinsam mit den Betrieben ... und reichen dann ihre Vorschläge an die sojuzglavsnabsbyty weiter. Dann ist es an der Reihe der zuständigen sojuzglavsnabsbyty, die eingehenden Vorschläge unter dem Gesichtspunkt der Notwendigkeit der bestmöglichen effizienten Auslastung der Produktionskapazitäten der Lieferanten bei der Erstellung der gegebenen Produktart und dem Gesichtspunkt der Sicherstellung rationaler Transporte zu prüfen und einen Plan der Befestigung der Lieferanten an die Abnehmer auszuarbeiten"[186]. Die langfristigen direkten Beziehungen werden als die „grundlegende" Form bezeichnet[187]. Auch bei den kürzerfristigen direkten Beziehungen findet oft eine „Befestigung" statt, allerdings handelt es sich dabei nicht selten um Formen „dezentralisierter Befestigung", bei denen ein Abnehmer nicht an einem einzigen Lieferanten, sondern an einer Gruppe von solchen „befestigt" wird.

Auf die Komplikationen des sowjetischen Vertragsrechts und das Zusammenspiel von Verteilungsplan und Befestigungsplan braucht nicht weiter

---

185 Nicht von Gossnab vermittelte oder genehmigte direkte Beziehungen vor allem im Vorfeld der Planaufstellung haben mehr den Charakter von Vorverhandlungen. Diese sind vermutlich nützlich, um Inkonsistenzen in den zentralen Vorgaben aufzudecken, die Aufstellung eines realisierbaren Plans zu erleichtern. Es ergibt sich eine Art von informellem Dekompositionsalgorithmus. Aufgrund der Vorverhandlungen geben die Betriebe Vorschläge nach oben, hierauf wird mit korrigierten Plankennziffern reagiert etc. Wer mit den Eigenschaften von Dekompositionsalgorithmen nicht vertraut ist, wird leicht die Effizienz dieses Prozesses überschätzen, der mit zahlreichen incentive-Problemen behaftet ist und selbst dann, wenn er eine stabile Lösung hat, u. U. nur langsam gegen eine solche konvergiert. De facto muß wegen des Zeitaufwands nach wenigen Iterationen abgebrochen und irgend etwas festgelegt werden.

186 Problemy perspektivnogo planirovanija material'notechničeskogo snabženija. Moskva 1982, S. 47.

187 Rovinskij op. cit. S. 17.

eingegangen zu werden[188]. Von den bislang dargestellten Instrumenten ist offenbar nur eine sparsame Dosis an Flexibilität beim Auftreten zufälliger Bedarfe zu erwarten. Nun ist es im Prinzip möglich, Lieferverträge zu ändern und zwar auch nach ihrem Abschluß und während der Laufzeit des Vertrags. Der Grund hierfür kann eine Veränderung oder Annullierung eines narjad, eine Verschiebung des Bedarfs und noch einiges andere sein — es bedarf dann eines Übereinkommens der vertragsschließenden Seiten. Kommt dieses nicht zustande, so ist es die Aufgabe der Arbitraže, eine Vertragsänderung herbeizuführen[189]. Ferner kann sich der Betrieb bei einer solchen Verschiebung des Bedarfs auch dann, wenn kein narjad vorliegt, an einen anderen Betrieb oder an das zuständige Organ von Gossnab mit einem Antrag auf Lieferung wenden. Wird dieser Antrag auf Lieferung abgelehnt, so kann er sich ebenfalls an die Arbitraže wenden[190].

Ferner gibt es auch einige legale Möglichkeiten für den Betrieb, Produkte „selbstständig" zu verkaufen. Das betrifft unter bestimmten Umständen Überplanbestände, überflüssige Läger und Maschinerie und auch Produkte, die zwar im Prinzip „planmäßig verteilt" worden sind, aus irgendeinem Grund aber dann doch nicht auf diese Weise abgesetzt wurden. Dasselbe gilt für kleine Partien, die „aufgrund wechselseitiger Vereinbarung"[191] bei Auftreten eines besonderen Bedarfs erworben werden können, — wenn sich ein Lieferant findet. Seit längerem ist davon die Rede, Gossnab solle die Versorgung vermehrt „in der Art eines Großhandels" betreiben[192]. Ursprünglich lag dieser Forderung wohl tasächlich der Gedanke zugrunde, das Gebaren von Gossnab dem einer Handelsorganisation anzunähern. Berichte darüber, wie dieser „Großhandel" funktioniert[193] und die Erklärung, daß auch der Großhandel „planmäßige Verteilung" sei, nähren den Verdacht, daß die — schleppende — Ausbreitung des Großhandels zum beträchtlichen Teil im Wege der Umbenennung traditioneller Formen vonstatten geht. Ein Teilaspekt dieses Großhandels ist, daß kleine Abnehmer ohne narjad einen Antrag auf Lieferung bei den örtlichen Basen von Gossnab stellen können und zwar vor allem für die Produkte, die in den Lägern dieser Basen vorhanden sind[194].

---

[188] Die Änderung eines Befestigungsplans für langfristige direkte Beziehungen ist ein umständliches Verfahren, kann nur von dem Organ, das den Plan verabschiedet hat, vorgenommen werden und auch dann nur unter außergewöhnlichen Umständen und in Abstimmung mit den betroffenen Ministerien, Ämtern etc., vgl. Sbornik. . . C. 2, S. 140.

[189] Die Arbitraže ist eine Art von Gerichtsbarkeit und sie führt eine Zwangsschlichtung herbei.

[190] Vgl. Rovinskij . . . op. cit. S. 24.

[191] Ohne Wirtschaftsvertrag im Sinne des Rechts der Wirtschaftsverträge.

[192] Es gibt auch eine Großhandelsverordnung von Gossnab, die jedoch dem Leser den Eindruck innerer Widersprüchlichkeit vermittelt.

[193] Z. B. Ekonomika . . . S. 76.

[194] Nach ihrer „zahlungskräftigen Nachfrage" und innerhalb bestimmter Kontingente.

Betrachten wir die Reaktionen dieses Systems auf zufällige Bedarfe nun am Beispiel der Ersatzteilversorgung. Dies ist als leidiges Problem bekannt. „... bei der Reparatur fällt der faktische Bedarf nach Ersatzteilen selten mit seiner angesetzten Größe zusammen ... Im Reparaturwesen gibt es keine Normative für die Aufbewahrung von Ersatzteilen einer konkreten Nomenklatur. Eine zentralisierte Buchführung über das Vorhandensein der in vielen Wirtschaften eines Rajon aufbewahrten Ersatzteile ist praktisch nicht organisiert worden. Das bedingt ein Defizit einzelner Teile bei den Verbrauchern bei bedeutenden Reserven im Gesamtvolumen der auf die Verbraucher verteilten Ersatzteile“[195]. Offenbar sind die regionalen Versorgungsorgane mit der Aufgabe überfordert, über diese Vielzahl von mehr oder minder kleinen Einzelteilen Buch zu führen und eine sinnvolle Verteilung und Umverteilung vorzunehmen, — diese Verteilungsfunktion wird aber nicht durch einen Marktmechanismus ersetzt, den es im eigentlichen Sinne nicht gibt[196].

Hier ist eine konkretere Beschreibung zur Illustration angebracht: „Ersatzteile für Traktoren brauchen mehr als 100 000 Betriebe und Organisationen ... Die Wirtschaften, die Traktoren nutzen, und die Reparaturbetriebe nehmen Berechnungen über den Bedarf nach Ersatzteilen nach speziellen Nomenklaturheften vor. Die Beschaffungsdienste der Rajonorgane für landwirtschaftliche Technik stellen ihre Berechnungen für die Übergabe an die Versorgungsdienste auf dem oblast'-Niveau zusammen ... (nach einigen

---

[195] B. V. Vlasov, A. I. Čudakov: Obespečenie narodnogo chozjajstva zapasnymi častjami. Moskva 1982, S. 4.

Vlasov ... berichten, die Titelliste — nomenklatura — der Maschinen, die in der SU derzeit Verwendung finden, habe über 60 000 Positionen, die der Ersatzteile hingegen mehrere Millionen. Op. cit. S. 6. Dabei ist bereits der Maschinenbau ein Bereich, bei dem, wie wir gesehen haben, die zentralisierte planmäßige Verteilung große Schwierigkeiten macht, und über viel „Parallelismus“ in der Verteilung geklagt wird. Ekonomika ... S. 54; weiter schreibt Vlasov vom „Fehlen verläßlicher Daten über die Restbestände von Ersatzteilen in den Lägern der Abnehmer“ a.a.O., S. 15.

[196] „... aufgefordert, die Organisation der Aufbewahrung, Normierung und Verwaltung der Ersatzteile mit minimalem Aufwand zu gewährleisten. Das ist dadurch erforderlich, daß die Nachfrager von Ersatzteilen praktisch weder auf die Fristen noch auf die Umfänge der Lieferungen von Ersatzteilen seitens der diese produzierenden Betriebe Einfluß nehmen können“ a.a.O., S. 12.

Ein verwandter Grund für die Misere ist, daß im Rahmen der Kennziffern, die dem Betrieb vorgegeben werden, zwar oft eine Kennziffer für die gesamte Ersatzteilproduktion in Rubel vorgegeben wird, eine Aufschlüsselung dieser Kennziffer durch die Versorgungsorgane oder ein anderes leitendes Organ jedoch nicht erfolgt und auch schwerlich erfolgen kann — handelt es sich hier doch um eine außerordentliche Vielzahl von Produkten mit meist geringer Losgröße; im Rahmen der Wirtschaftsverträge gelingt diese Aufschlüsselung aber offenbar auch nicht — im vorhinein kann sie sicher nicht erfolgreich vollbracht werden, weil der Bedarf eine recht unsichere Größe ist, hier käme es also auf die Möglichkeiten nachträglicher Änderung der Verträge an und den Abschluß von Verträgen während der Laufzeit des Plans. „... einer der Mängel des bestehenden Systems planmäßiger Bestellungen von Ersatzteilen ist das Fehlen der Ausgangsdaten und einer Methode der Bestimmung des Bedarfs der Nomenklatur und der Quantität nach“ a.a.O., S. 14.

weiteren Zwischenschritten — B. S.) ... Der solchermaßen ermittelte Bedarf der Landwirtschaft nach Ersatzteilen wird mit den Ministerien abgestimmt, die Lieferanten der Ersatzteile sind, und dem Gosplan der SU für die Inrechnungsstellung in den Volkswirtschaftsplänen übergeben. Die produzierenden Betriebe schicken die Ersatzteile an die Republik- und oblast'-Handels- und Beschaffungsorganisationen des Staatskomitees für landwirtschaftliche Technik, die sie auf die Rajon- und Interrajonbasen verteilen, und diese schließlich liefern sie an die Kolchozen, Sovchozen und Reparaturbetriebe. Nach diesem System werden alljährlich mehr als 60000 Arten von Ersatzteilen im Wert von über 6 Milliarden Rubel geliefert. Die Informationsüberlastung (informacionnaja peregružennost') der Arbeiter der Versorgungsdienste angesichts einer so bedeutenden Nomenklatur von Ersatzteilen führt zu Fehlern ... und bedingt auf der einen Seite ein scharfes Defizit einiger Ersatzteile, auf der anderen — planlos aufgehäufte und die Normative übertreffende Restbestände"[197]. Da die Beschaffungsdienste mit einer genaueren Bedarfsermittlung überfordert sind, nehmen sie ab der oblast'-Ebene bis hinunter auf die Betriebe die Verteilung nach den Angaben der Betriebe über die Größe ihres Maschinenparks vor. So teilt die Rajonvereinigung den einzelnen landwirtschaftlichen Betrieben die Ersatzteile aufgrund dieser Angaben und unter Verwendung von Allunionsnormativen für den Ersatzteilverbrauch[198] zu[199]. Im Ergebnis dieses Prozesses kommen beim Verbraucher schließlich Güter an, die er gar nicht bestellt hat und für die er keine Verwendung hat[200]. Das Ergebnis auf dem Ersatzteilsektor ist, daß diese oft in „handwerklicher Manier" von den verbrauchenden Betrieben selbst mit hohen Selbstkosten und oft minderwertigen Qualitätsstandard hergestellt werden müssen.

Wir können die These wagen, daß die geringe Flexibilität dieses Systems der material-technischen Versorgung eine vergleichweise hohe Lagerhaltung erforderlich macht, wenn ein bestimmter Rhythmus der Produktion trotz zufälliger Störungen gesichert werden soll[201]. Zu der unverhältnismäßigen Höhe der Lagerhaltung trägt auch die Immobilität dieser Läger bei, — ist doch ein Transfer von Lagerbeständen von einem Betrieb zu einem anderen eine recht schwierige Prozedur. Oder mit anderen Worten: Aufgrund der Unsicherheit der Versorgung sind sozialistische Betriebe in einem Wirt-

[197] Vlasov ... S. 14/15.

[198] Mit eventuellen Zu- und Abschlägen.

[199] Vlasov ..., S. 17; Konkin op. cit. S. 149.

[200] Konkin a.a.O., S. 155. Diese Feststellung ist nicht auf Ersatzteile beschränkt.

[201] „Diese Lage schafft bei den Nachfragern eine Ungläubigkeit in die Erhältlichkeit bestimmter Ersatzteile und ruft ein Streben hervor, möglichst viele defizitäre Teile zu erlangen, um sich vor Zufälligkeiten zu versichern (zastrachovat' sebja ot slučajnostej)" Vlasov ... S. 17. Eine ähnliche Äußerung bezogen auf Reserven aller Art findet sich z.B. bei P. D. Polovinkin op. cit. S. 100.

schaftssystem sowjetischen Typs bemüht, eine Selbstversicherung in natura zu betreiben[202].

Als Ausweg aus der Misere wird eine Zentralisierung der Reservehaltung vorgeschlagen[203]. Dies ist, soweit es hierbei zu einer stärkeren Konzentration von Reserven kommt, ein interessanter Ansatz. Es könnte versucht werden, hierdurch sowohl die entsprechenden Buchhaltungsaufgaben zu vereinfachen als auch das Gesetz der großen Zahl besser zu nützen. Es muß aber doch betont werden, daß bei der Vielzahl von Produkten die hierdurch erzielte Verringerung des Variationskoeffizienten — wenn wir die Schwankungen im Bedarf mit Hilfe dieser statistischen Größe messen wollen — sicherlich nicht ausreicht, um Änderungen der Planauflagen und Verteilungsplänen überflüssig zu machen. Mit einer solchen Zentralisierung sind außer Transport- aber auch mannigfaltige incentive-Probleme verbunden[204]. Im Ergebnis fehlt bei den Abnehmern vielfach die Überzeugung, im Zweifelsfall aus den zentralisierten Reserven tatsächlich etwas erhalten zu können[205].

3.2.1.4. Fazit und Ergänzungen

Aus den Ausführungen des letzten Abschnitts ergeben sich einige Schlußfolgerungen[206]. Es ist nicht grundsätzlich illegal, wenn ein Betrieb bei einem zufällig aufkommenden Bedarf einen Antrag auf Lieferung auch ohne narjad stellt. Die Herbeiführung eines narjad dürfte ziemlich umständlich sein. Es existieren jedoch eine Reihe von legalen Beschaffungsmöglichkeiten im Rahmen rein „horizontaler" Beziehungen, vor allem wenn es sich um kleine Partien handelt. Bei Großschäden, und diese sind doch der Grund, weshalb eine Versicherung empfehlenswert sein könnte — kleinere Schäden wären auch aus dem cash-flow zu finanzieren —, sind die Möglichkeiten einer

---

202 Für den Kenner der planwirtschaftlichen Literatur ist dieses Ergebnis keine Überraschung. — Ganz offensichtlich ist dies auch ein wesentlicher Hintergrund für die Konzenttrationstendenzen in sozialistischer Volkswirtschaft, da die dabei entstehenden Konzerne eher zu einer solchen Selbstversicherung imstande sind. Analog ist die Konzentration der Wartungsarbeiten an der landwirtschaftlichen „Technik" auf Rajonebene zu sehen.

203 Beispielsweise im Ersatzteilwesen, die produzierenden Betriebe darauf zu verpflichten, ein entsprechend großes Ersatzteillager für die von ihnen produzierten Erzeugnisse zu halten, daß sie eventuellen Wünschen der Abnehmer dieser Produkte auf Lieferung von Ersatzteilen jederzeit nachkommen können; analog sollen die Materialreserven für andere Produkte möglichst bei den Basen von Gossnab konzentriert werden.

204 Deren Analyse hier zu weit führen würde.

205 Vgl. Polovinkin op. cit. S. 100.

206 Es dürfte deutlich geworden sein, daß die Formulierung, in der UdSSR würden die Produktionsmittel im Wege eines Zuteilungssystems alloziert, zwar nicht falsch ist, aber doch geeignet, einen etwas irreführenden Eindruck zu vermitteln. Das Moment der Verteilung wird mit einigen Formen kombiniert, die einem Marktmechanismus entlehnt sind.

legalen Beschaffung ohne Inanspruchnahme vertikaler Beziehungen wie einer Veränderung von Verteilungsplänen, Ergehen neuer narjady, bescheiden. Auch diese vor allem auf das Recht der material-technischen Versorgung abstellende Betrachtung dürfte die Möglichkeiten, eine Ersatzbeschaffung auf legale Art ohne Inanspruchnahme von Leitungsorganen zu bewerkstelligen, in einem zu günstigen Licht erscheinen lassen: Planwirtschaften neigen zu einer Praxis „angespannter Planung" und dies bewirkt vielfach einen erheblichen „Nachfrage"überhang[207].

Wenn eine solche Ersatzbeschaffung also vor allem bei größeren Schäden sowieso nicht ohne nachhaltige Inanspruchnahme von Leitungsorganen vor sich geht, dann erscheint es wenig sinnvoll, dem Betrieb, der diese Hürde erfolgreich genommen hat, die erforderlichen finanziellen Mittel nicht zur Verfügung zu stellen — sei es im Wege des Kredits oder der Zuweisung von Mitteln des Staatshaushalts seitens der vorgesetzten Behörde[208]. Umgekehrt ist nicht ohne weiteres zu erkennen, weshalb es sehr wesentlich sein sollte, daß der Betrieb auch dann entsprechende finanzielle Mittel erhält, wenn die erforderliche Ersatzbeschaffung nicht möglich ist. Dann bleibt wenig anderes übrig, als die Mittel in irgendeinem Fond stillzulegen oder einer anderweitigen Verwendung durch die Vereinigung etc. zuzuführen. Ebensowenig ist für mich ein ausgeprägter Nachteil eines solchen Verfahrens erkennbar. Hier soll argumentiert werden, daß, solange bei der Verteilung der Produktionsmittel die vertikalen Beziehungen die horizontalen noch in einem solchen Maße dominieren, wie dies in der UdSSR der Fall ist, es zumindest für die staatli-

[207] Die Gründe, weshalb dies so ist und wie der Nachfrageüberhang zustande kommt, können hier nicht weiter erörtert werden. Eine gute Darstellung dieses Punkts enthält A. Nove: The Soviet Economic System. London 1980, S. 164.

[208] Daß der Überschuß in den sozialistischen Staats-Haushalten tatsächlich so etwas wie ein Reservefond für solche Zwecke ist, wie es zahlreiche sozialistische Versicherungswissenschaftler sehen wollen, ist trotzdem sehr zweifelhaft. Diese Sicht ist auch weitgehend auf diese Personengruppe beschränkt, andere Autoren wollen hier etwas anderes erkennen. Sämtliche Äußerungen sind aber eine nachträgliche Reinterpretation einer Erscheinung, die zunächst einmal historische Gründe hatte — nämlich des Bemühens der sowjetischen Regierung 1924/25, der Öffentlichkeit zu demonstrieren, daß sie nun über stabile und ausreichende Steuereinnahmen verfüge und sich nicht mehr über das Drucken von sovznak zu finanzieren brauche. Vgl. V.P. D'jačenko: Istorija finansov SSSR. Moskva 1978, S. 123. De facto ist ein solcher Überschuß buchhalterisch problemlos herbeiführbar, da an die Stelle zusätzlicher Ausgaben des Staatshaushalts auch einfach eine Bilanzverlängerung der Staatsbank treten kann, von der wir schon deswegen keine Kenntnis erhalten, weil diese Bank entweder gar keine oder nur Spurenelemente einer Bilanz veröffentlicht. Eine eingehendere Diskussion dieses mysteriösen Überschusses ist nur aus Ungarn bekannt und dort wurde argumentiert, dieser Posten sei ein fiktiver und solle künftig deswegen nicht mehr ausgewiesen werden — hier würden Reserven vorgetäuscht, die in Wirklichkeit gar nicht vorhanden seien. Vgl. S. Varga: Die Eigenarten des Budgets der sozialistischen Staaten. Finanzarchiv 1963, S. 185 ff.; Über den eigenartigen Charakter der sozialistischen Finanzwissenschaft. Zeitschrift für die gesamte Staatswissenschaft 1963, S. 83 ff.

chen Betriebe[209] keinen besonders dramatischen Unterschied bedeutet, ob sie der Sachversicherung unterliegen oder die finanziellen Mittel für eine Ersatzbeschaffung im Zweifelsfall auf anderem Wege erlangt werden müssen. Eine Möglichkeit, das „Verwaltungskosten"argument hier zu einer schlüssigen Begründung auszubauen, sehe ich nicht[210].

Mit anderen Worten: In einem konsequenten und vollständigen Zuteilungssystem würden Geld und Finanzen eine rein passive Rolle spielen, in einem Verteilungssystem wie dem sowjetischen ist das nicht mehr ganz so, aber wir können doch von einer Endogenität des Geldes sprechen. Die staatlichen Betriebe sind nicht konkursfähig[211], es besteht auch nicht generell die Möglichkeit, Lieferungen an nicht mehr zahlungsfähige Betriebe einzustellen, so daß diese automatisch einen Handelskredit erhalten, den es streng genommen gar nicht geben darf. Zahlt der Betrieb einen Bankkredit nicht zurück oder überzieht er sein Konto, so sind ebenso wie bei dem unfreiwillig gewährten Handelskredit die Zwangsvollstreckungsmöglichkeiten des Gläubigers recht begrenzt[212] und es scheinen auch tatsächlich nicht sonderlich viele Zwangsvollstreckungen deswegen stattzufinden. In der UdSSR gibt es nach

---

[209] Es dürfte hinreichend deutlich geworden sein, daß es beim Ersatzbeschaffungsproblem zwischen staatlichem und „genossenschaftlichem" Sektor keine grundlegenden Unterschiede gibt: beide unterliegen der „planmäßigen Verteilung". Eine unterschiedliche Behandlung dieser beiden Sektoren in Versicherungsfragen muß seinen Grund also anderswo haben, siehe unten S. 237.

[210] Diese Kosten sind diffus und entziehen sich dem analytischen Zugriff. Sicherlich könnte eine Analyse im Rahmen eines team-theoretischen Ansatzes — im Sinne von Radner und Marschak — unternommen werden, ich muß aber gestehen, daß ich mir hiervon keine interessanten Ergebnisse erwarte. Es ist in diesem Zusammenhang interessant, daß eine verwandte Problemstellung bei amerikanischen Großunternehmungen auftaucht. Diese huldigen oft der Management-Philosophie, das risk-management als gesonderte Managementfunktion neben Marketing, Finanzen etc. auszugliedern und mit seiner Wahrnehmung ein spezielles Leitungsorgan zu beauftragen. Dieser risk-manager ist außer den Entscheidungen über die Versicherungsnahme bei externen Versicherern eventuell auch für das Arrangement eines Selbstversicherungsprogramms und u.U. für die Leitung eines captive insurers zuständig, also einer firmeneigenen Versicherungsgesellschaft, die speziell für die Versicherung der Risiken dieser Firma geschaffen wurde. Dieses Managementkonzept hat sich über Amerika hinaus bislang noch nicht durchgesetzt und die Organisationsformen im einzelnen, Zuständigkeit und Position des riskmanagers sind sehr unterschiedlich geregelt. R. Drake stellt als Resümee einer Darstellung dieser Organisationsstrukturen fest: „Seeking the proper risk management organization, like many other things, is similar to Ponce de Leon's search for the mythical fountain of youth. It does not exist." (Factors Impacting on the Risk Management Function. Risk Management 1977: 10, S. 11).

[211] Thieme gebrauchte hierfür die schöne Formel „Die Nichtkonkursfähigkeit der sozialistischen Betriebe macht diese zu Geldproduzenten" — in einem Vortrag März 1982. Vgl. H. J. Thieme: Geldpolitik im Wirtschaftssystem der DDR. In: Basisbereiche der Wirtschaftspolitik in der DDR. Stuttgart 1982. S. 201.

[212] In Vermögensgegenstände, die für die Planerfüllung erforderlich sind, kann nicht zwangsvollstreckt werden.

wie vor eine erhebliche Zahl von überfälligen Bankkrediten, der Kreditplan wird nicht selten „übererfüllt“[213].

T. M. Podolski[214] entwickelt am polnischen Beispiel das interessante Argument, daß eine Politik des knappen Geldes gegenüber den sozialistischen Betrieben, wie sie im Namen einer strikten „Kontrolle durch den Rubel etc.“ in den planwirtschaftlichen Ländern sämtlich eine Zeitlang verfolgt wurde, sich als wenig sinnvoll herausgestellt hat und dies mittlerweile auch erkannt wurde. Eine solche Politik ermöglichte nicht wirklich eine strikte Kontrolle der Planerfüllung, wie sie damit beabsichtigt war — ob der Betrieb wegen Verstößen gegen den Plan oder aus anderen Gründen illiquide wurde, läßt sich für die Bank oder auch andere Organe kaum feststellen. Da seine Illiquidität aber nicht zu einer Einstellung der Lieferungen an den Betrieb führt und der Logik einer Planwirtschaft folgend auch nicht führen kann[215], breitet sie sich rasch auf die Lieferanten aus, die dem illiquiden Betrieb unfreiwillig Handelskredit gewähren und es ergibt sich bei Fortführung der Politik des „knappen Geldes“ auch diesen Betrieben gegenüber rasch eine allgemeine Illiquidität der Wirtschaft, die dann jede „Kontrolle durch den Rubel“ zur Illusion macht. Es ist daher weit zweckmäßiger, dem Betrieb gewisse finanzielle Spielräume zu gewähren und Anträgen auf Kredite oder Subventionen stattzugeben, wenn sie einigermaßen begründet erscheinen[216].

Im Grunde ist es nicht sehr überraschend, daß in einer halbmonetären Wirtschaft, wie die zentrale Planwirtschaft mit Recht genannt wird,[217] eine

[213] Vgl. z. B. V. S. Zacharov: Kredit v sisteme upravlenija ekonomikoj. Moskva 1979, S. 37 f., 42; auf den für die Prämiengewährung maßgeblichen Leistungsausweis wirkt sich dies nicht negativ aus — beim Kreditplan handelt es sich um keine prämien„fondbildende“ Kennziffer. Vgl. Ju. Val'jataga: Stimulirovanie éffektivnosti proizvodstva v promyšlennosti. Tallin 1979.

[214] Socialist Banking and Monetary Control. Cambridge 1973.

[215] Auch in unserem Fall ist dem liefernden Betrieb, der einen narjad erhalten hat, einen Vertrag mit dem durch Zufall geschädigten Betrieb auf Lieferung eines Ersatzstückes abzuschließen, im allgemeinen nicht möglich, dies mit der Begründung zu verweigern, daß der Belieferte vermutlich nicht zahlungsfähig sein werde — die Arbitraže wird ein solches Raissonement schwerlich anerkennen.

[216] Solche Einsichten schlagen sich beispielsweise in den Regelungen nieder, die von Spravočnik finansista proizvodstvennogo ob'edinenija. Moskva 1979 referiert werden. „... jede Vereinigung (...) braucht üblicherweise Kredit ... für die Sicherung rechtzeitiger Zahlungen an den Lieferanten im Zusammenhang mit einer kurzfristigen Akkumulation überplanmäßiger Reste von Sachwerten, aber auch im Zusammenhang mit einem Abgang von Umlaufmitteln ... wegen anderer, nicht von der Vereinigung abhängigen Umständen ... Wenn die Bedingungen der produktionswirtschaftlichen Tätigkeit der Vereinigungen im Laufe eines Quartals einen Kredit in einem Umfang erfordert, der das Ausgangslimit überschreitet, so kann ihm ein zusätzliches Quartalslimit zuerkannt werden“ S. 152, 157. Dafür, daß diese kurzfristigen Kredite oft zu jahrelangen Transaktionen prolongiert werden, siehe Zacharov op. cit. S. 16.

[217] Das Geld erfüllt die Tausch- und Wertaufbewahrungsfunktion nur in einem erheblich verringerten Maße.

maßvolle Variation der finanziellen Institutionen allein wie eine Ersetzung von „Haushaltsschutz“ durch Versicherungsschutz oder umgekehrt, keinen fundamentalen Unterschied bedeutet, was nunmehr wohl hinlänglich bewiesen ist.

Es könnte schließlich noch eingewendet werden, daß auch in einer Planwirtschaft mit Mengenplanung und „planmäßiger Verteilung“ die finanziellen Kennziffern wie Rentabilität, Gewinn etc. immer noch eine Rolle spielen, nicht zuletzt für eine Leistungsbeurteilung des Managements, und daß eine Bereinigung dieser finanziellen Kennziffern von zufälligen Einflüssen, wie es eine Versicherung teilweise ermöglicht, die Aussagekraft dieser Kennziffern steigern könnte. Dieses Argument ist nicht völlig abwegig. Es muß aber doch festgestellt werden: Die finanziellen Kennziffern sind für Kontroll- und Planungszwecke wichtig. Solange es bei der Mengenplanung bleibt, müssen sie aber schon deswegen gegenüber den Mengenkennziffern von untergeordneter Bedeutung sein, weil Mengenplan und Finanzplan de facto nicht konsistent sind und auch praktisch nicht konsistent sein können — wie wir gesehen haben — und geregelt sein muß, welcher der beiden Pläne im Konfliktfall den Vorrang hat. Die Bereinigung der finanziellen Ergebnisse von zufälligen Einflüssen wird durch eine Versicherung nur in recht unvollkommener Weise bewirkt, da die Wirkung des zufälligen Einflusses, selbst wenn er versicherbar ist, vermutlich eine Betriebsunterbrechung einschließt, auf deren Dauer die Versicherung wenig Einfluß hat. Außerdem werden die finanziellen Ergebnisse durch eine Reihe anderer, vom Management des Betriebs unverschuldeter mehr oder minder zufälliger Einflüsse beeinträchtigt, wie irreale oder doch stark verlustbringende Planauflagen, laufende Planänderungen während der Planperiode und andere Formen der Einflußnahme wirtschaftsleitender Organe. Es fragt sich, ob der Versuch einer Bereinigung der finanziellen Ergebnisse von durch das betriebliche Management nicht zu vertretenden Umständen nicht besser durch geeignete Buchhaltungsvorschriften als durch Versicherung unternommen wird.

Immerhin mag eine Versicherung den Betriebsleiter doch noch vor gewissen Mißhelligkeiten bewahren, die die Finanzierung von Ersatzbeschaffungen trotz der „weichen Budgetrestriktion“[218], der er unterliegt, verursachen dürfte. Auf die Existenz solcher Mißhelligkeiten weisen die oben zitierten Äußerungen von Warkallo und Kolomin hin[219].

Außerdem könnte vermutet werden, daß anstelle der traditionellen Formen der Versicherung im Bereich der staatlichen Industrie die Bildung von

---

[218] Der Ausdruck „weiche Budgetrestriktion“ wurde zur Charakterisierung der Finanzierungsrestriktionen sozialistischer Betriebe von J. Kornai geprägt, kapitalistische Betriebe sehen sich einer „harten Budgetrestriktion“ gegenüber, vgl. The Economics of Shortage. B. Amsterdam 1980, S. 306 f.

[219] Siehe oben S. 195.

Reservefonds bei den wirtschaftlichen Organen, wie wir sie bei der UdSSR beschrieben haben[220], eine der Planwirtschaft angemessenere Form der Versicherung ist. Der Begriff Versicherung würde damit in einem sehr geweiteten Sinne verwandt. Solche Reservefonds mögen den Vorteil haben, daß sie den Instanzenweg vereinfachen, der sonst für die offizielle Gewährung von Haushaltsmitteln zu durchlaufen sein mag, und damit die Notwendigkeit zur Inanspruchnahme überplanmäßigen Kredits bei zufälligen Verlusten verringern. Andererseits mag das Finanzministerium um die Disziplin bei der Erfüllung der Finanzplanung bangen, wenn den Industrieministerien und Ämtern große Fonds ohne eindeutige Zweckbestimmung zur Verfügung stehen. Wie dem auch sei: Diese Fonds scheinen mit Ausnahme des Fonds für Sovchozen, der dann der staatlichen Versicherung einverleibt wurde, keinen allzu großen Umfang erlangt zu haben und die tatsächliche Planwirtschaft hat sie damit zumindest bislang nicht als arteigenes „Versicherungsinstrument" erkannt.

Die von uns bislang dargestellten Schlüsse ändern sich mit einer fortschreitenden „Monetarisierung" der Volkswirtschaft[221]: je mehr die horizontalen Beziehungen gegenüber den vertikalen an Gewicht gewinnen, umso wesentlicher wird die Frage der prompten Sicherung der Zahlungsfähigkeit des geschädigten Betriebs für die Möglichkeiten einer Ersatzbeschaffung. Daher ist es sicherlich folgerichtig, wenn mit solchen Versuchen, die horizontalen Beziehungen gegenüber den vertikalen aufzuwerten, Bemühungen um die Wiedereinführung von Versicherung einhergehen. Auch in der Sowjetunion hat eine solche Aufwertung verglichen mit der Stalinära stattgefunden, sie hat aber noch keine Systemänderung in dem Sinne herbeigeführt, daß wir nicht mehr von einem Verteilungssystem sprechen könnten. Wir dürfen vermuten, daß die zunehmende Komplexität des Wirtschaftsprozesses im Sinne u. a. einer Zunahme der Zahl der Produkte, der Notwendigkeit, genaues Detailwissen über ihre technischen Parameter und die örtlichen Bedingungen zu haben, in der Zukunft zu einer weiteren Lockung des Verteilungssystems zwingen wird.

Einzig die ungarische Wirtschaftsreform hat die horizontalen Beziehungen soweit aufgewertet, daß im allgemeinen nicht mehr von einem solchen Verteilungssystem gesprochen werden kann[222]. Hier ist die Zweckmäßigkeit einer

---

[220] Vgl. S. 103.

[221] Dies ist eine treffende ungarische Formulierung. Vgl. z. B. „Deshalb kann die Wirtschaftsreform eher durch die Monetarisierung als durch die Dezentralisierung charakterisiert werden." (B. Csikós-Nagy: Die Bedeutung von Innovationen für sozialistische Wirtschaftssysteme in den achtziger Jahren. Innovationsprobleme in Ost und West. Stuttgart 1983, S. 38.)

[222] Das heißt nicht, daß das Industrieministerium etc. nicht mehr in erheblichem Maße darauf Einfluß nimmt, was im Wege der horizontalen Beziehungen vereinbart wird, es tut das aber meist nicht mehr im Wege von Befehlen und nicht mehr auf der Grundlage von Materialbilanzen und Verteilungsplänen, von denen nur mehr ganz wenige erstellt werden.

Versicherung des staatlichen Sektors unbestritten. Wir können aber fragen, ob die Eigentümlichkeiten eines solchen Reformsystems nicht Eigentümlichkeiten bei der Ausgestaltung des Versicherungsschutzes zur Folge haben. Die Beantwortung dieser Frage geht über den Rahmen dieser Arbeit hinaus.

3.2.2. Die landwirtschaftliche Ernte- und Viehversicherung und ihre Zweckmäßigkeit

Wenn sozialistische Autoren für das Versicherungswesen der sozialistischen Länder Überlegenheit reklamieren, so verweisen sie auf die landwirtschaftliche Versicherung und hier besonders auf die Ernte- und Viehversicherung[223]. Auf den ersten Blick scheinen sie damit recht zu haben[224]. Die Unterbringung von Tierleben und Ernterisiken bei privaten Versicherungen ist traditionellerweise schwierig und teuer[225]. Auch heute ist es kein ungewöhnlicher Vorgang, daß sich kommerzielle Versicherer nach einem Abstecher ins landwirtschaftliche Geschäft aus diesem nach schweren Verlusten wieder zurückziehen[226]. Seit langem erhältlich ist eine Hagelschlag- und Feuerversicherung für landwirtschaftliche Kulturen, obwohl auch diese den Versicherern wegen der Schwierigkeiten der Messung des Risikos und einer korrekten Schadensregulierung viel Ungemach bereitet. All-risk-Policen für die Ernte tauchten zwar gelegentlich auf, die Anbieter zogen sich aber regelmäßig fluchtartig aus diesem „Geschäft“ zurück. Auch die Hagelschlag-

---

[223] Vgl. z.B. Lexikon der Wirtschaft. Versicherung. Berlin (Ost) 1982, S. 234. Wegen anderer theoretischer Äußerungen zur landwirtschaftlichen Versicherung siehe oben S. 95, 103, 140.

[224] Im Gegensatz zu den anderen Versicherungszweigen, in denen eine Kenntnis der Praktiken kapitalistischer Versicherer beim Leser entweder vorausgesetzt oder dieser auf die bestehende umfangreiche Literatur verwiesen werden konnte, scheint es bei der landwirtschaftlichen Versicherung zweckmäßig, einige Details über die kapitalistischen Länder zur besseren Vergleichsmöglichkeit zu berichten. Literatur über die landwirtschaftliche Versicherung im Westen ist spärlich — die einzige großangelegte Arbeit neueren Erscheinungsdatums ist: P. K. Ray: Agricultural Insurance. Theory and Practice and Application to Developing Countries. Oxford 1981. Ray versteht sich gewissermaßen als Anwalt der Ernteversicherung und möchte sie entwickelten wie unterentwickelten Nationen gleichermaßen empfehlen. Die damit verbundenen hohen Kosten versucht er nicht zuletzt durch verteilungspolitische Argumente zu rechtfertigen. Unter den Autoren, die sich sonst ausführlich über die Ernteversicherung geäußert haben, ist hervorzuheben: C. Rommel: Die Ernteertragsversicherung und ihre zukünftige Entwicklung. In: Mitteilungen. Vereinigung kantonaler Feuerversicherungsanstalten 1971.

[225] Weniger problembehaftet und hier infolgedessen nicht weiter zu erörtern ist die Versicherung landwirtschaftlicher Gebäude, Maschinerie oder auch Haftpflicht. Sicherlich wirken auch in diesen Zweigen Ursachen, die landwirtschaftliche Risiken schwerer versicherbar machen als städtische, aber mit vergleichsweise minderer Nachhaltigkeit.

[226] Vgl. z. B. S. Watson: Only strong insurerers. Business insurance 13.10.1980; St. Paul Fire and Marine. NUPC 1980: 5, S. 60. Aus denselben Gründen, aus denen eine Erstversicherung von landwirtschaftlichen Risiken schwierig ist, ist es auch eine Rückversicherung.

versicherung ist oft nicht sehr stark verbreitet[227]. Dies liegt sicherlich nicht am Fehlen eines Versicherungsbedürfnisses — im Gegenteil: durch die natürlichen Umstände bedingt ist die landwirtschaftliche Produktion meist erheblich risikobehafteter als die industrielle, die Ergebnisse schwanken stark. In den sozialistischen Ländern schlägt sich dies auch darin nieder, daß in der Geschichte dieser Länder die Produktionspläne für die Landwirtschaft immer nur ausnahmsweise erfüllt wurden.

Als Lösung des Dilemmas und um die hohen Prämien nicht zahlen zu müssen, die kommerzielle Versicherer für die Übernahme solcher Risiken verlangten, haben sich in der Viehversicherung schon im letzten Jahrhundert in großer Zahl örtliche bäuerliche Gegenseitigkeitsvereine etabliert[228]. Diese örtlichen Gegenseitigkeitsvereine ermöglichen dadurch, daß die Mitglieder sich und ihre Praktiken wechselseitig gut kennen und leicht beobachten können, eine Kontrolle des moralischen Risikos, dem kommerziellen Versicherer nichts gleichwertiges entgegenzusetzen haben[229]. Offensichtlich sind die Umsicht und Sorgfalt der Bauern für die Überlebenschancen des Viehs außerordentlich maßgeblich. Dies bedingt auch, daß die Kosten der Organisierung der Gefahrengemeinschaft, Risikoprüfung und Schadenregulierung für den örtlichen Gegenseitigkeitsverein weit geringer sind[230]. Es ist nicht verwunderlich, daß viele Bauern die Versicherung bei kommerziellen Versicherern unvorteilhaft finden und oft auch Schwierigkeiten hätten, die Mittel für die Prämienzahlung aufzubringen[231]. In der Viehversicherung bietet ein

[227] Es wird geschätzt, daß 1965 nur ca. 10 % des Werts der amerikanischen Ernte gegen Hagelschlag versichert waren. Vgl. J. D. Long, D. W. Gregg: Property and Liability Insurance Handbook. Homewood Ill. 1965, S. 154. Hagelschlag hat gegenüber den anderen die Ernte bedrohenden Gefahren den Vorteil, daß ihr Eintritt durch die örtlichen Wetterstationen leicht objektiv feststellbar und vom Willen der Bauern unabhängig ist; nichtsdestoweniger ist die Ermittlung des Schadens schwierig und aufwendig und seine Höhe vom Bauern nachhaltig beeinflußbar. Unter mitteleuropäischen metereologischen Bedingungen mag es nicht so schwerwiegend sein, wenn nur Hagelschlag versicherbar ist — unter amerikanischen oder gar sowjetischen metereologischen Verhältnissen hingegen sind Gefahren wie Dürre, Auswinterung, Frost etc. bedeutsam.

[228] Vgl. für die amerikanische Entwicklung J. Bainbridge: Biography of an Idea. New York 1952, S. 154 ff. Auffallend ist, daß diese Gegenseitigkeitsvereine sich regelmäßig aus dem landwirtschaftlichen Geschäft zurückzogen, wenn sie sehr erfolgreich waren — und über den örtlichen Rahmen hinauswuchsen.

[229] Ray berichtet von englischen Viehversicherern: „An investigation made prior to world war I showed that where as the average death rate among the cows and calves insured by the cow clubs was roughly 2,5 per cent, that of the bigger insurance companies was as much as 6 per cent, and more or less a similar difference was observed for pigs" op. cit. S. 81.

[230] Kommerzielle Versicherer operieren in der Landwirtschaft nicht selten mit einem Verwaltungskostenanteil an den Prämien von ca. 50 %.

[231] In den letzten Jahrzehnten ist es beispielsweise in England und den USA zu einem Bedeutungsverlust der Gegenseitigkeitsvereine gekommen, der sich durch den Trend zur Haltung großer Viehbestände erklärt, was die Möglichkeiten der Selbstversicherung verbessert, vor allem im Zusammenhang mit intensiver veterinärmedizinischer Betreuung.

örtlicher Verein vor allem bei kleineren Viehbeständen einen genügenden Risikoausgleich, für Ernterisiken ist dies offensichtlich nicht der Fall. Dieses Dilemma hat insbesondere in den USA und Japan[232] zur Schaffung staatlicher Ernteversicherer geführt, was die These vom Versagen des kapitalistischen Versicherungswesens in der Ernteversicherung zu bekräftigen scheint.

3.2.2.1. Entwicklung eines analytischen Rahmens

Adäquate Instrumente für die Analyse des moralischen Risikos[233] — und das hohe moralische Risiko ist es, was die Probleme in der Ernteversicherung herbeiführt — sind erst in jüngster Zeit mit der Diskussion über das principal-agent-Modell entwickelt worden. Da die Ergebnisse dieser Diskussion noch wenig bekannt sind, die vorliegenden Aufsätze aber schwer verständlich, ist es nicht überflüssig, eine kurze und vorwiegend intuitiv gehaltene Darlegung von deren Resultaten zu geben[234]. Auf einer intuitiven Ebene wird traditionellerweise von den Folgen der schlechten Versicherbarkeit von Ernterisiken gesagt, daß sie in einer Wettbewerbsordnung tendenziell eine Unterkapitalisierung der Landwirtschaft bewirke — Fremdkapitalgeber scheuen das Risiko, das u. a. durch die mangelnde Versicherbarkeit der mit diesem Kapital finanzierten Investitionen erhöht wird; Investoren sind generell nur dann zu einem Engagement in der Landwirtschaft bereit, wenn die Verzinsung das übliche Maß deutlich übersteigt —, damit einhergehend trete eine Verteuerung von Lebensmitteln fü den Verbraucher ein, die Existenzunsicherheit für den Landwirt sei groß.

Wir werden die meisten dieser Thesen nicht in einer streng durchgeführten Weise kommentieren können, da Probleme optimaler Allokationen in Situationen mit moralischem Risiko bislang nur im Rahmen einer Partialanalyse gelöst wurden[235]. Da es hier um die Zweckmäßigkeit einer Ernteversicherung geht, interpretieren wir den Prinzipal als Versicherer, den Agenten als „Bau-

[232] Dort Ende der 30er Jahre, in den 70er entstanden ähnliche Einrichtungen u.a. in Kanada, Schweden und Südafrika.

[233] In der älteren Literatur spricht man stattdessen von subjektivem Risiko —, „moralisches Risiko" wird hier also im Sinn von „morale hazard" verwandt.

[234] Die Darstellung folgt S. Grossmann, O. Hart: An Analysis of the Principalagent Problem. Econometrica 1983: 1, S. 7 ff., da sie von den Schriften über dieses Problem eine der modernsten ist. Das Problem des Prinzipals wird als eine Aufgabe konvexer Programmierung analysiert. Dies erlaubt Schlüsse auf die Eigenschaften optimaler Anreizsysteme auch ohne Analyse des Problems des Agenten, das nicht notwendigerweise streng konvex ist.

[235] R. Arnott, J. Stiglitz: Equilibrium in Competitive Insurance Markets. The Welfare Economics of Moral Hazard. Queen's papers 1982 f. haben für den dritten Teil ihrer Arbeit eine Untersuchung der Parteooptimalität von Versicherungsverträgen in allgemeinen Gleichgewichten mit moralischem Risiko angekündigt, dieser Teil liegt aber noch nicht vor und wir dürfen gespannt sein, wie Arnott und Stiglitz das behandeln.

ern". Die möglichen Werte der Ernte seien mit $q_1 \ldots q_n$ bezeichnet, wobei $q_1 < q_2 < \ldots < q_n$. Der Einfachheit halber sei angenommen, daß der Prinzipal risikoneutral ist[236]. Der Bauer hat eine Menge von Aktionsmöglichkeiten A. Jedem Element a dieser Menge sei eine Wahrscheinlichkeitsverteilung für die möglichen Erntewerte zugeordnet. Wenn der Agent die Aktion a wählt, tritt q_1 mit der Wahrscheinlichkeit $p_1(a)$ ein, q_2 mit $p_2(a)$ etc. Der Bauer kennt diese Wahrscheinlichkeiten, wenn er sich für eine Aktion entscheidet. Er hat eine von Neumann-Morgenstern-Nutzenfunktion $U(a, I)$, wobei I das Einkommen sei, das ihm nach Verkauf der Ernte, Zahlung der Prämie oder Erhalt der Versicherungsleistungen verbleibt, dU/da sei negativ. Damit erfassen wir, daß Arbeit, Vorsicht etc. für den Bauern „leidvoll" ist. $U(a, I)$ habe die folgende Gestalt: $U(a, I) = G(a) + K(a)\, V(I)$, wobei V eine monoton zunehmende konkave Funktion sei[237]. Es gebe ein Mindestnutzenniveau $\overline{U}$ für den Bauern — wird es unterschritten, so verläßt er die Landwirtschaft — eine Tätigkeit in einer anderen Branche erscheint ihm dann vorteilhafter. Die Nutzenfunktion des Bauern sei dem Versicherer bekannt und wir nehmen nun einen Augenblick an, daß er auch a beobachten kann. Der Versicherer will den Erwartungswert seines Profits maximieren. Dann ergibt sich aus U und der Nutzenfunktion des Bauern offenbar zu jedem a ein bestimmtes I, das ihn dazu bewegt, die Aktion a auszuführen; dieses Einkommen sei C_{FB} genannt, also die Kosten, die in der erstbesten[238] Welt hierfür anfallen. Dieses C_{FB} ist offenbar $= h(U - G(a)/K(a))$, wobei h die Umkehrfunktion von V ist. Die Einnahmen des Versicherers bei Aktion a sollen $B(a)$ heißen, ihr Erwartungswert ist $\sum_{i=1}^{n} p_i(a)\, q_i$, wenn die Prämie des Bauern der Erntewert ist. Der Erwartungswert des Profits des Versicherers wäre dann $B(a) - C_{FB}(a)$. Alternativ könnte der Versicherer auch eine entsprechend hohe feste Vorausprämie erheben und solche Entschädigungen für die verschiedenen i mit dem Versicherungsnehmer vereinbaren, daß er denselben Erwartungsprofit erhält.

In dieser erstbesten Situation ist das Risiko der landwirtschaftlichen Produktion für den Bauern voll versicherbar. Sein Einkommen ist unabhängig von der tatsächlichen Ernte gleich dem Erwartungswert des Wertgrenzprodukts seiner Arbeit. Im Gleichgewicht muß schließlich der Erwartungswert des Profit des Versicherers null sein. Wäre er das nicht, so würden neue Versicherer in diesen Versicherungszweig eintreten und die Prämien des ansässigen Versicherers unterbieten, das Einkommen des Bauern würde über das erwartete Wertgrenzprodukt seiner Arbeit steigen, die Zahl der Bauern würde steigen, der Preis der Ernte sinken etc. Es ist hier genausowenig

---

[236] Diese Annahme kann ohne allzugroße Schwierigkeiten aufgehoben werden, vgl. Grossmann . . . a.a.O.

[237] Die Konkavität beinhaltet, daß der Bauer risikoscheu ist; ferner bedeutet diese Formulierung, daß die Präferenzen des Bauern I betreffend unabhängig von a sind.

[238] Firstbest — der Sinn der Bezeichnung wird gleich klar werden.

verwunderlich wie in irgendeiner anderen Branche, daß wir das Paretooptimum über das Profitmaximierungsproblem des Versicherers suchen. Ist für den Versicherer *a* nicht beobachtbar, so ist es auch nicht möglich, die Versicherungsleistungen, Prämien und damit das Einkommen des Bauern vertraglich von *a* abhängig zu machen. Da nur der tatsächliche Ausgang *q* für beide Vertragspartner beobachtbar ist, müssen sie von *q* abhängig gemacht werden. Je nach den Einkommen, die ihm für die verschiedenen *q* gewährt werden, wird der Bauer seine Aktion *a* derart wählen, daß er seinen Erwartungsnutzen maximiert. Ein Ergebnis von zentraler Bedeutung ist nun, daß auch bei optimaler, den Profit des Prinzipals maximierender Wahl des *I*-Vektors[239] der Prinzipal auf ein niedrigeres Nutzenniveau gelangt als in der erstbesten Situation, gegeben die Agrarpreise — daher ist dies nur eine zweit-beste Lösung[240] — und regelmäßig die Ernte nicht „voll versichert“ ist[241]. Das letztere ist ziemlich offenbar. Würde der Prinzipal dem Bauern ein bestimmtes *I* unabhängig von der Höhe *q* garantieren, so würde der Bauer sein *a* auf 0 setzen und damit seinen Nutzen maximieren — der Prinzipal aber würde in Konkurs gehen. Mit dem moralischen Risiko kommt es also zu einer Art von unternehmerischer Rolle des Agenten, der mindestens einen Teil des Risikos tragen muß[242]. In den Versicherungsverträgen kann eine solche Ausgestaltung der Abhängigkeit des *I* von *q* durch ein System von Franchisen und Prämienrückerstattungen erreicht werden. Wenn der Bauer sein Mindestnutzenniveau erreichen soll — und das muß doch geschehen, andernfalls würde er die Landwirtschaft verlassen — so muß er für den Verlust an Sicherheit durch ein höheres Einkommen entschädigt werden — er ist ja risikoscheu! Hieraus ergibt sich, daß der Profit des Prinzipals auch bei optimaler Wahl des *I*-Vektors regelmäßig geringer sein muß, wenn die Preise für die Ernte dieselben sind wie in der erstbesten Situation[243].

---

[239] Jede Komponente gehört zu einem q.

[240] Im Sinne der Theorie des Zweitbesten oder des „moindre mal“, wie sich französische Ökonomen in diesem Zusammenhang treffend ausdrücken: eine Allokationsstörung, die Nichtbeobachtbarkeit von a, muß als unaufhebbar hingenommen werden und das Optimum dann unter dieser Voraussetzung gesucht werden.

[241] J. M. Marshall: Moral Hazard. AER 1976, S. 880 ff. und I. Ehrlich, G. S. Becker: Market Insurance, Self-Insurance and Self-Protection. Journal of Political Economy 1972, S. 623 f. diskutieren optimale Lösungen für Versicherungsprobleme mit moralischem Risiko und diese Lösungen sind erstbeste. Sie scheinen übersehen zu haben, daß diese Lösungen bei asymetrischer Information über Schadensverhütungsmaßnahmen des Versicherungsnehmers, die das moralische Risiko ausmacht, unerreichbar sind und zusammenbrechen. Ihre Schlußfolgerungen sind daher irrig.

[242] Dieses Modell ermöglicht es also, den alten Gedanken zu formalisieren, daß es die soziale Funktion des Unternehmers sei, unversicherbares Risiko zu tragen. Dies stellt sich hier als zweitbeste Lösung oder kleineres Übel heraus.

[243] Es gibt einige sehr spezielle Situationen, in denen das nicht der Fall ist — wir brauchen uns hier mit diesen nicht weiter zu beschäftigen.

Um zu zeigen, daß diese zweitbeste Situation nicht nur für den Versicherer schlechter ist als die erstbeste, sondern für die Gesellschaft, brauchen wir nur den oben beschriebenen Prozeß erneut zu durchlaufen: wir gehen von einem positiven Profit des Versicherers aus, neue Versicherer treten in die Branche ein etc. — der Unterschied ist, daß das Gleichgewicht, bei dem die Versicherer keinen Profit mehr erhalten und die Bauern genau das, was ihnen der zweitbeste I-Vektor zugesteht, bei höheren Preisen für die Agrarprodukte und einem niedrigeren Produktionsniveau erreicht wird. In der Literatur glaubte man nun verschiedentlich, daß es leicht sei, auf einer allgemeinen Ebene näheres über den optimalen I-Vektor zu sagen und damit über zweitbeste Incentivsysteme im allgemeinen[244]. Dies stellte sich jedoch als irrig heraus[245]. Im Grunde ist es intuitiv einsichtig, daß ein optimaler I-Vektor nicht regelmäßig derartige „Monotonitätseigenschaften" aufweisen wird, daß einem höheren q immer ein höheres I zugeordnet wird. Schließlich geht es darum, einen solchen I-Vektor zu finden, der den Agenten zu jenen Handlungen motiviert[246], die den Erwartungsgewinn des Prinzipals maximieren. Haben wir etwa die Konstellation, daß ein relativ niedriges ebenso wie ein mittleres Aktivitätsniveau mit großer Wahrscheinlichkeit ein mittleres Ergebnis erwarten lassen, ein hohes Aktivitätsniveau aber mit hoher Wahrscheinlichkeit ein hohes, gelegentlich aber auch ein sehr geringes, so kann sich als optimaler I-Vektor ein Vektor ergeben, der mittleren q-Niveaus relativ niedrige I zuordnet, sehr niedrigen q-Niveaus jedoch ein deutlich höheres.

Die Vermutung, daß das Incentiveproblem sich verschärft, wenn der „Informationsgehalt" von q betreffend a sinkt, liegt nahe. Wir brauchen q hierbei nicht ausschließlich als Ernte aufzufassen — q kann ein Vektor von Elementen sein, die für den Prinzipal beobachtbar sind[247]. Eine Möglichkeit, diesen Gedanken zu formalisieren[248], ist die folgende: Nehmen wir ein erstes Problem mit der Aktionsmöglichkeitsmenge A, der Nutzenfunktion des Agenten U, dem Mindestnutzen $\overline{U}$, der Wahrscheinlichkeitsfunktion p und dem Outputvektor q. Ein zweites Problem unterscheide sich vom ersten dadurch, daß $p'(a) = R\,p(a)$ an die Stelle von p tritt und q' an die Stelle von q. Hierbei ist R eine stochastische Matrix, deren Spalten sich zu 1 addieren. Um klarzuma-

[244] Siehe z. B. B. Holmström: Moral Hazard and Observability. The Bell Journal of Economics 1979: 10, S. 74.

[245] Hier Grossmann . . . op. cit., die anknüpfend an eine unveröffentlichte Arbeit von Mirlees darauf hinweisen, daß diese Ergebnisse auf einer mathematisch fehlerhaften Vorgehensweise beruhen.

[246] Diese Handlungen müssen den von Neumann-Morgenstern Nutzen des Agenten aufgrund des „Leids" der Aktion und des zu erwartenden q maximieren.

[247] Weshalb wir das tun können, ohne daß sich viel an der Analyse verändert, siehe Grossmann . . . , S. 18.

[248] Holmström analysiert einen sehr viel spezielleren Fall, op. cit. S. 83.

chen, in welchem Sinne eine solche Multiplikation mit *R* den Informationsgehalt von *q* senkt, verwenden wir das Beispiel zweier möglicher Outputs und zweier möglicher Aktionen. Bei a_1 — einem niedrigen Aktivitätsniveau sei die Wahrscheinlichkeit, daß q_1 eintritt, 99/100, die Wahrscheinlichkeit, daß q_2 eintritt, sei 1/100. Umgekehrt sei bei a_2 die Eintrittswahrscheinlichkeit von q_2 4/5 und die von q_1 1/5. Es kann also mit großer Zuversicht von *q* auf *a* geschlossen werden. Eine Multiplikation mit *R* reduziert die Zuversicht, mit der wir das tun können, nachhaltig — der Effekt wird durch wiederholte Multiplikation mit *R* weiter verstärkt. Um zu zeigen, weshalb ein zum zweiten Problem gehöriger optimaler *I*-Vektor *I*‘ im allgemeinen höhere Einkommen für den Bauern vorsehen muß als dies *I* tat, stellen wir die folgende Überlegung an: Der Transformation des ersten Problems in das zweite ist offenbar die folgende Transformation äquivalent: Nehmen wir an, der Bauer habe seine Aktion gewählt, q_1 sei eingetreten und damit nach *I* ein bestimmtes I_i fällig. Statt der schlichten Auszahlung von I_i wird nun aber ein Zufallsmechanismus in Aktion gesetzt, der I_i in ein neues zufälliges Einkommen I_ip transformiert und die Wahrscheinlichkeiten *p*, mit der der Zufallsmechanismus dies tut, seien gerade diejenigen der *i*-ten Spalte von *R*. Der Bauer wird auf diesen „Vorschlag“, sein Einkommen erneut einem Zufallsmechanismus zu unterwerfen, als risikoscheuer Mensch im allgemeinen nur dann eingehen, wenn es dadurch im Schnitt höher wird. Ist andererseits $p'R = q$, so bleibt der erwartete Wert der Ernte (bei konstanten Preisen) gleich[249], der Gewinn des Prinzipals sinkt also — die optimale Lösung für das zweite Problem ist schlechter als die des ersten. Mit anderen Worten: Der Agent trägt in zunehmenden „Maße“ selber Risiko, verwandelt sich in diesem Sinne mit der Abnahme des Informationsgehalts der für den Prinzipal beobachtbaren Variable zunehmend in einen Unternehmer.

Dafür, daß dies eine Abnahme an Versicherungsschutz bedeutet, ist unser eben gegebenes Beispiel kein besonders günstiges Demonstrationsobjekt — hier dürfte der Agent bereits im Problem 1 nur mehr bescheidenen Versicherungsschutz genießen und — aufgrund mangelnder Monotonitätseigenschaften optimaler Incentivesysteme — mag es geschehen, daß er im Problem 2 sogar mehr Versicherungsschutz genießt. Greifen wir aber auf unser obiges Beispiel mit den drei möglichen *q*‘*s* zurück, bei dem aus einem sehr niedrigen *q* mit einiger Zuversicht auf ein hohes *a* geschlossen werden konnte, so wäre hier wohl eine Reduzierung des Versicherungsschutzes zu erwarten. Ähnlich, wenn q_i ein Vektor ist, der beispielsweise außer der Ernte das Wetter enthält. Hier leuchtet es ein, daß mit der Sicherheit, mit der von den beobachtbaren Variablen auf *a* geschlossen werden kann, tendenziell auch das Maß an Versicherungsschutz sinkt, das beispielweise gegen die Unbilden des Wetters gewährt werden sollte. Umgekehrt verbessert sich die Güte der zweitbesten

[249] $B'(a) = q'p'(a) = q'Rp(a) = qp(a) = B(a)$.

Lösung, wenn Anstrengungen unternommen werden, Beobachtungen zu machen, die mit größerer Sicherheit auf *a* schließen lassen. Der soziale Nutzen solcher Aktivitäten, die auf die Linderung einer Allokationsstörung abzielen, mag wohl über den Nutzen des Prinzipals/Versicherers hinausgehen, dessen zusätzliche Gewinne möglicherweise durch neueintretende Wettbewerber wegkonkurriert werden. In diesem Sinne läßt sich aus unserer Betrachtung eine Vermutung ableiten, daß eine Subventionierung von costs of monitoring gelegentlich wegen der resultierenden Verbesserung der Allokationseffizienz gerechtfertigt werden kann. Zu Vergleichszwecken soll nun unter dem Aspekt, ob die Konstruktionsweise eines landwirtschaftlichen Versicherungssystems geeignet ist, die durch schwer versicherbares Risiko bedingte Fehlallokation zu lindern oder aber sie auf irgendeine Weise sogar verschärft, ein kurzer Blick auf ein westliches Ernteversicherungssystem geworfen werden.

3.2.2.2. Ein relativ individualistisch gestaltetes Ernteversicherungssystem

Das geeignete Beispiel hier ist die amerikanische Federal Crop Insurance Corporation (FCIC)[250]. FCIC wurde 1938 von der amerikanischen Regierung gegründet und versicherte zunächst nur Weizen, ab 1947 auch einige andere Kulturen. Die Versicherung war und ist ausschließlich freiwillig. Die ersten Jahre verliefen unglücklich. Die Prämien betrugen 1947 im Durchschnitt 10,2 % der Versicherungssummen: Trotz dieser nicht unerheblichen Höhe lag die Schadensquote zunächst über 160 %[251], von 1945-1947 bei 138 %. Angesichts dieser schweren Verluste schaffte der Congress die landesweite Ernteversicherung 1947 wieder ab und von 1947 bis 1978 operierte FCIC versuchsweise in bestimmten Counties. 1978 hielt der Congress die Zeit für reif, die Operationen von FCIC erneut auszuweiten. Der Hintergrund waren die in der Zwischenzeit erzielten Erfolge. Ray schreibt: "... county average premiums for wheat insurance vary from nearly as low as 2 per cent to as high as 37 per cent of the coverage on a harvested acreage basis. The average for all programmes in 1976 was 4,6 % compared with 8,2 % in 1948, 7,3 % in 1958 and 5,6 per cent in 1968 ... The loss ratio in 1948 — 1978 was 98 %"[252]. FCIC hatte in der Zwischenzeit seine Arbeitsweise nachhaltig weiterentwickelt.

[250] Die 1938 eingeführte japanische Ernteversicherung trug von vornherein stark kollektivistische Züge, die bis heute erhalten geblieben sind. Der Bauer ist bei einem örtlichen Gegenseitigkeitsverein pflichtversichert. Der örtliche Gegenseitigkeitsverein wiederum ist verpflichtet, sich bei regionalen und nationalen Vereinigungen rückzuversichern. Etwa die Hälfte der Schadensleistungen und Verwaltungskosten werden von der japanischen Regierung aus dem allgemeinen Staatshaushalt aufgebracht.

[251] Ray op. cit. S. 166.

[252] op. cit. S. 167.

1979 wurde bei der Übernahme eines Risikos folgendermaßen verfahren: Die Ländereien in jedem County, in dem Versicherung angeboten wird, werden nach Versicherbarkeit klassifiziert. Unversicherbar sind Gebiete, für die keine geeigneten Daten für die Messung des Risikos vorhanden sind oder auf denen der Schadensverlauf besonders ungünstig war. Für jeden County wird eine Liste unversicherbarer Produzenten erstellt. Diese Liste wird jedes Jahr aktualisiert. Bauern, die ungewöhnlich hohe Verluste haben oder fragwürdige Praktiken verfolgen, gelangen auf diese Liste. Um einer Antiselektion vorzubeugen, werden frühzeitige Termine für den Abschluß oder die Kündigung von Versicherungsverträgen gesetzt. Nach diesen Terminen sind Neuabschlüsse oder Kündigungen unmöglich. Im Anschluß an die Saat reicht der Versicherungsnehmer einen Bericht über die angelegten Kulturen und seine "farming practices" ein. Aufgrund dieses Berichts werden die Versicherungssummen festgelegt. Diese Vorgehensweise soll Unterversicherung verhüten.

Versicherbar sind 75 % der Ernte im langfristigen Durchschnitt oder der Investitionskosten je nachdem, was geringer ist. Die Ernte wird in physischen Einheiten gemessen und diese werden mit einem festen Preis multipliziert, der bei Vertragschluß innerhalb gewisser Grenzen von FCIC und dem Bauern ausgehandelt wird. In der Tat ist die Deckung immer recht begrenzt. Für die Ermittlung der Investitionskosten werden die Werte der Experimentierstationen der staatlichen Colleges und die Ergebnisse von County-Kommissionen als Leitlinie herangezogen. Nachdem ein County-Durchschnitt für die Prämien und Versicherungssummen festgelegt worden ist, wird ein Spezialist für Risikoprüfung (underwriter) dorthin entsandt, der, wenn notwendig, die Bauernhöfe in Augenschein nimmt und die Beitragssätze innerhalb des County differenziert. Diese Differenzierung wird mit Akribie vorgenommen und kann in individuellen Sätzen pro Bauernhof resultieren. Hierbei werden die individuellen Schadensverläufe der Vergangenheit herangezogen. Ebenso wird der Verlauf auf Countyebene für eine Korrektur der Countysätze benutzt. Dies soll ein Gegenseitigkeitsprinzip auf der Countyebene etablieren.

Der Manager von FCIC begründet es folgendermaßen: "The policy of adjusting premium rates in each county to reflect the actual loss experience is evidence to participating farmers that they are, in fact, building a system of crop insurance protection to serve their mutual interests through machinery and authority made available to them by Congress. In this manner the county loss experience under the programm determines to a major degree the cost of protection to its policy holders. As farmers understand the effect of the actual experience on the county programm their personal interest in efficient and sound operation is greatly increased. In many counties this interest is resulting in improvement in the quality of business and general understanding of the programm[253]." Für schadensfreie Jahre werden standardisierte Boni ge-

[253] Hier zitiert nach Ray op. cit. S. 179.

währt. Für die Schadensregulierung ist normalerweise eine Inspektion der beschädigten Kultur erforderlich. In Anbetracht dieser aufwendigen Verwaltung sind die durchschnittlichen Verwaltungskosten mit 29 % der Prämien (1948-77 im Durchschnitt) nicht besonders hoch. Jedoch wurde die geringe Partizipation der Bauern beklagt[254]. Diese geringe Partizipation wurde darauf zurückgeführt, daß viele Bauern es vorziehen, die Zuschüsse für den Katastrophenfall in Anspruch zu nehmen, die der Staat für sie unentgeltlich bereit hielt. Ab 1981 wurden diese Mittel in das FCIC-Programm integriert und die Prämien für die staatliche Ernteversicherung[255] mit 20-40 % subventioniert. Die Gewährung anderer Unterstützungen im Katastrophenfall wurde gleichzeitig eingestellt. Die amerikanische Ernteversicherung hat hierdurch vermehrt Züge einer „Sozialversicherung" angenommen, wie sie auch anderen westlichen Ernteversicherungssystemen anhaften.

3.2.2.3. Die Rolle eines überdimensionierten landwirtschaftlichen Versicherungswesens im Sozialismus

Die landwirtschaftlichen Versicherungssysteme der meisten sozialistischen Ländern erscheinen im internationalen Vergleich überdimensioniert und doch mangelhaft mit Instrumenten für einen wenigstens einigermaßen effizienten Umgang mit dem damit einhergehenden moralischen Risiko ausgestattet. Daß sie überraschend groß sind, ist in der DDR augenfälliger als in der Sowjetunion, kann für letztere doch wegen der ungünstigen klimatischen Bedingungen auch ein größeres Versicherungsbedürfnis geltend gemacht werden. Für die DDR ist dies sicherlich im Vergleich zur BR Deutschland nicht der Fall. In letzterer ist die Versicherung des Viehs und der landwirtschaftlichen Kulturen heute nahezu bedeutungslos[256]. Wir haben gesehen, daß sie vorwiegend als Pflichtversicherung ausgestaltet sind und bezwecken, den sozialistischen Sektor in der Landwirtschaft vor Gefahren zu schützen. Effiziente Formen wie Gegenseitigkeitsvereine in der Viehversicherung wurden liquidiert[257].

---

[254] Um einer Antiselektion vorzubeugen, wurde eine Mindestpartizipation in einem County dafür zur Bedingung gemacht, daß dort Versicherungsverträge abgeschlossen werden.

[255] Und ebenfalls für die von privaten Versicherern angebotene Hagelschlag- und Feuerversicherung für landwirtschaftliche Kulturen.

[256] Wegen aktuellen Zahlen siehe D. Farny: Die deutsche Versicherungswirtschaft. Karlsruhe 1984, S. 158; in klimatischer Beziehung bietet sich als westliches Vergleichsland für große Teile der Sowjetunion Kanada an, und auch hier ist der Unterschied in der Bedeutung der landwirtschaftlichen Versicherung unübersehbar. Außer den klimatischen Bedingungen ist für das Versicherungsbedürfnis auch das Ausmaß an Monokultur wichtig, das aber selbst nicht als systemunabhängig angesehen werden kann.

[257] Derartige Einrichtungen waren auch in der UdSSR in der NEP-Zeit zunächst wiederaufgekommen — die Begründung für ihre Abschaffung beschränkte sich auf die schlichte

Die Frage drängt sich auf, ob durch die Kollektivierung und den Übergang zur Haltung großer Tierbestände nicht das Versicherungsbedürfnis weitgehend geschwunden und auf seuchenartig auftretende Krankheiten und Feuer reduziert ist. Tatsächlich wurde jedoch der Versicherungsschutz für Tierleben in zahlreichen sozialistischen Ländern ausgebaut. Die „Selbstversicherung" scheint in den Kolchozen also schlechter als in kapitalistischen landwirtschaftlichen Betrieben zu funktionieren. Dies ist umso bemerkenswerter, als beispielsweise die sowjetischen Kolchozen durch mehrere Zusammenlegungsaktionen seit den 50er Jahren zu Riesenbetrieben mit durchschnittlich 6 600 ha landwirtschaftlicher Nutzfläche und ca. 1 800 Stück großem Hornvieh[258] angewachsen sind. Ein Beobachter, der das Wirtschaftssystem nicht in Rechnung stellt, sollte also vermuten, daß hier für das Wirken des „Gesetzes der großen Zahl" und einen innerbetrieblichen Risikoausgleich die Voraussetzungen hervorragend sind.

Weder durch Effizienz- noch durch Wohlfahrtsüberlegungen zu rechtfertigen ist, daß die landwirtschaftliche Versicherung überwiegend als Pflichtversicherung betrieben wird. Eine Pflichtversicherung kann eine sinnvolle Lösung sein, wenn nachhaltige Antiselektion oder verwandte Kosten der Organisierung einer Gefahrengemeinschaft auftreten. Antiselektion ist in der landwirtschaftlichen Versicherung ein großen Problem, sie geht aber einher mit nachhaltigem moralischem Risiko und ein Versicherer, der ersterer nicht begegnen kann, wird auch gegen letzteres wenig tun können[259]. Auch eine derartige Argumentation zugunsten Pflichtversicherung, daß eine Ermittlung von Schadenswahrscheinlichkeiten der Sache nach ausgeschlossen sei[260], scheidet für die Ernte- und Viehversicherung aus: die Ermittlung solcher Wahrscheinlichkeiten ist nicht nur möglich, sondern für eine effiziente Ausgestaltung unabdingbar. Auch das Argument, daß eine Versicherung erzwungen werden muß, weil die von der Gefahr betroffenen sonst der Allgemeinheit zur Last fallen[261], paßt auf eine Ernte- und Viehversicherung

Behauptung, daß ein Monopolversicherer eine „vollkommenere" Organisationsform sei und den Verweis auf Konzentrationstendenzen im Versicherungswesen westlicher Länder. V. Gochmann: Nužna li monopolija strachovogo dela. Vestnik finansov 1922: 18, S. 9 f.; 19, S. 12 f.

258 Narodnoe chozjajstvo SSSR v 1977 g., Moskva 1978, S. 272.

259 Für den Umgang mit beiden Problemen ist eine genaue Risikoprüfung erforderlich. Betrifft Antiselektion nach dem üblichen Verständnis die Unfähigkeit des Versicherers, wahrheitsgemäße Informationen über die Charakteristika des zu versichernden Risikos zu erhalten — es handelt sich also um ein incentive compatibility problem — so ist moralisches Risiko die Unfähigkeit des Versicherers, die Einhaltung eines Vertrags zu überprüfen, der die Schadensverhütungsbemühungen des Versicherungsnehmers näher spezifiziert. Wo beides auf einmal auftritt, ist eine Abgrenzung dieser Probleme offenbar nicht ohne eine gewisse Künstlichkeit möglich.

260 Wie sie etwa in der Arbeitslosen- oder Depositenversicherung angebracht werden kann.

261 Eine solche Argumentation überzeugt bei den sogenannten „Lebens-Risiken". Für

offenbar nicht. Der Makel der Pflichtversicherung ist, daß damit ein teures und ineffizientes System am Leben gehalten und überhaupt erst ermöglicht wird, das auf einem freien Markt nur von wenigen schlechten Risiken begrüßt würde — und die Notwendigkeit von Bemühungen, es effizienter auszugestalten, weitgehend zu entfallen scheint.

Naturgemäß taucht die Frage auf, weshalb die staatliche Industrie und die — überwiegend — „genossenschaftliche“ Landwirtschaft[262] versicherungswirtschaftlich unterschiedlich behandelt werden. Hierauf antwortet die sowjetische Literatur traditionell[263], daß es sich hier um zwei unterschiedliche Eigentumsformen handle und es dem Staat nicht zugemutet werden könne, für die Ausgaben und Schäden, die im „genossenschaftlichen“Sektor entstehen, aufzukommen. Dieses Argument ist ein wenig irreführend: der Unterschied zwischen staatlichem und genossenschaftlichem Eigentum besteht nicht darin, daß die „Genossenschaften“ mehr Verfügungsrechte über ihr „Eigentum“ hätten als ein staatlicher Betrieb über staatliches Eigentum, mehr an Dispositionskompetenzen oder property-rights[264]. Tatsache war[265], daß der Staat (insbesondere die örtlichen Partei- und Staatsorgane) diesen „Genossenschaften“ derart viele Auflagen machten, daß die Kolchozleitung sicherlich nicht mehr an Befugnissen hat als der Direktor eines staatlichen Betriebs. Insbesondere in der Stalinära war jedoch ein wesentlicher Unterschied zwischen staatlichem und genossenschaftlichem Sektor, daß das Einkommen der Kolchozbauern nicht „kontraktbestimmt“ war, sondern eine Residualgröße, und oft vernachlässigbar gering ausfiel und weiter, daß der Kolchoz nur sehr eingeschränkt kreditwürdig war. Vor diesem Hintergrund, der viel mit der Politik der Ausbeutung der Landwirtschaft zu tun hat[266], ist die Versicherung der genossenschaftlichen Betriebe zu

---

Individuen mit geringem Einkommen wäre es bei einer ausreichenden Sozialhilfe rational, sich nicht gegen Alter, Erwerbsunfähigkeit u.ä. zu versichern, wenn sie nicht dazu gezwungen werden.

[262] Bis in die 50er Jahre waren die Staatsgüter in der UdSSR im Vergleich zu den Kolchozen unbedeutend, inzwischen haben sie allerdings ein Übergewicht erlangt. In der DDR hingegen dominieren nach wie vor bei weitem die LPGs. Vgl. Statističeskij ežegodnik stran-členov SEV. 1983. Moskva 1983, S. 179 und S. 181.

[263] Siehe z. B. Kon'šin op. cit. Moskva 1953, S. 18.

[264] Im Sinne der volkswirtschaftlichen property-rights Debatte oder auch des amerikanischen Common Law.

[265] Und ist, wenn auch gemildert.

[266] Die These, daß die Pflichtversicherung der Landwirtschaft in der SU viel mit der Ausbeutung derselben, der „ursprünglichen sozialistischen Akkumulation“, zu tun hat, wird auch durch einen Vergleich mit der Behandlung der nichtlandwirtschaftlichen Genossenschaften gestützt. Diese hatten gegenüber den landwirtschaftlichen Genossenschaften immer eine privilegierte Position, sie waren auch kreditwürdig. Ihre Versicherung ist in den sozialistischen Ländern teils analog zu den staatlichen Betrieben, teils analog zur Landwirtschaft, teils auch extra geregelt und die verschiedenen Lösungen wirken zufälliger Natur und wurden nie gründlicher diskutiert, vgl. W. Warkallo: Vermögensversicherung. Deutsche Übersetzung: Berlin 1974, S. 427.

verstehen, — in dem Maße, wie die Stellung eines Kolchozbauern der eines Arbeiters angeglichen wird, er also einen garantierten Lohn erhält und diese Entlohnung im Zweifelsfall durch Kreditgewährung an den Kolchoz ermöglicht wird, gleicht sich die Problematik einer Versicherung des „genossenschaftlichen" Eigentums der des staatlichen weitgehend an.

Ein wesentlicher systembedingter Unterschied zum Problem der landwirtschaftlichen Versicherung im Kapitalismus ist, daß eine sozialistische Landwirtschaft die Kosten einer ineffizienten Handhabung des agency-moral-hazard-Problems mehr oder minder bewußt in Kauf nimmt[267]. In der Landwirtschaft sind die costs of monitoring the agent hoch und höher als in den meisten Industriezweigen. Entsprechend ist das aufsichtsführende Personal der Kolchozen unverhältnismäßig umfangreich und dasselbe können wir über die anderen Einrichtungen sagen, die die Tätigkeit des Kolchoz kontrollieren. Sicherlich ist es ein Grund für die geringen Erfolge der Landwirtschaftspolitik sozialistischer Länder, daß auch diese intensive Aufsicht die Umsicht und Sorgfalt nicht ersetzen kann, die ein selbständiger Bauer ohne alle Kontrolle an den Tag legt. Unsere obige principal- agency- Analyse kann mit geringfügigen Änderungen auf das Verhältnis zwischen Kolchozleitung und Kolchozbauer übertragen werden[268].

Der bäuerliche Familienbetrieb hat sich in einem Marktprozeß in Mitteleuropa als effiziente Lösung durchgesetzt und unsere Analyse unterstützt diese Sicht. Wenn wir den Verzicht auf die effiziente Lösung und die Inkaufnahme der entsprechenden Kosten voraussetzen, so sprächen gegen eine weitgehende landwirtschaftliche Versicherung allenfalls noch die agency-Probleme, die zwischen ihr und der Kolchozleitung dadurch zusätzlich entstehen. Nun läßt sich für den externen Beobachter kaum beurteilen, wie schwerwiegend diese agency-Probleme sind und geeignetes Material für ein solches Urteil liegt nicht vor. Es sollte beachtet werden, daß die Kolchozleitung traditionell sowieso mehr den Charakter eines staatlichen Aufpassers als den eines Vertreters der Kolchozbauern hat.

Da die „genossenschaftliche" Eigentumsverfassung der Landwirtschaft vornehmlich impliziert, daß das Einkommen der Landwirte ein Residualeinkommen ist, sollte sie nicht zuletzt als ein Mittel angesehen werden, mit dem der Staat auf die besondere Risikobehaftetheit dieses Wirtschaftszweigs rea-

---

[267] Sicherlich spielt hier das ideologische Postulat eine Rolle, daß auch in der Landwirtschaft der Großbetrieb — groß im Sinne einer Vielzahl von Beschäftigten — grundsätzlich überall und jederzeit überlegen sei. Daß dieses Postulat falsch ist, scheint jedoch zu offensichtlich, als daß davon ausgegangen werden könnte, daß die Landwirtschaftsexperten der sozialistischen Länder daran generell glauben.

[268] Sicherlich ist das Einkommen des Bauern vom Ergebnis des Kolchoz abhängig. Das bedeutet aber für jeden einzelnen Kolchozbauern immer noch eine weitgehende „Versicherung" seines Einkommens: Die Folgen eines individuellen Mangels an Sorgfalt, der den Aufsichtsorganen unbekannt bleibt, werden „vergenossenschaftlicht".

giert: Er wälzt dieses Risiko auf die Landwirte ab. Das Eigentümliche der Situation des Bauern im Sowjetsozialismus ist, daß er zwar das Risiko trägt, ihm aber zugleich durch die zwangsweise Festlegung der Betriebsform Kollektivwirtschaft und die „Kommandolandwirtschaft“[269], also durch detaillierte Anweisungen örtlicher Partei- und Staatsorgane, was auf welchen Feldern anzubauen ist, daran gehindert wird, geeignete Wirtschaftsformen zu entwickeln, die dieses Risiko verringern. Ein — unzulängliches — Palliativ stellt die landwirtschaftliche Versicherung dar. Sie verhinderte und verhindert nicht die wachsende Verschuldung der Landwirtschaft. Diese geht darauf zurück, daß die Kolchozen zwar die Zahlung von Arbeitsentlohnungen an ihre Kolchozbauern in der UdSSR bis in die sechziger Jahre hinein vollständig einstellen konnten, ein eigentlicher Konkurs aber nicht möglich war, sondern die Wirtschaft irgendwie fortgeführt werden mußte[270]. Um einen weiteren Niedergang der Landwirtschaft infolge der schlechten Lage der Landwirte zu verhindern, wurde in der UdSSR in den sechziger Jahren ein Mindestentgelt für Kolchozbauern eingeführt und für die Zahlung dieses Mindestentgelts konnte nötigenfalls Bankkredit aufgenommen werden. Eine ähnliche Regelung war in der DDR schon während der Kollektivierung eingeführt worden[271]. Da diese garantierten Mindestentgelte relativ gering sind, stellt diese Maßnahme eine Linderung, aber keine Aufhebung des Residualcharakters des Einkommens der Bauern dar. Die Zugänglichmachung von Bankkredit und gelegentliche Schuldenerlasse haben die Budgetrestriktion, der die „Genossenschaften“ unterliegen, zwar etwas entschärft, sie ist aber nach wie vor strenger als die für die staatliche Industrie.

Anders verhält es sich mit den Staatsgütern, deren Beschäftigte einen festen Lohn haben, deren Einkommen also keinen Residualcharakter hat. Die Sovchozen unterliegen auch heute, also auch nach ihrer Einbeziehung in die Versicherung durch Gosstrach, in beträchtlichem Maße einem „Haushaltsschutz“ statt einem Versicherungsschutz[272] und der Versicherungsschutz

---

[269] Vgl. hierzu K. E. Wädekin: Sozialistische Agrarpolitik in Osteuropa. Band 1. Berlin 1974, S. 71 ff.

[270] Die Verschuldung der Landwirtschaft nahm in der Stalinära die folgenden Formen an. Bankkredit gab es für Kolchozen nicht. Sie hatten jedoch feste „Verkaufs“- de facto Ablieferungsverpflichtungen und wenn sie diese trotz Dahingabe ihres Saatgutes nicht erfüllen konnte, so wurden sie auf das nächste Jahr „kreditiert“. In diesen Fällen mußten die Kolchozen dann für die Fortsetzung der Wirtschaft versuchen, irgendwoher Saatgut etc. zu erhalten und dieses wurde von denjenigen Kolchozen, die als Lieferanten bestimmt wurden, dann mehr oder minder unfreiwillig „kreditiert“, soweit die Empfänger zu einer Zahlung außerstande waren. Ab den 50er Jahren wurde für die Kolchozen unter bestimmten Umständen Bankkredit zugänglich.

[271] Bis dahin hatten die sowjetischen Bauern manches Jahr nur vom Ertrag ihres persönlichen Hoflands gelebt.

[272] Sie werden nach wie vor aus dem Staatshaushalt nachhaltig subventioniert und unabhängig von der Versicherung findet auch heute noch ein „Finanzausgleich“ zwischen gewinn- und verlustbringenden Sovchozen statt. Vgl. A. S. Filimonenkov: Finansy sel'skogo chozjajstva. Kiev 1983, S. 33.

selbst trägt nur in eingeschränktem Maße Versicherungscharakter, da die Prämien für die chronisch verlustbringenden Betriebe vom Staatshaushalt aufgebracht werden[273], diese also Versicherungsschutz beitragsfrei erwerben.

Würde die ganze Landwirtschaft „verstaatlicht", so würde der Grund für eine unterschiedliche versicherungswirtschaftliche Behandlung zur staatlichen Industrie entfallen. Dies wäre für den Staat aber ein kostspieliger und riskanter Schritt.

Der Ansicht des Autors nach sind die großen landwirtschaftlichen Versicherungssysteme sozialistischer Länder nicht zuletzt eine Form der Umlage der Kosten des Sozialismus in der Landwirtschaft. Wer diese Kosten letztendlich trägt, läßt sich nur schwer beantworten und für eine Untersuchung müßten wir nach geeigneten Überwälzungshypothesen suchen. Für die UdSSR dürfen wir vermuten, daß nach der allgemeinen Kollektivierung zumindest einige Jahrzehnte lang die Kosten von den Bauern selbst in Form niedrigerer Einkommen getragen werden mußten. Später trugen sie in zunehmendem Maße die Konsumenten in Form niedriger Realeinkommen — in der DDR war dies wohl von vornherein der Fall[274].

3.3. Sachversicherung. Prämien und ihre ökonomischen Effekte

Allokative Wirkungen der Prämienberechnungsmethoden und der Berücksichtigung der Versicherungsprämien bei der Preisfestsetzung treten auch bei einem streng zentralisierten Planungssystem auf, da die Planungsberechnungen de facto und unvermeidlich zum beträchtlichen Teil in Wert- bzw. aggregierten „Mengen"größen vorgenommen werden, wobei als Gewichte bei der Aggregation Preise verwendet werden müssen. Hier tritt die Frage auf, inwieweit und in welcher Weise die mit der Produktion bestimmter Güter verbundenen Risiken im Preis berücksichtigt werden sollten. Sehr auffällig ist die Allokationsfunktion von Versicherungsprämien auch im Zusammenhang mit der Vornahme von Schadensverhütungsmaßnahmen. Schließlich findet in den sozialistischen Versicherungssystemen regelmäßig eine „Versicherungsakkumulation" statt, die als eine planwirtschaftliche Form einer Versicherungssteuer aufgefaßt werden kann. Diese „Versicherungssteuer" hat die Eigenart, nach merkwürdigen Kriterien differenziert zu

[273] Vgl. oben S. 96.

[274] Anders in Jugoslavien. Dort hatten die sozialistischen landwirtschaftlichen Betriebe stets mit privaten zu konkurrieren und so konnten diese Kosten nicht in dem Maße auf die Bauernschaft — oder über erhöhte Agrarpreise auf den Konsumenten — abgewälzt werden. Im Versicherungsfall kommt es daher zu einer Bezuschussung aus anderen Versicherungszweigen.

werden. Hier kann nach der Rechtfertigung einer solchen Besteuerung im „entwickelten Sozialismus" gefragt werden. Dies sind Gegenstände, die nun zu erörtern sind.

3.3.1. Versicherungsprämien, Mehrwert und Preiskalkulation

In einigen seiner wenigen verstreuten Bemerkungen zum Thema Versicherung schreibt K. Marx, daß der Versicherungsfond aus dem Mehrwert gebildet werde[275]. Nach den Worten von J. Boncelj messen die Versicherungswissenschaftler der sozialistischen Länder diesen spärlichen Äußerungen von Marx, der sich für Versicherung im Grunde nicht interessiert hat, eine weit größere Bedeutung zu als dieser selbst[276]. Und so können wir bei H. Bader lesen: „Die von den sozialistischen Betrieben zu zahlenden Versicherungsbeiträge sind der wertmäßige Ausdruck eines Teiles des durch die Arbeit für die Gesellschaft neugeschaffenen Produkts. Daraus ergibt sich aber, daß der Ausweis dieser Beiträge als sogenannte kommerzielle Kosten im Rechnungswesen unserer volkseigenen Wirtschaft falsch ist. Sie sind vielmehr ein Teil des Reineinkommens der Gesellschaft und zwar der Teil, der unmittelbar für die Bildung eines Teiles des Reservefonds Verwendung findet"[277]. Oder der führende sowjetische Finanzwissenschaftler D. A. Allachverdjan: „Im Sozialismus wird der Fond der Sozialversicherung (! — B.S.) vollständig aus dem Reineinkommen der Gesellschaft gebildet. Dennoch wird die Summe der Sozialversicherung, die von den staatlichen Betrieben abgeführt wird, in die Selbstkosten der Produktion eingeschlossen. Dies wird der Bequemlichkeit halber gemacht, aus organisatorischen Gründen, obwohl diese Methode ökonomisch nicht begründet ist ... Der Einschluß der Ausgaben für die Sozialversicherung in die Selbstkosten der Produktion ... führt zu einer künstlichen Aufblähung derselben ..."[278]. Die praktische Bedeutung der Frage ist offenbar: die Richtlinien der sozialistischen Länder für die Selbstkostenkalkulation sind im einzelnen zwar recht unterschiedlich[279], Sozialversicherungsbeiträge werden jedoch generell einbezogen[280], Beiträge zur Sach-

[275] Vgl. z. B. Kapital. 2. Band. MEW Berlin 1976, Bd. 24, S. 178; Kritik des Gothaer Programms, MEW Bd. 19, S. 19.

[276] Karl Marx und die Versicherung. ZVersWiss 1971, S. 601.

[277] DFW 1955, S. 788. Zum Verständnis ist anzumerken, daß die „politische Ökonomie" im Sozialismus als Reineinkommen oder Arbeit für die Gesellschaft bezeichnet, was sie im Kapitalismus Mehrwert zu nennen gewohnt war.

[278] Finansovo-kreditnaja sistema SSSR. Moskva 1982, S. 331.

[279] Mackevičjus: Analiz kal'kulirovanija sebestoimosti produkcii v stranach SEV. Moskva 1977.

[280] Wir haben schon gesehen, daß auch dies höchstens eine zweitbeste Lösung ist.

und Haftpflichtversicherung eher nicht und müssen dann aus dem Gewinn entrichtet werden[281]. Die Tendenz geht auch sonst dahin, zufällig auftretende Kosten nicht in die Preiskalkulation einzubeziehen. Da das Auftreten versicherbarer oder unversicherbarer Risiken auch nicht bei der Kalkulation des „planmäßigen Gewinns" in Rechnung gestellt wird[282], ist das Resultat, daß bei der Preisfestsetzung und den darauf basierenden Allokationsentscheidungen die mit der Produktion eines Gutes verbundenen Gefahren keine systematische Berücksichtigung finden. Dies führt offenbar zu Fehlallokationen, die Allokation fällt tendenziell zu risikofreudig aus. Eine andere Folge dieser Vorgehensweise ist die Bildung von Reservefonds aus dem Gewinn mit den unerfreulichen Folgen, mit denen wir uns bereits beschäftigt haben[283]. Hier haben wir es mit einer Allokationsstörung zu tun, die vornehmlich ideologische Ursachen hat[284] — sicherlich entspricht es der „Psychologie" einer Planwirtschaft und vielleicht einer sozialistischen Ordnung im allgemeinen, die Rolle des Zufalls im Wirtschaftsleben herunterzuspielen — und außerdem ist eine Gedankenlosigkeit von Marx der Grund. Denn es läßt sich im Rahmen eines exakten marxistischen Modells zeigen, daß dies eigentlich auch in marxistischer Argumentation unrichtig ist, wenn wir den Marxismus als ökonomische Theorie ernst nehmen.

Um die Frage zu entscheiden, ob die Prämie aus dem Mehrwert bezahlt wird, brauchen wir ein Modell, in dem in logisch unanfechtbarer Art und Weise Mehrwert herauskommt — alsdann können wir Unsicherheit einführen, was zunächst in Form eines individuellen, dann in Form eines sozialen Risikos geschehen soll. Die geeignetste Formulierung des Marxschen Ausbeutungstheorems, die dem Autor bekannt ist, ist die von G. Maarek, darum wird diese verwendet[285].

Der Arbeitsmarkt sei als bilaterales Monopol aufgefaßt. Dies können wir uns so vorstellen, daß ein Arbeiter einem Kapitalisten gegenübersteht. Frei-

---

[281] Die DDR verfolgte hier einen Zickzackkurs. In der NÖS-Ära waren die Beiträge für die DVA generell nicht Selbstkostenbestandteil, seit 1968 sind das die Beiträge zur Pflichtversicherung, die Beiträge für die freiwillige Versicherung hingegen nicht. Dies gilt auch für die FZR!

[282] Selbst wenn Versicherungsprämien bei der Selbstkostenkalkulation einbezogen würden, wäre dies immer noch ein recht unvollkommenes Verfahren, da die Beitragssätze sozialistischer Versicherer nur in einem sehr losen Zusammenhang mit der „Größe" des Risikos stehen — wie wir gesehen haben.

[283] Siehe oben S. 103.

[284] Eine Möglichkeit, sie in rationaler Argumentation zu rechtfertigen, ist nicht zu erkennen.

[285] Introduction au capital de Karl Marx. Paris 1975, S. 178. Es geht darum, ein Modell zu verwenden, das gleichzeitig logisch unangreifbar ist und den Marxschen Gedankengängen so nahe wie möglich kommt. Daher verwende ich nicht die Formulierungen von M. Morishima: Marx' Economics. Cambridge 1973 oder C. C. v. Weizsäcker: Steady State Capital Theory. New York 1971. Morishimas „marxistisches Fundamentaltheorem" hat im Grunde mit dem, was Marx sagen wollte, wenig gemein.

tag — das Proletariat — lande völlig mittellos auf der Insel, auf der Robinson — der künftige Kapitalist — es sich wohl eingerichtet hat und hat nur die Alternative, sich bei Robinson zu verdingen oder zu verhungern. Der Verhandlungsprozeß zwischen Robinson und Freitag kann mit dem Instrumentarium der Spieltheorie untersucht werden — solange nur eine Technologie vorhanden ist, bei der Freitag mehr als sein Existenzminimum produzieren kann, wenn Robinson ihm die nötigen Lebensmittel vorschießt. Es handelt sich um ein Zweipersonennichtnullsummenspiel. Bei diesem „Verhandlungsprozeß" wird angesichts der „starken Verhandlungsposition", die Robinson hat, für Freitag regelmäßig Ausbeutung herauskommen, er wird weniger als sein Wertgrenzprodukt als Lohn erhalten — wie groß diese Ausbeutung ist, hängt von der Nutzenfunktion der beiden Spieler ab und vom Lösungskonzept, das wir für ein Zweipersonennichtnullsummenspiel anwenden wollen[286].

Versicherung und Risiko können wir nun folgendermaßen einführen: Nehmen wir an, es gebe mehrere solche Inseln mit ihren Robinsons und Freitags, die sich untereinander in nichts unterscheiden. Die Technologie, mit der sie produzieren, sei nun aber stochastisch und der Zufallsprozeß habe die Eigenschaft, daß bei einem Zusammenschluß aller Robinsons zu einem Versicherungsverein auf Gegenseitigkeit ein vollständiger Risikoausgleich zustandekomme —, der Erwartungswert des Ergebnisses liege unter dem in vorherigem sicheren Fall. Für den Verein ist das Ergebnis sicher, nur für die einzelne Insel nicht — es handelt sich um ein individuelles Risiko. Robinson versichert sich voll, sein Ergebnis ist damit ebenfalls nicht mehr unsicher. Bei Anwendung desselben Lösungskonzepts für das Zweipersonennichtnullsummenspiel werden sich — beispielsweise für eine Nashlösung und für eine breite Klasse anderer Lösungskonzepte — sowohl Lohn als auch Mehrwert reduzieren und zwar zusammengenommen eben um jenen Betrag, um den der Erwartungswert des zufälligen Produktionsergebnisses unter dem des oben diskutierten sicheren liegt[287]. Die Prämie wird sowohl aus dem Lohn als auch aus dem Mehrwert bezahlt[288].

Nun versichert uns die marxistische Lehre, daß es im Sozialismus keine Ausbeutung gebe, und ihr Vertreter wird vielleicht gegen die Anwendung des obigen Modells Protest anmelden. Der Leser kann sich jedoch leicht davon

---

[286] Ein allgemein anerkanntes und unmittelbar einleuchtendes Lösungskonzept gibt es für solche Spiele bekanntlich nicht.

[287] Hiervon gibt es eine wichtige Ausnahme, die eine Ehrenrettung für Marx bedeutet: dies gilt nicht, wenn der Lohn für Freitag vorher schon existenzminimal war. Dies könnte sich beispielsweise bei extremer Risikoaversion von Freitag in dem Bereich über dem existenzminimalen Lohn ergeben. Die Interpretation der Marxschen Vorstellungen vom Lohn als Subsistenzlohn ist allerdings fragwürdig.

[288] Wer hiervon nicht ohne Rechnung überzeugt ist, mag dies für den Fall der Nashlösung und neoklassischer Produktionsfunktionen selbst durchrechnen.

überzeugen, daß sich am Ergebnis nichts ändert, wenn das Einkommen des Arbeitgebers nicht auf Ausbeutung, sondern auf den Besitz von Produktionsfaktoren zurückgeht: weiterhin wird die Prämie sowohl aus dem Einkommen des Proletariers als auch aus dem des Arbeitgebers „bezahlt". Um die Schwierigkeiten einer richtigen Berücksichtigung der Kosten des Risikos im Preis noch klarer zu machen und unsere eben gewonnenen Ergebnisse weiter zu stützen, untersuchen wir nun den Fall des sozialen Risikos.

Nehmen wir eine Welt von zwei Typen von „Lucasschen" Bäumen und zwei Typen von Individuen — von beiden seien gleich viel vorhanden. Individuum A besitze einen Baum Typ A und Individuum B einen Baum Typ B. Beide Individuen haben dieselbe Nutzenfunktion, die keine „Risikoaversion" kennen soll[289]. Die Bäume haben die Eigenschaft, daß von ihnen Früchte fallen — die Größe der Frucht soll einem Zufallsprozeß unterliegen. Es soll in der Periode 1 folgende Weltzustände geben können: 1. von Baum A und Baum B fällt eine Frucht auf den Besitzer und diese Frucht habe die Größe 5; 2. von Baum A fällt eine Frucht von Größe 5, von Baum B fällt nichts. 3. vom Baum B fällt eine Frucht von Größe 4, vom Baum A fällt nichts. 4. von den beiden Bäumen fällt nichts. Die Eintrittswahrscheinlichkeit des Weltzustands 1 sei 1/8, ebenso die des Eintritts von 4, die von 2 sei 1/3, die von 3 5/12. Es liege die folgende Produktionstechnologie vor: Wird der Baum zu Beginn von Periode 1 gegossen, so wird die Frucht doppelt so groß. Ob A seinen Baum gießt oder nicht, ist für B beobachtbar, dasselbe gilt andersherum sowie für den Weltzustand. Dann gibt es zum Zeitpunkt 0 offenbar eine bestimmte optimale Versicherung — einen Handel in contingent claims. Für den Weltzustand 1 und 4 gibt es nichts zu handeln, wohl aber für 2 und 3. Optimal ist, da beide dieselbe Nutzenfunktion haben, offenbar das folgende Arrangement: A und B schließen den Vertrag, daß A dem B bei Eintritt von Weltzustand 2 und unter der Bedingung, daß A und B ihren Baum gießen, die Hälfte seiner Frucht überläßt. B bezahlt dieses Lieferversprechen mit einem ebensolchen Lieferversprechen für den Weltzustand 3. Nun teilen wir das Produkt auf die gewohnten Faktorentlohnungen auf! Offenbar gibt es ein Grenzprodukt der Arbeit, einen „Lohn". Dieser Lohn ist im Weltzustand 1 5, im Weltzustand 2 ist er 2,5, im Weltzustand 3 ist er 2 und im Weltzustand 4 ist er null. Offenbar kann es keinen stateunabhängigen Lohnsatz geben, die Individuen versichern sich, obwohl sie risikoneutral sind. Vollversicherung im Sinne eines „vollen Ersatzes" des Verlustes ist nicht möglich. Die Prämie ist nicht aktuarisch fair. Der über den Lohn hinausschießende Teil der Frucht ist Rente oder, wenn wir es auf marxistisch sagen wollen, „Mehrwert". Es ergibt jedoch wenig Sinn zu behaupten, die Versicherungsprämie würde aus dem „Mehrwert" finanziert: ganz genau so wird sie

[289] Beispielsweise $U = F^{a}L^{1-a}$, wobei F die Frucht, L die Freizeit ist. — Von „Lucasschen" Bäumen wird gesprochen, da solche Bäume insbesondere in den Schriften von B. Lucas Verwendung finden.

aus dem Lohn finanziert. Ohne Versicherung ist das Grenzprodukt des Gießens für Individuum A im Weltzustand 2 5, für Individuum B hingegen 0. Individuum B erhält über die Versicherung auf Gegenseitigkeit einen Lohnsatz für diesen Weltzustand garantiert, aber dies eben dadurch, daß das Individuum A die Hälfte seines Lohnes dahingibt.

Dem Leser dürfte aufgefallen sein, daß es die stateabhängigen Löhne, die die auf den Fall von Unsicherheit ausgedehnte Wertlehre postuliert, in Wirklichkeit nicht gibt. Ändert dies etwas an unseren Ergebnissen und warum ist das so? Dieses Problem ist mit einer neuen Version des principal-agent-Modells analysierbar, bei dem nun Prinzipal und Agent zum Ergebnis beitragen — diesmal sind es aber Aktivitäten des Prinzipals, die für den Agenten nicht beobachtbar sind und nicht umgekehrt. Dieser Fall ist von O. D. Hart[290] analysiert worden und es stellt sich heraus, daß es die effiziente Lösung ist, die Löhne nicht generell stateabhängig auszugestalten. Das Einkommen des Prinzipals ist ein ausgesprochenes Residualeinkommen: Gewinn. Dieses Modell kann als Rechtfertigung herangezogen werden, weshalb unversicherbare Risiken aus dem Gewinn „gezahlt“ werden — versicherbare sind aber weiterhin „Kosten“.

Es ist kein Grund zu erkennen, weshalb diese Aussage nicht auf eine Planwirtschaft ausgedehnt werden könnte: Die Prämien für versicherbare Risiken — und zwar versicherungsmathematisch fundierte Prämien — sollten aus den „Selbstkosten“ bezahlt werden, der „planmäßige Gewinn“ sollte nach dem verbleibenden Risiko variiert werden.

3.3.2. Schadensverhütung

Die sozialistischen Versicherungswissenschaftler werden mit wenigen Ausnahmen nicht müde, zu betonen, was für ein wesentlicher Vorzug des sozialistischen Versicherungswesens es sei, daß hier die Schadensverhütung als eine der Schadensregulierung gleichrangige Aufgabe der Versicherungsbetriebe begriffen werde. In Jugoslavien ist dies sogar zum Gegenstand der Verfassung geworden. Indes spricht vieles eher für die gegenteilige These, daß ein sozialistisches Versicherungswesen weniger zur Schadensverhütung beizutragen hat als ein kapitalistisches.

Dies läßt sich an einer etwas naiven — naiv, weil das moralische Risiko vernachlässigenden, die Schadensverhütungsmaßnahmen des Versicherungsnehmers sind also für den Versicherer beobachtbar — Betrachtung erläutern. Unterstellen wir einen idealen Versicherer, der risikoneutral ist

[290] Optimal Labour Contracts under Asymetric Information: an Introduction. Review of Economic Studies 1983:1.

und keine Verwaltungskosten kennt[291] — die Prämie ist infolgedessen gleich dem Erwartungsschaden. Eine Schadensverhütungsmaßnahme mindert den Erwartungsschaden — das ist ihr „Nutzen". Außerdem verursacht sie Kosten, weil in der Regel im Rahmen einer Schadensverhütungsmaßnahme Ressourcen aufgewendet werden müssen. Schadensverhütungsmaßnahmen sind offensichtlich solange sinnvoll und empfehlenswert, bis ihre Grenzkosten gleich ihrem „Grenznutzen" sind. Der ideale Versicherer informiert den Versicherungsnehmer durch seine unterschiedlichen Prämienforderungen — in Abhängigkeit von den vorgenommenen Schadensverhütungsmaßnahmen — über den „Grenznutzen" unterschiedlicher Schadensverhütungsmaßnahmen und veranlaßt einen rationalen Versicherungsnehmer damit zu einem optimalen Ausmaß an Schadensverhütung, das dann erreicht ist, wenn die marginale Prämienersparnis gerade gleich den Grenzkosten der Schadensverhütung ist[292]. Als Alternative kommt in Frage, daß der Versicherer selbst die Vornahme der Schadensverhütungsmaßnahmen übernimmt, daß er sich also in die Schadensverhütungsbranche diversifiziert. Die Kosten derselben werden dann Bestandteil der Prämie. Wenn der Versicherer den Umfang der Schadensverhütungsmaßnahmen erhöht, so nimmt der hierfür bestimmte Prämienbestandteil absolut und relativ zu. Das Optimum wird erreicht, wenn die Bruttoprämie minimal wird und dann haben wir dieselbe Allokation erreicht, wie vorhin. Schließlich kann der Versicherer die Vornahme der Schadensverhütungsmaßnahme auch einem Dritten übertragen und diesen dafür aus dem Schadensverhütungsbestandteil der Prämie entlohnen. Eine Abführung eines Teils der Prämie für Schadensverhütungszwecke, wie es in den sozialistischen Ländern geschieht, ist also nicht von vornherein eine irrationale Maßnahme[293].

Es fällt sofort auf, daß in den sozialistischen Versicherungssystemen die versicherungsmathematischen Grundlagen für einen Kosten-Nutzen Vergleich für die Vornahme von Schadensverhütungsmaßnahmen fehlen. Ebenso fehlen viele der incentives, die der Versicherungsnehmer (Gewinnerhöhung wegen Sinken der Prämie) und der Versicherer für die Veranlassung

[291] Weiterhin ein individuelles Risiko und eine neoklassische Umwelt.

[292] Der Leser sei darauf aufmerksam gemacht, daß diese Analyse exakt der im letzten Kapitel im Rahmen eines principal-agent-Modells gegebenen entspricht.

[293] Welche der drei organisatorischen Alternativen vorzuziehen ist, kann in einer Betrachtung, die von moralischem Risiko und anderen incentive-Problemen abstrahiert, nicht entschieden werden. Offenbar verursacht die Kooperation mit einer Vielzahl von versicherungsfremden Betrieben, die eine Übernahme der Schadensverhütungsaufgaben durch den Versicherer mit sich bringen würde, für diesen agency-Probleme. Das Versicherungsunternehmen könnte sich in ein unübersehbares Konglomerat verwandeln. Andererseits mag eine Vornahme der Schadensverhütungsanstrengungen durch Beauftragte des Versicherers das moralische Risiko mindern. Ein Beispiel für einen Versicherungszweig, wo dies bedeutsam geworden und eine entsprechende Diversifikation des Versicherers erfolgt ist, wäre die amerikanische boiler and machinery insurance, vgl. C.A. Williams ..., op. cit. S. 318, 328.

zweckmäßig dimensionierter Schadensverhütungsmaßnahmen in einem Wettbewerbssystem hat[294]. H. Kames berichtet über diese Tätigkeit in der DDR: „Die Staatliche Versicherung hat unter der Losung ... in den letzten Jahren energisch für die Entwicklung einer konstruktiven und ideenreichen Schadensverhütung gekämpft. Die wesentlichen Ergebnisse der Schadensverhütungsarbeit 1970 sind: — Zur Beseitigung von Gefahrenquellen wurden in Betrieben und Kombinaten 3 179 Auflagen erteilt, von denen bis zum Jahresende 1 738 erfüllt waren. Das ist eine Steigerung auf 171% gegenüber dem Vorjahr"[295]. In einem Wettbewerbssystem wird der Versicherer schon aus Gründen der Konkurrenz um Versicherungsnehmer einen Anreiz haben, diesen alle Schadensverhütungsmaßnahmen zusammen mit den entsprechenden Prämiennachlässen vorschlagen, bei denen diese Nachlässe die zusätzlich eingegangenen Kosten überkompensieren[296].

Zu den beiden aufgeführten Schwierigkeiten kommt hinzu, daß die Schadensverhütungs„tätigkeit" der Versicherer der sozialistischen Länder de facto hauptsächlich darin besteht, daß aus einem Prozentsatz des Prämienaufkommens ein Fond gebildet wird, auf dessen Verwendung der Versicherer meist nur wenig Einfluß hat[297]. Zum beträchtlichen Teil werden damit Investitionen finanziert, deren Dienste nicht nur den Versicherungsnehmern zugute kommen und die mit hohem Kapitaleinsatz verbunden sind. Beispiele sind der Bau von Wetterstationen, Bewässerungsanlagen, die Finanzierung der Verkehrspolizei[298] oder von Verkehrsschildern. Daß es sich hierbei nicht um eine allokationstheoretisch gerechtfertigte Verwendung von Mitteln der Versicherung handelt, ist evident und bedarf keiner näheren Darlegung. Allenfalls könnte im Rahmen einer Theorie des Zweitbesten diskutiert werden, inwieweit es sich hierbei eventuell um eine zweckmäßige Form der Steuererhebung handelt, wenn die so finanzierten Einrichtungen den Charakter öffentlicher Güter haben. Denn im Grunde handelt es sich hier in beträchtlichem Maße um eine Besteuerung der Versicherung, die aus propagandistischen Gründen anders etikettiert wird.

---

[294] Nichtsdestoweniger wird es von den meisten sozialistischen Versicherungswissenschaftlern bis heute als Tugend betrachtet, daß sozialistische Versicherer keine Beitragsdifferenzierung nach dem Gefahrengrad kennen, vgl. z. B. die bulgarischen Autoren V. Gavrijski, Chr. Draganov: Organizacija i planirane na zastrachovaneto. Svišcov 1973, S. 342.

[295] Höhere Effektivität durch zweckmäßige Versicherung. SFW 1971: 10, S. 46.

[296] Ein gutes Beispiel hierfür ist die Praxis in der Feuerversicherung.

[297] In der UdSSR fließen die Mittel dieses Fonds als „zweckgebundene" Abgabe in den Haushalt der Unionsrepublik und über ihre Verwendung entscheidet der Ministerrat derselben unter Berücksichtigung von Vorschlägen von Gosstrach und der örtlichen Sowjets. Über die „zweckgebundene" Verwendung hat Gosstrach gewisse Kontrollmöglichkeiten.

[298] Aus dem Prämienaufkommen der KFZ-Kasko!

Wenn wir moralisches Risiko in die Analyse einführen, so wird diese bedeutend komplizierter. Wir können uns hier auf einen Verweis auf die oben[299] unternommene Untersuchung und ihre Schlußfolgerungen begnügen. Unser Urteil über die Effekte des sozialistischen Versicherungswesens auf die Schadensverhütungstätigkeit verbessert sich hierdurch keinesfalls. Schließlich sollte nicht übersehen werden, daß zumindest im Bereich der Versicherung der sozialistischen Wirtschaft die traditionellen Institute des Versicherungsvertragsrechts, die der Schadensverhütung dienen, in der Praxis des sozialistischen Versicherungswesens weitgehend entwertet, wenn auch nicht durchweg formell aufgehoben werden. Dies setzt mit der Form der Zwangsversicherung ein[300], durch die die Pflicht des Versicherungsnehmers weitgehend illusorisch wird, alle für die Einschätzung der Gefahr erheblichen Umstände dem Versicherer anzugeben, ebenso die versicherungsrechtliche Bestimmung, die für den Fall, daß er dies verabsäumt, den Entzug des Versicherungsschutzes, die Nichtigkeit des Versicherungsvertrags etc., androht. Der Monopolversicherer unterliegt notwendigerweise einem weitgehenden Kontrahierungszwang. Durch das Versicherungsrecht der DDR wird die Versagung der Leistung bei einer Verabsäumung der Nebenpflichten des Versicherungsverhältnisses durch den Versicherten zwar nicht ausgeschlossen, sie scheint aber praktisch keine große Rolle zu spielen[301]. Dies wird auch daraus deutlich, daß das DDR-Versicherungsrecht zumindest im Bereich der Pflichtversicherungen keine Pflicht der Versicherten kennt, den Versicherer von einer nachträglich eintretenden Gefahrenerhöhung in Kenntnis zu setzen[302].

[299] Grossmann's . . . Principal-Agent-Modell.

[300] Das einzige sozialistische Land, in dem derzeit die Versicherung des sozialistischen Sektors überwiegend zumindest der Deklaration nach freiwillig ist, ist Ungarn. Dort wurde dies 1968 eingeführt.

[301] Vgl. Wüst op. cit. S. 155 f.

[302] Wüst glaubt, in einer solchen Ausgestaltung des Versicherungsrechts Konsequenz erkennen zu können. Ich kann hierin keine Notwendigkeit sehen, was auch immer das heißen mag. Ebensowenig halte ich es für evident zweckmäßig, die Versicherung des sozialistischen Sektors als Zwangsversicherung zu führen. Die gegenteiligen Ansichten Wüsts sind allenfalls durch gewisse „Symmetrie"überlegungen von einem höchst fragwürdigen erkenntnistheoretischen Status gestützt, keinesfalls durch eine Organisationstheorie.

Wie es mit der Handhabung des Regressrechts steht, ist schwer zu beurteilen. Wenn wir annehmen dürfen, daß die Sach- etc. Versicherer von ihren Regressmöglichkeiten gegenüber dem sozialistischen Sektor ähnlich geringen Gebrauch machen wie die Sozialversicherungsträger — siehe dazu weiter unten — so wäre dieses Institut — ähnlich wie in den kapitalistischen Ländern — zur Randerscheinung degradiert. Äußerungen sozialistischer Autoren hierzu gibt es kaum. W. Warkallo schließt aus der Entwicklung der Einnahmen der PZU aus Regressnahme, daß diese in den 60er Jahren stark zurückgegangen ist, — einen tieferen Einblick in die Praxis hat er aber erklärtermaßen nicht. Vgl. op. cit. S. 224, 402.

3.3.3. Zur Besteuerung von Prämien

Als Rahmen für die Erörterung einer Versicherungssteuer bietet sich die Theorie optimaler Besteuerung an[303]. Diejenige Besteuerung ist optimal, die bei gegebenem Aufkommen die durch die Steuerhebung bewirkte Allokationsverzerrung minimiert. Ist die Erhebung von Kopfsteuern ausgeschlossen und sind nicht genügend rentenartige Einkommen vorhanden, daß eine Besteuerung ausschließlich der Renten möglich ist, so ergibt sich, daß im allgemeinen alle Güter, bzw. Kontrakte zu besteuern sind — mit unterschiedlichen Sätzen, die meist relativ gering sind. Wenn wir dieses Ergebnis auf das in 3.2.2. dargestellte Modell eines Systems vollkommener und vollständiger Märkte und seine Versicherungsinterpretation anwenden, so ergibt sich zwanglos, daß auch die „Versicherungsverträge" besteuert werden sollten. Unglücklicherweise läßt sich dieses Ergebnis nicht ohne weiteres auf den Fall erweitern, daß die Märkte wiedereröffnet werden oder aber in jeder Periode neuerliche Käufe und Verkäufe stattfinden und diese Käufe und Verkäufe nicht nur Vollzug von zum Zeitpunkt Null getroffenen Vereinbarungen sind. Für diesen Fall wissen wir, daß wir zusätzlicher, sehr restriktiver Annahmen bedürfen, wenn wir die Existenz eines Systems optimaler Steuern ermöglichen, geschweige denn gewährleisten wollen[304].

Eine weitere Diskussion dieses Themas würde hier zu weit führen. Wir dürfen mit der gebührenden Vorsicht aber immerhin einige wenige Aussagen wagen. Eine Besteuerung einer Pflichtversicherung ist mit Sicherheit leichter zu rechtfertigen als die einer freiwilligen Versicherung, da erstere im allgemeinen in geringerem Maße zu Allokationsstörungen führen wird[305]. Sozialistische Versicherungssysteme halten es genau umgekehrt. Nur in den seltensten Fällen ist eine Besteuerung mit sehr hohen Steuersätzen zu rechtfertigen. Eine Differenzierung der Steuersätze nach „klassenkämpferischen" u. ä. Gesichtspunkten führt ebenso wie eine hohe Besteuerung freiwilliger Versicherung zu einer unteroptimalen Verbreitung der entsprechenden Verträge und zu Fehlallokationen.

---

303 Der Klassiker ist F. P. Ramsey: A Contribution to the Theory of Taxation. Economic Journal 1927, S. 47-61. Wegen einer Einführung siehe A. B. Atkinson, J. E. Stiglitz: Lectures on Public Economics. Tokyo 1980, S. 366 f.

304 Vgl. F. E. Kydland, E. C. Prescott: Rules rather than Discretion: the Inconsistency of Optimal Plans. Journal of Political Economy 1977, S. 473-493; R. E. Lucas, N. L. Stockey: Optimal Fiscal and Monetary Policy in an Economy without Capital. Evanston Ill. 1983 unveröffentlicht.

305 In statischer Analyse ist sie der Besteuerung einer Rente äquivalent.

3.4. Haftpflichtversicherung

Einer der auffallendsten Unterschiede zwischen dem Versicherungswesen der entwickelten kapitalistischen und dem der sozialistischen Länder ist, daß in letzteren als Haftpflichtversicherung deklarierte Versicherungszweige entweder völlig fehlen oder wenig entwickelt sind, während in ersteren das Prämienaufkommen der Haftpflichtversicherung das der Sachversicherung längst übertroffen hat. Es gilt heute vielfach die Regel, daß die Gefahr der Haftpflicht schwerwiegender und eine Versicherung dagegen dringender ist als gegen Feuer, Kasko etc. Sicherlich spielt hier der unterschiedliche Stand der Motorisierung eine Rolle. Aber auch in den sozialistischen Ländern, in denen es eine KFZ-Haftpflichtversicherung gibt[306], sind die meisten anderen Haftpflichtrisiken nicht versicherbar[307].

Die Äußerungen sozialistischer Autoren hierzu sind kurz und orakelhaft. Eine eingehendere Diskussion der möglichen Rolle der Haftpflichtversicherung in der sozialistischen Gesellschaft hat nicht stattgefunden. Unter diesen Äußerungen gibt es zunächst jene, die eine solche Versicherung entweder pauschal oder doch in beträchtlichen Teilen lapidar für mit dem Sozialismus unvereinbar erklären[308]. Einen Gegenpol stellen ungarische und jugoslavi-

---

306 Alle europäischen RGW-Länder außer der UdSSR.

307 Außer Jugoslavien ist hier Ungarn die einzige Ausnahme und das vornehmlich seit 1968. In Ungarn ist u.a. die Berufshaftpflicht von Ärzten und Apothekern versicherbar, die „komplexe" Versicherung der staatlichen Betriebe enthält — in eingeschränktem Umfang — eine Versicherung gegen Haftpflichtansprüche aus Umweltverschmutzung. Die Haftpflichtversicherung genossenschaftlicher Betriebe enthält allerdings ähnlich exzessive Ausschlüsse wie in der DDR. Vgl. D. Čabai, G. Ebli: Gosudarstvennoe strachovanie v vengerskoj narodnoj republike. In: Gosudarstvennoe strachovanie v socialističeskich stranach. Moskva 1981, S. 47 f.

308 Einige solcher Zitate haben wir oben bereits angeführt. Vgl. S. 88, 128, 142. Hier zwei weitere. „Die Vermögenschaden-Haftpflichtversicherung ist ein Produkt der kapitalistischen Gesellschaft und nützt dort besonders solchen Berufsgruppen wie Rechtsanwälten, Notaren, Architekten, Steuerberatern usw., die direkt oder indirekt eigene Geschäfte mit fremden Vermögenswerten machen und dabei bestimmte Risiken eingehen. Da durch die V. in starkem Maße die Verantwortlichkeit aus der Berufsausübung auf die Versicherung übertragen wird und das subjektive Risiko eine große Rolle spielt, wurde diese Versicherungsform in der DDR schon in den ersten Jahren stark eingeschränkt und später eingestellt. Damit wurde einem wichtigen Grundsatz der sozialistischen Versicherung Rechnung getragen, daß durch die Versicherung die persönliche Verantwortung der beruflichen Tätigkeit nicht eingeschränkt werden darf." Lexikon der Wirtschaft. Versicherung. Berlin 1982, S. 606 f. „Die Versicherung der zivilrechtlichen Haftpflicht (graždanskoj otvetstvennosti) berührt praktisch die Haftung des Besitzers des Automobils gegenüber dem Geschädigten und dritten Personen. Eine solche Versicherung ruft prinzipielle Bedenken hervor . . . Aber in diesem Fall widerspräche eine Versicherung der zivilrechtlichen Haftpflicht, wie sie vorgeschlagen wurde, dem Zweck und Wesen eben dieses Instituts der zivilrechtlichen Haftpflicht, dessen die Sorge . . . stimulierende Wirkung völlig beseitigt würde. Ich glaube, daß dieses in den kapitalistischen Ländern so verbreitete Institut der Haftpflichtversicherung für die sozialistische Gesellschaft und das sozialistische Recht prinzipiell und kategorisch abzulehnen ist. Es ist in Besonderheit jetzt . . . unannehmbar,

sche Pläne zum Ausbau der Haftpflichtversicherung dar[309]. Hier läßt sich ein Zusammenhang mit der anhaltenden Klage über die mangelnde Unternehmungslust und Risikofreude ungarischer Direktoren herstellen, die auch auf fehlende Möglichkeiten, sich angemessen zu versichern, zurückgeführt wird[310].

Eine eingehende Erörterung der Haftpflichtversicherungsproblematik würde eine gründliche Beschäftigung mit den Rechtsverhältnissen der verschiedenen sozialistischen Länder vorraussetzen, die sich noch dazu stark voneinander unterscheiden. Die Kompetenz des Autors würde damit weit überschritten. Er wird sich auf einige Bemerkungen beschränken, die in den Grenzbereich zwischen Ökonomie und Rechtswissenschaften eindringen. Der Schwerpunkt wird auf den sowjetischen Verhältnissen und einigen in der sowjetischen Literatur geäußerten Reformvorschlägen liegen. Hier scheinen einige Zusammenhänge zwischen dem Wirtschaftssystem und der Ausgestaltung des Versicherungsangebots aufzutreten.

3.4.1. Zur KFZ-Haftpflicht und anderen Formen der Haftpflichtversicherung des Bürgers

In der UdSSR ist seit Anfang der sechziger Jahre eine gewisse Debatte über eine Wiedereinführung[311] einer KFZ-Haftpflichtversicherung[312] im Gange. Obwohl die Stimmen, die dies fordern, in jüngerer Zeit sehr vernehmlich werden, ist die Verwirklichung dieses Wunsches nicht absehbar.

Ich sehe keine Möglichkeit, das Fehlen der KFZ-Haftpflichtversicherung und der anderen hier diskutierten Formen aus einem Modell einer sozialistischen Wirtschaft abzuleiten[313]. Eine solche Versicherung könnte für den Staatshaushalt durchaus profitabel sein. Es könnte argumentiert werden, im schneckenhaften Tempo, mit dem sich der Fortschritt auf diesem Gebiet

---

einer Periode, in der die erzieherische Rolle des sowjetischen Rechts besonders deutlich hervortritt." V. Rachmilovič: O strachovanii graždanskoj otvetstvennosti. Sovetskaja justicija 1962: 4 S. 21.

[309] So ist in Ungarn an die Einführung einer Produktehaftpflichtversicherung gedacht.

[310] A gazdasági kockázat és mérésének módszeri. Budapest 1976. Russische Übersetzung: Chozjajstvennyj risk i metody ego izmerenija. Moskva 1979, S. 52.

[311] Eine Versicherung für „die Haftpflicht, die auf den Wasser-, Luft- und Landverkehrswegen entsteht" wurde in der UdSSR 1926 zugelassen und verschwand wieder mit der vorübergehenden Liquidierung von Gosstrach (N. S. Malein: Vozmeščenie vreda pričinenogo ličnosti. Moskva 1965, S. 47.)

[312] Und damit verwandter Arten von Haftpflichtversicherung wie eine Versicherung für den Betrieb von Traktoren, Kombinen etc.

[313] Weshalb ist es mit einer sozialistischen Wirtschaft unvereinbar, daß ich mich gegen das Risiko versichere, daß mein Hund meinen Nachbarn beißt?

durchsetzt, offenbare sich einfach die allgemeine Innovationsschwäche sozialistischer Systeme und ihr Desinteresse am individuellen Konsum. Indes ist das Widerstreben der sowjetischen Regierung zu penetrant, als daß diese Begründung ausreichen würde[314].

Es scheint, daß die eigentlichen Ursachen in rechtshistorischen und -soziologischen Umständen zu suchen sind. Kenner des sowjetischen Rechts versichern, daß Rachmilovič[315] die Meinung der Mehrheit sowjetischer Juristen ausspricht[316]. Bis zum heutigen Tag lebt im sowjetischen Recht in vielfältiger Weise die Vorstellung fort, daß die Risiken für Gesundheit, Leben etc. des Bürgers im Sozialismus von einer universellen Sozialversicherung abgedeckt werden würden, — eine Vorstellung, die in den zwanziger Jahren am ausgeprägtesten war — ein Rückgriff auf andere Bürger im Wege der zivilrechtlichen Haftung also allenfalls vorübergehend und ergänzungshalber in Frage kommt, solange das Sozialversicherungssystem noch nicht „befriedigend" ausgebaut ist[317].

Damit einher geht die ebenfalls bis heute nicht voll überwundene Vorstellung[318], daß es bürgerlich sei, Schäden an Gesundheit, Leben etc. in Geld auszudrücken und entsprechend Schadenersatz in Geld zu fordern. Das sowjetische Recht wie die sowjetischen Gerichte haben sich traditionell allen Versuchen gegenüber, Schadensersatz für diejenigen Einkommensverluste zu fordern, die nicht durch die Sozialversicherung abgedeckt sind, ferner Schmerzensgeld usw. zu fordern, äußerst zurückhaltend gezeigt, und, obwohl die Rechtsprechung recht uneinheitlich ist, kann doch gesagt werden, daß der Kläger auch bei uneingeschränkter Zahlungsfähigkeit des Beklagten wenig Aussicht hat, mehr als einen Bruchteil seines tatsächlichen Verlustes ersetzt zu bekommen[319]. Diese Mentalität liegt durchaus auf der Linie der

[314] Die Forderung nach Einführung einer KFZ-Haftpflicht wurde zuerst von einem stellvertretenden Verkehrsminister in der Öffentlichkeit erhoben. Wegen einer Liste von Titeln, die sich damit befassen, vgl. A. P. Pleškov op. cit. S. 75. Pleškov ist unter den sowjetischen Versicherungswissenschaftlern der Spezialist für Verkehrsversicherung und der erste Protagonist einer solchen Haftpflichtversicherung. Diesem Thema widmete er auch seine Dissertation. Titel, die bei ihm nicht erwähnt werden, sind u.a. S. Mandanik: Material'naja otvetstvennost. Moskva 1962, S. 45, Beljakova: Vozmeščenie vreda. Moskva 1967, S. 20 f.

[315] Mit seiner oben zitierten Äußerung vgl. S. 252, Fußnote.

[316] Vgl. B. Rudden: Soviet Tort Law. New York University Law Review 1967: 4 S. 625; A. Erh-Soon Tay: The Foundation of Tort Liability in a Socialist Legal System: Fault versus Social Insurance in Soviet Law. University of Toronto Law Journal 1969: 19 S. 15.

[317] Vgl. Tay op. cit. S. 7.

[318] Vgl. Malein op. cit. S. 17, S. 23-28.

[319] Es paßt damit zusammen, daß — wie wir oben gesehen haben — das sozialistische Versicherungsrecht nur eine allgemeine Arbeitsunfähigkeit, nicht aber eine Berufsunfähigkeit kennt. Vgl. hierzu auch die Interpretation der Grundlagen des sowjetischen Zivilrechts bei Pleškov op. cit. S. 93/94, nach der auch bei vollem Verlust der Arbeitsfähigkeit eines durch Verkehrsunfall Geschädigten dessen Ansprüche gegen den Schädiger den Arbeits-

Mehrheitsmeinung der sozialistischen Ideologen der Vergangenheit, denen es nicht um die Nutzenmaximierung des Individuums, sondern um die Gewährleistung eines für wünschenswert gehaltenen Standardkonsums ging[320]. So ist es nicht wirklich überraschend, wenn es die sowjetische Öffentlichkeit erst in neuerer Zeit skandalös findet, wenn der Geschädigte bei einem Verkehrsunfall sich auf seine Sozialversicherungsansprüche zurückgeworfen sieht, weil die Ansprüche gegen den Schädiger — der im Prinzip nach dem Grundsatz der Gefährungshaftung voll haftbar ist — wegen dessen Vermögensverhältnissen praktisch wertlos sind[321,322].

Hier sind nun aber einige Eigentümlichkeiten des sowjetischen Haftpflichtrechts anzuführen, die über diesen Abschnitt hinaus Bedeutung haben[323]. Die eben dargestellte Regelung steht in einem eigentümlichen Kontrast zur anderweitigen Konstruktion des sowjetischen Haftpflichtrechts. Hier empfieht sich ein kurzer Ausflug in die sowjetische Rechtsgeschichte. Die führenden Juristen der ersten zwanzig Jahre Sowjetmacht, Stučka und Pašukanis[324], vertraten beide die These, daß das Recht im Sozialismus absterbe, daß es eine bürgerliche Kategorie sei und an seine Stelle die bloße Verwaltungsanweisung trete, ferner, daß das Schuldprinzip in der zivilrechtlichen Haftpflicht eindeutig bürgerlicher Natur sei und soweit eine zivilrechtliche Haftung im Sozialismus überhaupt noch einen Platz habe, solle sie auf dem Verursachungsprinzip beruhen[325]. Dies fand im Graždanskij kodeks von 1922 seinen Niederschlag, setzte sich in der gerichtlichen Praxis jedoch nicht völlig durch und mit der Liquidierung der ersten Generation der sowjetischen Juristen und der Inthronisierung der sog. „sozialistischen Gesetzlichkeit" setzte bereits in den dreißiger Jahren eine Reaktion ein. Die Rehabilitierung des Schuldprinzips verstärkte sich in der Nach-Stalin-Ära, es schlägt sich im ausschweifenden „Moralisieren" des obigen Rachmilovič-Zi-

lohn nicht übersteigen, wobei von diesem Arbeitslohn evtl. Sozialversicherungsansprüche abzuziehen sind und sich selbiger in ebensolcher Weise berechnet wie dies für die Ermittlung der Sozialversicherung geschieht.

320 „In der kommunistischen Gesellschaftsordnung wird die Aufgabe der Versicherungsorganisation nicht der Ersatz des verlorenen Arbeitslohns, sondern die Sicherung der Mittel für die Existenz sein, was bei weitem nicht ein und dasselbe ist." N. Miljuntin': Komuna . . . S. 37.

321 Nach Pleškov op. cit. S. 80 ist dies kein seltener Fall.

322 Die Spuren der Änderung verfolgt E. Schütte: Die beiden Hauptprobleme der sowjetischen Privatversicherung. Jahrbuch für Ostrecht 1983, S. 15-51. Es fragt sich, ob das Fehlen einer Reaktion auf die Äußerungen sowjetischer Juristen, die Schütte zusammenstellt, nicht darauf zurückzuführen ist, daß die Parteimeinung sich weit weniger gewandelt hat als er dies vermutet.

323 Meine folgenden Ausführungen stützen sich stark auf die angeführten Arbeiten von Tay und Rudden.

324 Führend bis zur Säuberung von 1936, der sie zum Opfer fielen.

325 Die Argumentation im einzelnen ist differenzierter, vgl. etwa Rudden op. cit., hier brauchen wir das jedoch nicht weiter zu verfolgen.

tats nieder[326] und geht soweit, daß Rudden feststellt: „Starting from a pure principle of causation, legislatures, courts and jurists hare now elevated fault to a position where it commands more territory than in any other developed legal system"[327].

Für eine solche Betonung des Schuldprinzips mag es viele Gründe geben, u. a. wohl das Legitimationsstreben eines autoritären Staates, der sich in die Pose des Erziehers wirft, im Rahmen der sowjetischen Wirtschaftsreformbemühungen ist ihm indes ein Hauch von ökonomischer Rationalität nicht abzusprechen. Es folgt aus der Gestaltung der Eigentumsrechte einer sozialistischen Wirtschaft, daß Schäden und Verluste vielfach externalisiert werden, als externe Effekte anderswo als beim Verursacher anfallen, was mancherlei Ineffizienz bedingt. So ist es nicht völlig unverständlich, wenn das Streben nach Effizienzsteigerung mit der Forderung kombiniert auftritt, stärker als in der Vergangenheit den an Schäden Schuldigen auch für diese haftbar zu machen. Damit haben wir aber den Bereich der Privathaftpflichtversicherung weitgehend verlassen. Denn insoweit Haftung unabhängig von Schuld erfolgt und auch das sowjetische Recht ist im Straßenverkehr nicht vom Grundsatz der Gefährdungshaftung abgegangen, geht das moralistische Argument gegen eine Haftpflichtversicherung ins Leere. Was soll es bedeuten, wenn eine Gefährdungshaftung normiert wird, gleichzeitig aber die materiellen Voraussetzungen für die Realisierung der entsprechenden Ansprüche nicht geschaffen werden dürfen?

3.4.2. Haftung des Betriebs und seiner Beschäftigten im streng zentralistischen Sozialismus

R. Lukić[328] schreibt über die zentralverwaltungswirtschaftliche Phase der jugoslavischen Wirtschaft: „In dieser Periode gab es zwar eine strikte Haftung gegenüber den Trägern der Freiheit, das heißt den Trägern der Macht, die Träger der Macht selbst aber, die in engen Zentren konzentriert waren, waren praktisch verantwortungslos (neodgovorni)"[329]. Sieht man die sowjeti-

[326] Ähnlich in den meisten anderen oben angeführten Zitaten über die Haftpflichtversicherung.

[327] A.a.O., S. 597.

[328] Sociološki vidovi odgovornosti u radnim organizacijama. In: Odgovornost u radnim organizacijama u sistemu društvene svojine i samoupravljanja. Beograd 1968, S. 46.

[329] Auf die jugoslavische Wirtschaft von heute — 1968 — bezugnehmend fährt er fort. „Wenn im Selbstverwaltungssystem jedes Subjekt einen Träger freier Tätigkeit darstellt, dann behält es dieselbe Mentalität wie jene, die in der vergangenen Periode die Träger freier Tätigkeit waren, das heißt: es hat das Selbstverständnis, daß es keine Verantwortung zu tragen braucht." Interessant ist an dieser Stelle auch, wie A. Gams in Materijalna odgovornost i društvena svojina a.a.O. S. 32 den Unterschied zwischen Haftung bei privatem

sche Wirtschaft als Befehlswirtschaft — eine Befehlswirtschaft, die sich bis ins Arbeitsverhältnis fortsetzt — so wäre es in der Tat widersinnig, wenn sich die Betriebe bei der Zentrale gegen die Folgen einer Nichterfüllung von Anordnungen derselben versichern könnten. Ebensowenig dürfte es im Sinne der Zentrale sein, wenn ihre Untergebenen sich untereinander wechselseitig hiergegen versichern. Alle Haftung wäre — im Sinne der sowjetischen Terminologie — administrative Haftung[330], Haftung gegenüber der Zentrale. Eine solche befehlswirtschaftliche Sicht des Sozialismus dürfte den oben zitierten DDR-Äußerungen zugrunde liegen, obwohl ihre Urheber auf eine solche Auslegung des tieferen Sinns ihrer Auffassungen vermutlich verärgert reagieren würden.

Das sowjetische Recht entsprach dem Lukičschen Modell bis in die sechziger Jahre hinein in mancherlei Hinsicht ungewöhnlich wörtlich. Trotzdem war und ist diese Auffassung problembehaftet und der heutigen Wirklichkeit wird sie keinesfalls voll gerecht. Zunächst sah das Zivilgesetzbuch von 1922, das bis zu den Osnovy graždanskogo zakonodatel'stva SSSR von 1961 in Kraft war, weitgehende Immunität für administrative Akte vor, eine Staatsimmunität nach dem Grundsatz „Le roi ne peut faire mal“[331]. „Administrativ“ wurde hierbei von den Gerichten weit interpretiert. Beispielsweise fielen ärztliche Kunstfehler unter administrative Akte und Klagen gegen Ärzte oder das NK für Gesundheitswesen[332] wurden abgewiesen[333]. Offenbar ist es in einem sozialistischen System schwierig, zivilrechtlich und administrativ voneinander abzugrenzen. In jüngerer Zeit und seit der Erweiterung der Staatshaftung neigen sowjetische Gericht dazu, „administrativ“ enger zu interpretieren. Barry sieht trotz der recht weitgehenden Formulierungen des

---

Eigentum und bei gesellschaftlichem Eigentum sieht. Gams entwickelt hier eine stark befehlswirtschaftlich geprägte Sicht des gesellschaftlichen Eigentums: „Während das Privateigentum wegen des wirtschaftlichen Wesens seiner Basis — der Waren — die Vermögenshaftung (imovinsku odogovornost) auferlegt, erlegt das gesellschaftliche Eigentum die persönliche Haftung (ličnu odgovornost) auf.“

[330] Anstelle der „bürgerlichen“ Unterscheidung in privatrechtlich und öffentlichrechtlich verwendet das sowjetische Recht das Begriffspaar, bzw. -trio wirtschaftlichrechtlich und zivilrechtlich einerseits und administrativ-rechtlich andererseits und kennt entsprechend eine Vermögens- und eine administrative Haftung. Erstere figuriert noch unter verschiedenen Namen, vgl. O. E. Lejst: Sankcii i otvetstvennost' po sovetskomu pravu. Moskva 1981, S. 132.

[331] Das ist im Grunde ein Erbstück des Zarismus. In den anderen RGW-Staaten wurde eine solche Staatsimmunität nie proklamiert, obwohl es auch dort im Zuge der sozialistischen Umgestaltung zunächst zu erheblichen Einschränkungen des vormals erreichten Maßes an Staatshaftung kam. Der einschlägige Artikel des Kodeks von 1922 war Art. 407, demgegenüber Abschnitt 89 der Osnovy . . . Zur Interpretation siehe D. Barry: The Soviet Union. In: Governmental Tort Liability. Law in Eastern Europe. Leyden 1970, S. 32 ff.

[332] Barry op. cit. S. 32 ff.

[333] Dies ist ein sehr einfacher Weg, sich des Problems der Berufshaftpflicht und damit einer eventuellen Berufshaftpflichtversicherung zu entledigen. Insoweit niemand haftet, ist auch keine Versicherung gegen eine solche Haftung erforderlich.

Abschnitts 89 der Osnovy ... nach wie vor erhebliche Schwierigkeiten, Staatsorgane tatsächlich für die von ihnen verursachten Schäden haftbar zu machen[334]. Sicherlich unmöglich ist dies bis heute bei Verlusten, die Betriebe aus Fehlern in der Planungs- und Leitungstätigkeit ihrer vorgesetzten Organe[335] entstehen.

Auch nach sowjetischem Recht eindeutig zivilrechtlicher Natur sind indes die Haftungsansprüche, die Privaten aufgrund von Schäden zuwachsen, die ihnen von sozialistischen Betrieben, bzw. deren Arbeitern zugefügt werden. Ein Beispiel: ein LKW-Fahrer überfährt mit einem LKW aus dem Fuhrpark eines sozialistischen Betriebs in dienstlicher Mission widerrechtlich einen Passanten. Der Passant hat Ansprüche gegen den sozialistischen Betrieb. Letzterer kann unter bestimmten Bedingungen (Schuldhaftes Handeln) gegen seinen LKW-Fahrer Regreß nehmen. Fälle dieser Art sind in der sowjetischen Praxis häufig. Hieraus könnten Haftpflichtprobleme entstehen, u. a. deswegen, weil die dem Betrieb vorgesetzten Organe (Ministerium, Hauptverwaltung) grundsätzlich nicht für die Verbindlichkeiten der ihnen unterstellten Betriebe haften[336] und die Vollstreckungsmöglichkeiten in das Vermögen des Betriebs sehr beschränkt sind. Die Regreßansprüche des Betriebs gegen seinen Arbeiter helfen ihm meist wenig. Arbeitsrechtliche Hemmnisse stehen einer vollen Inanspruchnahme von dessen Lohn für die Befriedigung von Regreßansprüchen oft im Wege[337]. Nichtsdestoweniger habe ich keine Veröffentlichung finden können, die von finanziellen Schwierigkeiten sowjetischer Betriebe infolge solcher Haftpflicht berichtet. Vielleicht liegt dies an der in 1. diskutierten restriktiven Praxis sowjetischer Gerichte bei der Anerkennung von über die Sozialversicherungsansprüche hinausgehenden Schadensersatzansprüchen. Anderenfalls könnte man sich hier sogar im Rahmen eines streng befehlswirtschaftlich gesehenen Sozialismus für eine Haftpflichtversicherung der Arbeit und Angestellten aussprechen.

Ein weiteres Problem taucht auf, wenn wir den Buchstaben des sowjetischen Rechts ernst nehmen, daß bei Arbeitsunfällen und Berufskrankheiten die Organe der sowjetischen Sozialversicherung dem Betroffenen zwar eine Rente gewähren, gleichzeitig aber berechtigt und verpflichtet (!) sind, gegen

[334] Um beim Beispiel der Kunstfehler zu bleiben. Klagen gegen Gesundheitseinrichtungen finden jetzt zwar statt, scheinen aber nichtsdestoweniger immer noch nicht sehr häufig zu sein und die Entschädigungen meist eher bescheiden. Vgl. A. N. Savickaja: Vozmeščenie uščerba, pričinennogo nenadležaščim vračevaniem. L'vov 1982.

[335] Wie etwa bei unerfüllbaren Planauflagen, Änderungen des Plans während des Vollzugs, einer alltäglichen Erscheinung, vgl. V. N. Chomenko: Otvetstvennost' v chozjajstvennom prave. Kiev 1975, S. 121.

[336] Vgl. Chomenko op. cit. S. 115.

[337] Auch die unterschiedlichen Fristen für eine Einreichung der Klage — kurze Fristen im Arbeitsrecht — scheinen die Realisierung der Regressmöglichkeiten zu hemmen.

den Betrieb Regreß zu nehmen und zwar unabhängig davon, ob Vorsatz oder nur Fahrlässigkeit der Betriebsleitung vorliegt[338]. De jure ist die sowjetische Sozialversicherung in geringerem Maße Haftpflichtversicherung als dies in westlichen Nationen üblich ist. De facto scheint dieser Unterschied jedoch nicht wirklich bedeutsam zu sein, da die Sozialversicherungsträger von den ihnen formal zustehenden Rechten zumeist keinen Gebrauch machen[339]. Tatsächlich ist die Sozialversicherung für den Betrieb sogar in höherem Maße als im Westen Haftpflichtversicherung. Ein Beispiel hierfür ist die Haftung für die Weiterbeschäftigung von erwerbsgeminderten Arbeitnehmern in gesundheitsgefährlichen Tätigkeiten[340].

Ein weiteres Problem mit der befehlswirtschaftlichen Sicht des Haftpflichtthemas ergibt sich daraus, daß auch in einem stark befehlswirtschaftlich geprägtem Sozialismus „die Zentrale", von der die Rede ist, in beträchtlichem Maße eine ideologische und juristische Fiktion bleiben muß. Es besteht die Notwendigkeit nicht nur einer Weitervermittlung, sondern auch einer Konkretisierung der von der „Zentrale" erteilten Anordnungen durch nachgeordnete Instanzen, und das Wirtschaftsrecht reduziert sich nicht auf die Verwaltungsanweisungen der ersteren. S. N. Bratus beklagt, daß nachgeordnete Behörden die Normativakte der ihnen zumindest theoretisch vorgesetzten Instanzen und die zugehörigen Haftungsregelungen durch eigene Normativakte nicht selten direkt annullieren, die vorgesehenen Haftungsregelungen durch andere, ihnen nicht selten widersprechende ersetzen[341]. Hier stoßen wir

[338] Vgl. Tay op. cit. S. 15; N. Petrov: Regressnye iski — k konkretnym otvetčikam. SO 1963: 10 S. 16-17; V. Piskov: Regressnye iski. SO 1962: 3 S. 56-59. Bei schuldhafter Verursachung von Arbeitsunfähigkeit existieren u. U. auch Regressmöglichkeiten des Sozialversicherungsträgers gegen Private, wenn diese die Schuldigen sind.

[339] Tay a.a.O. Es wäre interessant, zu erfahren, weshalb das so ist. Tatsache ist, daß dies nicht der einzige Fall ist, in dem die Gewerkschaften von den ihnen formal zustehenden Rechten keinen Gebrauch machen, und das, obwohl der juristischen Konstruktion nach die Durchsetzung dieser Rechte verschiedentlich sogar ganz außerordentlich vereinfacht scheint.

[340] Im Prinzip erteilen die arbeitsärztlichen Prüfungskommissionen — VTEK — den Betrieben für die Weiterbeschäftigung von erwerbsgeminderten Arbeitern Auflagen, die einer weiteren Minderung von deren Erwerbsfähigkeit vorbeugen, bzw. eine Verbesserung von deren Gesundheitszustand ermöglichen und solchermaßen eine sparsame Verwendung der Mittel der Sozialversicherung bewirken sollen. Sowjetische Praxis ist, daß diese Auflagen von den betroffenen Betrieben vielfach nicht befolgt werden, obwohl sie dazu verpflichtet sind, und dies scheint auch meist folgenlos zu bleiben. Vgl. oben S.75 und N. S. Malein op. cit. S. 111.

[341] „Die Sache verhält sich so, daß bedauerlicherweise unterhalb der Gesetzesebene stehende (podzakonnye) Normativakte, insbesondere Instruktionen und Statuten der Ämter von verschiedener Art, ohne ausreichende gesetzliche Grundlagen oder abweichend von den allgemeinen Regeln des Gesetzgebungsaktes . . . die diesen Ämtern unterstellten Organisationen von der Verantwortung für die Verletzung der subjektiven Rechte ihrer Kontrahenten befreien". Juridičeskaja otvetstvennost' i zakonnost'. Moskva 1976, S. 72.

auf eine für sozialistische Gesellschaftsordnungen typische Unbestimmtheit in den Verfügungsrechten, die neue Risiken schafft[342].

3.4.3. Haftpflicht und Dezentralisierungstendenzen

Wäre die sowjetische Realität durch das befehlswirtschaftliche Modell gänzlich getroffen, so wären Institutionen wie die Wirtschaftsverträge und die Arbitraže allenfalls von marginaler Bedeutung. Dies ist jedoch nicht oder nicht mehr der Fall und damit kommt es für die Betriebe zu einer zivilrechtlichen Haftung neben oder zusammen mit der administrativen. In diesem Kontext und oft kombiniert mit Reformvorschlägen, die auf einen Bedeutungsgewinn der horizontalen gegenüber den vertikalen Beziehungen hinauslaufen, tauchen in der sowjetischen Literatur gelegentlich Vorschläge zur Schaffung von Haftpflichtversicherungsmöglichkeiten und von versicherungsähnlichen Einrichtungen auf. Nun sind der Fantasie bei der Kreation neuer Institutionen keine Grenzen gesetzt, die Effizienz solcher Arrangements zu beurteilen ist hingegen schwierig. Immerhin kann eine grundsätzliche Bemerkung gemacht werden.

Ein sozialistisches System kennt mindestens drei Institutionen nicht, die in einer kapitalistischen Marktwirtschaft für die Bewältigung von Risiken und die Lösung von agency-Problemen eine zentrale Rolle spielen: das Privateigentum an den Produktionsmitteln, den Kapitalmarkt und den Unternehmer[343]. Die durch das Fehlen dieser Institutionen ungelöst bleibenden incentive-Probleme muß eine sozialistische Gesellschaft durch die Schaffung von Aufsichtsorganen zu lösen suchen. Die beabsichtigte Wirkung dieser Aufsicht wäre zunichte gemacht, wenn sich die Beaufsichtigten gegen die Maßnahmen, die eine solche Aufsichtsbehörde gegen sie ergreifen könnte, sichern und versichern könnten. In den USA ist es nicht unüblich, daß eine Haftpflichtversicherung der Vorstandsmitglieder einer Kapitalgesellschaft gegen

[342] Problemen der Willensdurchsetzung über die zwischengeschalteten Ämter scheint es beispielsweise geschuldet, wenn trotz einer entsprechenden sowjetischen Umweltgesetzgebung die Wahrscheinlichkeit, daß ein Betrieb für Verstöße gegen diese Gesetzgebung administrativ oder zivilrechtlich zur Rechenschaft gezogen wird, gering ist. Als Grund wird die schwache Stellung und der mangelnde und schlecht konstruierte Apparat der mit solchen Aufgaben eigentlich betrauten Staatskomitees der Republiken für Naturschutz angegeben. Selbst wenn es gelegentlich zu Verfahren kommt, bleiben die schuldigen Personen meist ungeschoren. Vgl. hierzu Ochrana okružajuščej sredy: upravlenie, pravo. Kiev 1982, S. 18, 48, 51, 54. Infolgedessen dürfte die Frage, ob gegen solche Ansprüche eine Haftpflichtversicherung einzuführen ist, in der UdSSR noch nicht aktuell sein.

[343] Es ist eine bemerkenswerte Eigenschaft des Kapitalmarkts, daß er so etwas wie eine Versicherung von Risiken ermöglicht, die ein echter Versicherer nicht zu tragen bereit wäre. So wird das als nicht versicherbar geltende „allgemeine Unternehmensrisiko" in einem gewissen Sinne durch den Kapitalmarkt „versichert".

eventuelle Klagen der Eigentümer bereits im Zusammenhang mit deren Arbeitsvertrag abgeschlossen wird. Eine derartige Sicherung des Management gegen das Mißvergnügen des Eigentümers Staat, die bei Privateigentum recht gut zu funktionieren scheint, wäre in einer sozialistischen Gesellschaftsordnung schwerlich lebensfähig und eine effiziente Lösung. Die offenbare Befürchtung sozialistischer Autoren, daß eine nachhaltige Ausweitung des Haftpflichtversicherungsschutzes im Bereich der Wirtschaftsleitung zu einer Verschärfung von incentive-Problemen führen könnte, ist nicht völlig aus der Luft gegriffen[344].

Zu den Vorschlägen: Zahlreiche Autoren haben den Wunsch, daß die Arbitraže einen Betrieb nur dann zu Konventionalstrafen und Schadenersatz wegen Nichterfüllung vertraglicher Verpflichtungen verurteilen solle, wenn Schuld dieses Betriebs vorliegt[345]. Es entsteht die Frage, wie der Schaden ersetzt werden soll, wenn keine Schuld feststellbar ist. Einen zumindest originellen Gedanken unterbreitet F. L. Rabinovič: „Im Zusammenhang damit rufen die möglichen Wege eines Ersatzes des materiellen Schadens, der von einem Betrieb infolge einer schuldlosen Verletzung von vertraglichen Verpflichtungen seinen Kontrahenten zugefügt wurde, Interesse hervor. O. S. Ioffe vertrat die Meinung, daß in den Fällen, wenn die Verluste oder eine andere Beeinträchtigung der Interessen ... ein zufälliges Ergebnis darstellt und niemand zur Verantwortung gezogen wird, nichts anderes übrigbleibt, als daß es auf den Schultern dessen liegen bleibt, dem es zustieß. Zweckmäßiger wäre es, zufällige Verluste aus Versicherungsfonds zu ersetzen, wie es N. S. Malejn[346] vorschlägt. Die konkreten Methoden des Ersatzes zufälliger Verluste bedürfen weiterer Untersuchung und Prüfung im Wege der Vornahme von Experimenten“[347].

Ein anderes Problem der Durchsetzung des Schuldprinzips ist, daß es wenig hilft, wenn beim Schuldner nichts zu holen ist. Hierzu wird vorgeschlagen, daß die vorgesetzten Behörden für derartige Verbindlichkeiten ihrer Untergebenen aufkommen sollen und zu diesem Zweck einen Reservefond bilden sollen, der aus Abführungen dieser Untergebenen gespeist wird. Sie

---

[344] Die Kehrseite kommt zum Vorschein, wenn ungarische Betriebsdirektoren versichern, daß die Notwendigkeit, auf unvorhersehbare Aktionen der Aufsichtsorgane gefaßt zu sein, die ein unkalkulierbares Risiko seien, bei ihnen die Bereitschaft zur Übernahme unternehmerischer Risiken mindere. Vgl. Chozjajstvennyi risk ..., S. 42 ff.

[345] Tatsächlich ist die Arbitraže eine primitive Stufe von Gerichtsbarkeit, die keine Zeugenvernehmung kennt, mit einem gänzlich unzulänglichen Apparat ausgestattet ist und in einem mehr oder weniger formlosen Verfahren auch in relativ einfach gelagerten Fällen oft zu abwegigen Ergebnissen gelangt. Ohne eine wesentliche Reform der Rechtssprechung ist also selbst eine partielle Verwirklichung dieses Wunsches Utopie.

[346] Imuščestvennaja otvetstvennost‘ v chozjajstvennych otnošenijach. Moskva 1968, S. 45-46.

[347] Vina kak osnovanie dogovornoj otvetstvennosti predprijatija. Moskva 1975, S. 63.

sollten also als so etwas wie Versicherer für die ihnen unterstellten Betriebe auftreten[348].

Was nun aber, wenn die Pflichtverletzung nicht Schuld des Betriebs, sondern seiner vorgesetzten Behörde ist? „In der Praxis ist der Fall nicht selten, daß die Schuld für die Verletzung der vertraglichen Verpflichtungen vollständig oder teilweise auf die höherstehenden Wirtschafts- und Planungsorgane fällt, die Rechenfehler oder Fehlentscheidungen begangen haben“[349]. Zur Lösung wird vorgeschlagen, daß die Betriebe ihre Vorgesetzten für die Schäden, die durch deren Planungsfehler entstehen, haftbar machen können. Wie sollen diese die Summen für die Schadenersatzleistungen aufbringen? Erneut wird vorgeschlagen, hierfür Reservefonds bei den Ministerien etc. zu bilden[350]. Ein Kontrast zu diesen Gedankengängen bleibt anzumerken: Dieselben Autoren verurteilen scharf eine Praxis sozialistischer Betriebe, die als eine informelle Versicherung auf Gegenseitigkeit betrachtet werden kann und dafür sorgt, daß die meisten Verstöße gegen die „Vertragsdisziplin“ erst gar nicht vor die Arbitraže kommen. Es handelt sich um die „wechselseitige Anmestie“ (vzaimnoe amnistirovanie), die sich sozialistische Betriebe gern gewähren.

---

[348] Chomenko op. cit. S. 116 f.

[349] Rabinovič op. cit. S. 114.

[350] Chomenko op. cit. S. 125 f. enthält eine Diskussion des Vorschlags mit zahlreichen Literaturhinweisen.

Anhang: Erläuterung einiger Begriffe

FZMK — Fabrik-, Werks-, Ortskomitee. Unterste Ebene des Gewerkschaftsapparats. Für die Arbeiter- und Angestellten größerer Betriebe wird ein Fabriksbzw. Werkskomitee gebildet, für die Beschäftigten von Kleinbetrieben ein Ortskomitee.

Kraj — große Gebietskörperschaft in der UdSSR. Nicht das gesamte Staatsgebiet ist in Kraj aufgeteilt. Sie werden speziell in den Gebieten der russischen Republik gebildet, in denen es „autonome Bezirke" gibt und sind regelmäßig größer als „Bezirke".

oblast' — „Bezirk"; wichtigste Gebietskörperschaft in der UdSSR unterhalb der Republikebene. Die russische föderative Sowjetrepublik setzt sich aus 54 „Bezirken" zusammen, die ukrainische aus 26 etc. Für nationale Minderheiten werden „autonome Bezirke" gebildet.

Rajon — „Kreis", Gebietskörperschaft in der UdSSR. Die „Bezirke" setzen sich aus Rajony zusammen. Städte über 100.000 Einwohner sind „kreisfrei".

Sovznak — Bezeichnung für sowjetisches Papiergeld in der Zeit der Hyperinflation von 1917-1924.

Stachanov — „vorbildlicher" Arbeiter, sog. „Stoßarbeiter" in den 30er Jahren. An ihn knüpfte eine „Bewegung" zur Erhöhung der Arbeitsintensität an, die sog. Stachanovbewegung.

VCSPS — oberster Zentralrat der sowjetischen Gewerkschaften, wichtigstes Führungsorgan derselben. Ihm unterstehen die Zentralkomitees der Einzelgewerkschaften. Die wichtigsten Kompetenzen liegen beim VCSPS.

Volkskommissariat (narodnyi kommisariat) — Name der sowjetischen Ministerien von 1917-1946, ab 1946 sprach man wieder von Ministerien. Der Rat der Volkskomissare ist entsprechend der Ministerrat.

4. Bibliographie

Die Bibliographie gliedert sich in einen Teil, der die Literatur aus den sozialistischen Ländern, insbesondere der Sowjetunion und der DDR, enthält und schließlich einen Teil zur westlichen Literatur.

Wegen des hohen Maßes an Wiederholung in der sowjetischen und in der DDR-Literatur habe ich nur diejenigen Titel aufgeführt, die ich mit Nutzen verwendet habe. Auf eine Wiedergabe der Resultate meiner bibliographischen Arbeiten habe ich also verzichtet. Dies kann ich auch damit rechtfertigen, daß eine — nach den Besprechungen zu schließen — gründliche bibliographische Arbeit aus der Sowjetunion vorliegt: Bibliografičeskij ukazatel' po pravu social'nogo obespečenija (1917-1975); 2 Bände, Moskva 1978, und damit der Bedarf nach bibliographischer Information vielleicht befriedigt ist. Ein Schönheitsfehler dabei ist, daß diese Bibliographie in kaum eine westliche Bibliothek gelangt zu sein scheint. Nützliche Dienste leistet dem bibliographisch Interessierten auch Finansy, den'gy i kredit SSSR. Bibliografičeskij ukazatel'; Moskva 1967 und Moskva 1977. Die zwei Bände umfassen u. a. die Literatur zur Versicherung und Sozialversicherung der jeweils vorhergehenden 10 Jahren, — letzteres aber bei weitem nicht vollständig.

4.1. Literatur aus den sozialistischen Ländern

Abramenkova, N.: Belgorodskaja anomalija. SO 1975:9 S. 58-60.
Ačarkan, V.: Gosudarstvennye pensii. Moskva 1967.
— Nekotorye voprosy social'nogo obespečenija kolchoznikov. SO 1962:8 S. 22-24.
— Obespečenie veteranov truda v SSSR. Moskva 1965.
— Socialističeskij princip raspredelenija po trudu i social'noe obespečenie. Socialističeskij trud 1974:11 S. 119-129.
— Voprosy soveršenstvovanija pensionnogo zakonodatel'stva. Socialističeskij trud 1968:22 S. 18-28.
Adamovič, V.: Naši predloženija po pensionnomu obespečeniju rabotnikov graždanskogo vozdušnogo flota. Voprosy truda 1931:8-9 S. 105-115.
A gazdasági kockázat és mérésének módszerei. Budapest 1976. Russische Übers.: Chozjajstvennyj risk i metody ego izmerenija. Moskva 1979.
Alešvin, G.: Dom bez chozjajna. SO 1965:4 S. 38.40.
Allachverdijan, D. A.: Finansovo-kreditnaja sistsema SSSR. Moskva 1982.
Andreeva, N.: Pervye uspechi, pervye trudnosti. SO 1969:11 S. 12-15.
Angelova, V.: Pensionoto osigurjavane v B'lgarijia. Sofia 1979.

Arkin, V. I./*Evstigneev*, I. V.: Verojatnostnye modeli upravljenija i ekonomičeskoj dinamiki. Moskva 1979.

Artjuchina, A.: Strachovoj aktiv i vračebnaja obščestvennost'. Voprosy profdviženija 1937:4 S. 21-25.

Baba-Zade, L.: Social'noe obespečenie v Azerbajdžane. SO 1940:2 S. 18-20.

Babkin, V.: Primernyj ustav kolchoza i social'noe obespečenie. SO 1970:3 S. 2-5.

Babkin, V. A./*Smirnova*, G. B.: Kommentarij k položeniju o porjadke naznačenija i vyplaty gosudarstvennych pensij. Moskva 1984.

Bačanov, M./*Trubačeev*, D./ . . .: Vot k čemu privodit beskontrol'nost'. SO 1960:3 S. 38-39.

Bader, H.: Ausblick auf die Aufgaben und Stellung der Sach- und Personenversicherung der DDR. Wiss ZdHfÖ 1968:1.

— Das System der staatlichen Sach- und Personenversicherung in der DDR. In: Das Finanzsystem der DDR. Berlin (Ost) 1962.

— Die Entwicklung des Versicherungswesens in der DDR. Versicherungswissenschaftliches Archiv 1956:3-4 S. 257-277.

— Die staatliche Versicherung in der DDR. 3. Aufl. Berlin 1980.

— Ein Beitrag zur Theorie der Versicherung. DFW 1955:17 und 18.

— Sozialversicherung — Versicherung ja oder nein? Wirtschaftswissenschaft 1981:12 S. 1471-1476.

— Zu einigen Fragen der Theorie und Praxis der sozialistischen Versicherung. WissZdHfÖ 1960:2 S. 156-171.

— Zur Frage der Stellung und der Funktion des Versicherungsfonds im Gesamtsystem der Reservefonds der Volkswirtschaft. WissZdHfÖ 1965:3-4 S. 242-248.

Baevskij, I. L.: Praktika social'nogo strachovanija v SSSR. Moskva 1926.

Bajnerman, E.: Nužna reforma strachovych tarifov. Voprosy profdviženija 1937:4 S. 51-53.

Banovič, A.: Social'noe strachovanie v ZSFSR. Voprosy truda 1928:10 S. 124-131.

Batkis, G.: Social'noe strachovanie v kolchozach. Na planovom fronte 1930:3-4 S. 53-55.

Batračestvo v severo-kavkazkom krae. Voprosy truda 1929:3-4 S. 198-202.

Batygin, K.: Posobija po gosudarstvennomu social'nomu strachovaniju. Moskva 1970.

— Rabota FZMK po social'nomu strachovaniju. Moskva 1962.

— Rabota FZMK po social'nomu obespečeniju. Moskva 1967.

— Rabota komissij po social'nomu strachovaniju. Moskva 1960.

Bege: Novoe v pensionom obespečenii za vyslugu let. Voprosy truda 1929:11 S. 64-67.

Berežnoj, V.: Proekt primernogo ustava kolchoza i social'noe obespečenie kolchoznikov. SO 1969:8 S. 14-17.

Bielig, W.: Gedanken zur Weiterentwicklung des Versicherungsschutzes für PGH. DFW 1965:12 S. 22-23.

Bijelič, M.: Izravnanje rizika putem suosiguranja. OiP 1983:11-12 S. 3-26.

Boncelj, J.: Karl Marx und die Versicherung. ZeitgVerWiss 1971:4 S. 601-638.

Borisov, S.: Istorija odnoj žaloby. SO 1973:6 S. 58-59.

Bratus, S. N.: Juridiceskaja otvetstvennost' i zakonnost'. Moskva 1976.

Bulkina, G.: Kolchoznym sovetam rabotat' lučše. SO 1974:6 S. 20-21.

Burgin, M.: O nekotorych raz'jasnenijach glavsocstracha Ukrainy. Voprosy truda 1929:2 S. 85-87.

Butkov, D./*Sitnin*, W.: Einige Fragen zur Theorie der Versicherung im Sozialismus. DFW 1952 S. 1192.

Bychovskij, N.: Social'noe strachovanie na slučaj starosti. Voprosy truda 1929:3-4 S. 117-120.

Byševskaja, M.: Očerednye zadači socstracha v oblasti detskogo obsluživanija. Voprosy profdviženija 1934:8 S. 39-47.

Bystrickij, M.: Pomošč' bezrabotnym i meroprijatija po oslableniju bezraboticy. Voprosy truda 1928:4 S. 12-15.

Cederbaum, Ju.: O uporjadočenii vedomstvennych normativnich aktov. SO 1978:3 S. 28-29.

— Pensionirovanje sezonnych rabotnikov i rabotnikov vodnogo transporta. S0 1959:5 S. 48-53.

— Penionnoe obespečenje členov tvorčeskich sojuzov, štatnych literaturnych rabotnikov i neštatnych rabotnikov pečati. SO 1959:1 S. 52-56.

— Vidy zarabotka, učityvaemye dlja isčislenija pensij rabočim i služaščim. SO 1975:10 S. 54-58.

Cerlevskaja, E. S. etc.: Finansirovanie i kreditovanie sel'skochozjajstvennych predprijatij. Moskva 1983.

Chirurgovič, S.: Organy NKT i garantijnnoe strachovanie. Voprosy truda 1927:3 S. 16-23.

Chomenko, V. N.: Otvetstvennost' v chozjajstvennom prave. Kiev 1975.

Csikós-Nagy, B.: Die Bedeutung von Innovationen für sozialistische Wirtschaftssysteme in den achtziger Jahren. Innovationsprobleme in Ost und West. Stuttgart 1983.

Čugunov, S.: Ulučšenie social'nogo strachovanija dlja služaščich. Sov. gos. i pravo 1937:3-4 S. 121-126.

Danskij, B. G.: Social'noe strachovanie ran'še i teper'. Moskva 1926.

Derevnin, M.: Pensionnoe obespečenie kolchoznikov. SO 1959:4 S. 29-33.

— Novyj primernyj ustav kassy obščestvennoj vzaimopomošči v kolchoze. SO 1958:4 S. 27-29.

Dilber, N.: Samoupravljanje službom i sredstvima socijalnog osiguranja. Narodna Država 1952:5-6.

D'jačenko, V. P.: Istorija finansov SSSR. Moskva 1978.

Duda, I./*Ajbazov*, A.: Novye l'goty po pensionnomu obespečeniju dlja rabotnikov černoj metallurgii. SO 1977:12 S. 41-43.

Ekonomika material'no-techničeskogo snabženija. Moskva 1978.

El'burt, P.: Social'noe obespečenie v mestnom bjudžete Urala. Chozjajstvo Urala 1928:4 S. 134-137.

Elge: Soicial'noe strachovanie batračestva. Voprosy truda 1929:2 S. 65-71.

Emel'janova, M.: Po-lenininski čutko, operativno. SO 1979:9 S. 3-6.

Engel', I.: Problem strachovanija invalidnosti i finansovye perspektivy social'nogo strachovanija. Voprosy truda 1928:12 S. 37-51.

— Za četkuju klassovuju liniju v provedenii social'nogo strachovanija. Voprosy truda 1929:11 S. 15-20.

Eremeev, M.: O kassach social'nogo obespečenija i kollektivizacii krest'janstva. Vlast' sovetov 1930:8-9 S. 22-23.

Fachseev, N.: Čtoby ne bylo ošibok. SO 1964:4 S. 19-21.

Fajngol'd, B.: K perevyborom strachkass. Vestnik truda 1928:2 S. 15-20.

— Utočnenie organizacionnoj raboty strachovych kass. Voprosy truda 1928:11 S. 47-52.

Faktor neopredelennosti v mežotraslevyh modeljach. Novosibirsk 1983.

Fedorov, A.: Gody slavnych probrazovanij. SO 1972:5 S. 4-8.

Filimonenkov, A. S.: Finansy sel'skogo chozjajstva. Kiev 1983.

Fogel', J.: Ochrana pensionnych prav graždan. SO 1967:2 S. 24-26.

— Vnutrikolchoznoe regulirovanie social'nogo obespečenija kolchoznikov. SO 1969:5 S. 21-25.

Fond gosudarstvennogo strachovanija v SSSR. Moskva 1984.

Fric, L.: Proizvodstvenno-tovariščeskie sudy i strachovye organy. Voprosy profdviženija. 1933:7 S. 72-75.

Frimerman, L.: Čelovek pereechal . . . SO 1979:6 S. 59-60.

Gavrikov, I.: Za korennuju perestrojku raboty po social'nomu strachovaniju. Sovetskaja nauka 1938:1 S. 180-183.

Gavrisjki, V./*Draganov*, Chr.: Organizacija i planirane na zastrachovaneto. Sviščov 1973.

Gochman, V.: Nužna li monopolija strachovogo dela. Vestnik finansov 1922:18 und 19.

Görs, D.: Schadensverhütung hilft Kosten senken. SFW 1972:1 S. 35.

Golubjatnikova, V.: O ulučšenii material'nogo obespečenija invalidov s detstva. SO 1980:1 S. 51-53.

Gonikberg, G.: Očerednye problemy social'nogo strachovanija. Vestnik truda 1928:1 S. 43-54.

Gosudarstvennyj bjudžet SSSR. Moskva 1983.

Gosudarstvennoe social'noe strachovanie. Moskva 1955.

Gosudarstvennoe strachovanie SSSR. Moskva 1980.

Grišin, Z.: Kak ne nado pisat' o sovetskom social'nom strachovanii. Sov. gos. i pravo 1930:11-12 S. 238-241.

Groznyj, Ju.: Každyj rabočij dolžen znat' na čto raschodujutsja sredstva FURBa. Voprosy profdviženija 1936:1 S. 24-28.

Gudkov, A.: Kak rabotaet sovet social'nogo strachovanija. Voprosy profdviženija 1937:19 S. 43-46.

Gurevič, Ch.: Ispol'zovanie ostatočnogo truda invalidov III gruppy ot obščich zabolevanij. Voprosy truda 1930:10-11 S. 85-93.

— /*Nvraev*, G./*Ovčesnkij*, M.: Effektivnost' lečenija na kurortach. Voprosy truda 1931:1 S. 65-65.

Guterman, B. N./*Emdin*, Ja. R.: Spravočnik po social'nomu strachovaniju. Moskva 1929.

Hellwig, H. J.: Erweiterter Versicherungsschutz in der Haushaltsversicherung. DFW 1967:15 S. 17-20.

— /*Klos*, V.: Versicherungsschutz und sozialpolitische Maßnahmen. SFW 1972:21 S. 29.

Injutin, G./*Kac*, R.: Pensii rabotnikam osnovnych otraslej narodnogo chozjajstva. Maskva 1949.

Instruktor: Ser'eznyj urok. Voprosy profdviženija 1936:4 S. 14-21.

Ivancov, E.: Plody ravnodušija. SO 1978:9 S. 58-59.

Ivanova, R. I./*Tarasova*, V. A.: Predmet i metod sovetskogo prava social'nogo obespečenija. Moskva 1983.

Kac, R.: O vyplate organami social'nogo obespečenija . . . SO 1959:12 S. 51-54.

— Sovetskoe kooperativnoe strachovanie. Moskva 1960.

— Sorokin, N.: Social'noe strachovanie. Moskva 1935.

Kačalkin, A.: Profrabota na zavode „Možerez". Voprosy profdviženija 1936:2 S. 71-76.

Kagalovskaja, E. T.: Strachovanie žizni. Moskva 1979.

Kak opredelit' summa otčislenij v centralizovannyj sojuznyj fond social'nogo obespečenija kolchoznikov. SO 1967:12 s. 11-15.

Kames, H.: Änderungen im Versicherungsschutz für die Landwirtschaft. SFW 1971:4 S. 51.

— Höhere Effektivität durch zweckmäßige Versicherung. SFW 1971:10 S. 46.

Kaminskij, M.: Social'noe strachovanie na Ukraine v 1925-26 g. Voprosy truda 1927:1 S. 121-126.

— Social'noe strachovanie na Ukraine v 1926/27 operacionnom godu. Voprosy truda 1928:5 s. 116-119.

Kaplan, E.: Novoe v pensionnom zakonodatel'stve. Voprosy truda 1928:9 S. 67-71 und 1928:10 S. 61-64.

— Ob izmenenii pravil obespečenija po vremennoj netrudosposobnosti i doponitel'nymi posobijami. Voprosy truda 1929:3-4 S. 121-125.

— Social'noe strachovanie lic, zanjatych po najmu v krest'jenaskich chozjajstvach. Voprosy truda 1928:5 S. 54-57 und 1928:6 S. 59-62.

Karavaev, V.: K proektu svodnogo zakona po social'nomu strachovaniju. Voprosy truda 1932:4 S. 67-72.

— Ob'edinenie iskov poterpevšego i strachkassy po st. 413 i 414 GK. Voprosy truda 1929:12 S. 86-88.

— Obespečenie invalidov truda vo vtoroj pjaltiletke. Voprosy truda 1932:10 S. 58-65.

— O literature po social'nomu strachovaniju. Voprosy truda 1932:5-6 S. 129-133.

— Social'noe strachovanie kolchoznikov. Voprosy truda 1931:8-9 S. 113-117.

— /*Trefilov*, I.: Posobija po social'nomu strachovaniju. Moskva 1937.

Karpačev, S.: Kassa vzaimopomošči. Voprosy profdviženija 1037:16 S. 46-47.

Kilinskij, a.: O odnom germanskom komentarii sovetskogo trudovogo prava. Voprosy truda 1930:9 S. 76-76.

Kiloganidze, V.: Social'noe strachovanie v Gruzii. Voprosy truda 1928:3 S. 115-116.

Kirmse, G.: Schadenersatzleistungen des Betriebes. Berlin (Ost) 1981.

Kizičenko, L./*Mikulinskij*, Ja.: Borba s zabolevaemost'ju i travmatizmom Sovetskie profsojuzy.

Kolomin, E. V.: Gosudarstvennoe strachovanie i chozrasčetnaja dejatel'nost'. Moskva 1971.

— Gosudarstvennoe strachovanie v socialističeskich stranach. Moskva 1981.

— Strachovanie obščestvennogo imuščestva pri socializme. Moskva 1975.

Koltunov, N.: Včera — odno ukazanie, segodnja — drugoe. SO 19567:7 S. 27-28.

Komarova, D.: Desjataja pjatiletka i naši zadači. SO 1976:7 S. 3-7.

— Novoe projavlenie zaboty o blage sovetskich ljudej. SO 1974:1 S. 3-8.

— Organizatorskuju rabotu — na uroven sovremennych trebovanij. SO 1973:6 S. 3-9.

— Ot s'ezda k s'ezdu. SO 1971:3 S. 1-5.

Komissii po naznačeniju pensij. SO 1962:11 S. 52-53.

Konkin, Ju. A.: Ekonomika remonta sel'sko-chozjajstvennoj techniki. Moskva 1983.

Konograj, F.: Zakon o pensionirovanii kolchoznikov podgotovlen žizn'ju. SO 1964:10 S. 6-7.

Kon'šin, F. V.: Gosudarstvennoe strachovanie v SSSR. 2. Aufl. Moskva 1953.

Konstantinov, a.: Plody ravnodušija. SO 1979:1 S. 59-60.

Kornai, J.: The Economics of Shortage. Amsterdam 1980.

Korobov, S.: Social'noe strachovanie v profsojuze učitelej. Narodnyj učitel 1935:2 S. 43-46.

Kotljar, M.: Bjudžet gosudarstvennogo social'nogo strachovanija. Voprosy profdviženija 1936:10 S. 37-45.

— Central'nyj muzej ochrany truda i social'nogo strachovanija. Voprosy truda 1930:9 S. 62-69.

— Sovetskoe social'noe strachovanie. Krasnyj internacional profsojuzov 1932:19-20 S. 14-28.

Kozlov, N.: Profsojuzy i organy social'nogo obespečenii starosti. Voprosy truda 1929:11 S. 59-62.

K postroeniju bjudžeta social'nogo strachovanija na 1927/28 g. Voprosy truda 1928:3 S. 44-54.

K probleme agrarnogo perenaselenija. Voprosy truda 1928:2 S. 15-27.

Krasnopol'skij, A. S.: O prirode sovetskogo gosudarstvennogo social'nogo strachovanija. Sov. gos i pravo 1951:6 S. 62-69.

Krovoručko, I.: Itogi raboty Kievskoj Okrstrachkassy. Voprosy truda 1927:4 S. 130-134.

Krulikovskaja, V. . . .: Planirovanie bjudžeta gosudarstvennogo social'nogo strachovanija. Moskva 1959.

Kuliev, G.: Pensionirovanie kolchoznikov Saratovskoj oblasti. SO 1961:12 S. 25-27.

Kulikov, F.: Rasširit' prava mestnych organov. SO 1957:1 S. 22-23.

Kulikov, V.: Kak obrazuetsja i raschoduetsja centralizovannyj sojuznyj fond social'nogo obespečenija kolchoznikov. SO 1965:2 S. 17-20.

K voprosu o sisteme tarifov vznosov na social'noe strachovanie. Voprosy truda 1928:6 S. 24-42.

Lakičevič, D.: Uvod u socijalno politiku. Beograd 1974.

Lancev, M.: Soveršenstvovanie sistemy social'nogo obespečenija v uslovijach razvitogo socializma. Socialističeskij trud 1974:9 S. 128-137.

— The economic aspects of social security in the USSR. Moscow 1976.

Lebedeva, V.: Social'noe obespečenie k 15-j godovščine Oktjabrja. Vlast' sovetov 1932:31 S. 8-10.

Lejst, O. E.: Sankcii i otvetstvennost' po sovetskomu pravu. Moskva 1981.

Levšin, A.: Bol'šoe i važnoe delo. SO 1956:2 S. 27-29.

— Demokratizm sovetskogo pensionnogo obespečenija. SO 1960:8 S. 4-8.

— Social'nomu obespečeniju — pročnuju naučnuju bazu. SO 1961:7 S. 6-8.

Lexikon der Wirtschaft. Versicherung. Berlin (Ost) 1981.

Liberman, A.: Social'noe strachovanie v Leningradskoj gub. Voprosy truda 1927:1 S. 117-120.

Libster, A.: Očerednye voprosy pensionnogo obespečenija. Voprosy profdviženija 1934:11 S. 34-41.

Lin'kon, A.: Nado li peresmotret' položenie o kassach vzaimopomošči. Voprosy profdviženija 1937:12 S. 12.

Lircman, M.: Pensii po starosti. SO 1956:9 S. 4-8.

Liss, Ju.: Bjudžet social'nogo strachovanija na 1934 g. Voprosy profdviženija 1934:6 S. 26-33 und 1934:4 S. 16-25.

— Socstrach na novom etape. Voprosy profduiženija 1933:12 S. 14-23.

Ljaško, N.: Trudovoe ustrojstvo invalidov — važnaja zadača. SO 1969:8 S. 1-5.

Ljubimov, B.: Iz istorii bor'by za samoupravlenie strachovych organizacij. Voprosy truda 1927:10 S. 154-160.

— Social'noe strachovanie. Moskva 1925.

Luk'janova, M.: Čtoby každyj polučal po trudu. SO 1963:8 S. 16-18.

Lur'e, M. I.: Social'noe strachovanie v BASSR i očerednye ego zadači. Socialističeskoe chozjajstovo Baškirii 1934:3-4 S. 127-144.

Lykova, L. P.: Ulučšat' obsluživanie trudjaščichsja. SO 1966:3 S. 2-6.

— Zadača gosudarstvennoj važnosti. SO 1964:12 S. 2-7.

— Za novye uspechi. SO 1964:5 S. 2-7.

Mackevičjus, I. S.: Analiz kal'kulirovanija sebestoimstoi produkcii v stranach SEV. Moskva 1977.

Maksimov, Ju. I.: Stochastičeskoe modelirovanie v planirovanii. Novosibirks 1981.

Malacha, V. L.: Bystsree likivdirovat' posledstvija trockistkogo vreditel'stva. Voprosy profdviženija 1937:9 S. 67-70.

Malein, N. S.: Vozmeščenie vreda pričinenogo ličosti. Moskva 1965.

Margiev, P.: Šag pervyj, šag vtoroj. SO 1971:2 S. 6-9.

Mašanov, P.: Voprosy social'nogo obespečenija v buduščem primernom ustave sel'skochozjajstvennoj arteli. SO 1968:8 S. 16-18.

— /*Šajchatdinov*, V.: O vnutrikolchoznom social'nom obespečenii. SP 1969:1 S. 18-19.

— /*Sazonov*, V.: Naučnye issledovanija po voprosam social'nogo obespečenija. SO 1973:4 S. 16-18.

Matvievskij, M.: Reorganizacija strachovoj sistemy v Sojuze SSR. Sovetskoe stroitel'stvo 1930:5 S. 111-117.

Medpomošč' zastrachovannym. Chozjajstvo severa 1930:9-10 S. 85-90.

Medvedev, R.: Na šachtach Ukrainy vyplatnych punktov ešče net. Voprosy truda 1931:8-9 S. 414.

Mendeleva, F.: Pora pokončit' s „vremennoj invalidnost'ju". Voprosy truda 1930:10-11 S. 94-98.

Men'ševistskaja kontrabanda. Voprosy profdviženija 1936:10 S. 75-79.
Merkel, R. u. W.: Die Bassowinitiative. SFW 1976:11 S. 53.
Merkulov, E.: Social'noe strachovanie v pjatiletnem plane narodnogo chozjajstva BSSR. Voprosy truda 1929:3-4 S. 229-236.
Michaelievič, V.: Pensionnaja služba v borbe za effektivnost' i kačestvo. SO 1977:3 S. 3-6.
— Novoe v social'nom strachovanii. Voprosy truda 1927:7 S. 24-30.
— Razvitie form social'nogo strachovanija za desjatiletie Sovetskoj vlasti. Voprosy truda 1927:10 S. 45-51.
— Strachovaja volokita i mery bor'by s nej. Voprosy truda 1927:2 S. 8-12.
— /*Procenko*, K.: Novoe v pensionom obespečenii. Sovety deputatov trudjaščichsja 1929:9 S. 37-42.
Michailo, M. S.: Socijalna politika. Beograd 1960.
Miljutin', N.: Kommuna i social'noe strachovanie. Peterburg 1918.
Minc, M.: O nekotorych nedočetach v dele pensionirovanija. Voprosy truda 1928:7-8 S. 83-89.
— Strachovye organy na Ukraine. Voprosy truda 1927:6 S. 123-127.
Mizinov, P.: O nekotorych nedočetach pensionnogo zakonodatel'stva. Voprosy truda 1928:1 S. 67-72.
Mochov, Z.: God raboty sovetov social'nogo strachovanija. Voprosy profdviženija 1937:7 S. 48-51
— Novye tarify social'nogo strachovanija. Voprosy profdviženija 1937:7 S. 48-51.
— O nekotorych organizacionnych voprosach socstracha. Voprosy profdviženija 1936:9 S. 57-64.
— Stalinskaja konstitucija i social'noe strachovanie. Voprosy profdviženija 1937:3 S. 24-29.
— Strachovoj sovet v dejstvii. Voprosy profdviženija 1936:12 S. 84-90.
— Uskorit' reorganizaciju dela pomošči bezrabotnym. Voprosy truda 1929:12 S. 30-38.
Monachov, V.: L'gotnye pensii rabotnikam elektrotechničeskogo i radiotechničestkogo proizvdostv. SO 1973:8 S. 84-92.
Morozov, Z.: Političeskaja slepota. Voprosy profdviženija 1937:15 S. 54-56.
Motylev, L.: Gosudarstvennoe strachovanie v SSSR i problemy ego razvitija. Moskva 1972.
Muranov, S.: Social'noe strachovanie i socialističeskoe stroitel'stvo. Sovetskoe stroitel'stvo 1933:10 S. 41-51.

Nadeždin, M.: Bor'ba s progulima i reforma rabočego snabženija. Voprosy profdviženija 1933:5 S. 40-45.
Nagovicyn, I.: Social'noe obespečenie v 16-j godovščine Oktjabrja. Vlast' sovetov 1933:22 S. 27-29.
— Social'noe obesepečenie trudjaščichsja. Voprosy profdviženija 1937:11 S. 27-30.
— Zabota o ljudjach. Vlast' sovetov 1937:5 S. 7-10.
Nazarenko, I. T.: Monopolii i social'noe strachovanie trudjaščichsja SŠA. Moskva 1981.
Nazarov, A.: Bjudžet sem'i pensionera. SO 1957:5 S. 17-22.
Neispol'zovannye rezervy v bor'be za sniženie zabolevaemosti i travmatizma. Voprosy profdviženija 1936:9 S. 74-84.
Nekrasov, S./*Družinin*, A.: Rabota kass vzaimopomošči. Voprosy profdviženija 1936:7 S. 31-36.

Nemčenko, L.: Itogy i očerednye zadači social'nogo strachovanija. Voprosy truda 1929:2 S. 12-20.

— Kontrol'nye cifry po social'nomu strachovaniju na 1927/28 g. Voprosy truda 1927:11 S. 37-42.

— Naši dostiženija v oblasti social'nogo strachovanija k desjatoj godovščine Oktjabrja. Voprosy truda 1927:10 s. 35-44.

— Naši dostiženija v oblasti social'nogo strachvanija. Voprosy truda 1927:10 S. 35-44.

— Naši osnovnye zadači v oblasti social'nogo strachovanija. Voprosy truda 1927:1 S. 35-48.

Nikolaev, P.: Kolchoznye kassy vzaimopomošči. Social'noe obespečenie 1940:6 S. 15-17.

Novoe v social'nom strachovanii SSSR. Voprosy truda 1928:1 S. 46-51.

Novye pravila po invalidnosti i strachovaja praktika. Voprosy truda 1928:12 S. 33-36.

Novyj zakon o vzaimnom social'nom strachovanii. Vestnik promyslovoj kooperacii 1931:5 s. 26-27.

Nünke, H.: Die Bedeutung der DVA und ihre Rolle beim sozialistischen Aufbau. DFW 1952: S. 1176.

Nužnyj, A.: Nedočety i dostiženija v strachovanii batračestva v Leningradskim okruge. Voprosy truda 1929:12 S. 110-112.

Ob izmenenii zakonodatel'stva po social'nom strachovaniju. Voprosy profdviženija 1936:11 S. 62-66.

Ochrana okružajuščej sredy: upravlenie, pravo. Kiev 1982.

Odgovornost u radnim organizacijama u sistemu društvene svojine i samoupravljana. Beograd 1968.

O meroprijatijach po material'nomu stimulirovanija raboty pensionerov v narodnom Chozjajstve. SO 1979:11 S. 3.

O perestrojke profsojuzov v svjazi s pogloščenieim imi organov Narkomtruda i Social'nogo strachovanija. Voprosy profdviženija 1933:10 S. 3-11.

O pricipach sostavlenija bjudžeta social'nogo strachovanija. Voprosy profdviženija 1936:10 S. 53-58.

O rabote sovetov social'nogo strachovanija. Professional'nye sojuzy 1938:13 S. 83-92.

Orlov, A. P.: Social'noe strachovanie trudjaščichsja Severnogo kraja. Chozjajstvo severa 1931:1-2 S. 135-142.

— Ulučšit' rabotu CK sojuza rabočich farforovoj promyšlennosti. Voprosy profdviženija 1936:1 S. 72-76.

Osnovnye momenty raboty strachorganov RSFSR v 1925-26 g. Voprosy truda 1927:2 S. 113-120.

Paul, H.: Von der Sozialversicherung zur Sozialversorgung. In: Festschrift für E. Jacobi. Berlin (Ost) 1957.

Pavlov, I.: Boevye zadačid strachovogo aktiva. Professional'nye sojuzy. 1938:2 S. 71-78.

Pavlova, M.: O differenciacii pensij. Ekonomika i matematičeskie metody 1976:6 S. 1196-99.

— /*Rabkina*, N. E.: Ekonomika- statističekij analiz i modelirovanie pensionnogo obespečenija. In: Statističeskie metody v issledovanijach truda, dochodov i potreblenija. Moskva 1981 S. 59-82.

Pečerica, I.: Raboty vperedi mnogo. SO 1966:10 s. 9-10.

Peršman: Tekučest rabočej sily i zadači profsojuzov. Voprosy profdviženija 1933:3 S. 37-50; 1933:1 S. 23-32.

Peschke, P.: Geschichte der deutschen Sozialversicherung. Berlin (Ost) 1962.

Petrov, I.: Regressnye iski — konkretnym otvetčikam. SO 1963:10 S. 16-17.

Petrov, N.: O sovetach socstracha na predprijatijach. Voprosy profdviženija 1936:5 S. 44-48.

Petrov-Denisov, G.: Obespečit' vysokoe kačestvo otčetno-balansovoj kampanii zu 1939 god. SO 1940:1 S. 12-15.

Piskov, V.: Regressnye iski. SO 1962:3 S. 56-59.

Pleškov, A. P.: Avtotransportnoe strachovanie v SSSR. Moskva 1980.

Poljakov, N.: Social'noe obespečenie vo vtorom pjatiletii. Sovetskaja Karelija 1932:3-4 S. 116-121.

Polovinkin, P. D.: Rezervnye fondy v socielističeskom vosproizvodstve. Moskva 1979.

Položenie o porjadke naznačenija i vyplaty pensij kolchoznikam sel'chozarteli im. Sergo. SP 1957:7 S. 52-56.

Polozov, P.: Bjudžet organov social'nogo strachovanija. Voprosy truda 1928:7-8 S. 200-204; 1928:9 S. 111-117.

— Sostavlenie i vypolnenie bjudžeta socstracha 1931 g. Voprosy truda 1931:11-12 S. 111-119.

Po puti progressa i soveršenstvovanija. SO 1979:4 S. 3-6.

Povysit' otvetstvennost' za trudoustrojstvo. SO 1979:1 S. 41-42.

Pravdin, D.: Pravlenie kolchoza ili kassa obščestvennoj vzaimopomošči. SO 1961:2 S. 36-39.

Problemy perspektivnogo planirovanija material'no-techničeskogo snabženija. Moskva 1982.

Püschel, H.: Sozialversicherung der Arbeit und Angestellten. Berlin (Ost) 1981.

— */Wulf*, H.: Die Rentenversorgung der Arbeiter und Angestellten in der DDR. Berlin (Ost) 1971.

Puhlmann, W. D.: Wesen und Funktionen der Sozialversicherung der DDR unter besonderer Berücksichtigung der sich daraus ergebenden Finanzbeziehungen. Dissertation. Berlin (Ost) 1963.

Rabinovič, F. L.: Vina kak osnovanie otvetstvennosti predprijatija. Moskva 1975.

Rachmilovič, V.: O strachovanii graždanskoj otvetstvennosti. Sovetskaja justicija 1962:4 S. 21.

Rajcher, V. K.: Obščestvenno-istoričeskie tipy strachovanija. Moskva, Leningrad 1947.

Rastroguev S.: Uprojadočit' okazanie pomošči členam sojuza. Voprosy profdviženija 1936:6 S. 56-57.

Ratechin, K.: Itogi 1-go Sredne-Aziatskogo soveščanija organov NKTruda. Voprosy truda 1927:7 S. 135-137.

Renneberg, G.*/Türschmann*, G.: Die Sachleistungen und Geldleistungen der Sozialversicherung der Arbeiter und Angestellten. Berlin (Ost) 1979.

Rovinskij, M. M./*Ezafovič*, V. N.: Dogovory v material'no-techničeskom snabženij. Moskva 1981.

Rózsa, J.: Sozciálpolitika Magyaroszágon. Budapest 1978. Russ. Übers.: J. Ryža: Social'naja politika v VNR. Moskva 1982.

Rulev, N.: V Moskva, da ne za pesnjami. Sovety deputatov trudjaščichsja 1966:2 S. 37-39.

Ruskol, A.: Pensii kolchoznikam. SO 1966:6 S. 49-50.

Šakin, I.: Kassy vzaimopomošči kolchoznikov na Kubani. SO 1956:2 S. 16-21.

Šapiro, D.: Čelovek na pensii. Moskva 1980.

Šarapov, M.: Invalidy v arteljach promkooperacii. SI 1960:6 s. 33-34.

Savickaja, A. N.: Vozmeščenie uščerba, pričinennogo nenadležaščim vračevaniem. L'vov 1982.

Sbornik normativnych aktov po material'no-techničeskomu snabženiju. 4 Bände. 2 Auflagen. Moskva 1976 . . ..

Sbornik po finansovomu zakonodatelstvu. Moskva 1980.

Ščapov, M.: O bjudžetnach pravach. SO 1960:9 S. 17-19.

— Pravo zavoevannoe revolujuciej. SO 1957:11 S. 12-16.

Schiwek, H.: Im Dienste des Aufbaus — zehn Jahre volkseigene Versicherung. DFW 1955:22 S. 938-940.

Schmidt, H./*Franke*, W.: Neue Versicherungsbeziehungen zur volkseigenen Wirtschaft. DFW 1969:8.

Šederova, G.: Novoe v pensionnom obespečenii kolchoznikov. SO 1979:8 S. 49-52.

— Novoe v pensionnom obespečenija kolchoznikov. SO 1979:9 S. 47-50.

— Pensii byvšim kolchoznikam. SO 1977:4 S. 49-52.

— Priusadebnoe zemlepol'zovanie i razmery pensij. SO 1973:5 S. 52-57.

— Porjadok isčislenija pensij členam kolchozov. SP 1974:9 S. 44-47.

— Vyplata pensij po zakonu o pensijach o posobijach členam kolchozov, rabotajuš'čim pensioneram. SO 1971:4 S. 13-15.

Šer, V.: O racionalizacii strachovogo apparata. Voprosy truda 1927:5 S. 60-68.

— K voprosy o finansovom položenii strachovych organov v Belorusii. Voprosy truda 1928:7-8 S. 255-260.

— Social'noe strachovanie v Belorussii. Voprosy truda 1927:8-9 S. 255-258.

Sergeeva, N.: Sudebnaja praktika po delam, voznikajuščim v svjazi s nezakonnoj vyplat gosudarstvennych pensij. SO 1961:8 S. 18-22.

Šermenev, M.: Ulučšit' rabotu po gosudarstvennomu strachovaniju sel'skochozjajstvennych kul'tur. Sovetskie finansy 1947:5 S. 32-35.

Sepp, A.: Profrabota železnodorožnikov Juga ne na vysote zadač železnodorožnogo transporta. Voprosy profdviženija 1936:3 S. 26-35.

Šilin, Ju. I./*Belotelov*, E. P.: NTP v upravlenii material'notechničeskim snabženiem. Moskva 1983.

Šiminova, M. Ja.: Strachovanie žizni, zdorov'ja i imuščestva graždan. Moskva 1980.

Simonenko, G.: Novyj porjadok učeta premij. SO 1976:9 S. 51-52.

Šire dorogu obščestvennym načalam. SO 1963:1 S. 6-9.

Škol'nikov, L.: Kassy vzaimopomošči nužno reorganizovat'. Voprosy profdviženija 1937:13 S. 42-43.

Skomorochov, P.: O social'nom strachovanii promyslovogo naselenija Krajnego servera. Sovetskij sever 1933:2 S. 70-73.

Smirnov, S.: Pensii rabotnikam nauki. SO 1959:2 S. 50-54.
Smirnova, G.: Pensionnoe obespečenie rabotnikov vodnogo transporta i sezonnych rabotnikov. SO 1972:8 S. 56-59.
— Vyplata pensii bez učeta zarabotka. SO 1967:7 s. 59-63.
— Vyplata pensii po starosti rabotajuščim pensioneram. SO 1970:4 S. 58-63.
Smyslov, P.: Kak podsčitat' valovoj dochod kolchoza i summu otčislenij. SO 1965:11 S. 18-21.
Social'noe obespečenie i strachovanie v SSSR. Sbornik. Moskva 1972 und 1979.
Social'noe strachovanie v rekonstruktivnyj period. Voprosy truda 1931:1 S. 16-23.
Social'noe strachovanie v sojuze rabotnikov prosveščenija. Narodnyj učitel' 1934:1 S. 37-38.
Socstrach v zaveršajuščem godu pjatiletki. Voprosy truda 1932:5-6 S. 103-112.
Sokovikov, L.: Itogi čistki apparata NKT i glavsocstracha RSFSR. Voprosy truda 1930:1 S. 27-31 und 1930:2 S. 38-46.
Soldatenkov, I./*Dubov*, A.: Bol'še mjasa, moloka, ovoščej, fruktov. SO 1961:5 S. 32-34.
Solo'eva, L. I.: Problemy social'nogo obespečenija v stranach EES. Moskva 1983.
Solomonov, M.: Osvoenie socstracha profsojuzami. Voprosy profdviženija 1934:2 S. 93-100.
Solov'ev, A.: L'gotnoe isčislenie staža raboty pri naznačenii gosudarstvennych pensij. SO 1964:10 S. 42-48.
— Pensionirovanie lic, ne podležaščich gosudarstvennomu social'nomu strachovaniju. SO 1961:10 S. 53-56.
— Pensionnoe obespečenie rabotnikov organov MVD. SO 1976:4 S. 43-50.
Šomov, E.: Organizacija raboty po naznačeniju posobij na detej maloosbespečennym sem'jam. SO 1977:1 S. 44-46.
Sostojanje statističeskoj otčetnosti v organach social'nogo obespečenija RSFSR. SO 1940:2 S. 21-22.
Sovetskoe social'noe strachovanie. Učebnoe posobie. Moskva 1980.
Sozialversicherungsrecht der Arbeiter und Angestellten. Textausgabe mit Anmerkungen und Sachregister. Berlin (Ost) 1963.
Spravočnik finansista proizvodstvennogo ob'edinenija. Moskva 1979.
Spravočnik normativnych dokumentov po social'nomu obespečeniju. Moskva 1982.
Šrejberg, L.: Izučenie problemy vremennoj i stojkoj netrudosposobnosti. Voprosy truda 1932:5-6 S. 94-97.
Stalin, J. W.: Werke. Dortmund 1976.
Stalinskaja programma social'nogo strachovanija. Partinnoe stroitel'stvo 1938:16 S. 10-14.
Šejn, A.: Neobchodimaja popravka. Voprosy profdviženija 1937:5 S. 45-47.
Šejnberg, A. P.: Social'noe strachovanie. Moskva 1924.
Sverdlik, Š. B.: Rost sbereženij naselenija: pričiny i sledstvija. EKO 1982:6 S. 115-138.
Švernik: Ob otčetach proforganov v svjazi s vyborami poslednich. Voprosy profdviženija 1937:9 S. 19-26.
— O zadačach VCSPS i professional'nych sojuzov v svjazi s peredačej im funkcij Narkomtruda. Voprosy profdviženija 1933:9 S. 3-19.
Syrovarov: Finansovaja rabota FZMK po social'nomu strachovaniju. Moskva 1960.

Tajclin, I. S.: O pensionnom obespečenii naučnych rabotnikov v 1926/27. godu. Naučnij rabotnik 1928:3 S. 44-53.
Taranec, I.: Rezervy podosobnych chozjajstv. SO 1977:9 S. 31-33.
Tauber, A.: Velikoe zavoevanie rabočego klassa SSSR. Voprosy profdviženija 1937:20 S. 11-20.
Terechin, V.: Novye pravila isčislenija nepreryvnogo trudovogo staža rabočich i služaščich. SO 1973:9 S. 48-52.
Tettenborn, Z.: Sovetskoe social'noe strachovanie. Moskva 1926.
Thude, G.: Sozialpolitik in beiden deutschen Staaten. Berlin (Ost).
Tipovoj ustav kassy vzaimopomošči pri fabrično-zavodskom komitete. Sovetskaja justicia 1940:19-20 S. 45-46.
Topčeev, I.: Vnutrivedomstvennyj kontrol' pri centralizacii. SO 1972:11 S. 14-17.
Toropov, V./*Dyskin,* A.: Čto pokazalo obsledovanie. SO 1975:7 S. 37-38.
Tretjakov, A.: Desjatilejtie zakona o gosudarstvennych pensijach i dinamika invalidnosti za eti gody. SO 1966:7 S. 27-32.
— Na uroven' novych zadač. SO 1956:1 S. 14-22.
— Noetložnye zadači. SO 1962:6 S. 14-19.
— Novoe položenia o VTEK. SO 1957:2 S. 21-27.
— Posle vvedenija zakona o gosudarstvennych pensijach. SO 1957:9 S. 7-14.
Troegel, H.: Die Wagnisprüfung in der Personenversicherung. DFW 1966:17 S. 23-24.
Trub, S.: Rabota kass vzaimopomošči. Voprosy profdviženija 1933:8 S. 62-67.
Trudy plenuma učenogo soveta minsterstva social'nogo obespečenija RSFSR. Moskva 1970.

Ulbricht, H.: Aufgaben der sozialistischen Sozialpolitik bei der Gestaltung der sozialen Sicherheit in der DDR. Habilitationsschrift. Leipzig 1965.
Ullrich, G.: Meine Versicherung, Berlin (Ost) 1982.
— /*Boer,* R.: Sich versichern — warum und wie. Berlin (Ost) 1981.
Ulučšat' i soveršenstvovat' vračebno-trudovuju ekspertizu. SO 1973:3 S. 38-43.
Upravlenie i ocenivanie v dinamičeskich sistemach. Sverdlovsk 1982.
Uržinskij, K.: Rol' sudebnych organov pri rešenii voprosov o naznačenii pensii. SO 1957:8 S. 9-12.
Usol' cev, V.: Neustojčivost sistemy tarifov social'nogo strachovanija. Voprosy truda 1929:7 S. 62-72.
— Problema tarifa social'nogo strachovanija. Voprosy truda 1928:9 S. 48-57.
— Rastet ili snižaetsja zabolevaemost' zastrachovannych. Voprosy truda 1930:4 S. 42-53.
— Strachovanie na slučaj smerti. Voprosy truda 1928:7-8 S. 89-95.
— Strachovaja tarifikacija i statistika zabolevaemosti. Vorprosy truda 1927:12 S. 33-43.
Uzlikova, T.: Vse eto radi ljudej. SO 1978:11 S. 36-38.
— V interesach pensionerov. SO 1975-12 S. 28-29.

Vaisel'eva, G.: L'gotnye pensii rabotnicam predprijatij tekstil'noj promyšlennosti. SO 1968:8 S. 58-60.

Vajsfel'd, L.: Kak proverit' pravil'nost naznačenija pensij. SO 1956:3 S. 11-13.
8 Pensionnoe obespečenie po invalidnosti. SO 1956:9 S. 4-9.
Val'jataga, Ju.: Stimulirovanie effektivnosti proizvodstva v promyšlennosti. Tallin 1979.
Varga, S.: Die Eigenarten des Budgets der sozialistischen Staaten. Finanzarchiv 1963 S. 185-203.
— Über den eigenartigen Charakter der sozialistischen Finanzwissenschaft. Zeitschrift für die gesamte Staatswissenschaft 1963:1 S. 83-117.
Varšavskij, A. G.: Socstrach na službe prosveščenca. Narodnyj učitel' 1933:5 S. 27-29.
Vege, A. B.: Osnovnye momenty v rabote strachovych organov RSFSR v 1926/27 g. v oblasti obespečenija zastrachovannych. Voprosy truda 1928:7-8 S. 212-224.
— Social'noe strachovanie v RSFSR. Voprosy truda 1927:12 S. 90-96 und 1927:11 S. 115-122.
Ver'kina, T.I.: Strachovanie domašnego imuščestva. Moskva 1983.
Versicherungsrecht. Textausgabe. Berlin (Ost) 1978.
Das Versicherungswesen in der Deutschen Demokratischen Republik. Berlin 1956.
Vestin, V.: Ne otkladyvaj na zavtra . . . SO 1980:8 S. 60-61.
Vinogradov, G. T.: Strachovoj sovet i ego aktivisty. Voprosy profdviženija 1937:16 S. 41-45.
Vinokurov, A.: Social'noe obespečenie (ot kapitalizma k kommunizmu). Moskva 1921.
Vinokurov, V.: Pričiny ošibok v naznačenii l'gotnych pensij. SO 1961:1 S. 25-27.
Višneveckij, A.: Razvitie zakonodatel'stva o social'nom strachovanii v Rossii. Moskva 1926.
— Social'noe strachovanie i vzaimopomošč. Vestnik promyslovoj kooperacii. 1929:1 S. 57-63.
Vladimirov, A.: O material'nom obespečencii netrudosposobnych byvšich členov kolchozov . . . SO 1958:11 S. 54-57.
Vlasov, B. V./*Čudakov*, A. I.: Obespečenie narodnogo chozjajstva zapasnymi čast-jami. Moskva 1982.
Vlasov, S.: V interesach kolchoznikov. SO 1956:4 S. 41-43.
Vol'fson, L.: K voprosu ekonomii gosudarstennych sredstv. SO 1972:7 S. 36-39.
Vorob'ev, V.: Načalo bol'šoj raboty. SO 1958:8 S. 33-34.
Vul'f,: L.: Pensionnoe obespečenie rabotnikov voenisoriovannoj ochrany. SO 1980:12 S. 50-53.
— Ustanovlenie rabočim i služaščim nedostajuščego dlja naznačenija pensii trudovogo staža po pokazanijam svidetelej. SO 1972:3 S. 50-59.

Warkallo, W.: Ubezpieczenija Mjatkowe. Warschau 1971: Deutsche Übers.: Vermögensversicherung, Berlin 1974.
Weihmann, H.: Ausreichender Versicherungsschutz in der Haushaltsversicherung. SFW 1975:5 S. 51.

Zabelin, L. V.: Teoretičeskie osnovy social'nogo strachovanija. Moskva 1926.
— /*Emdin*, J. P.: Promyšlennost' i social'noe strachovanie. Moskva 1928.
Zabozlaev, A.: Izmenenija v pensionnom zakonodatel' stve. SO 1962:4 S. 56-59.
— Pensija za vyslugu let artistam. SO 1960:5 S. 47-51.

— Pensionnoe obespečenie byvšich členov artelej promyslovoj kooperacii. SO 1961:9 S. 52-54.
— Perechod s odnoj pensii na druguju. SO 1960:12 S. 54-56.
Zacharov, M.: Principy novogo porjadka opredelenija razmerov pensij. SO 1974:5 S. 50-54.
— Voljue partii, na blago naroda. SO 1976:1 S. 7-9 und 2 S. 8-10.
— /*Tsivilyov*, R.: Social security in the USSR. Moscow 1978.
Zacharov, V. S.: Kredit v sisteme upravlenija ekonomikoj. Moskva 1979.
Zadača profsojuzov na sovremennom etape. Voprosy truda 1933:7 S. 3-8.
Za dejstvennyj kontrol' profsojuzov. SO 1958:8 S. 1-3.
Za ediny četkii pensionnyj zakon. SO 1940:6 S. 3-6.
Zajcev, L.: Trudovaja knižka kolchoznika. SO 1968:7 S. 22-23.
Zakon sojuza sovetskich socialističestkich respublik o pensijach i posobijach členam kolchozov. SO 1964:8 S. 1-5.
Zamkov, S.: Pensionnaja rabota trebuet perestrojki. Voprosy profdviženija 1937:1 S. 38-40.
Zarabotnaja plata, social'nye raschody i proizvoditel'nost' truda v gosudarstvennoj promyšlennosti. Voprosy truda 1928:3 S. 12-17.
Zkuržnyj, A. A.: Organy snabženija i sbyta. Minsk 1983.
Zschockelt, W.: Die Versicherung in der industriemäßig betriebenen Landwirtschaft. DFW 1965:24 S. 22-24.
— Möglichkeiten einer Ernteversicherung. DFW 1966:1 S. 22-24.
— /*Radtke*, G.: Die Sozialversicherung in der DDR — sozialpolitische Errungenschaft der Arbeitsklasse und Instrument der Finanzierung sozialer Prozesse. Wirtschaftswissenschaft 1980:3 S. 291-302.

4.2. Westliche Literatur

Arnott, R./*Stiglitz*, J.: Equilibrium in Competitive Insurance Markets. Queens paper 1982-84.
Atkinson, A. B./*Stiglitz*, J. E.: Lectures on Public Economics. Tokyo 1980.

Bainbridge, J.: Biography of an Idea. New York 1952.
Barro, R. J.: Are Government Bonds Net Wealth? JPE 1975 S. 1095-1117.
— The Impact of Social Security on Private Savings. Washington 1978.
Barry, D.: The Soviet Union. In: Government Tort Liability. Law in Eastern Europe 1970.
Barzel, Y.: The Residual Claim as the Entrepreneur's Reward for Self-Policing. Chicago, Minneapolis 1983 unveröffentlicht.
Basisbereiche der Wirtschaftspolitik in der DDR. Stuttgart 1982.
Baykov, A.: The Development of the Soviet Economic System. Combrigde 1946.
Bergson, A.: Income Inequality under Soviet Socialism. Journal of Economic Literature 1984:3 S. 1052-1100.

Bernholz, P.: Grundlagen der politischen Ökonomie. Band 3 Tübingen 1979.
Bertsekas, D.: Dynamic Programming and Stochastic Control. New York 1976.
Bogdanov, L. L.: Interview. Versicherungswirtschaft 1984:12 S. 764-767.
Brittain, J. A.: The Incidence of Social Security Payroll Taxes. AER 1971:1 S. 110-125.
Brock, V./*Mirman*, L. J.: Optimal Growth and Uncertainty. The Discounted Case. JET 1972:4 S. 484.
Buck, T./*Chiplin*, B.: Risk Bearing and Self Management. Kyklos 1983:2.

Connor, W.: Socialism, Politics and Equality. New York 1979.

DDR-Wirtschaft. Eine Bestandsaufnahme. Stuttgart 1971.
Debreu, G.: Theory of Value. New Haven 1959.
— Valuation equilibrium and Pareto optimum. Proceedings of the National Academy of Sciences 1954:40.
Dimitrijevic, D./*Macesich*, G.: Money and Finance in Contemporary Yugoslavia. New York 1973.
Drake, R.: Factors Impacting on the Risk Management Function. Risk Management 1977:10.
Dreze, J.: Market Allocation under Uncertainty. European Economic Review Winter 70-71.
— The Pure Theory of Labour-Managed and Participatory Economies. CORE-Paper No. 7422.

The Economics of Property Rights. Cambridge 1974.
Ehrlicher, I./*Becker*, G. S.: Market Insurance, Self-Insurance and Self-Protection. JPE 1972 S. 623.
Eisen, R.: Theorie des Versicherungsgleichgewichts. Berlin 1979.
Erh-Soon Tay, A.: The Foundation of Tort liability in a Socialist legal System: Fault versus Social Insurance in Soviet Law. University of Toronto Law Journal 1969:19.

Farny, D.: Die deutsche Versicherungswirtschaft. Karlsruhe 1984.
Feldstein, M.: A Comment. JPE 1976 S. 232.
— Social Security and Saving. AER Pap 1976.
— Social Security, Induced Retirement and Aggregate Capital Accumulation. JPE 1974 S. 905.
Field, M. G.: Doctor and Patient in Soviet Russia. Cambridge Mass. 1957.
Finsinger, J.: Versicherungsmärkte. Frankfurt 1983.
Friedman, M.: Capitalism and Freedom. Chicago 1962.

Granick, D.: Enterprise Guidance in Eastern Europe. Princeton 1975.
Grossmann, G.: Soviet Growth: Routine, Inertia and Pressure. AER 1960:2.
Grossman, S./*Hart*, O.: An Analysis of the Principal-Agent Problem. Econometrica 1983:1.
Gumpel, W.: Sozialistische Wirtschaftssysteme. München 1983.
Harmsen, H.: Das Gesundheitswesen der DDR — eine ökonomische Analyse aus ordnungstheoretischer Sicht. Hamburg 1978.

Harrod, R. E.: Towards a Dynamic Economics. London 1948.
Hart, O. D.: Optimal Labour Contracts under Asymetric Information: an Introduction. Review of Economic Studies 1983:1.
Hartmut, R.: Sozialversicherung oder staatlicher Gesundheitsdienst. Berlin 1975.
Hayek, F. v.: The Constitution of Liberty. London 1960.

Heal, G. M.: The Theory of Economic Planning. Amsterdam 1973.
Hedtkamp, G.: Finanzystem und Geldwesen. In: Osteuropahandbuch Sowjetunion Köln 1965.
Hentschel, V.: Geschichte der deutschen Sozialpolitik 1880-1980. Frankfurt 1983.
Holmström, B.: Moral Hazard and Observability. The Bell Journal of Economics 1979:10 S. 74.
Hülsbergen, H.: Die Altersrentensysteme in der SU und ihre Behandlung in der deutschen Sozialversicherung. Dissertation. Hamburg 1967.

Jeannin, Ph.: Theorie actuarielle du risque. Dissertation. Grenoble 1979.
Johnson: The Theory of Income Distribution. London 1973.

Knight, F.: Risk, Uncertainty and Profit. Boston and New York 1921.
Kydland, F. E./*Prescott*, E. C.: Rules rather than Discretion: the Inconsistency of Optimal Plans. JPE 1977 S. 473-493.

Laffont, J. J./*Moreaux*, M.: The Nonexistence of a Free Entry Cournot Equilibrium in Labor-Managed Economies. Econometrica 1983:2 S. 455-462.
Lampert, H./*Schubert*, F.: Sozialpolitik in der DDR. HdWW Band 7, Stuttgart 1977 S. 130-152.
Leutwein, A. (d.i. S. Mampel): Die Sach- und Personenversicherung in der SBZ. Bonn 1957.
Long, J. D.: Ethics, Morality and Insurance. Homewood Ill. 1971.
— /*Gregg*, D. W.: Property and Liability Insurance Handbook. Homewood Ill. 1965.
Lucas, R.: Asset Prices in an Exchange Economy. Econometrica 1978:6.
— Studies in Business-Cycle Theory. Oxford 1981.
— /*Prescott*, E./*Stockey*, N.: Dynamic Competitive Analysis. Minneapolis, Chicago unveröffentlicht.
— /*Stockey*, N.: Optimal Fiscal and Monetary Policies in an Economy without Capital. Evanston Ill. 1983.

Maarek, G.: Introduction au Capital de Karl Marx. Paris 1975.
Mahr, W.: Einführung in die Versicherungswirtschaft. Berlin 1951.
Mampel, S.: Die sozialen Leistungen in der SBZ. Bonn 1955.
— Das System der sozialen Leistungen in Mitteldeutschland und Ost-Berlin. Bonn 1961.
— etc.: Sozialpolitik in Mitteldeutschland. Stuttgart 1964.
Marshall, J. M.: Insurance Theory: Reserves versus Mutuality. Economic Inquiry 1974:12 S. 476-493.
— Moral Hazard. AER 1976 S. 880.

Medvedev, R.: K sudu istorii. New York 1974.
Medvedev, R. u. Z.: Khrushchev. The Years in Power. New York 1976.
Mehr, R.: Life Insurance. Austin 1970.
Mitchell, W. C.: The Popularity of Social Security. Washington 1977.
Mitzscherling, P.: Soziale Sicherung in der DDR. Berlin 1968.
— Zweimal deutsche Sozialpolitik. Berlin 1978.
Morishima, M.: Marx's Economics. Cambridge 1973.

Nove, A.: The Soviet Economic System. 2nd edition. London 1980.
— Was Stalin Really Necessary. London 1964.

Pejovich, S.: Social Security in Yugoslavia. Washington 1979.
Podolski, T. M.: Socialist Banking and Monetary Control. Cambridge 1973.
Pritzel, K.: Gesundheitswesen und Gesundheitspolitik der DDR, Berlin 1978.
Pryor, F.: Public Ecpenditure in Communist and Capitalist Nations. London 1968.

Radner, R.: Equilibrium under Uncertainty. Handbook of Mathematical Economics vol. II. Amsterdam 1982.
Ramsey, F. P.: A Contribution to the Theory of Taxation. Economic Journal 1927 S. 47-61.
Raupach, H.: Geschichte der Sowjetwirtschaft. Hamburg 1964.
Ray, R. K.: Agricultural Insurance. Theory and Practice . . Oxford 1981.
Roberts, J.: Incentives, Information and Iterative Planning. Stanford 1983.
Rogers, P.: Gosstrach. Die Statistiken. Versicherungswirtschaft 1983:1 S. 32-45.
— The Significance of Insurance in the Command Economy: a Study of Soviet Insurance. Ph. D. thesis Kansas 1964.
Rudden, B.: Soviet Insurance Law. Law in Eastern Europe 1966.
— Soviet Tort Law. New York University Law Review 1967:4.
Ruß, W.: Die Sozialversicherung in der DDR. Frankfurt 1982.
Ryan, M.: The Organization of Soviet Medical Care. Oxford 1978.

Samuelson, P. A.: An Exact Consumption Loan Model of Interest. JPE 1958 S. 467.
Sargent, T.: Notes on Dynamic Macroeconomic Theory. Cambridge 1985.
Schönfelder, B.: Neue sowjetische Arbeiten zur Preistheorie. Jahrbuch der Wirtschaft Osteuropas Band 10 S. 67-89.
— Funded versus Unfunded Methods of Old Age Insurance. Manuskript. Minneapolis 1983.
— Versicherung und Sozialversicherung in Jugoslavien. Manuskript. München 1984.
Schütte, E.: Rechtsquellen des sowjetischen Versicherungsrechts. ZfgVerw-Wiss 1982:1.
— Das Versicherungswesen der Sowjetunion. Berlin 1966.
— Die beiden Hauptprobleme der sowjetischen Privatversicherung. Jahrbuch für Ostrecht 1983:1 S. 15-51.
— Die Versicherung der landwirtschaftlichen Betriebe in der Sowjetunion. Berlin 1979.

— /*Gosstrach*: Flurbereinigung und mehr „Bürgernähe". Versicherungswirtschaft 1984:1 s. 63-70.

The Soviet Economy in a New Perspective. Washinton 1976.

Stiller, P.: Die sowjetische Rentenversicherung 1917-1977. Berichte des Bundesinstituts für ostwissenschaftliche und internationale Studien 1979:42.

— Systeme der sozialen Sicherung in der UdSSR, Polen, DDR und CSSR. München 1981.

— Sozialpolitik in der UdSSR 1950-1980. Baden-Baden 1982.

Thompson, L. H.: The Social Security Reform Debate. Journal of Economic Literature 1983:4 S. 1425-1467.

Wädekin, K. E.: Sozialistische Agrarpolitik in Osteuropa. Band II. Berlin 1978.

Weizsäcker, C. C. v.: Steady State Capital Theory. New York 1971.

Weser, H.: Die gesetzliche Rentenversicherung in der SBZ. Berlin 1965.

— Versicherungs- und Beitragsrechts der Sozialversicherung in der DDR. Berlin 1979.

Woodsworth: Social Security and National Policy. Montreal 1977.

Wüst, H. P.: Versicherungsrecht und Wirtschaftsordnung. Systemabhängigkeiten in beiden Teilen Deutschlands. Dissertation FU Berlin 1970.

Sachregister